KB121075

YoungJin.com Y.
영진닷컴

그림으로 배우는
Java Programming 3rd Edition

YASASHI JAVA DAI7HAN
Copyright ©2019 Mana Takahashi
All rights reserved.
Original Japanese edition published in 2019 by SB Creative Corp.
Korean translation rights arranged with SB Creative Corp., Tokyo
through Eric Yang Agency Co., Seoul.
Korean translation rights ©2023 by Youngjin.com Inc.
이 책의 한국어판 저작권은 EYA(에릭양 에이전시)를 통한 'Softbank Creative Corp.'와의 독점계약으로
'주식회사 영진닷컴'에 있습니다.
저작권법에 의하여 한국 내에서 보호를 받는 저작물이므로 무단 전재와 복제를 금합니다.

ISBN 978-89-314-6809-0

이 책에서 언급된 모든 상표는 각 회사의 등록 상표입니다.
또한 인용된 사이트의 저작권은 해당 사이트에 있음을 밝힙니다.

독자님의 의견을 받습니다.

이 책을 구입한 독자님은 영진닷컴의 가장 중요한 비평가이자 조언가입니다. 저희 책의 장점과 문제점이 무엇인지, 어떤 책이 출판되기를 바라는지, 책을 더욱 알차게 꾸밀 수 있는 아이디어가 있으면 이메일, 또는 우편으로 연락주시기 바랍니다. 의견을 주실 때에는 책 제목 및 독자님의 성함과 연락처(전화번호나 이메일)를 꼭 남겨 주시기 바랍니다. 독자님의 의견에 대해 바로 답변을 드리고, 또 독자님의 의견을 다음 책에 충분히 반영하도록 늘 노력하겠습니다.

주 소 : (우)08507 서울특별시 금천구 가산디지털1로 128 STX-V 타워 4층 401호
이메일 : support@youngjin.com
※ 파본이나 잘못된 도서는 구입처에서 교환 및 환불해드립니다.

STAFF

저자 Mana Takahashi | **역자** 서재원 | **총괄** 김태경 | **진행** 최윤정 | **표지·디자인** 김효정 | **편집** 신지연
영업 박준용, 임용수, 김도현 | **마케팅** 이승희, 김근주, 조민영, 김민지, 김도연, 김진희, 이현아
제작 황장협 | **인쇄** 예림인쇄

머리말

Java는 현재 다양한 환경에서 활용되고 있는 프로그래밍 언어입니다. 그럼에도 '프로그래밍을 배우고 싶지만, Java는 좀 어렵지 않을까…'라고 망설이는 분들이 많은 것 또한 사실입니다.

이 책은 그런 분들을 위해 만들어진 Java 언어 입문서입니다. 프로그래밍을 배워 본 적이 없는 분들도 무리 없이 학습할 수 있도록 구성되어 있습니다. 프로그래밍의 기초부터 설명하기 때문에 다른 언어에 대한 지식은 필요하지 않습니다. 또한 일러스트를 풍부하게 사용하여, 어려운 개념도 그림을 통해 이해할 수 있도록 노력했습니다.

이 책에는 예제 프로그램이 다수 수록되어 있습니다. 프로그래밍 실력 향상의 지름길은 실제로 프로그램을 입력하고 실행해 보는 것입니다. 하나씩 확인하면서 단계적으로 학습하기 바랍니다.

이 책이 독자 여러분에게 도움이 되길 바랍니다.

Mana Takahashi

역자의 말

Java 언어는 많은 사람들이 사용하는 언어인 만큼 풍부한 라이브러리 지원 덕에 할 수 있는 일이 매우 많은 언어입니다. 그만큼 독자분들이 이 언어를 학습했을 때 얻을 수 있는 삶의 또 다른 가능성 또한 거대할 것입니다.

이 책은 이러한 Java 언어를 두고, 마치 책상에 마주앉아 설명하듯 그림으로 이해를 유도합니다. 특히 다른 프로그래밍 언어에 대한 선행 학습 없이 진입할 수 있다는 것은 이 책의 큰 장점입니다.

그러한 점에서, 자바 애플릿에 대해 설명하며 자연스레 Adapter 패턴의 이해까지 유도하는 마지막 장은 애플릿 기술에 관심이 없는 독자도 꼭 한번 읽어 보길 권해 드립니다.

마지막으로 귀한 기회를 제공해 주신 소프트와이드의 김성원 부장님과 영진닷컴의 김태경 부장님, 부족한 원고를 책으로 엮어 주신 관계자 여러분, 작업하는 동안 귀한 노래를 들려 주신 Goose House의 멤버 여러분, 그리고 저를 일본어 번역가의 길로 이끌어 주신 최남열 선생님과 프로그래머의 길로 이끌어 주신 권오형 선생님께 지면을 빌어 감사 말씀을 올립니다.

독자분들이 이 책을 통해 삶의 또 다른 가능성에 눈 뜰 수 있다면 역자로서 큰 기쁨이겠습니다.

감사합니다.

서재원

책에 등장하는 예제 파일에 대하여…
다음 주소에서 다운로드받기를 바랍니다.
영진닷컴 홈페이지(www.youngjin.com) / 고객센터 / 부록CD다운로드

 Windows PowerShell 사용 방법

이 책에서 작성하는 프로그램은 Windows PowerShell에서 작업합니다. 따라서 기본적인 사용법을 알아 두어야 합니다.

1. Windows PowerShell을 켠다

Windows PowerShell을 다음 방법으로 켭니다.

- Windows 8.1 / 10 바탕화면 왼쪽 아래의 '시작' 버튼을 오른쪽 클릭하여 메뉴를 연 후, [명령 프롬프트] 또는 [Windows PowerShell]을 선택합니다.
- Windows 11 '시작' 버튼을 오른쪽 클릭하여 메뉴를 열고, [Windows 터미널]을 선택합니다.

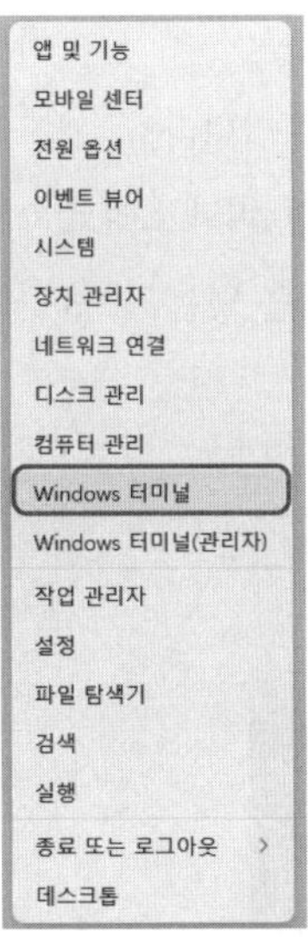

2. 현재 디렉토리가 표시됨

Windows PowerShell을 시작하면 '현재 디렉토리'가 표시됩니다. Windows PowerShell에서는 Windows의 폴더를 **디렉토리**(directory)라고 부르고, 현재 작업 대상 폴더를 '현재 디렉토리'라고 부릅니다.

예를 들어 'C:\Users'의 경우, C 드라이브 아래의 Users 디렉토리를 나타냅니다.

3. **디렉토리 이동하기**

Java 프로그램 작성 시, 디렉토리를 이동해서 작업을 해야 하는 경우가 있습니다. 디렉토리를 이동하려면 'cd' 명령어에 이어서 이동하고자 하는 디렉토리를 입력하면 됩니다. 디렉토리는 \ 문자로 구분합니다. 예를 들어, 'C 드라이브 아래의 YJSample 폴더, 그 안의 01 폴더'는 'C:\YJSample\01'입니다.

다음과 같이 명령을 입력하고 Enter 키를 누르면 지정한 디렉토리로 이동할 수 있습니다. cd 명령어를 입력하고 Space Bar 키로 빈 칸을 넣는 것을 잊지 마세요.

```
cd c:\YJSample\Lesson01
```

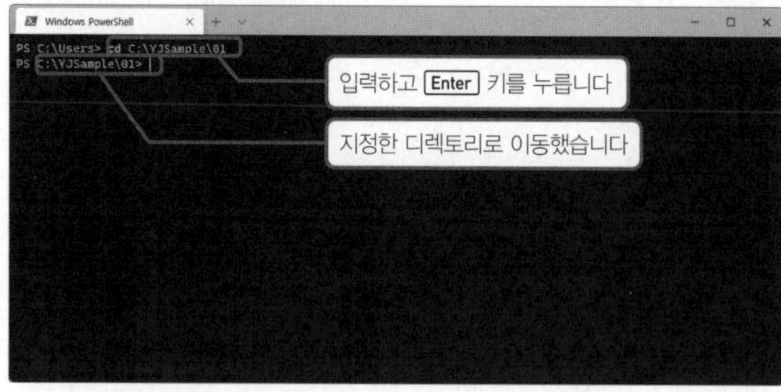

Java 언어의 개발 환경 사용법

Java 언어로 된 프로그램은 이 책의 1장에서 설명하는 바와 같이, ❶ 소스 파일 작성 → ❷ 컴파일 실행 → ❸ 프로그램의 실행과 같은 순서로 작성합니다. 여기에서는 Java 언어로 프로그램을 개발할 때 사용하는 대표적인 도구인 **OpenJDK**의 사용 방법을 통하여 프로그램을 실행하기 위한 절차를 설명하겠습니다. ❶~❸의 자세한 내용은 1장을 참조하세요.

OpenJDK의 사용법

OpenJDK는 오픈소스로 공개된 Java 언어 개발 환경이며 Java의 기본 개발 환경인 **JDK**(Java Development Kit)의 일종입니다. 이 책에서는 Java 프로그램을 만들 때 OpenJDK를 사용합니다.

사용 전 설정

1. OpenJDK 다운로드

❶ OpenJDK를 배포하는 웹 사이트에 접속해서 'Ready for use'라고 적힌 JDK의 링크를 누릅니다.

http://jdk.java.net

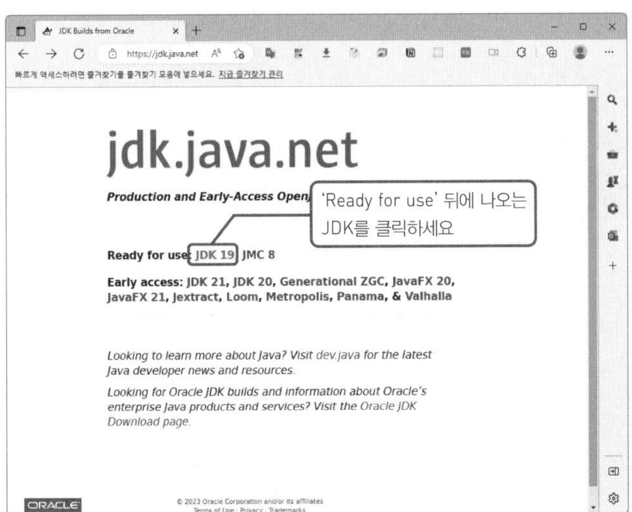

❷ 사용 중인 운영체제에 맞는 파일을 다운로드합니다. Windows를 사용하고 있다면 zip 파일을 다운로드하세요.

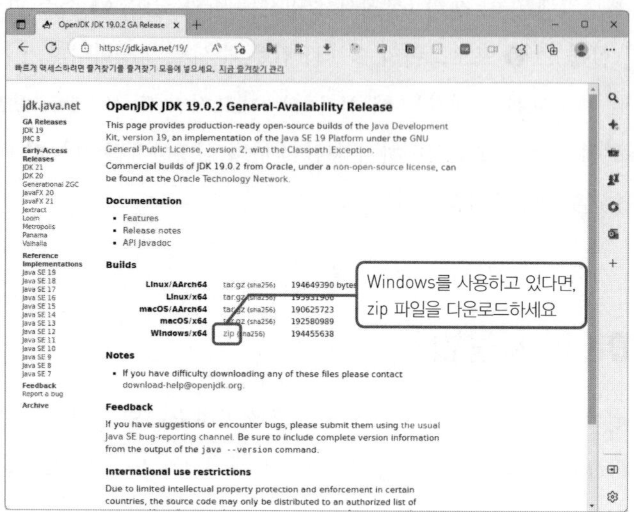

2. OpenJDK 설치

다운로드한 zip 파일을 더블 클릭해서 압축을 풀고, 압축을 풀어 나온 폴더([jdk-버전] 폴더)를 적절한 위치로 옮기면 설치가 됩니다. 이때 옮긴 디렉토리(폴더의 경로)를 기억해 두세요. 이 책에서는 C 드라이브의 [Program Files] 디렉토리 아래의 [Java] 디렉토리 아래에 옮기겠습니다. 예를 들어, jdk-19.0.2를 다운로드했다면 [C:\Program Files\Java\jdk-19.0.2]에 옮깁니다.

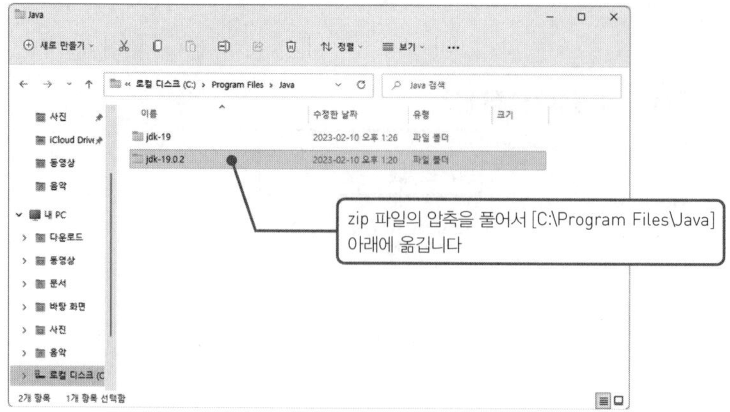

3. 경로 설정하기

설치가 완료되면 환경을 설정합니다. 프로그램을 작성하기 위한 소프트웨어(컴파일러와 인터프리터에 대한 설명은 1장 참조)를 간단히 실행시키기 위하여 다음 순서에 따라 '**경로**'를 설정합니다.

❶ 제어판에서 환경 변수 설정 화면을 엽니다.

- Windows 7 : '시작' 버튼 → [제어판] → [시스템 및 유지 관리] → [시스템 및 보안] → [고급 시스템 설정]
- Windows 8.1 / 10 : 바탕화면 왼쪽 하단의 '시작' 버튼을 오른쪽 클릭하여 메뉴를 열고 [시스템] → [고급 시스템 설정]
- Windows 11 : '시작' 버튼을 오른쪽 클릭하여 메뉴를 열고 [시스템] → [고급 시스템 설정]

대화 상자가 열리면 고급 패널의 [환경 변수] 버튼을 클릭합니다.

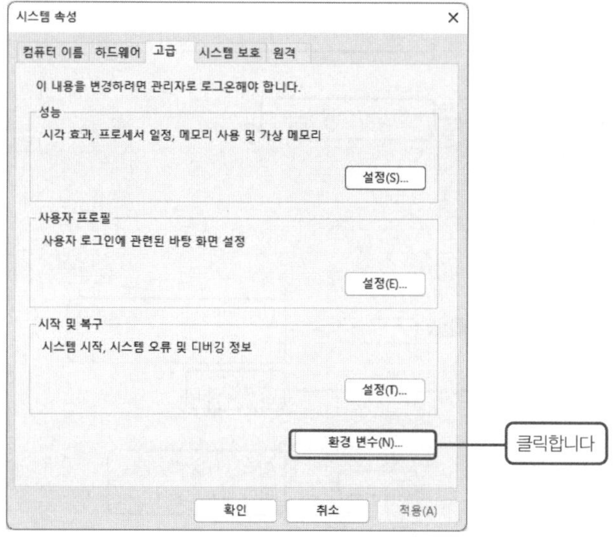

❷ [시스템 변수]의 [변수] 행에 [PATH](Path)라는 항목이 있는지 찾아봅니다. 만약 [PATH] 항목이 있다면, [PATH]를 선택한 상태에서 [편집] 버튼을 누릅니다. 그리고 새로 열린 창에서 [새로 만들기] 버튼을 누르고 [JDK를 설치한 디렉토리 이름\bin]을 입력하세요. 입력한 다음에는 [위로 이동] 버튼을 눌러서 [JDK를 설치한 디렉토리 이름\bin]을 제일 위로 올리세요.
만약 [PATH]라는 항목이 한 줄로 표시된다면, 그 항목의 첫머리에 [JDK를 설치한 디렉토리 이름\bin;]을 입력하세요. 반드시 뒤에 ;를 붙여야 합니다.

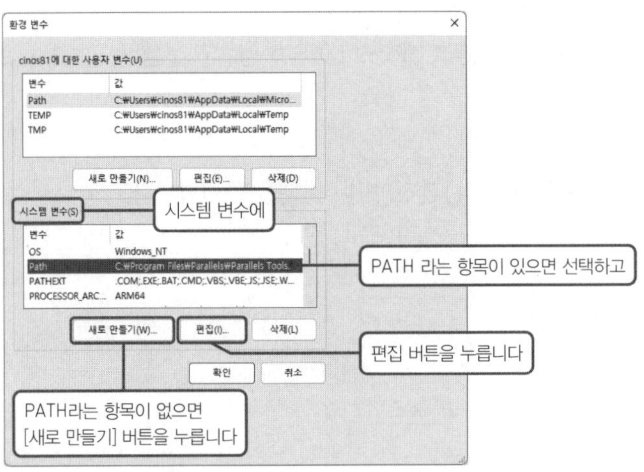

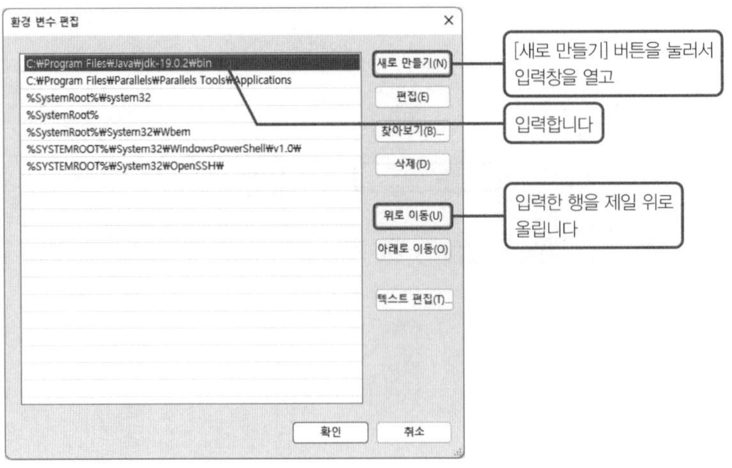

만약 [PATH]라는 항목이 없다면, [시스템 변수] 아래에 있는 [새로 만들기] 버튼을 눌러서 새로운 시스템 변수를 추가합니다. [변수 이름]에는 PATH를 입력하세요. [변수 값]에는 [JDK를 설치한 디렉토리 이름\bin]을 입력하세요.

프로그램 실행 순서

1. 메모장 같은 텍스트 편집기를 실행하고, 이 책에서 소개하는 코드를 입력한 뒤 저장해서 소스 파일을 만듭니다. 소스 파일 이름은 '**〈클래스 이름〉.java**'로 합니다.

   (… ❶ 소스 파일 작성)

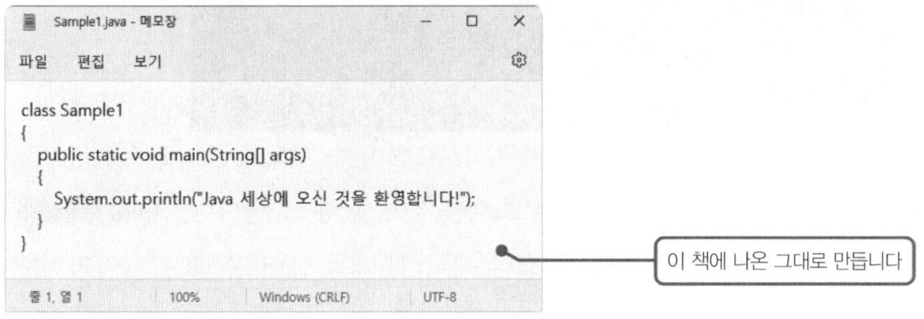

2. 명령 프롬프트를 실행하고, 소스 파일을 저장한 디렉토리로 이동합니다. 디렉토리를 이동하는 방법은 6페이지의 설명을 참조하세요.

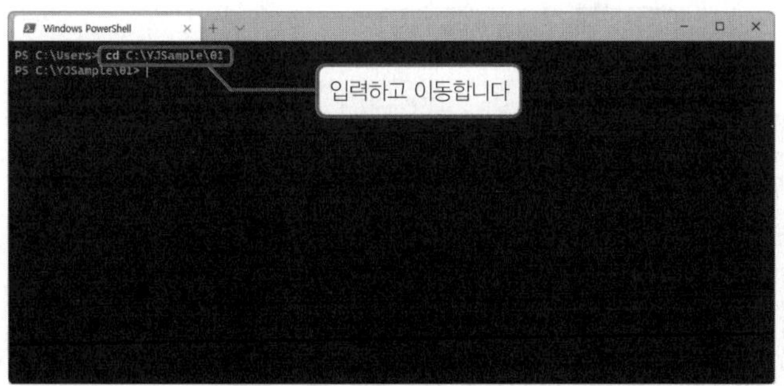

3. 컴파일러를 실행시켜서 프로그램을 만듭니다. '**javac 〈원본 파일 이름〉**'을 입력한 다음, Enter 키를 누릅니다. 예를 들어, 소스 파일 이름이 'Sample1.java'일 경우, 다음처럼 입력하면 'Sample1.class'라는 이름의 클래스 파일이 같은 디렉토리에 만들어집니다. 명령 프롬프트에 별다른 내용이 표시되지 않고 'C:\YJSample\01〉'이라는 문자열이 다시 나타났다면, 컴파일이 완료된 것입니다.

(… ❷ **컴파일하기**)

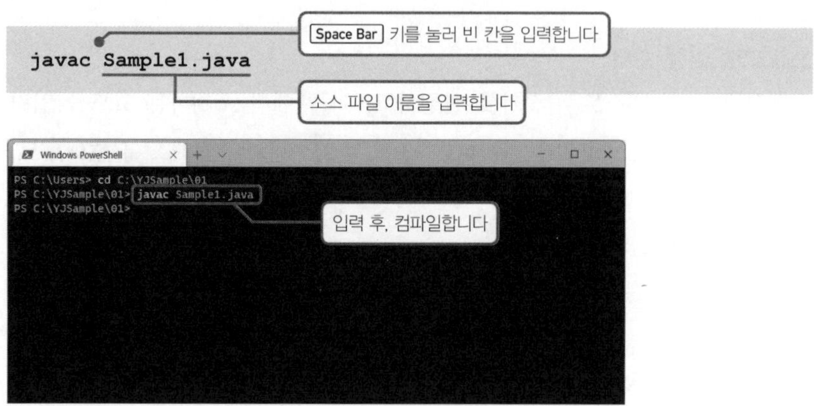

4. 인터프리터를 동작시켜서 프로그램을 실행할 수 있습니다. '**java 〈클래스 이름〉**'을 입력한 다음, Enter 키를 누릅니다. 예를 들어, 클래스 파일의 이름이 'Sample1.class'일 경우, 다음과 같이 입력합니다.

(… ❸ **프로그램 실행**)

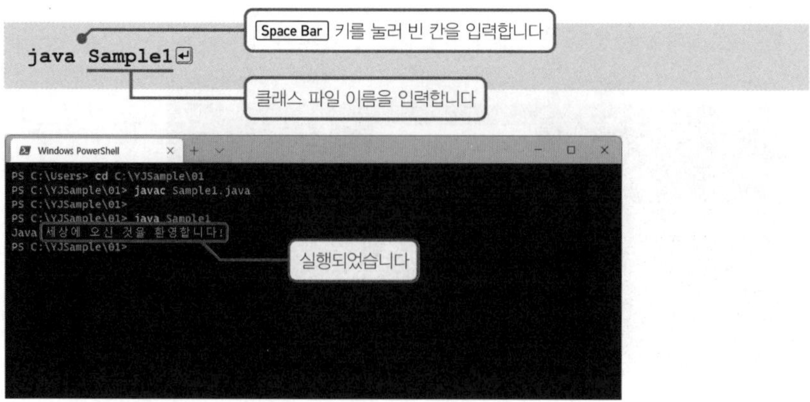

차례

Lesson 1 시작하기

Lesson 2 Java의 기본

Lesson 4 식과 연산자

Lesson 5 경우에 따른 처리

Lesson 6 여러 번 반복하기

Lesson 8 클래스의 기본

Lesson 9 클래스의 기능

Lesson 10 클래스의 이용

Lesson 11 새로운 클래스

Lesson 13 대규모 프로그램의 작성

Lesson 14 예외와 입출력 처리

Lesson 16 그래픽 애플리케이션

Lesson 1

시작하기

이 장에서는 Java 언어를 사용하여 프로그램을 작성하는 방법을 학습합니다. Java 언어의 학습을 시작한 지 얼마 되지 않았다면 생소한 프로그래밍 단어에 고생할지도 모릅니다. 그러나 이 장에서 다루는 키워드를 이해하게 되면, Java 언어의 이해도 편해질 것입니다. 하나씩 차근차근 나의 것으로 만들어 봅시다.

Check Point!

- 프로그램
- Java 언어
- JDK
- 소스 파일
- 컴파일
- 클래스 파일
- 프로그램 실행

1.1 Java로 만드는 프로그램

 프로그램의 원리

이 책을 읽기 시작한 여러분은 앞으로 Java 언어를 사용하여 '프로그램'을 작성하려고 생각하고 있을 것입니다. 우리는 매일 컴퓨터에 설치된 워드 프로세서와 스프레드 시트 등 다양한 '프로그램'을 사용하고 있습니다.

워드 프로세서와 같은 '프로그램'을 사용한다는 것은

문자를 표시하고, 문서를 꾸미고, 인쇄하는 것

과 같은 특정한 '일'을 컴퓨터에 지시하여 처리하고 있다고 생각할 수 있습니다.

컴퓨터란 다양한 '일'을 정확하고 빠르게 처리할 수 있는 기계이고, '프로그램'이란 컴퓨터에게 그 어떤 '일'을 지시하기 위한 수단입니다.

이제부터 Java 언어를 사용하여 컴퓨터에 처리를 지시하기 위한 프로그램을 만들어 보도록 하겠습니다.

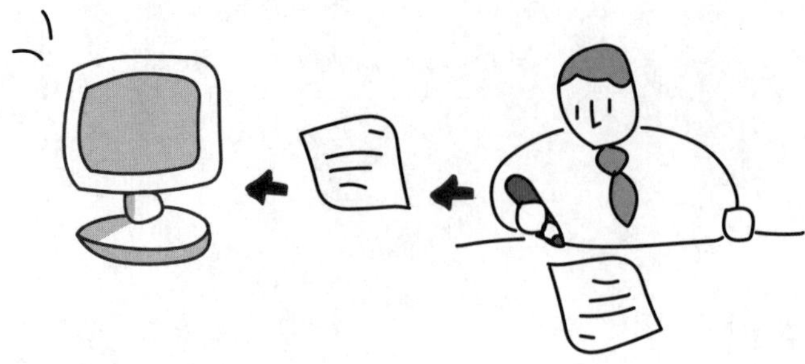

그림 1-1 프로그램
우리는 컴퓨터에게 일을 지시하기 위해 '프로그램'을 작성합니다.

프로그래밍 언어 Java

컴퓨터가 어떤 '일'을 처리하기 위해서는 사용자의 컴퓨터가 그 일의 '내용'을 이해할 수 있어야 합니다. 이를 위해서, 원래는 **기계어**(machine code)라 불리는 언어로 프로그램을 만듭니다.

그러나 곤란하게도 기계어는 '0'과 '1'이라는 숫자의 나열로 구성되어 있습니다. 컴퓨터라면 이 숫자의 나열(=기계어)을 이해할 수 있지만, 인간은 도저히 이해할 수 없습니다.

그리하여 기계어보다 '인간의 언어에 가까운 수준의 프로그래밍 언어'라고 불리는 것들이 지금까지 여럿 고안되었습니다. 이 책에서 배우는 Java 언어도 이와 같은 프로그래밍 언어 중 하나입니다.

Java 언어는 **컴파일러**(compiler)와 **인터프리터**(interpreter)라는 두 가지 소프트웨어를 사용하여 기계어로 번역됩니다. 이 기계어 프로그램을 통해서 컴퓨터가 실질적인 처리를 수행합니다.

그러면 이제부터 Java 언어를 배워 보도록 하겠습니다.

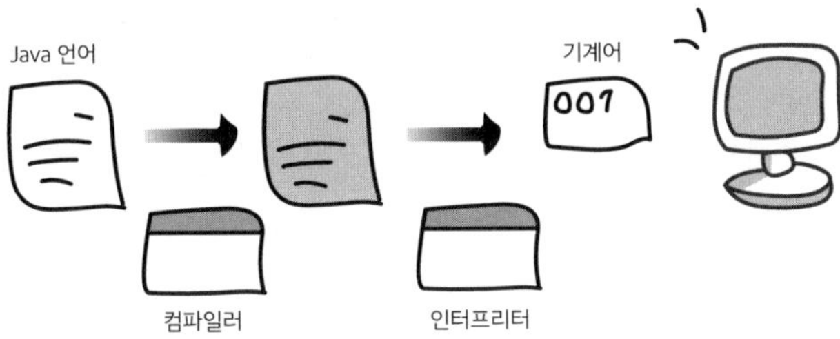

그림 1-2 프로그램 작성과 실행
Java 언어의 프로그램은 컴파일러와 인터프리터를 사용하여 작성하고 실행합니다.

1.2 코드 입력

 JDK 설치하기

Java 언어로 프로그램을 작성하기 위해서는 어떤 작업이 필요할까요? 이 장에서는 가장 기본적인 프로그램을 만드는 방법을 살펴보겠습니다.

우리가 먼저 해야 할 일은

Java 프로그램을 작성하기 위한 도구를 설치

하는 것입니다. 널리 사용되고 있는 것은 **JDK**(Java Development Kit)라는 도구입니다. 우리는 다양한 JDK 중에서 오픈소스 JDK인 **OpenJDK**를 사용할 것입니다. Open JDK를 구하는 방법과 설치 방법은 이 책의 시작 부분의 설명을 참고해 주세요.

또한, JDK를 쉽게 사용하기 위해 다양한 Java 개발 도구를 사용할 수 있습니다. 사용 방법은 각 툴의 매뉴얼을 참고하기 바랍니다. 그러나 무엇보다도 자신에게 맞는 도구를 사용하는 것이 중요합니다.

 코드의 원리 이해하기

JDK와 같은 도구가 준비되었다면 프로그램을 만들 준비가 된 것입니다. 다음으로 우리가 해야 할 일은

텍스트 편집기로 Java 언어의 문법에 따라 프로그램을 입력

하는 것입니다. Java 언어로 만드는 프로그램은

- Windows 운영체제의 '메모장'
- UNIX 운영체제의 'vim'

과 같은 '텍스트 편집기'를 사용하여 만들 수 있습니다. 그림 1-3은 Java 프로그램을 텍스트 편집기에 입력하는 화면입니다. 이 책에서는 앞으로 이런 식으로 텍스트 편집기에 프로그램을 입력해 나갈 것입니다.

이러한 텍스트 형식의 프로그램을 **소스 코드**(source code)라고 합니다. 이 책에서는 이 프로그램을 단순하게 **코드**라고 부르겠습니다.

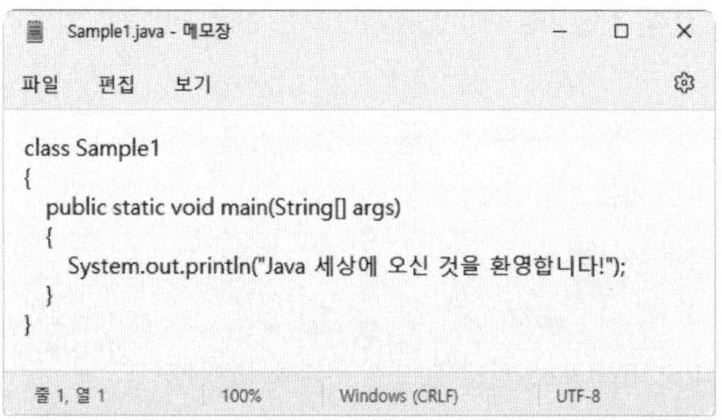

그림 1-3 Java로 작성한 코드
Java 프로그램의 작성은 텍스트 편집기를 사용한 코드 입력에서부터 시작됩니다.

워드 프로세서 기능을 사용하지 마세요

텍스트 편집기와 유사한 기능을 제공하며 문자의 크기와 두께를 설정할 수 있는 프로그램으로 '워드 프로세서'가 있습니다. 그러나, 워드 프로세서는 문자 크기 등의 서식 정보가 저장되기 때문에 Java 코드를 저장하기에는 적합하지 않습니다. 따라서 워드 프로세서 기능은 프로그램을 작성할 때 사용하지 않습니다.

텍스트 편집기로 코드 입력하기

그러면 텍스트 편집기로 Java의 '코드'를 입력해 봅시다. 다음 사항에 주의하면서 입력해 보세요.

- 숫자와 기호는 영문 자판, 혹은 한글 자판으로 입력합니다.
- 알파벳 대문자와 소문자는 다른 문자로 구별되므로, 대문자와 소문자를 구분하여 입력해야 합니다. 예를 들어, 'main'이라는 문자를 'MAIN'으로 입력하지 않도록 합니다.
- 공백은 Space Bar 키 또는 Tab 키를 사용하여 영문 자판 혹은 한글 자판으로 입력합니다.
- 행의 마지막이나 아무것도 적혀 있지 않은 행은 Enter 키를 눌러 줄 바꿈합니다. 이 키는 '실행 키' 혹은 '엔터 키'라 불립니다.
- 세미콜론(;)과 콜론(:)의 입력에 주의합니다.
- { }, [ ], ( )의 입력에 주의합니다.
- 0(숫자 영)과 o(알파벳 오), 1(숫자 일)과 l(알파벳 엘) 또한 주의해서 입력합니다.

Sample1.java ▶ 처음으로 작성하는 코드

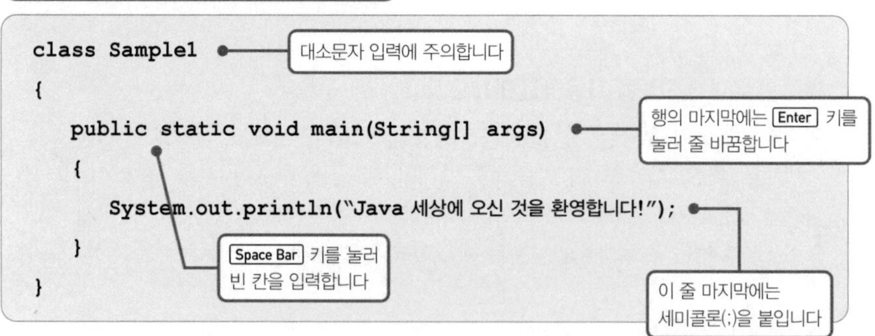

```
class Sample1
{
    public static void main(String[] args)
    {
        System.out.println("Java 세상에 오신 것을 환영합니다!");
    }
}
```

대소문자 입력에 주의합니다
행의 마지막에는 Enter 키를 눌러 줄 바꿈합니다
Space Bar 키를 눌러 빈 칸을 입력합니다
이 줄 마지막에는 세미콜론(;)을 붙입니다

입력이 끝나면 파일에 이름을 붙여 저장합시다. 여기에서는 코드에 입력한 'Sample1'을 코드의 파일명으로 붙이기로 합니다. 또한 Java 언어에서는 파일 이름의 마지막에 '.java'를 붙입니다. 이것을 **확장자**라고 부릅니다.

따라서 이 파일을

Sample1.java

라는 이름으로 저장합시다.

이렇게 완성된 'Sample1.java'가 처음으로 만든 Java의 '코드'입니다. 이 코드를 저장한 파일을 **소스 파일**(source file)이라고 합니다.

통합 개발 환경

소스 코드를 작성하기 위해, JDK를 쉽게 이용할 수 있도록 하는 Java 통합 개발 환경을 사용할 수도 있습니다. 통합 개발 환경에는 일반적으로 텍스트 편집기가 내장되어 있습니다. 다음은 대중적인 통합 개발 환경인 Eclipse의 화면입니다. Eclipse는 아래의 사이트에서 설치 프로그램(Installer)을 다운로드할 수 있습니다.

https://www.eclipse.org/downloads/

이클립스의 자세한 사용 방법은 인터넷과 관련 서적 등을 참고하세요.

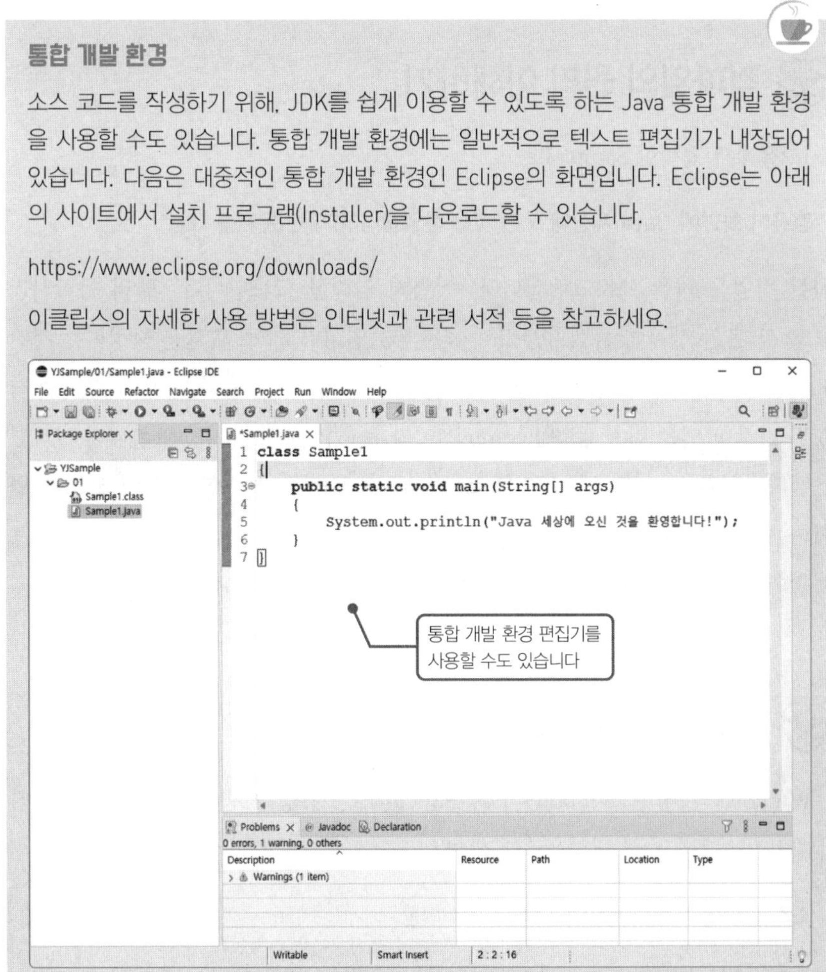

1.3 프로그램의 작성

 컴파일의 원리 이해하기

1.2절에서 입력한 Sample1은

컴퓨터 화면에 'Java 세상에 오신 것을 환영합니다!'라는 문자를 표시

하는 작업을 하는 프로그램입니다. 어렵게 입력한 코드입니다. '빨리 동작시켜 보고 싶다!'는 생각이 들겠지만 조바심은 금물입니다. 소스 파일을 작성하는 것만으로는 곧바로 프로그램을 실행하여 문자를 표시할 수 없습니다. Java 언어로 작성된 소스 파일은 먼저 **컴파일**(compile)이라 불리는 작업을 거쳐야 합니다.

컴파일이란 Java 코드를 **바이트 코드**(byte code)라는 특수한 형식의 코드로 변환하는 작업을 말합니다. 이 작업을 수행하기 위해 **컴파일러**(compiler)라는 소프트웨어를 사용합니다. 그러면 먼저 컴파일 방법부터 살펴보겠습니다.

 컴파일러 실행하기

Windows의 경우 Windows PowerShell(또는 명령 프롬프트)을 시작합니다(5페이지). 그리고 `cd` 명령을 사용하여

소스 파일이 저장되어 있는 디렉토리로 이동

하는 작업을 수행합니다. '디렉토리'란 Windows의 폴더를 가리킵니다. 디렉토리의 이동 방법은 이 책의 6페이지에서 설명하고 있으니 자세한 내용은 그 부분을 참조합니다.

예를 들어, 소스 파일을 "C 드라이브 아래의 YJSample 디렉토리 내의 01 디렉토리"에 저장한 경우, 다음과 같이 이동합니다.

C:\Users>cd c:\YJSample\01
cd 명령어 뒤에 공백 문자를 입력하고 이동할 디렉토리 이름을 적습니다

그다음, 컴파일러를 시작하고 1.2절에서 작성한 Sample1.java를 컴파일합니다. JDK 컴파일러를 시작하려면 **javac**라는 명령어를 입력합니다.

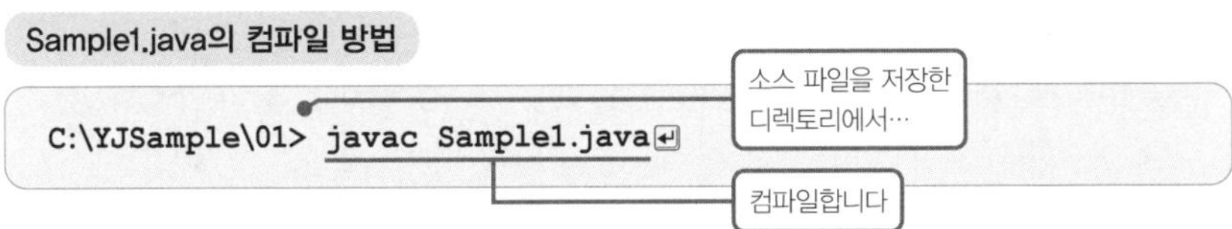

Sample1.java의 컴파일 방법
C:\YJSample\01> javac Sample1.java
소스 파일을 저장한 디렉토리에서…
컴파일합니다

'javac' 뒤에 공백 문자를 하나 입력한 다음, 소스 파일 이름을 입력하고 Enter 키를 누릅니다. 이때 '.java'라는 확장자까지 입력하는 것을 잊지 않도록 주의하기 바랍니다.

아무것도 표시되지 않고 'C:\YJSample\01>'이라는 문자열이 다시 나타났다면, 컴파일이 완료된 것입니다. 소스 파일이 저장되어 있는 디렉토리에 'Sample1.class'라는 파일이 만들어집니다. 이 파일을 **클래스 파일**(class file)이라고 부릅니다. 클래스 파일은 코드를 바이트 코드 형식으로 변환한 것입니다. 클래스 파일이 올바르게 작성되었는지 여부는 폴더를 열어 확인합니다.

중요

컴파일하려면 'javac 〈원본 파일 이름〉'을 입력하여 컴파일러를 작동시킨다.

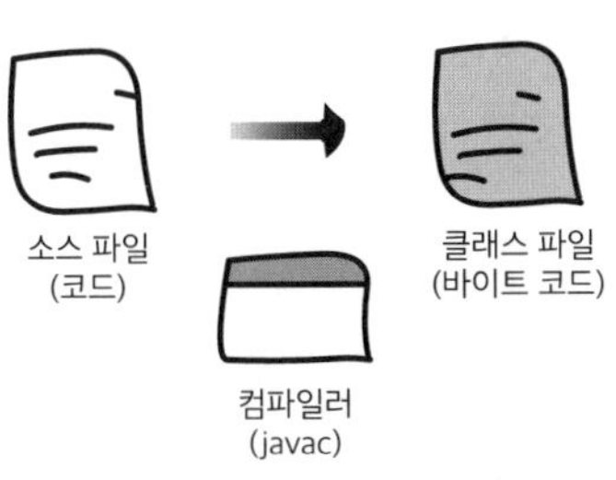

소스 파일
(코드)
클래스 파일
(바이트 코드)
컴파일러
(javac)

그림 1-4 소스 파일의 컴파일
Java 소스 파일(코드)을 컴파일하면 클래스 파일(바이트 코드)이 생성됩니다.

오류가 표시되었다면?

컴파일하려고 할 때, 화면에 오류가 표시되어 클래스 파일이 생성되지 않는 경우가 있습니다. 이럴 때에는 입력한 코드를 검토하여 실수를 확인하고, 다시 컴파일합시다. 컴파일할 때 입력한 소스 파일 이름이 잘못되지 않았는지도 확인합니다.
가장 일반적인 오류에는 다음과 같은 것들이 있습니다.

- 한글 자판 또는 영문 자판으로 코드를 입력하지 않은 경우
- 대문자와 소문자를 착각한 경우
- 괄호를 닫지 않은 경우

Java 언어는 영어나 한국어처럼 '문법' 규칙을 가지고 있습니다. 우리가 만약 Java 문법을 따르지 않는 코드를 입력했다면, 컴파일러는 이 코드를 제대로 이해할 수 없습니다. 결과적으로 컴파일러는 코드를 바이트 코드로 제대로 번역할 수 없습니다. 컴파일러는 번역에 실패했을 때, 오류를 표시하고 문법 오류 등을 정정할 수 있도록 지시합니다.

1.4 프로그램의 실행

프로그램 실행하기

클래스 파일이 만들어지면 프로그램을 실행할 수 있습니다. 한번 실행해 보겠습니다.

JDK에서 프로그램을 실행할 때는 **인터프리터**(interpreter)라는 소프트웨어를 사용합니다. 인터프리터를 작동하려면 **java**라는 명령어를 입력합니다.

방금 만든 프로그램의 경우에는 'java' 뒤에 1개의 공백 문자를 두고 'Sample1'을 입력한 후, Enter 키를 누릅니다. 'Sample1'은 **클래스 이름**이라고도 합니다. 이 때, 클래스 이름의 대소문자를 잘못 입력하지 않도록 주의하기 바랍니다.

Sample1의 실행 방법

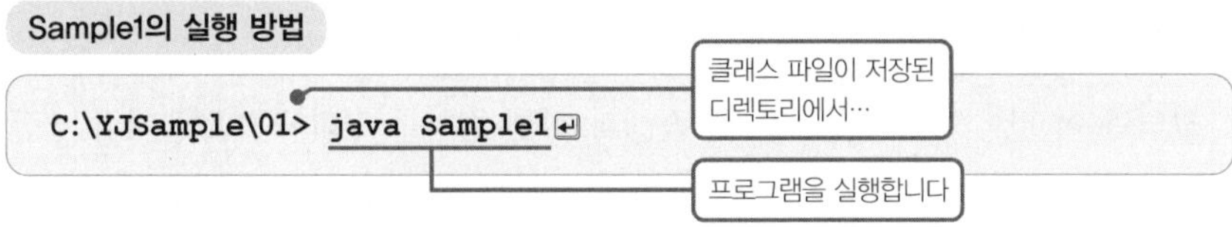
C:\YJSample\01> java Sample1
클래스 파일이 저장된 디렉토리에서…
프로그램을 실행합니다

그러면 프로그램이 실행되어 화면에 문자가 표시됩니다.

Sample1의 실행 화면

```
Java 세상에 오신 것을 환영합니다!
```

Windows PowerShell
PS C:\Users> cd C:\YJSample\01
PS C:\YJSample\01> javac Sample1.java
PS C:\YJSample\01>
PS C:\YJSample\01> java Sample1
Java 세상에 오신 것을 환영합니다!
PS C:\YJSample\01>

그림 1-5 프로그램의 실행
프로그램을 실행하면 "Java 세상에 오신 것을 환영합니다!"라는 문자가 화면에 표시됩니다.

잘 실행되었나요? 인터프리터는 바이트 코드를 해석하여 컴퓨터에 명령을 실행하는 역할을 합니다. Java 인터프리터는 **Java 가상 머신**(Java Virtual Machine)이라는 이름으로 불리기도 합니다.

중요

프로그램을 실행하려면 'java 〈클래스 이름〉'을 입력하여 인터프리터를 작동시킨다.

그러면 이 장에서 배운 프로그램 작성과 실행 절차를 정리해 보겠습니다. 2장 이후의 샘플 코드도 이러한 절차에 따라 입력하고 실행해 나갈 것입니다. 절차를 제대로 익혀 두도록 합니다.

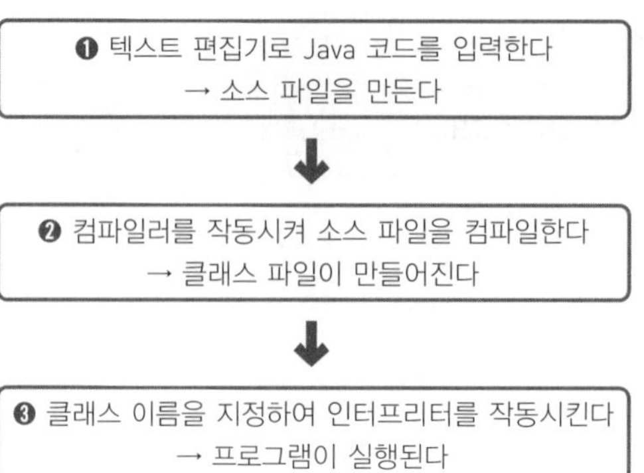
❶ 텍스트 편집기로 Java 코드를 입력한다
→ 소스 파일을 만든다
❷ 컴파일러를 작동시켜 소스 파일을 컴파일한다
→ 클래스 파일이 만들어진다
❸ 클래스 이름을 지정하여 인터프리터를 작동시킨다
→ 프로그램이 실행된다

Lesson 1

또한, 개발 도구에 따라 프로그램 작성과 실행을 일괄적으로 수행할 수 있는 경우도 있습니다. 그러나 어떠한 경우에도 위의 흐름을 따라 프로그램의 작성과 실행이 이루어집니다. 따라서 이러한 흐름을 기억하는 것이 중요합니다.

컴파일과 실행

일반적인 통합 개발 환경은 프로그램 작성과 실행을 한번에 할 수 있습니다. 그리고, 최신 Java(버전 11 이상)부터는 간단한 프로그램(이번에 소개한 정도의 프로그램)이라면 컴파일 없이도 'java 〈소스 파일 이름〉'을 입력하여 바로 실행할 수 있습니다. 하지만 우리는 8장부터 복잡한 프로그램을 작성할 것입니다. 이때는 컴파일과 실행을 따로따로 해야 합니다. 그러니 기본기를 확실히 익혀 둡시다.

Java 프로그램을 다른 환경에서 사용하기

이 장에서는 Java 프로그램 작성 방법과 실행 방법을 배웠습니다. 이렇게 생성한 Java 바이트 코드(클래스 파일)는 Windows에서도, UNIX에서도 원칙적으로 동일하게 실행할 수 있습니다. 다른 환경의 컴퓨터에도 클래스 파일만 있으면 누구라도 같은 프로그램을 수행할 수 있는 것입니다.

보통 다른 프로그래밍 언어에서는 이러한 일이 불가능합니다. Windows, UNIX 등 컴퓨터 환경별로 실행 형식의 프로그램을 만들어야 합니다. 이러한 특징은 다양한 환경의 컴퓨터가 네트워크를 통해 이용되고 있는 가운데, Java의 강점이 되고 있습니다.

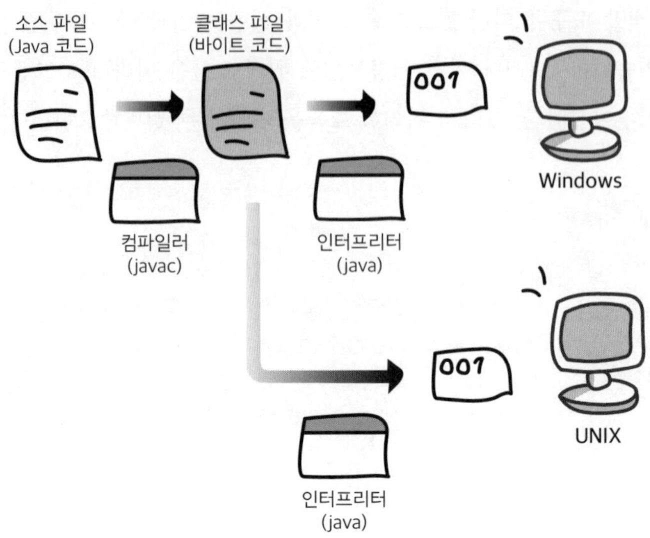

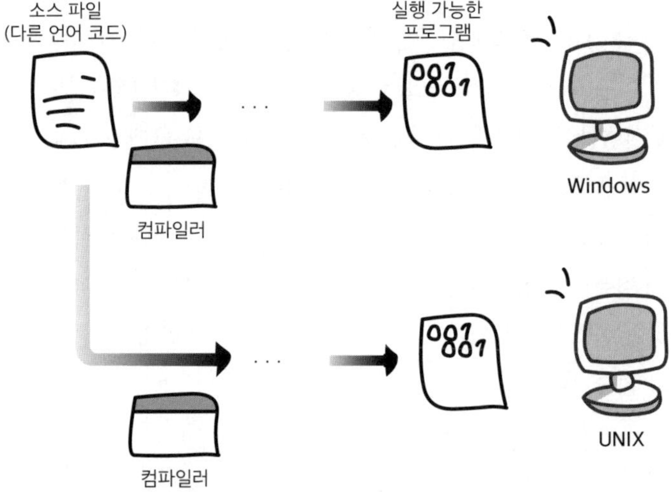

그림 1-6 Java 클래스 파일

Java에서는 생성한 클래스 파일을 다양한 환경에서 실행할 수 있습니다(위). 다른 언어는 일반적으로 환경마다 프로그램을 만들어야 합니다(아래).

1.5 강의 요약

1장의 마무리로 이 장에서 배운 것을 정리해 둡시다. 이 장에서는 다음과 같은 것을 배웠습니다.

- 프로그램은 컴퓨터에 특정한 '일'을 부여합니다.
- Java 코드는 텍스트 편집기 등을 통해 입력합니다.
- Java 코드는 대소문자를 구별하여 입력해야 합니다.
- Java 파일 이름은 대소문자를 구별하여 입력해야 합니다.
- 소스 파일을 컴파일하면 클래스 파일이 만들어집니다.
- 인터프리터를 동작시켜서 프로그램을 실행할 수 있습니다.
- 프로그램을 실행하면 지시된 '일'이 수행됩니다.

이 장에서는 Java 코드를 입력하여 프로그램을 작성하는 방법을 배우고, 마지막으로 이를 실행해 보았습니다. 그러나 이 장에서는 입력한 Java 코드가 의미하는 처리 내용에 대해서는 언급하지 않았습니다. 다음 장부터 본격적인 Java 코드의 내용을 배워 보도록 하겠습니다.

연습문제

1. 다음 항목에 대해 O 또는 ×로 답하시오.

   ① Java 소스 코드는 그대로 실행할 수 있다.

   ② Java에서는 알파벳 대소문자를 구별해서 입력한다.

   ③ 코드의 공백 문자는 반드시 Space Bar 키로 입력한다.

   ④ Java 코드는 문법 규칙을 어기더라도 항상 컴파일할 수 있다.

2. 본문에서 만든 Sample1 안의 클래스 이름을 Sample2로 변경합니다. 그 후, Sample2.java라는 파일명으로 저장합니다. 이 파일을 컴파일하고 실행하십시오.

Lesson 2

Java의 기본

1장에서는 Java 코드를 입력한 후, 컴파일러와 인터프리터를 사용하여 프로그램을 실행하는 방법을 배웠습니다. 그럼 앞으로 우리는 어떤 코드를 입력하면 좋을까요? 코드를 작성하여 프로그램을 만들기 위해선 Java 문법 규칙을 알아야 합니다. 이 장에서는 기본적인 Java 문법을 배워 보도록 하겠습니다.

Check Point!

- 화면에 출력하기
- main( ) 메소드
- 블록
- 주석
- 클래스
- 리터럴
- 이스케이프 시퀀스

2.1 화면에 출력하기

 새로운 코드 입력하기

1장에서는 화면에 한 줄을 표시하는 프로그램을 작성했습니다. 컴퓨터에 '일'을 시켰던 것일까요? 이 장에서는 화면에 더욱 많은 줄을 표시하는 프로그램을 만들어 봅시다.

아래의 코드를 편집기에 입력하고 저장하세요.

Sample1.java ▶ 화면에 문자열 출력하기

```
//화면에 문자를 출력하는 코드
class Sample1
{
    public static void main(String[] args)
    {
        System.out.println("Java 세상에 오신 것을 환영합니다!");
        System.out.println("Java를 시작합시다!");
    }
}
```

;(세미콜론)과 { }(중괄호)를 올바르게 입력하였나요? 입력이 끝나면 1장에서 설명한 절차에 따라 컴파일하고 실행합니다. 화면에는 다음과 같은 두 줄이 나타날 것입니다.

Sample1의 실행 화면

```
Java 세상에 오신 것을 환영합니다!
Java를 시작합시다!
```

 화면에 출력하기

Sample1.java는 1장과 마찬가지로 화면에 문자열을 표시하는 Java 코드입니다. 화면에 문자 등을 표시하는 행위를 프로그래밍의 세계에서는

화면에 출력한다

고 합니다. 우선 문자열을 화면에 '출력하는' 방법부터 배워 보도록 하겠습니다. 다음 코드를 보세요.

구문 **화면에 출력하기**

```
class 클래스명
{
    public static void main(String[] args)
    {
        System.out.println(출력하고 싶은 문자열);
        ...
    }
}
```

( ) 안에 출력하고 싶은 문자열을 입력합니다

이 코드가 화면에 문자열을 출력하는 코드의 기본형입니다. 지시선이 붙은 행이 컴퓨터에 화면 출력 처리를 지시하고 있는 부분입니다. 즉, 밑줄 친 부분에 문자열을 쓰면 그것이 화면에 출력되는 것입니다.

"코드라는 건 많이 복잡하구나…"라고 생각할 수도 있습니다. 그러나 지금 단계에서는 먼저 Java 코드에 익숙해지는 것이 중요합니다. 여기에서는

화면 출력 코드는 이렇게 쓰는 것이다

라고 외워 주세요. 이 코드는 앞으로 만들 샘플 코드에서 사용할 것입니다. 문자열이나 문자, 숫자 등을 쓰는 자세한 방법은 2.3절에서 공부합니다. 이 장에서는 대략적인 이미지만 파악하도록 합시다.

여러 가지 출력 방법 이해하기

본래의 주제에서 조금 벗어납니다만, 화면에 문자열을 출력하는 스타일의 코드에 좀 더 익숙해져 봅시다.

이전 코드에서 출력하고자 하는 문자열 앞에 적은 'System.out.println'이라는 문자열에 주목해 주세요. 이 'System.out'은

표준 출력(standard output)

이라 불리는 컴퓨터 장치와 연결된 단어입니다.

왠지 생소한 단어입니다. 그러나 어렵지 않습니다. '표준 출력'이란 '지금 사용하고 있는 컴퓨터 화면 장치'를 뜻합니다. 그리고 'println'은 그 화면에 문자열을 프린트(표시)하라는 의미입니다. 즉, System.out.println… 행은 시스템에게

문자열을 '화면'에 출력하라

고 지시하고 있는 것입니다.

println 대신 print라는 문장을 사용할 수도 있습니다. 모두 화면에 출력하기 위한 명령이지만 print와 println 차이는 줄 끝에 있습니다.

시험 삼아 다음의 코드를 입력해 봅시다.

Sample2.java ▶ print 사용

```
class Sample2
{
    public static void main(String[] args)
    {
        System.out.print("Java 세상에 오신 것을 환영합니다!");
        System.out.print("Java를 시작합시다!");
    }
}
```

print를 사용합니다

Sample2의 실행 화면

Java 세상에 오신 것을 환영합니다! Java를 시작합시다!
문자열이 이어져서 출력됩니다

Sample2는 Sample1에서의 println을 print로 변경한 것입니다. Sample1과는 달리 문자열이 이어져서 출력되었습니다. println은 명령 하나마다 줄 바꿈이 되지만, print는 문자열을 계속 출력하게 되어 있는 것입니다. 용도에 따라 구분해서 사용하면 편리할 것입니다.

2.2 코드의 내용

코드의 흐름 따라 가기

그러면 이 장에서 가장 처음 입력한 Sample1.java의 내용을 자세히 살펴봅시다. Sample1.java 코드를 보세요. 이 코드는 컴퓨터에 무엇을 지시하고 있습니까?

Sample1.java의 내용

```
//화면에 문자를 출력하는 코드          ← 주석문입니다
class Sample1
{
    public static void main(String[] args)      ← main( ) 메소드의 시작 부분입니다
    {
        System.out.println("Java 세상에 오신 것을 환영합니다!");   ← 먼저 실행됩니다
        System.out.println("Java를 시작합시다!");   ← 다음에 실행됩니다
    }   ← main( ) 메소드의 종료 부분입니다
}
```

main( ) 메소드

우리는 먼저 이 코드의 명령이 어디에서 시작하여 어디에서 끝나는지를 알아야 합니다. 먼저

```
public static void main(String[] args)
```

라고 쓰여 있는 줄을 확인해 주세요. Java 프로그램은 원칙적으로 이 main( )이라고 적힌 부분에서부터 작업이 시작됩니다.

다음으로 Sample1의 아래에서 두 번째

```
}
```

를 보세요. 프로그램의 흐름이 이 부분까지 도달하면 원칙적으로 프로그램은 종료됩니다.

중괄호({ })로 둘러싸인 부분은 **블록**(block)이라고 합니다. 'main'이 붙은 블록에는 특별히 **main( ) 메소드**(main method)라는 이름이 붙어 있습니다. '메소드'라는 단어의 의미는 8장에서 자세히 설명하므로 기억만 해 두도록 합시다.

```
public static void main(String[] args)
{
   ...
}
```

main( ) 메소드입니다

main( ) 메소드에서 프로그램의 처리가 시작된다.

 한 문장씩 처리하기

그러면 main( ) 메소드 안을 들여다 봅시다. Java에서는 1개의 작은 처리('일') 단위를 **문장**(statement)이라고 부르며 마지막에는 **;**(세미콜론) 기호를 붙입니다. 그러면 이 '문장'이

원칙적으로 처음부터 순서대로 한 문장씩 처리

됩니다. 즉, 프로그램이 실행되면 main( ) 메소드에 있는 2개의 '문장'이 다음의 순서로 처리됩니다.

```
System.out.println("Java 세상에 오신 것을 환영합니다!");   ●── 먼저 실행됩니다
                ↓
System.out.println("Java를 시작합시다!");   ●── 다음에 실행됩니다
```

System.out.println…이라는 문장은 '화면에 문자를 출력하는' 코드였지요. 그래서 이 문장이 실행되면 화면에 두 줄의 문자열이 출력되는 것입니다.

> 문장에는 세미콜론을 붙인다.
> 문장은 원칙적으로 처음부터 순서대로 한 문장씩 처리된다.

```
...
public static void main(String[] args)
{
    System.out.println("Java 세상에 오신 걸 환영합니다!");
    System.out.println("Java를 시작합시다!");
}
...
```

그림 2-1 처리의 흐름
프로그램을 실행하면 원칙적으로 main( ) 메소드의 앞에서부터 한 문장씩 순서대로 처리됩니다.

 코드를 읽기 쉽게 만들기

Sample1의 main( ) 메소드는 몇 줄에 걸쳐 적혀 있습니다. 왜냐하면 Java 코드는

문장 중간이나 블록에서 줄 바꿈을 할 수 있다

고 정하고 있기 때문입니다. 따라서 Sample1 코드는 main( ) 메소드를 몇 줄에 나누어 쉽게 읽을 수 있게 한 것입니다. 또한 Java에서는 의미가 이어진 문장 등이 아니라면, 자유롭게 공백 문자를 넣을 수 있습니다. 즉,

```
pub lic sta tic void m ain(String[] args){
```

과 같은 표기는 잘못되었지만

```
public static void main(String[] args){
```

와 같이 공백을 넣거나 줄을 바꾸어도 괜찮습니다.

Sample1에서는 블록의 가독성을 높이기 위해 '{' 부분에서 개행하고 코드 시작 부분에 공백을 더 넣었습니다. 덧붙여, 출력할 문자열 안에서는 줄 바꿈을 할 수 없습니다.

코드의 시작 부분에 공백 문자를 넣는 행위를 가리켜 **들여쓰기**(indent)라고 합니다. 들여쓰기를 할 때에는, 코드 시작 부분에서 [Space Bar] 키 혹은 [Tab] 키를 누릅니다.

우리는 점차 복잡한 코드를 써 나갈 것입니다. 들여쓰기를 잘 사용하여 읽기 쉬운 코드를 쓰도록 합시다.

중요

코드의 가독성을 높이기 위해 들여쓰기나 줄 바꿈을 하자.

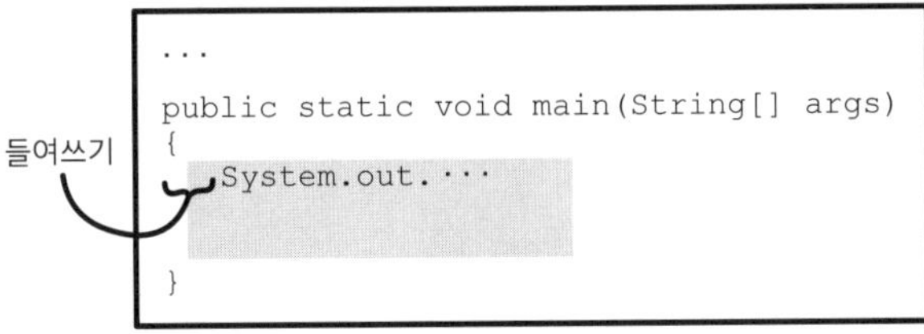
들여쓰기
...
public static void main(String[] args)
{
System.out.···
}

그림 2-2 들여쓰기
블록 안을 들여쓰기하면 코드의 가독성을 높일 수 있습니다.

주석 작성하기

main( ) 메소드에 대해 이해하였나요? 이제부터는 코드의 다른 부분을 훑어보도록 합시다. 우선 가장 먼저 입력되어 있는 // 기호가 있는 줄을 보세요. 사실 Java 컴파일러는

//라는 기호를 만나면 그 줄을 무시하라

는 규칙에 따라 동작합니다. 따라서 // 기호 뒤에는 프로그램의 처리와 직접 관계가 없는 프로그래머의 메모를 적어 둘 수 있습니다. 이것을 **주석**(comment)이라고 합니다. 그 코드의 내용을 이해하기 쉽게 설명하는 용도로 사용하는 것이 일반적입니다.

Sample1에서는 다음과 같이 코드의 시작 부분에 주석 처리를 하고 있습니다.

Java를 포함한 대다수의 프로그래밍 언어는 사람이 읽기 쉬운 언어가 아닙니다. 이러한 주석문은 코드를 읽기 쉽게 만들어 줍니다.

주석을 사용하여 코드를 이해하기 쉽게 만들자.

주석을 입력하는 또 다른 방법

또한, 주석을 작성하는 방법에는 //라는 기호 외에도 / * * /라는 기호를 사용하는 방법이 있습니다.

/ * * / 기호의 경우,

/ * * /로 둘러싸인 부분은 모두 주석

이라는 규칙이 있습니다. 따라서 / * * / 기호를 사용하면 여러 줄에 걸쳐 주석을 작성할 수 있습니다.

Lesson 2

Sample1처럼 //를 사용하는 스타일은 주석 기호가 등장한 줄만 무시합니다. 따라서 여러 줄에 나누어 주석을 입력할 수 없습니다. Java에서는 두 형식 모두 사용할 수 있습니다.

클래스 둘러보기

코드의 내용을 어느 정도 이해하였나요? 그럼 마지막으로 Sample1.java 코드 전체를 둘러보겠습니다. 이 코드를 잘 보면 다음과 같은 블록으로 둘러싸여 있음을 알 수 있습니다.

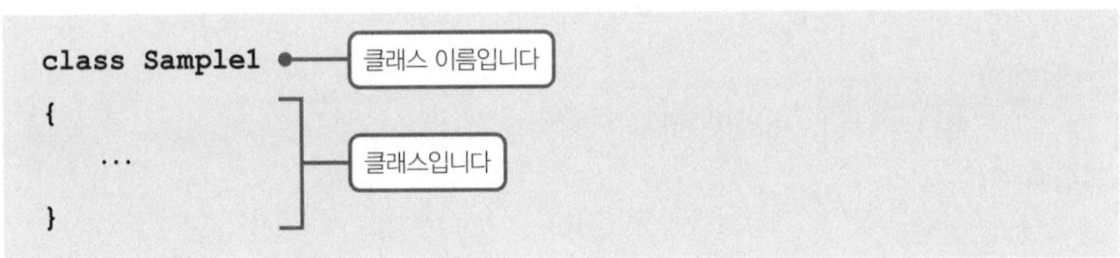
class Sample1
{
...
}
클래스 이름입니다
클래스입니다

Java 언어의 코드는 'class'라는 단어가 앞에 붙은 블록으로 구성되도록 정해져 있습니다. 이 블록을 **클래스**(class)라고 합니다. 'class' 다음에 쓴 단어(여기에서는 Sample1)를 **클래스 이름**이라고 합니다.

Java 프로그램에는 클래스가 적어도 하나 이상 있어야 합니다. 지금 예로 든 Sample1.java 파일에는 'Sample1'이라는 이름의 클래스가 하나 있습니다. 클래스 이름은 자유롭게 붙일 수 있지만, 앞으로 이 책에 등장하는 클래스들은 SampleX 라는 규칙에 따르도록 하겠습니다.

클래스에 대해서는 8장에서 자세히 설명합니다. 이 장에서는 코드가 이러한 블록 안에 들어간다는 사실만 기억하기 바랍니다.

Java 코드는 하나 이상의 클래스로 구성된다.

```
class Sample1
{
   public static void main(String[] args)
   {
     ...
   }
}
```

클래스

그림 2-3 클래스

Java 코드에는 1개 이상의 클래스가 존재합니다.

개발할 때의 규칙

Java 언어로 프로그래밍을 할 경우, 많은 개발자들과 함께 개발하는 대규모 시스템 개발을 전제합니다. 팀을 이루어 개발할 경우에는 Java 언어 문법과는 별도로 팀원들이 지켜야 하는 코드 작성 규칙을 작성하므로, 규칙에 따라 코딩하도록 합니다.
개발할 때 자주 사용되는 규칙은 다음과 같습니다.

- 주석

주석에 프로그램 개발자의 이름과 버전, 작성일 등을 기록하는 경우가 많아지고 있습니다.

- 클래스 이름

클래스 이름의 첫 문자는 대문자로 하는 것이 일반적입니다.

팀원들과의 협업을 위해서는 규칙에 따라 프로그래밍을 하는 것이 중요합니다.

2.3 문자와 숫자

 리터럴이란

2.2절에서는 화면에 문자열을 출력하는 간단한 코드를 배웠습니다. 이 절에서는 2.2절 코드를 응용하여 Java의 문자와 숫자, 문자열을 작성하는 방법을 배워 보도록 하겠습니다.

우선 다음 코드를 작성합니다.

Sample3.java ▶ 다양한 값 출력하기

```
class Sample3
{
   public static void main(String[] args)
   {
      System.out.println('A');                          // 문자를 출력합니다
      System.out.println("Java 세상에 오신 것을 환영합니다!");  // 문자열을 출력합니다
      System.out.println(123);                          // 숫자를 출력합니다
   }
}
```

Sample3의 실행 화면

```
A
Java 세상에 오신 것을 환영합니다!
123
```

Sample3에서는 다양한 문자와 숫자가 출력되었습니다. 이 코드에서 볼 수 있는 'A', "Java 세상에 오신 것을 환영합니다!", 123과 같은 특정 문자나 숫자 표기를 Java에서는 **리터럴**(literal)이라고 부릅니다. 리터럴이란

일정한 '값'을 나타내는 데 이용되는 Java의 단어 같은 것

이라고 생각하면 됩니다. 주요 리터럴에는 다음과 같은 것이 있습니다.

- 문자 리터럴
- 문자열 리터럴
- 숫자(정수 · 부동 소수점) 리터럴

이제부터 리터럴을 하나씩 살펴보도록 하겠습니다.

다양한 토큰

한국어, 영어를 비롯한 인간의 다양한 언어들이 단어를 조합하여 이루어진 것과 마찬가지로, Java 언어도 단어의 조합으로 구성되어 있습니다. 리터럴은 Java에서 사용되는 단어 중 하나입니다.
'단어', 즉 '특정 의미를 가진 문자(또는 조합)'를 Java에서는 **토큰**(token)이라고 부릅니다. 토큰은 그 기능에 따라 다음과 같은 종류로 분류할 수 있습니다.

- 리터럴
- 키워드
- 식별자
- 연산자
- 구분자(쉼표 등)

이 중 리터럴은 이번 장에서 배웁니다. 키워드와 식별자는 3장, 연산자는 4장에서 배웁니다.

문자 리터럴

Java에서는,

- 하나의 문자
- 문자열(스트링)

이라는 두 종류의 리터럴을 구분하여 다룹니다. 먼저 문자 하나를 표현하는 방법부터 배워 보겠습니다.

문자 하나를 **문자 리터럴**(character literal)이라고 합니다.

```
'A'
'a'
'아'
```

처럼 ' '로 묶어 코드 안에 적습니다. Sample3의 코드에서는 'A'가 '문자'에 해당하는 것입니다. 또한 Sample3의 실행 결과를 보면 알 수 있듯, 화면에는 ' '가 출력되지 않음에 주의합니다.

문자 하나는 ' '로 묶어 표기한다.

'H' ← 문자

그림 2-4 문자
문자를 나타낼 때는 ' '로 묶어서 표기합니다.

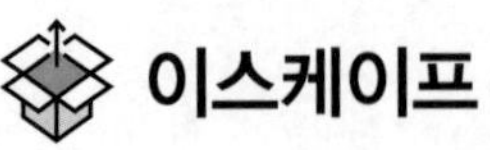

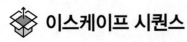

이스케이프 시퀀스

때로는 키보드로 입력할 수 없는 특수 문자를 표현해야 합니다. 특수 문자를 표현할 때에는 그 문자 앞에 ₩를 붙여서 '하나의 문자'로 만듭니다. 이를 **이스케이프 시퀀스**(escape sequence)라고 합니다. 이스케이프 시퀀스의 종류는 표 2-1과 같습니다.

표 2-1 : 이스케이프 시퀀스

이스케이프 시퀀스	의미하는 문자
₩b	백스페이스
₩t	수평 탭
₩n	개행
₩f	페이지 나누기
₩r	복귀
₩'	'
₩"	"
₩₩	₩
₩ooo	8진수 ooo의 문자 코드를 가지는 문자(o는 0~7의 숫자)
₩uhhhh	16진수 hhhh의 문자 코드를 가지는 문자(h는 0~9의 숫자, A~F의 영문자)

개발 환경에 따라 ₩가 \(백슬래시)로 표시되는 경우가 있으니 주의하기 바랍니다. 이스케이프 시퀀스를 사용하여 화면에 출력하는 테스트 코드를 작성해 보겠습니다.

Sample4.java ▶ 이스케이프 시퀀스 사용하기

```
class Sample4
{
    public static void main(String[] args)
    {
        System.out.println("원화 기호를 표시합니다: ₩₩");
        System.out.println("작은 따옴표를 표시합니다: ₩'");
    }
}
```

이스케이프 시퀀스를 사용합니다

Sample4의 실행 화면

```
원화 기호를 표시합니다: ₩
작은 따옴표를 표시합니다: '
```

[₩₩] 혹은 [₩']라고 적힌 부분이 [₩]나 [']로 출력되는 것을 알 수 있습니다.

중요

이스케이프 시퀀스를 사용하여 특수 문자를 표현할 수 있다.

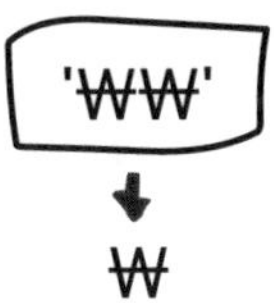

그림 2-5 이스케이프 시퀀스
특수 문자를 표현할 때에는 이스케이프 시퀀스를 사용합니다.

문자 코드

문자에 대해 좀 더 자세히 알아봅시다. 사실 컴퓨터 내부에서는 문자를 숫자로 취급합니다. 이러한 각 문자에 해당하는 숫자를 **문자 코드**(character code)라고 합니다. Java에서는 **Unicode**(유니 코드)라는 문자 코드가 사용됩니다.

이스케이프 시퀀스인 [₩ooo]나 [₩uhhhh](표 2-1)를 출력하면 지정한 문자 코드와 일치하는 문자가 출력됩니다. 다음 코드를 통해 확인해 보겠습니다.

Sample5.java ▶ 문자 코드 사용하기

```
class Sample5
{
    public static void main(String[] args)
    {
        System.out.println("8진수 101은 문자 ₩101입니다.") ;
        System.out.println("16진수 0061은 문자 ₩u0061입니다.");
    }
}
```

문자 코드를 지정합니다

Sample5의 실행 화면

```
8진수 101은 문자 A입니다.
16진수 0061은 문자 a입니다.
```

Unicode에서 8진수 '101'은 A, 16진수 '61'은 a에 해당합니다. 따라서 위와 같이 [A]와 [a]가 출력되었습니다. 8진수나 16진수에 대해서는 이 장의 마지막 칼럼에서 추가로 설명하니 참고하기 바랍니다.

문자 코드를 지정하여 문자를 출력할 수 있다.

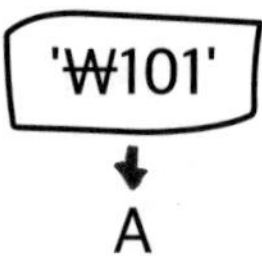

그림 2-6 문자 코드
문자의 표현 방법 중에는 문자 코드를 지정하는 방법도 있습니다.

문자열 리터럴

문자가 1개일 때에는 문자 리터럴, 1개 이상일 경우에는 **문자열 리터럴**(string literal)이라고 부릅니다. Java에서의 문자열은 문자와 다르게 ' '대신 " "로 묶어 표현합니다. 예를 들어, 아래와 같은 표기를 문자열이라고 합니다.

Lesson 2

```
"Hello"
"Goodbye"
"안녕하세요"
```

Sample1의 "Java 세상에 오신 것을 환영합니다!"도 문자열입니다. 문자열이 출력될 때에는 " "가 붙지 않으니 주의합니다.

문자열에 대한 내용은 10장에서 보다 자세히 살펴보겠습니다.

문자열은 " "로 묶어 표기한다.
문자의 처리와 문자열의 처리는 다르다.

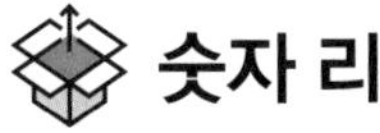

그림 2-7 문자열
문자열을 표현할 때에는 " "로 묶습니다.

숫자 리터럴

Java 코드에서는 숫자를 표현할 수 있습니다. 숫자 리터럴에는 다음과 같은 것이 있습니다.

- 정수 리터럴(integer literal) … 1, 3, 100 등
- 부동 소수점 리터럴(floating-point literal) … 2.1, 3.14, 5.0 등

숫자 리터럴은 ' ' 또는 " "로 묶지 않고 표현한다는 점에 유의합니다.

정수 리터럴에는 일반적인 표기법 이외에도 다양한 표기법이 있습니다. 예를 들어 8진수, 16진수로 숫자를 표기할 수 있습니다.

- 8진수 … 숫자 앞에 0을 붙인다
- 16진수 … 숫자 앞에 0x를 붙인다

즉, Java에서는 다음과 같은 방법으로 숫자를 표기할 수 있습니다.

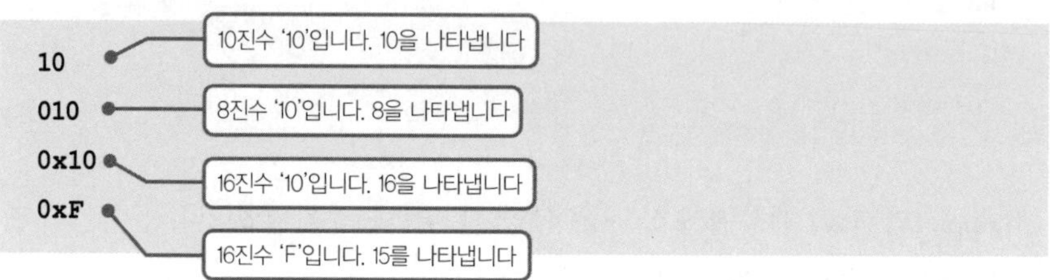

그러면, 다양한 표기 방법을 사용하여 값을 출력해 보도록 하겠습니다.

Sample6.java ▶ 10진수 이외의 표기법으로 표기하기

```
class Sample6
{
    public static void main(String[] args)
    {
        System.out.println("10진수 10은 " + 10 + "입니다.");
        System.out.println("8진수 10은 " + 010 + "입니다.");
        System.out.println("16진수 10은 " + 0x10 + "입니다.");
        System.out.println("16진수 F는 " + 0xF + "입니다.");
    }
}
```

10진수 이외의 표기법을 사용하고 있습니다

\+ 기호로 연결합니다

Sample6의 실행 화면

```
10진수 10은 10입니다.
8진수 10은 8입니다.
16진수 10은 16입니다.
16진수 F는 15입니다.
```

10진수, 8진수, 16진수 등으로 표기한 '10'을 출력했습니다. 10진수로 표현하면 8진수 '10'은 8, 16진수 '10'은 16입니다.

숫자는 " " 안에 넣지 않습니다. 숫자와 문자열을 결합해서 출력하려면 +라는 기호로 연결합니다. + 기호에 대한 내용은 4장에서 자세히 살펴보겠습니다. 다양한 숫자 표기법을 사용했지만 화면에는 여전히 10진수로 출력되었군요.

숫자는 ' ' 또는 " "로 묶지 않는다.
정수를 표현하는 경우, 8진수나 16진수를 사용할 수도 있다.

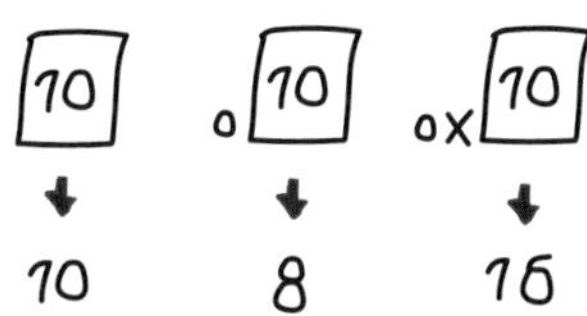

그림 2-8 10진수 이외의 표기법
8진수나 16진수로 정수를 표현할 수도 있습니다.

2진수, 8진수, 16진수

우리는 평소 0에서 9까지의 숫자로 수를 표현합니다. 이러한 숫자의 표기 방법을 '**10진수**'라고 합니다. 한편, 컴퓨터 내부에서는 0과 1만을 사용하는 '**2진수**' 표기법으로 수를 표현합니다. 10진수는

0, 1, 2, 3…

과 같이 숫자를 표현합니다. 그러나 2진수 표기법으로는 같은 숫자를

0, 1, 10, 11…

로 표현합니다. 10진수는 0부터 9까지의 숫자를 사용하기 때문에 9 다음의 자릿수가 받아올림되지만, 2진수는 0과 1밖에 사용하지 않기 때문에 1 다음의 자릿수가 올라갑니다.

10진수 8 9 10
받아올림

2진수 0 1 10
받아올림

따라서 2진수로 표기한 숫자는 자릿수가 커지는 경향이 있습니다. 예를 들어, 10진수 20을 2진수로 나타내면,

10100

이라는 큰 자릿수가 되어 버립니다. 그래서 Java에서는 2진수로 변환하기 편리한 **8진수, 16진수**가 10진수와 더불어 자주 사용됩니다. 8진수는 0에서 7까지의 숫자, 16진수는 0부터 9까지의 숫자와 A에서 F까지의 문자로 표기합니다.
다음 표는 10진수 숫자를 각각 2진수, 8진수, 16진수로 표기한 경우의 대조표입니다. 각각 어떤 부분의 자릿수가 받아올림되는지 주의깊게 살펴보세요.

10진수	2진수	8진수	16진수
0	0	0	0
1	1	1	1
2	10	2	2
3	11	3	3
4	100	4	4
5	101	5	5
6	110	6	6
7	111	7	7
8	1000	10	8
9	1001	11	9
10	1010	12	A
11	1011	13	B
12	1100	14	C
13	1101	15	D
14	1110	16	E
15	1111	17	F
16	10000	20	10
17	10001	21	11
18	10010	22	12
19	10011	23	13
20	10100	24	14

2.4 강의 요약

이 장에서는 다음과 같은 것을 배웠습니다.

- main( ) 메소드에서 프로그램의 처리가 시작됩니다.
- 문장(statement)은 처리의 작은 단위입니다.
- 블록은 여러 문장으로 구성됩니다.
- Java 코드는 하나 이상의 클래스로 구성됩니다.
- 주석으로 코드 안에 메모를 작성할 수 있습니다.
- 리터럴에는 문자 · 문자열 · 숫자 등이 있습니다.
- 문자 리터럴은 ' '로 묶어 줍니다.
- 문자열 리터럴은 " "으로 묶어 줍니다.
- 특수 문자는 이스케이프 시퀀스로 표현합니다.
- 8진수나 16진수로 정수를 표현할 수도 있습니다.

지금까지 배운 것을 사용하면 특정 문자나 숫자를 화면에 표시하는 코드를 작성할 수 있습니다. 그러나 이만큼의 지식으로는 다양하게 변화 가능한 프로그램을 만들 수 없습니다. 다음 장에서는 '변수'라는 기능을 사용하여 보다 유연한 프로그램을 만드는 방법을 배웁니다.

연습문제

1. 다음 코드는 어디가 잘못되었습니까? 틀린 곳이 있으면 고치십시오.

```
//화면에 문자를 출력하는 코드
class SampleP1{public static
    void main (String[] args)
{System.out.println("Java 세상에 오신 것을 환영합니다!");
System.out.println("Java를 시작합시다!");} }
```

2. 다음 코드의 적절한 위치에 '문자와 숫자를 출력한다'는 주석을 넣어 주세요.

```
class SampleP2
{
    public static void main(String[] args)
    {
        System.out.println('A');
        System.out.println("Java 세상에 오신 것을 환영합니다!");
        System.out.println(123);
    }
}
```

3. 문자와 숫자 등을 사용하여 다음과 같이 화면에 출력하는 코드를 작성하십시오.

```
123
₩100을 받았다
내일 또 만나요
```

4. 'Tab' 기호를 표현하는 이스케이프 시퀀스(₩t)를 사용하여, 다음과 같이 화면에 출력하는 코드를 작성하십시오.

```
1	2	3
```

5. 다음과 같이 화면에 출력하는 코드를 작성하십시오. 8진수와 16진수를 사용하여 두 가지 코드를 작성하십시오.

```
6
20
13
```

Lesson **3**

변수

2장에서는 문자나 숫자를 화면에 출력하는 방법을 배웠습니다. 문자나 숫자는 프로그래밍을 시작한 지 얼마 되지 않은 분들에게도 그다지 위화감 없는 주제였으리라 생각합니다. 이 장에서는 드디어 프로그래밍 언어로서의 Java 기능을 배우게 됩니다. 먼저, 가장 기본적인 '변수'에 대해 살펴봅시다.

Check Point!

- 변수
- 식별자
- 형
- 변수 선언
- 대입
- 초기화
- 키보드 입력

3.1 변수

변수의 원리 이해하기

프로그램을 실행할 때, 프로그램은 컴퓨터에 여러 값을 기억시키면서 처리합니다. 예를 들어,

사용자가 입력한 숫자를 화면에 출력한다

는 간단한 프로그램을 작성한다고 해 봅시다. 우리라면 서점 등의 상점에서 상품의 가격(=숫자)을 기억했다가 나중에 그 가격을 종이에 적는 작업을 할 수 있습니다.

이와 마찬가지로 컴퓨터도 숫자를 어딘가에 '기억'해 두고, 화면에 출력할 수 있습니다. 이 값을 기억시켜 두는 기능을 **변수**(variable)라고 합니다.

컴퓨터에는 여러 값을 기억하고 유지하기 위하여 내부에 **메모리**(memory)라는 장치를 가지고 있습니다. '변수'는 메모리를 이용하여 값을 기억합니다.

변수에 대한 이미지를 파악하기 위해서, 아래 그림을 보세요. 변수는 상자 같은 것으로 가정할 수 있습니다.

변수를 사용하면 마치

변수라고 하는 상자 안에 값을 넣는다

는 행위처럼 특정 값을 메모리에 기억시킬 수 있습니다.

그러면 변수에 대해 자세히 살펴봅시다.

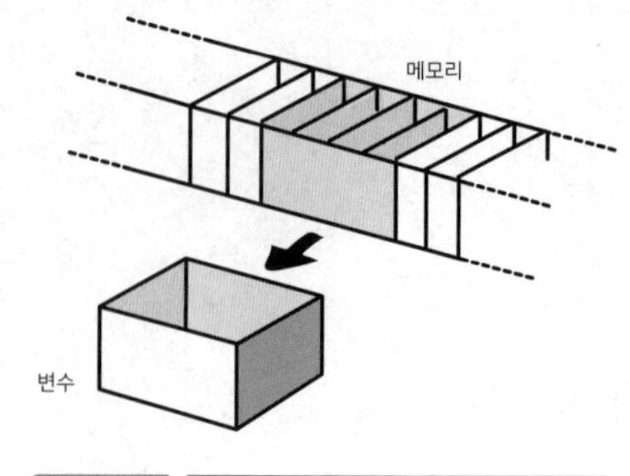

그림 3-1 변수
변수에는 여러 값을 기억시킬 수 있습니다.

3.2 식별자

 변수의 '이름'이 되는 식별자

코드 안에서 변수를 처리하려면 먼저 다음의 2가지를 결정해야 합니다.

❶ **변수에 '이름(name)'을 붙인다**

❷ **변수의 '형(type)'을 지정한다**

먼저 ❶번 항목에 대해 설명하겠습니다. 변수를 사용하려면 변수에 붙일 '이름'을 생각할 필요가 있습니다. 변수의 이름은 우리의 필요에 따라서 선택하고 결정할 수 있습니다. 예를 들어, 'num'이라는 이름을 떠올렸다고 생각해 봅시다. 이러한 문자의 조합은 변수의 이름이 될 수 있습니다. 변수의 이름으로 사용할 수 있는 문자와 숫자의 조합(토큰, 2장 참조)을 **식별자**(identifier)라고 부릅니다. num은 그러한 식별자가 될 수 있는 이름 중 하나입니다.

단, 식별자가 되기 위해서는 다음과 같은 규칙을 따라야 합니다.

- 일반적으로 영문자와 숫자, 밑줄(_), $ 등을 사용합니다.
- 길이에는 제한이 없습니다.
- Java가 예약한 토큰인 '키워드'를 사용할 수는 없습니다. 주요 키워드로 return이나 class가 있습니다.
- 숫자로 시작할 수 없습니다.
- 알파벳 대문자와 소문자는 다른 문자로 구별됩니다.

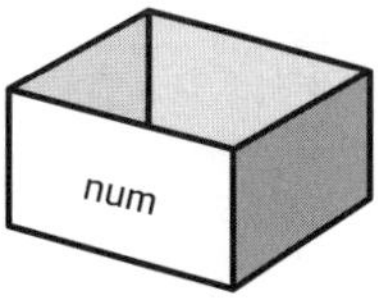

num

그림 3-2 **변수의 이름**
변수 이름에는 식별자를 사용합니다.

위의 규칙에 해당되는 식별자의 예를 몇 개 들어 보겠습니다. 다음과 같은 이름은 변수의 이름이 될 수 있습니다.

```
a
abc
ab_c
F1
```

한편, 다음과 같은 단어는 식별자로 사용할 수 없으며 변수 이름으로 사용할 수 없습니다. 어디가 잘못되었는지 확인해 보세요.

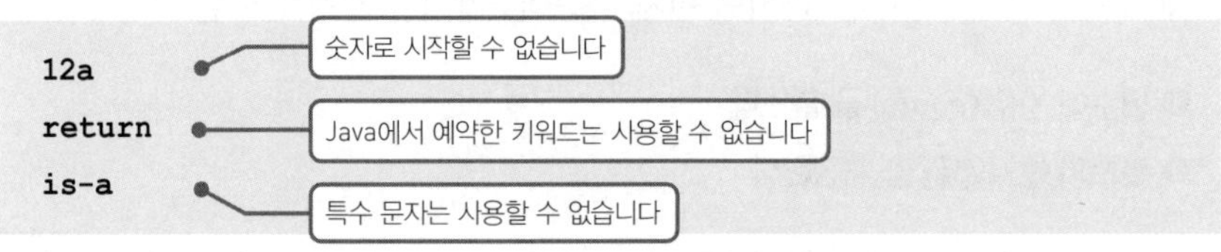

변수 이름은 식별자 중에서 자유롭게 붙일 수 있습니다. 단, 어떠한 값을 저장하는 변수인지 명확하게 파악할 수 있는 이름을 고릅시다.

변수 이름으로 식별자를 사용한다. 의미있는 이름을 붙일 것.

변수의 이름

변수의 이름에는 개발자 본인이 이해할 수 있는 이름을 사용할 수 있습니다. 그러나 많은 사람과 함께 프로그램을 개발할 때에는 관습이나 규칙에 따라 이름을 붙이는 것도 중요합니다. 변수 이름은 일반적으로 소문자를 사용합니다.

3.3 형

 형의 원리 이해하기

다음으로 변수의 '형'에 대해 배워 봅시다. 변수에는 값을 기억시킬 수 있습니다. 이 값에는 몇 가지 '종류'가 있습니다. 값의 유형을 **데이터형**(data type) 또는 **형**(type)이라고 부릅니다. Java에는 표 3-1과 같은 기본적인 형(기본형)이 있습니다.

표 3-1 : Java의 기본적인 형(기본형)

이름	기억할 수 있는 값의 범위
boolean	true 또는 false
char	2바이트 문자(\u0000~\uffff)
byte	1바이트 정수(−128~127)
short	2바이트 정수(−32768~32767)
int	4바이트 정수(−2147483648~2147483647)
long	8바이트 정수(−9223372036854775808~9223372036854775807)
float	4바이트 단정밀도 부동 소수점
double	8바이트 배정밀도 부동 소수점

변수를 사용하려면 어떤 형의 값을 저장하기 위한 변수인지를 결정해야 합니다. 예를 들겠습니다. 다음 페이지 그림 3-3을 보세요. 이 그림은

short형이라는 유형의 값을 저장할 수 있는 변수

를 표현한 것입니다. 이러한 변수를 사용하면

−32768~32767의 범위 내에 있는 정수 중 어느 하나의 값

을 기억할 수 있습니다.

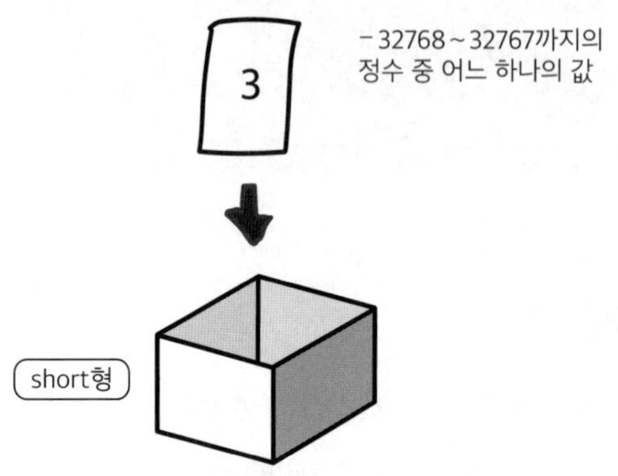

그림 3-3 형
변수를 사용하려면 형을 지정해야 합니다.

short형 변수에는 소수점 이하 자릿수를 가지는 '3.14' 등의 값을 기억시킬 수 없습니다. 이러한 값을 저장할 경우에는 소수점 이하의 수치를 나타내는 double형 등의 변수를 사용해야 합니다.

또한 표 3-1에 있는 '×바이트'라는 숫자를 보세요. 이것은 '기억할 값이 얼마나 많은 메모리를 필요로 하는가?'를 표현합니다. 이것을 **형의 크기**라고 합니다. 일반적으로 형의 크기가 클수록 나타낼 수 있는 값의 범위는 넓어집니다. 예를 들어, double형의 값은 int형의 값보다 많은 메모리를 필요로 하지만, 나타낼 수 있는 범위는 넓어집니다.

비트와 바이트

형의 크기와 값의 범위에는 밀접한 관계가 있습니다. 컴퓨터는 0과 1을 사용한 2진수로 숫자를 인식하고 있다는 것을 2장에서 설명했습니다. 2진수의 '1자릿수분'을 **비트**(bit)라고 합니다. 즉, 다음과 같은 숫자 한 자리가 1비트에 해당합니다.

00101110 ● 1비트

1비트로는 2진수 1자릿수에 해당하는 '0' 또는 '1'의 값 중 하나를 표현할 수 있습니다.
또한, 2진수의 8자리 숫자는 **바이트**(byte)라고 합니다. 즉, 1바이트는 8비트에 해당합니다.
1바이트로는 2^8 = 256가지의 값을 표현할 수 있습니다.

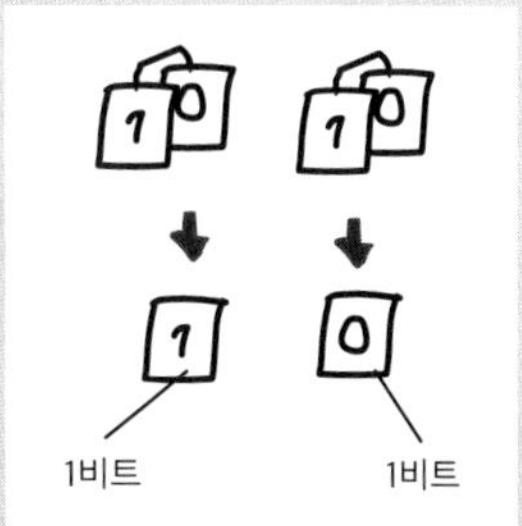

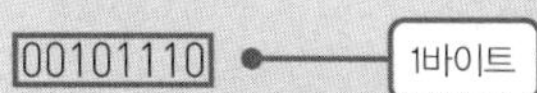

표 3-1의 '2바이트 short형의 값'이 컴퓨터 내부에서는 다음과 같은 2진수 16자리의 숫자가 됩니다.

1바이트 1바이트
00000000 00000011 ● 2바이트의 short형 수치를 예로 들겠습니다

이것을 세어 보면, 2진수 16자릿수는 2^{16} = 65536가지의 값을 표현할 수 있다는 것을 알 수 있습니다. short형을 사용하면 이 65536가지 종류의 값으로, 우리가 평소 사용하는 10진수 −32768에서 32767까지의 값에 대응시켜 다음과 같이 표현할 수 있습니다.

표 : short형의 값

컴퓨터의 내부(2진수)	표현하는 숫자(10진수)	
0000000000000000	0	
0000000000000001	1	
0000000000000010	2	양수에 대응합니다
⋮	⋮	
0111111111111111	32767	
1000000000000000	−32768	
1000000000000001	−32767	음수에 대응합니다
⋮	⋮	
1111111111111111	−1	

처음 한 비트가 숫자의 플러스, 마이너스 표기를 표현한다는 점에 유의하세요. 양수는 0으로 시작하며, 음수는 1로 시작합니다.

3.4 변수 선언

 변수 선언하기

변수의 이름과 형태가 결정되었다면 즉시 코드에서 변수를 사용해 봅시다. 먼저, '변수를 준비'하는 작업이 필요합니다. 이 작업을

변수를 선언(declaration)

한다고 합니다. 변수는 다음과 같이 선언합니다.

변수 선언하기

```
형명 식별자;
```

여기서, 3.2절과 3.3절에서 설명한 '형'과 '식별자(여기에서는 변수 이름)'를 지정합니다. 변수의 선언은 하나의 문장이므로, 마지막에 세미콜론(;)을 붙입니다. 실제 코드는 다음과 같습니다.

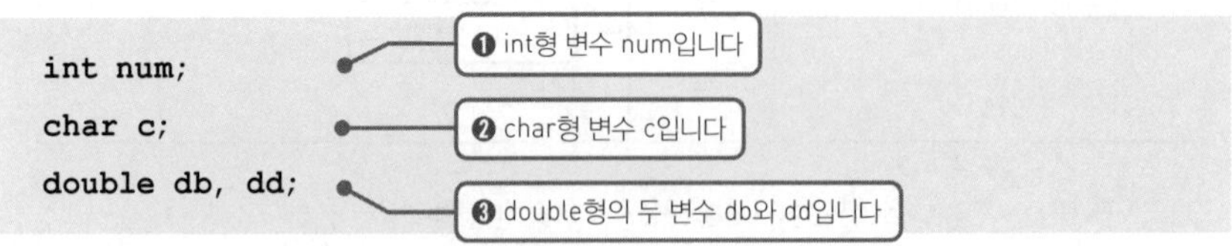

int num;
char c;
double db, dd;
❶ int형 변수 num입니다
❷ char형 변수 c입니다
❸ double형의 두 변수 db와 dd입니다

❶은 int형 변수 num을 선언한 문장입니다. ❷는 char형 변수 c를 선언한 문장입니다. ❸은 double형 변수 db와 dd를 두 개 묶어서 선언한 것입니다. 이와 같이 변수는 쉼표(,)로 구분하여 문장 속에 함께 선언할 수 있습니다.

변수를 선언하면 그 이름의 변수를 코드에서 사용할 수 있습니다.

변수는 형과 이름을 지정해서 선언한다.

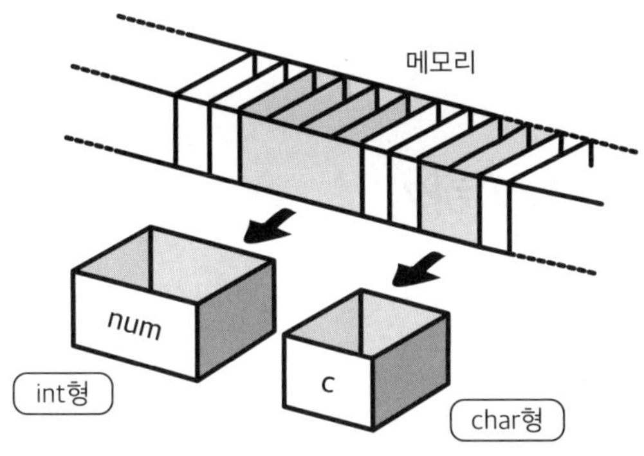

그림 3-4 변수 선언
변수를 선언하면 변수가 준비됩니다.

변수 선언

변수를 선언하면 컴퓨터 메모리에 값을 저장하는 장소가 마련됩니다. Java에서 변수를 사용하려면 변수를 선언해야 합니다.

3.5 변수의 이용

 변수에 값 대입하기

변수를 선언하면 변수에 값을 기억시킬 수 있습니다. 이것을

값을 대입(assignment)

한다고 합니다. 그림 3-5를 보세요. '값의 대입'이란 준비한 변수 상자에 특정 값을 넣는(저장하는, 기억시키는) 그림으로 설명할 수 있습니다.

값을 대입하려면 다음과 같이 '='라는 기호를 사용하여 적습니다.

```
num = 3;
```

조금은 특이한 작성법입니다. 그러나 이렇게 작성함으로써 변수 num에 값 3을 기억시킬 수 있습니다. 이 = 기호가 값을 기억하는 기능을 가지고 있습니다.

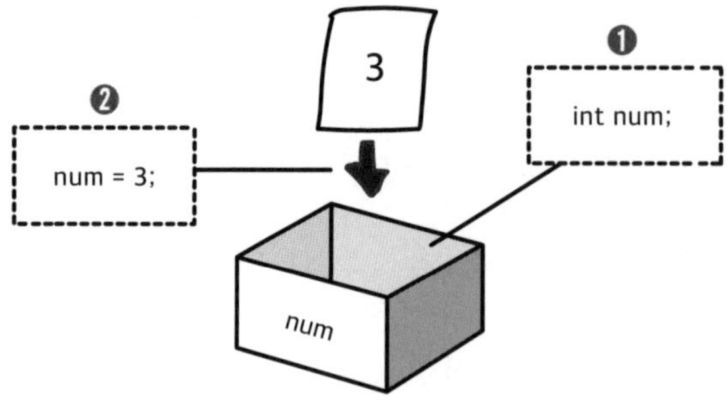

그림 3-5 변수에 대입
❶ 변수 num을 선언합니다.
❷ 변수 num에 3이라는 값을 대입합니다.

변수에 값을 대입하는 코드의 스타일은 다음과 같습니다.

구문 **변수에 대입**

```
변수명 = 식;
```

'식'에 대해서는 다음 장에서 자세히 설명합니다. 여기에서는 3이나 5와 같은 일정한 '값'이라고 생각하세요.

Lesson 3

그러면 실제로 프로그램을 작성하여 변수를 사용해 봅시다.

Sample1.java ▶ 변수 사용하기

```
class Sample1
{
    public static void main(String[] args)
    {
        int num;          ❶ 변수 num을 선언합니다

        num = 3;          ❷ 변수 num에 3이라는 값을 대입합니다

        System.out.println("변수 num의 값은 " + num + "입니다.");
    }                                        ❸ 변수 num의 값을 출력합니다
}
```

Sample1의 실행 화면

```
변수 num의 값은 3입니다.     변수 num의 값이 출력됩니다
```

이 코드는 먼저 ❶의 시점에서 int형 변수 num을 선언합니다. 그리고 ❷의 시점에서 변수 num에 3이라는 값을 대입합니다.

이와 같이 '='라는 기호는 수학식에서 통용되는 '●와 ○이 동일하다'라는 의미가 아닙니다. '값을 대입'하는 기능을 표현합니다. 명심하기 바랍니다.

변수에는 =를 사용하여 값을 대입한다.

 변수의 값 출력하기

마지막으로 ❸을 보면 여기에서 변수 num의 값을 출력하고 있습니다. 변수의 값을 출력하기 위해서는 ' ' 혹은 " "같은 인용 부호를 붙이지 않고 변수 이름을 적습니다. 2장에서 숫자를 출력할 때처럼 " "로 묶지 않습니다. + 기호를 사용하여 문자열에 연결하면, 프로그램이 실행될 때 실제로 출력되는 것은

```
num
```

이라는 변수 이름이 아니라 변수 num 안에 저장되어 있는

```
3
```

이라는 값입니다. 이제 변수의 값을 화면에 출력하는 코드를 작성했습니다.

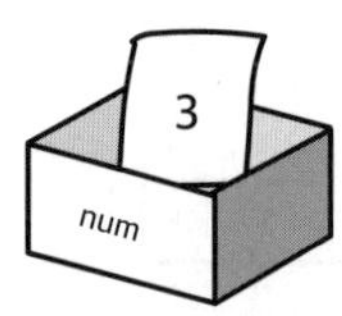

그림 3-6 변수의 출력
변수를 출력하면 변수에 저장된 값이 표시됩니다.

 변수 초기화하기

그런데 Sample1에서는

```
int num;
num = 3;
```

와 같이 변수를 먼저 선언하고 나서 그 다음 문장을 작성해서 변수에 값을 대입했습니다. 그러나 Java에서는

변수를 선언할 때, 동시에 변수에 값을 저장

할 수 있습니다. 이러한 처리를

변수를 초기화한다(initialization)

고 합니다. 변수를 초기화하는 코드는 다음과 같이 작성합니다.

```
int num = 3;
```

변수를 3으로 초기화하고 있습니다

이 문장은 Sample1에서 두 문장에 걸쳐 나타낸 처리를 한 문장으로 요약한 것입니다. 변수의 초기화 방법을 기억합시다.

변수의 초기화

```
형명 식별자 = 식;
```

실제로 코드를 작성할 때에는 가능한 한 이처럼 변수를 초기화하는 코드를 사용하는 것이 편리합니다. 변수의 선언과 대입을 두 문장으로 나누어 버리면 값을 대입하는 문장을 작성하는 것을 잊어버리는 경우가 종종 있기 때문입니다.

```
int num;
System.out.println("변수 num의 값은 " + num + "입니다.");
```

변수에 아직 값을 저장하지 않았습니다

Java에서는 main( ) 메소드에서 선언한 변수에 값을 대입하지 않고 출력하려고 하면 에러가 출력되고 컴파일되지 않습니다. 변수에는 반드시 정확한 값을 대입하거나 초기화시키고 출력합니다.

변수를 초기화하면 선언과 값의 저장을 동시에 할 수 있다.

 변수의 값 바꾸기

2장에서 살펴본 바와 같이, 코드 안에서 문장이 하나씩 순서대로 처리되었습니다. 이 성질을 활용하면 일단 대입한 변수값을 새로운 값으로 변경할 수 있습니다. 다음 코드를 보세요.

Sample2.java ▶ 변수의 값 바꾸기

```
class Sample2
{
    public static void main(String[] args)
    {
        int num;
        num = 3;

        System.out.println("변수 num의 값은 " + num + "입니다.");

        num = 5;

        System.out.println("변수 num의 값을 변경했습니다.");
        System.out.println("변수 num의 값은 " + num + "입니다.");
    }
}
```

❶ 변수의 값을 출력합니다

❷ 새 값을 변수에 대입합니다

❸ 변수의 새로운 값을 출력합니다

Sample2의 실행 화면

```
변수 num의 값은 3입니다.
변수 num의 값을 변경했습니다.
변수 num의 값은 5입니다.
```

변수의 새 값이 출력됩니다

Sample2의 시작 부분에서 변수 num에 3을 대입하고 ❶에서 출력하고 있습니다. 그리고 다음 ❷에서 변수에 새로운 값으로 5를 대입하고 있습니다. 이처럼 변수에 다시 값을 대입하면

값을 덮어씌워서 변수의 값을 변경

하는 처리가 가능합니다.

❷에서 변수의 값이 변경되었기 때문에, ❸에서 변수 num을 출력할 때에는 새 값인 '5'가 출력되었습니다. ❶과 ❸은 동일한 작업입니다. 그러나 변수의 값이 다르기 때문에 화면에 출력되는 값이 다릅니다.

이처럼 변수에는 다양한 값을 기억시킬 수 있습니다. '변수'라 불리는 이유가 이해되었나요?

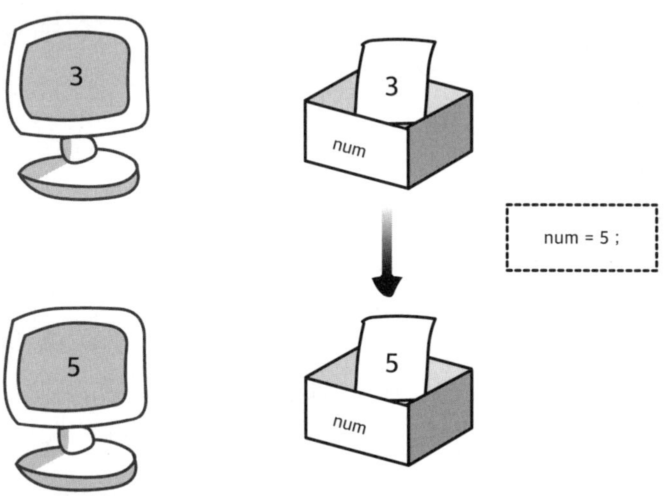

그림 3-7 변숫값 바꾸기
변수 num에 다시 한 번 값을 대입하면 그 변수의 값이 바뀝니다.

다른 변숫값 대입하기

변수에 값을 대입할 때 =의 오른쪽에 적을 수 있는 것은 3, 5와 같은 숫자뿐만이 아닙니다. 다음 코드를 입력해 보세요.

Sample3.java ▶ 다른 변숫값 대입하기

```
class Sample3
{
   public static void main(String[] args)
   {
      int num1, num2;
      num1 = 3;
      System.out.println("변수 num1의 값은 " + num1 + "입니다.");

      num2 = num1;        // 변수 num1의 값을 변수 num2에 대입합니다

      System.out.println("변수 num1의 값을 변수 num2에 대입했습니다.");
      System.out.println("변수 num2의 값은 " + num2 + "입니다.");
   }
}
```

Sample3의 실행 화면

```
변수 num1의 값은 3입니다.
변수 num1의 값을 변수 num2에 대입했습니다.
변수 num2의 값은 3입니다.
```

변수 num2의 값이 변수 num1의 값과 동일해졌습니다

이 코드에서는 = 기호의 오른쪽에 숫자가 아닌 변수 num1을 적었습니다. 그러면 변수 num2에 '변수 num1의 값'이 대입됩니다. 화면을 보면 분명히 변수 num2에 변수 num1의 값인 3이 저장되어있는 것을 알 수 있습니다. 이와 같이,

변수의 값을 다른 변수에 대입하기

가 가능합니다.

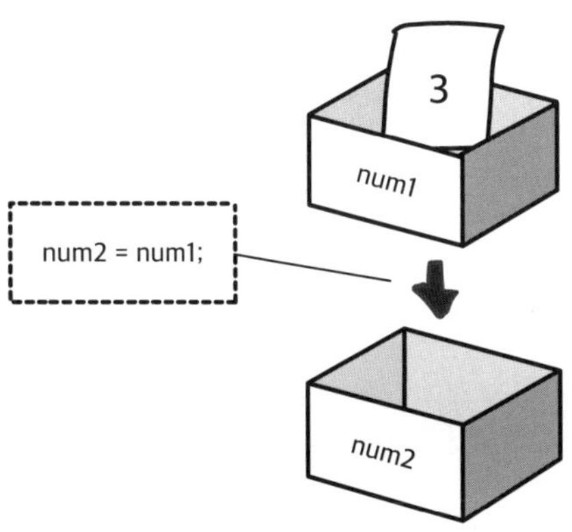

그림 3-8 다른 변숫값을 대입하기
num1의 값을 변수 num2에 대입할 수 있습니다.

 변수에 값을 대입할 때의 주의점

변수에 값을 대입할 때 주의해야 할 점이 있습니다. 다음 코드를 봅시다.

```
class Sample
{
    public static void main(String[] args)
    {
        int num;

        num = 3.14;      ← int형 변수에는 대입할 수 없습니다

        System.out.println("변수 num의 값은 " + num + "입니다.");
    }
}
```

이 코드에서는 변수 num에 3.14라는 값을 대입하려 합니다. 그러나 이 코드는 이대로 컴파일할 수 없습니다. int형 변수인 num에는 1.41이나 3.14와 같이, 소수점이 붙은 숫자를 그대로 저장할 수 없기 때문입니다. 변수에 값을 대입할 때에는 변수의 형과 대입하는 값이 일치하는지 확인해야 합니다.

형에 대한 내용은 4장에서 더 자세히 살펴보겠습니다.

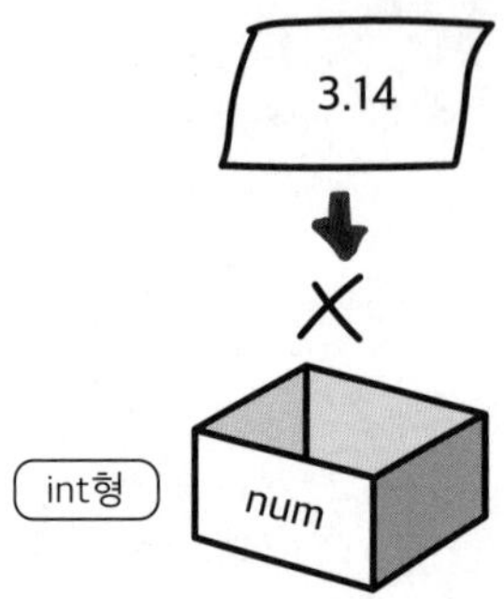

그림 3-9 값의 대입에 주의
정수형 변수는 소수점을 그대로 저장할 수 없습니다.

변수의 선언 위치에 주의

당분간 이 책에 등장하는 변수는

main( ) 메소드

안에 선언하겠습니다.

```
public static void main(String[] args)
{
    ...        이 부분에 변수를 선언합니다
}
```

물론 변수는 main( ) 메소드 블록의 바깥 부분에 선언해도 됩니다. 이 방법은 8장에서 배우겠습니다. 또한 블록 내에서는 이름이 같은 변수를 여러 개 선언할 수 없으니 주의합니다.

3.6 키보드 입력

 키보드로 입력하기

이 장의 내용을 응용해서 사용자로부터 키보드에서 다양한 문자를 입력받은 후, 그 값을 출력하는 코드를 작성해 봅시다. 키보드 입력을 받는 방법을 배우면 더욱 유연한 프로그램을 만들 수 있습니다.

입력받는 코드는 다음과 같은 스타일로 작성합니다.

 **키보드 입력**

```
import java.io.*;                          ← 이렇게 작성합니다

class 클래스명
{
    public static void main(String[] args) throws IOException
    {                                      ← 이렇게 작성합니다
        ...
        BufferedReader br =
        new BufferedReader(new InputStreamReader(System.in));

        String str = br.readLine();        ← 키보드로 입력한 문자열을 str에 저장합니다
        //입력된 문자열을 가리키는 변수 str을 사용
        ...
    }
}
```

긴 코드인 만큼 조금 지칠 수도 있겠네요. 코드의 내용은 뒤의 장에서 자세히 설명하기로 합니다. 이 시점에는 이러한 형태의 코드를 사용하면 키보드로 입력받는 것이 가능하다는 것만을 염두에 두기 바랍니다. 이 코드에서는

```
String str = br.readLine();
```

라는 부분이 중요합니다. 이 문장이 처리될 때, 프로그램 실행 화면은 **사용자 입력을 기다리는 상태**에서 멈춥니다. 이때, 사용자는 문자열 등을 키보드로 입력하고 Enter 키를 누릅니다. 그러면 'str'이라고 선언한 부분에 키보드로 입력한 한 줄의 문자열이 저장됩니다.

따라서, 이 문장 이후, **'str'이라는 말은 곧 키보드에서 입력한 문자열을 의미**하게 됩니다. str은 이 장에서 설명을 위해 사용한 식별자입니다. 그러므로 꼭 'str'이 아니어도 됩니다. 자신이 선택한 단어를 사용해도 괜찮습니다. 그러면 실제로 프로그램을 작성해 보기로 합시다.

Sample4.java ▶ 키보드로 입력하기

```
import java.io.*;

class Sample4
{
   public static void main(String[] args) throws IOException
   {
      System.out.println("문자열을 입력하십시오.");

      BufferedReader br =
         new BufferedReader(new InputStreamReader(System.in));

      String str = br.readLine();

      System.out.println(str + "(이)가 입력되었습니다.");
   }
}
```

키보드 입력을 요구하는 메시지를 출력합니다

키보드로 입력한 문자열을 str에 저장합니다

입력한 문자열이 출력됩니다

Sample4의 실행 화면

```
문자열을 입력하십시오.
안녕하세요 ↵
안녕하세요(이)가 입력되었습니다.
```

키보드로 입력한 문자열이 출력되었습니다

프로그램을 실행하면, '문자열을 입력하십시오.'라는 메시지가 화면에 출력됩니다. 그리고 컴퓨터는 사용자의 입력을 기다리는 상태가 됩니다.

'안녕하세요'라고 입력한 후 Enter 키를 눌러 봅시다. 그러면 화면에 '안녕하세요(이)가 입력되었습니다.'가 출력될 것입니다. 이 코드의 마지막에

```
System.out.println(str + "(이)가 입력되었습니다.");
```

라고 작성했습니다. 입력한 문자열을 의미하는 str과 '(이)가 입력되었습니다.'라는 문자열을 + 기호로 연결하면 이 두 가지가 결합되어 출력됩니다.

프로그램을 여러 번 실행해 보고 다양한 문자열을 입력해 보세요. 이 코드를 사용하면 다양한 문자열이 출력될 것입니다.

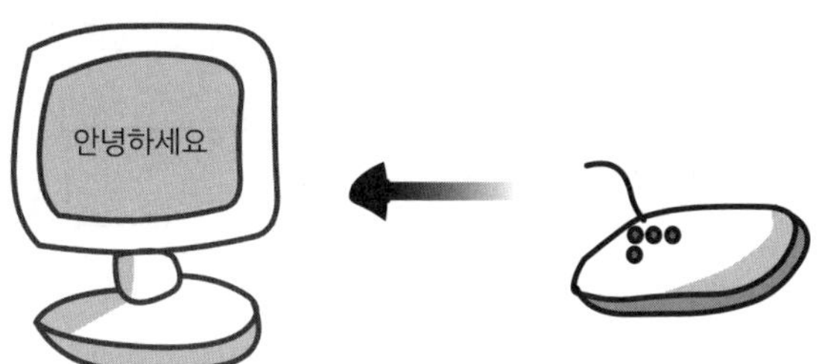

그림 3-10 키보드 입력을 받는 순서
키보드 입력을 받은 다음 문자열을 출력합니다.

표준 입력과 표준 출력

키보드 입력을 받는 코드에 등장한 'System.in'이라는 문장은 '**표준 입력**(standard input)이라는 장치와 연결되어 있습니다. '표준 출력'이 컴퓨터의 화면을 의미하고 있었던 사실을 떠올려 보세요. '표준 입력'이란 일반적으로 컴퓨터의 '키보드'를 의미합니다. 즉, Sample4는 표준 입력 장치인 키보드의 입력을 받기 위한 코드입니다.

숫자 입력하기

Sample4에서는 문자열을 읽어 들이는 코드를 작성했습니다. 이번에는 사용자로부터 숫자를 입력받는 프로그램을 만들어 봅시다. 그러나 숫자를 다루려면 '키보드로 입력받은 문자열을 숫자로 변환'하는 작업이 필요합니다. 다음 코드를 입력해 보세요.

Sample5.java ▶ 숫자 입력하기

```
import java.io.*;

class Sample5
{
   public static void main(String[] args) throws IOException
   {
      System.out.println("정수를 입력하십시오.");

      BufferedReader br =
         new BufferedReader(new InputStreamReader(System.in));

      String str = br.readLine();

      int num = Integer.parseInt(str);

      System.out.println(num + "(이)가 입력되었습니다.");
   }
}
```

문자열을 변환하여 int형의 변수에 저장합니다

Sample5의 실행 화면

```
정수를 입력하십시오.
5 ↵
5(이)가 입력되었습니다.
```

이 코드에서는

```
int num = Integer.parseInt(str);
```

라는 문장에 주목합니다. 이 문장은

입력한 문자열을 가리키는 'str'을 정수로 변환하여 int형 변수 num에 저장하라

는 처리를 표현하고 있습니다. 입력한 '5'를 int형 변수 num에 저장하려면 문자를 숫자로 변환하는 문장이 필요합니다. 키보드 입력은 숫자를 입력하더라도 숫자로 인식되지 않고 우선 문자열로 취급됩니다. 따라서 변환을 하지 않으면 키보드로 입력한 '5'는 숫자 '5'로 인식되지 않습니다. 따라서 int형(숫자형) 변수에 저장할 수 없습니다.

또한, 입력한 문자열을 double형 숫자로 변환하고 싶다면 위의 코드 대신에

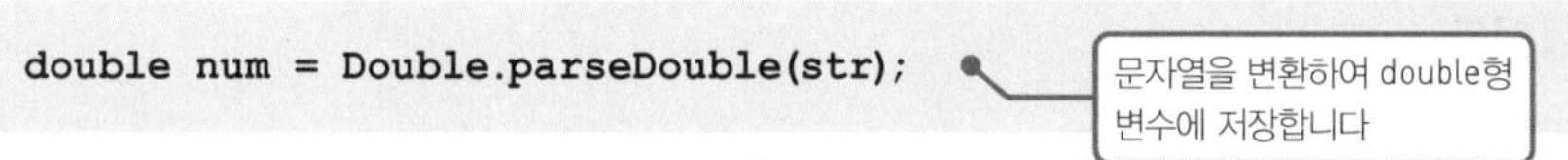

```
double num = Double.parseDouble(str);
```

문자열을 변환하여 double형 변수에 저장합니다

라고 작성합니다. 문자열을 숫자로 변환하는 방법에 대해서는 10장에서 자세히 알아봅니다. 지금 단계에서는 순서를 기억해 두는 것으로 충분합니다.

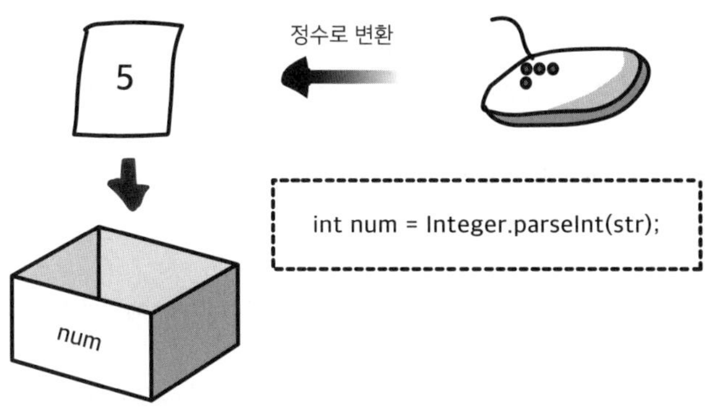
5
정수로 변환
int num = Integer.parseInt(str);
num

그림 3-11 정수로 변환하기
키보드 입력을 int형 변수에 저장하기 위해서는 정숫값으로 변환해야 합니다.

잘못된 입력

그런데 사용자가 잘못된 값을 입력하면 어떻게 될까요? 만약 정수를 입력해야 하는 프로그램에 사용자가 소수를 입력해 버렸다면 어떻게 될까요? 사용자가 잘못된 입력을 한 경우, 올바르게 표시되지 않거나 예상치 못한 오류가 발생할 수 있습니다. Java에서는 이러한 입력 실수로 인한 오류가 발생했을 때, 특별한 처리를 할 수 있습니다. 14장에서 이에 대한 설명을 하고 있습니다. 그때까지 오류 처리의 상세한 내용은 언급하지 않겠습니다. 그러나 실제 프로그램 작성 시 사용자의 입력 실수를 염두에 두고 코드를 작성해야 한다는 점을 잊지 마세요.

 2개 이상의 숫자 입력하기

지금까지 키보드로 입력한 문자열이나 숫자를 읽어 들이는 코드를 작성했습니다. 마지막으로 이를 응용하여 2개 이상의 숫자를 계속 입력하는 코드를 작성해 봅시다.

Sample6.java ▶ 2개 이상의 숫자를 연속해서 입력받기

```
import java.io.*;

class Sample6
{
   public static void main(String[] args) throws IOException
   {
      System.out.println("정수를 2개 입력하십시오.");

      BufferedReader br =
         new BufferedReader(new InputStreamReader(System.in));

      String str1 = br.readLine();
      String str2 = br.readLine();
```

두 번 연속으로 숫자를 입력합니다

```
        int num1 = Integer.parseInt(str1);
        int num2 = Integer.parseInt(str2);

        System.out.println("먼저 " + num1 + "(이)가 입력되었습니다.");
        System.out.println("그 다음으로, " + num2 + "(이)가 입력되었습니다.");
    }
}
```

숫자로 변환하여 num1과 num2에 저장합니다

Sample6의 실행 화면

```
정수를 2개 입력하십시오.
5 ↵
10 ↵
먼저 5(이)가 입력되었습니다.
그 다음으로, 10(이)가 입력되었습니다.
```

두 번 연속으로 숫자를 입력합니다

이 코드에는 두 개의 readLine( )… 문장이 있습니다. 그래서 이 프로그램을 실행하면 키보드로 '5'와 '10'이라는 숫자 두 개를 계속 입력받을 수 있습니다.

처음에 입력한 '5'는 변수 num1, 그 다음에 입력한 '10'은 변수 num2에 각각 숫자로 변환되어 저장됩니다. 마지막으로 num1과 num2를 출력하는 코드를 작성했기 때문에 입력한 두 숫자가 출력되었습니다.

키보드로 입력하는 코드가 조금 까다롭게 느껴질 수 있지만, 조금씩 익숙해지는 것이 좋습니다.

3.7 강의 요약

이 장에서는 다음과 같은 것을 배웠습니다.

- 변수에는 값을 저장할 수 있습니다.
- 변수는 형과 이름을 지정해서 선언합니다.
- 변수 이름에는 식별자를 사용합니다.
- 변수에 값을 대입할 때에는 = 기호를 사용합니다.
- 변수를 초기화하면 선언과 값의 저장을 동시에 할 수 있습니다.
- 변수에 새로운 값을 대입하면 저장되어 있던 값이 변경됩니다.
- 키보드로 문자열을 입력할 수 있습니다.
- 문자열을 숫자로 변환할 수 있습니다.

변수는 Java의 가장 기본적인 기능입니다. 그럼에도 이 장에 등장한 샘플을 통해서 변수의 고마움을 느끼기는 어려웠을 것입니다. 그러나 많은 양의 코드를 작성하고 이 책을 다 읽고 나면, 여러분은 변수가 Java에서 없어서는 안 되는 기능이라는 것을 알게 될 것입니다. 다양한 변수에 익숙해진 다음, 이 장으로 돌아와 다시 한번 복습해 보세요.

연습문제

1. 다음 항목에 대해 ○ 또는 ×로 답하십시오.

① int형 변수에는 소수점이 붙은 값을 저장할 수 있다.

② float형 변수에는 소수점이 붙은 값이라면 무엇이든 저장할 수 있다.

③ char형의 크기는 2바이트이다.

2. 다음 코드는 어디가 잘못되었습니까? 틀린 곳이 있으면 고치십시오.

```
class SampleP2
{
    public static void main(String[] args)
    {
        char ch;
        ch = 3.14;
        System.out.println("변수 ch의 값은 " + ch + "입니다.");
    }
}
```

3. 다음과 같이 화면에 출력하는 코드를 작성하십시오.

```
당신은 몇 살입니까?
23 ↵
당신은 23살입니다.
```

4. 다음과 같이 화면에 출력하는 코드를 작성하십시오.

```
원주율의 값은 얼마입니까?
3.14 ↵
원주율의 값은 3.14입니다.
```

5. 다음과 같이 화면에 출력하는 코드를 작성하십시오.

```
키와 몸무게를 입력하십시오.
165.2 ↵
52.5 ↵
키는 165.2센티미터입니다.
몸무게는 52.5킬로그램입니다.
```

Lesson 4

식과 연산자

컴퓨터는 다양한 일을 할 수 있습니다. 이때 필요한 기능이 '연산'입니다. Java 프로그램을 만들 때에도 연산은 빼 놓을 수 없는 기능 중 하나입니다. Java에서는 간단하게 연산을 수행할 수 있도록 '연산자'라는 기능을 제공합니다. 이 장에서는 다양한 연산자의 사용 방법을 배웁니다.

Check Point!

- 식
- 연산자
- 증가 연산자
- 감소 연산자
- 대입 연산자
- 시프트 연산자
- 연산자의 우선순위
- 형 변환
- 캐스트 연산자

4.1 식과 연산자

식의 원리 이해하기

컴퓨터는 다양한 일을 '계산'을 통해 처리합니다. 따라서 이 장에서는 먼저 식(expression)에 대해 배워 보겠습니다. '식'을 이해하기 위하여,

```
1+2
```

같은 '수식'을 머릿속으로 떠올려 보세요. 보다 이해하기 쉬울 것입니다. Java에서는 이와 같은 식을 코드에서 사용하고 있습니다. Java의 '식' 대부분은

연산자(연산하는 것: operator)
피연산자(연산 대상: operand)

를 조합해서 만듭니다. 예를 들어 '1+2'의 경우 '+'가 연산자이고 '1'과 '2'가 피연산자에 해당합니다.

식의 '평가(evaluation)' 또한 중요한 개념입니다. '평가'를 이해하기 위해 먼저 식의 '계산'을 머릿속으로 떠올려 보세요. 이 계산이 곧 식의 평가입니다.

예를 들어 1+2가 평가되면 3이 됩니다. 평가된 후의 값 3을 '식의 값'이라고 합니다.

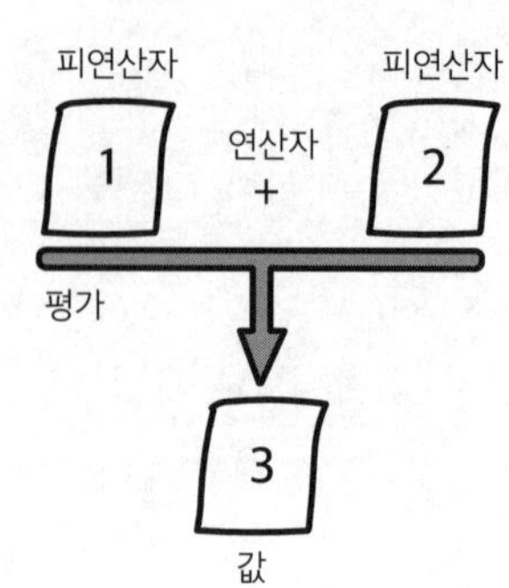

그림 4-1 식
1+2이라는 식은 평가되어 3이라는 값을 가집니다.

식의 값 출력하기

지금까지 배운 화면에 출력하는 코드를 이용하면 식의 값을 출력할 수 있습니다. 다음과 같은 코드를 입력해 봅시다.

Sample1.java ▶ 식의 값 출력하기

```
class Sample1
{
    public static void main(String[] args)
    {
        System.out.println("1+2는 " + (1+2) + "입니다.");
        System.out.println("3*4는 " + (3*4) + "입니다.");
    }
}
```

1+2라는 식을 작성합니다

Sample1의 실행 화면

```
1+2는 3입니다.
3*4는 12입니다.
```

식이 평가되어 3이 출력되었습니다

이 코드에서는 '1+2'라는 식을 작성했습니다. 계산식은 ( )로 묶습니다. 실행 화면에는 '3'이 출력되었군요.

다음 문장은 '3*4'라는 식을 작성합니다. 이것은 '3×4'라는 계산을 의미합니다. Java에서는 곱셈을 하기 위해 *라는 기호를 사용합니다.

이와 같이 화면에 출력되는 값은 먼저 **표현식이 평가**된 후, 값으로 표현되는 것을 알 수 있습니다.

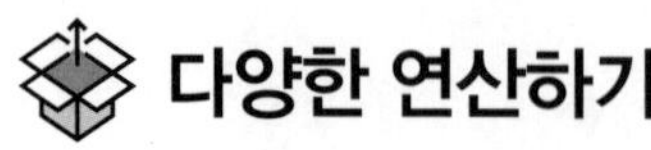

다양한 연산하기

식에서 연산의 대상(피연산자)이 될 수 있는 것은 1, 2와 같은 숫자뿐만이 아닙니다. 다음의 코드로 연습해 봅시다.

Sample2.java ▶ 변수의 값 사용하기

```
class Sample2
{
    public static void main(String[] args)
    {
        int num1 = 2;
        int num2 = 3;
        int sum = num1 + num2;     ← ❶ num1 + num2의 값을 sum에 대입합니다

        System.out.println("변수 num1의 값은 " + num1 + "입니다.");
        System.out.println("변수 num2의 값은 " + num2 + "입니다.");
        System.out.println("num1+num2의 값은 " + sum + "입니다.");

        num1 = num1 + 1;     ← ❷ num1 + 1의 값을 num1에 대입합니다

        System.out.println("변수 num1의 값에 1을 더하면 " + num1 + "입니다.");
    }
}
```

Sample2의 실행 화면

```
변수 num1의 값은 2입니다.
변수 num2의 값은 3입니다.
num1+num2의 값은 5입니다.
변수 num1의 값에 1을 더하면 3입니다.
```

덧셈의 결과가 출력됩니다

이 코드에서는 ❶과 ❷에서 변수를 피연산자로 사용하고 있습니다. 이처럼, 값은 물론이거니와 변수도 피연산자로 사용할 수 있습니다. 하나씩 알아봅시다.

먼저, ❶의 sum = num1 + num2는

변수 num1과 변수 num2에 저장된 '값'을 더한 다음, 그 값을 변수 sum에 대입

하는 식입니다. 다음으로, ❷의 num1 = num1 + 1은,

변수 num1의 값에 1을 더한 값을 다시 num1에 대입

하는 식입니다. 우변과 좌변이 다른 이상한 등식으로 보일 수도 있을 것입니다. 그러나 Java에서 = 기호는 '동일하다'라는 의미가 아니라 '값을 대입한다'는 의미임을 떠올려 주세요. 그래서 이러한 작성이 가능한 것입니다.

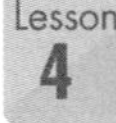

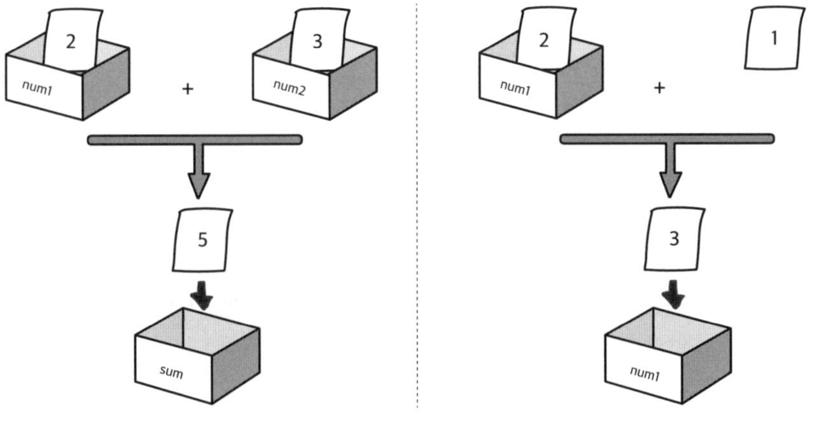

그림 4-2 sum = num1 + num2(왼쪽), num1 = num1 + 1(오른쪽)
변수에 저장된 값을 더할 수 있습니다.

키보드로 입력한 값 더하기

그러면 잠시 '변수를 사용한 식'에 대해 생각해 봅시다. 3장에서 보았던 것처럼, 변수에는 다양한 값을 저장할 수 있습니다. 즉, 변수를 사용할 경우, 식의 값은

코드가 처리될 때의 변숫값에 따라 달라진다

는 사실을 확인할 수 있습니다. 이 성질을 이용하면 다양하게 변화하는 프로그램을 만들 수 있습니다. 다음과 같은 코드를 입력해 봅시다.

Sample3.java ▶ 덧셈 프로그램

```
import java.io.*;

class Sample3
{
   public static void main(String[] args) throws IOException
   {
      System.out.println("정수를 2개 입력하십시오.");

      BufferedReader br =
         new BufferedReader(new InputStreamReader(System.in));

      String str1 = br.readLine();
      String str2 = br.readLine();

      int num1 = Integer.parseInt(str1);
      int num2 = Integer.parseInt(str2);

      System.out.println("덧셈의 결과는 " + (num1 + num2) + "입니다.");
   }
}
```

입력한 수를 변수 num1과 num2에 저장합니다

num1과 num2의 값을 더한 결과를 출력합니다

Sample3의 실행 화면

```
정수를 2개 입력하십시오.
1 ↵
2 ↵
덧셈의 결과는 3입니다.
```

입력한 수를 더한 결과가 출력됩니다

Sample3은 키보드로 입력한 값을 변수에 저장 후, 더하는 코드입니다. 3장에서 배웠던 키보드로 입력받는 코드를 사용하고 있습니다. 프로그램을 실행한 후, 다양한 정수를 입력하면 입력된 숫자가 더해져서 출력됩니다.

이처럼 변수와 연산자를 사용하여 코드를 작성하면 프로그램 실행 시의 상황에 대응하는 프로그램을 만들 수 있습니다. 지금까지는 항상 같은 문자나 숫자만 출력할 수 있었습니다. 그러나 이제부터는 입력한 값에 따라 다른 결과를 출력할 수 있습니다. 다양하게 변화하는 프로그램을 만들 수 있게 된 것입니다.

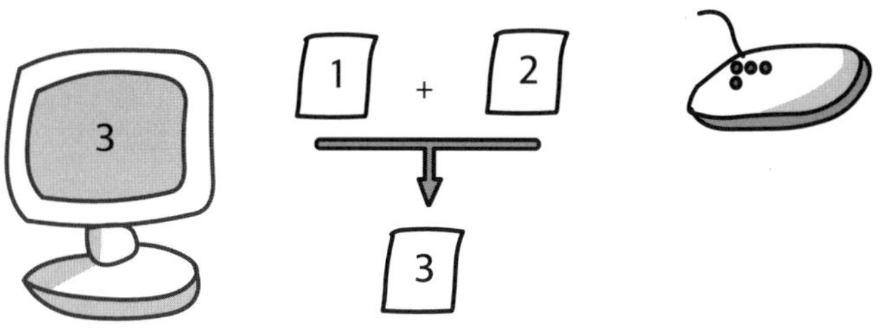

그림 4-3 키보드 입력을 더하기
다양한 숫자를 입력해서 더할 수 있습니다.

다양한 식

식은

1+2
3*4

와 같은 수식에 한정되지 않습니다.

num1
5

또한 '식'입니다. 즉, 5라는 식의 판별값은 5입니다. 또한 'num1'이라는 식의 판별값은 변수 num1에 5가 포함되어 있는 경우에 5, 10이 포함되어 있는 경우 10입니다. 이런 작은 식은 다른 식과 합쳐져 큰 식이 됩니다. 예를 들어 'num1 + 5'라는 식의 값은 식 num1의 값과 식 5의 값을 +로 연산한 결과가 되는 것입니다.

```
num1 + 5
 식    식
 └──┬──┘
    식
```

4.2 연산자의 종류

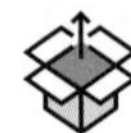 다양한 연산자

Java에는 + 연산자 이외에도 다양한 연산자가 있습니다. 주요 연산자의 종류를 다음 표에 간추려 보았습니다.

표 4-1 : 연산자의 종류

기호	이름	기호	이름
+	더하기(문자열 연결)	++	증가 연산자
–	빼기	––	감소 연산자
*	곱하기	〉	~보다 크다
/	나누기	〉=	이상(비교 연산자)
%	나머지	〈	미만
+	양수(단항 연산자)	〈=	이하(비교 연산자)
–	음수(단항 연산자)	==	같음(비교 연산자)
~	보수(단항 연산자)	!=	같지 않음(비교 연산자)
&	비트 논리곱	instanceof	형 비교
|	비트 논리합	!	논리 부정(단항 연산자)
^	비트 배타적 논리합	&&	논리곱
〈〈	왼쪽 시프트 연산	||	논리합
〉〉	오른쪽 시프트 연산	? :	조건
〉〉〉	부호 없는 오른쪽 시프트 연산	new	객체 생성

연산자에는 하나의 피연산자를 필요로 하는 것과 2개를 필요로 하는 것이 있습니다. 예를 들어 뺄셈을 수행하는 – 연산자는 피연산자를 2개 필요로 합니다.

```
10-2
```

반면, 음수를 표현하기 위해 사용하는 – 연산자는 피연산자를 1개 필요로 합니다.

```
-10
```

피연산자가 1개인 연산자는 **단항 연산자**(unary operator)라 불리기도 합니다. 그러면 표 4–1의 다양한 연산자를 사용한 코드를 작성해 봅시다.

Sample4.java ▶ 다양한 연산자 사용해 보기

```
class Sample4
{
    public static void main(String[] args)
    {
        int num1 = 10;
        int num2 = 5;

        System.out.println("num1과 num2로 다양한 연산을 수행합니다.");
        System.out.println("num1+num2는 " + (num1+num2) + "입니다.");
        System.out.println("num1-num2는 " + (num1-num2) + "입니다.");
        System.out.println("num1*num2는 " + (num1*num2) + "입니다.");
        System.out.println("num1/num2는 " + (num1/num2) + "입니다.");
        System.out.println("num1%num2는 " + (num1%num2) + "입니다.");
    }
}
```

다양한 연산을 수행합니다

Sample4의 실행 화면

```
num1과 num2로 다양한 연산을 수행합니다.
num1+num2는 15입니다.
num1-num2는 5입니다.
num1*num2는 50입니다.
num1/num2는 2입니다.
num1%num2는 0입니다.
```

Sample4에서는 덧셈 · 뺄셈 · 곱셈 · 나눗셈을 하고 있습니다. 많이 어렵지는 않지요? 다만, 마지막의 '% 연산자'(**나머지 연산자**)만큼은 생소했을지도 모르겠습니다. 이 연산자는

num1 ÷ num2 = ●…나머지 ×

라는 계산에서 '×'를 식의 값으로 출력하는 연산자입니다. 즉, % 연산자는 '나머지 값을 구하는' 연산자입니다. 이 코드에서는 '10÷5=2 나머지값 0'입니다. 그래서 0이 출력됩니다.

num1과 num2의 값을 바꾸어 다양한 연산 작업을 해 보세요. 단, / 연산자와 % 연산자는 정숫값을 0으로 나눌 수 없습니다.

문자열 연결 연산자

또한, + 연산자로는 **문자열을 연결**할 수도 있습니다. Sample4의 코드에 쓰여 있는 다음 부분을 확인해 주세요.

문자열을 연결하는 + 연산자입니다

```
System.out.println("num1+num2는 " + (num1+num2) + "입니다.");
```

" "로 묶인 문자열을 피연산자로 가지는 + 연산자는 문자열을 연결하는 기능을 가집니다. 이때, 피연산자 중 하나가 숫자라면 그 숫자는 문자열로 변환된 후 연결됩니다.

문자열을 연결할 때에는 + 연산자를 사용한다.

증가 · 감소 연산자

Lesson 4

그러면 표 4-1의 연산자 중에서 프로그램 작성 시에 자주 사용하는 것을 확인해 봅시다. 먼저 표에 나와 있는 '++'라는 연산자부터 시작하겠습니다. 이 연산자는 다음과 같이 사용합니다.

```
a++;        변수 a의 값을 1 증가시킵니다
```

++ 연산자는 **증가 연산자**(increment operator)라고 합니다. '증가 연산자'는 (변수)값을 1 증가시킵니다. 즉, 다음 코드는 변수 a의 값을 1 증가시키기 때문에 이전의 코드와 같은 처리를 합니다.

```
a = a+1;        값을 1 증가시키는 연산은 이렇게도 쓸 수 있습니다
```

반면, -를 2개 이어 붙인 '--'은 **감소 연산자**(decrement operator)라고 부릅니다. '감소 연산자'는 변숫값을 1 감소시킵니다.

```
b--;        변수 b의 값을 1 감소시킵니다
```

이 감소 연산자는 다음의 코드와 같은 처리를 합니다.

```
b = b-1;        값을 1 감소시키는 연산은 이렇게도 쓸 수 있습니다
```

증가 · 감소 연산자는 변수를 1씩 더하거나 뺀다.

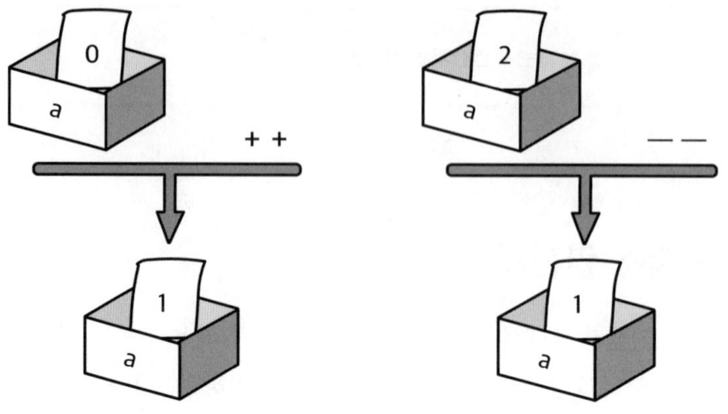

그림 4-4 증가 연산자와 감소 연산자
연산자 변숫값에 1을 더하거나 빼기 위해서 증가 연산자와 감소 연산자를 사용합니다.

증가 · 감소 연산자의 전위와 후위

증가·감소 연산자는 피연산자의 앞, 뒤 모두 위치시킬 수 있습니다. 즉, 변수 a의 값을 증가시키는 연산의 경우,

```
a++
++a
```

두 가지 방법으로 쓸 수 있습니다.

위와 같이 피연산자 뒤에 증가 연산자를 두는 경우를 '후위 증가 연산자'라고 부르며, 앞에 두는 경우를 '전위 증가 연산자'라고 부릅니다. 변수를 1 증가시키는 것이 목적이라면 연산자를 앞, 뒤 어느 쪽에 쓰더라도 그 결과가 같습니다.

그러나 이 표현의 차이에 따라서 프로그램의 실행 결과가 달라질 수 있습니다. 다음 코드를 입력해 보세요.

Sample5.java ▶ 전위·후위 증가 연산자 사용하기

```
class Sample5
{
    public static void main(String[] args)
    {
        int a = 0;
        int b = 0;

        b = a++;  // 후위 증가 연산자를 사용합니다

        System.out.println("대입 후에 증가 연산자를 사용했습니다. b의 값은 " + b +
            "입니다.");
    }
}
```

Sample5의 실행 화면

```
대입 후에 증가 연산자를 사용했습니다.  b의 값은 0입니다.
```

이 코드에서는 후위 증가 연산자를 사용했습니다. 그런데 이 코드에서 전위 증가 연산자를 사용하면 다른 결과가 나옵니다. 코드에 등장한 후위 증가 연산자 부분을 다음과 같이 전위 증가 연산자로 변경한 후 다시 프로그램을 만들어 보세요.

```
...
b = ++a;  // 전위 증가 연산자를 사용합니다
System.out.println("대입 전에 증가 연산자를 사용했습니다. b의 값은 " + b + "입니다.");
...
```

프로그램을 실행시켜 봅시다. 이제 화면에는

변경 후, Sample5의 실행 화면

```
대입 전에 증가 연산자를 사용했습니다. b의 값은 1입니다.
```

가 표시됩니다. 먼저 보여드렸던 후위 증가 연산자를 사용한 예제에서는

변수 b에 a의 값을 대입한 후 → a의 값을 1 증가

시켰습니다만, 전위 증가 연산자를 사용한 이 예에서는

변수 a의 값을 1 증가시킨 후 → 변수 b에 a의 값을 대입

하는 반대의 처리가 이루어지고 있는 것을 확인할 수 있습니다. 이 때문에, 출력되는 변수 b의 값이 이전의 예제와 다릅니다. 여기에서는 코드를 생략합니다만 감소 연산자 또한 같은 성질을 가지고 있음을 알아 두기 바랍니다. Sample5를 보면서 전위·후위 감소 연산자를 사용한 코드를 작성하고 동작시켜 보세요.

전위 증가 연산자는 값을 증가시킨 다음, 대입한다.
후위 증가 연산자는 값을 대입한 다음, 증가시킨다.

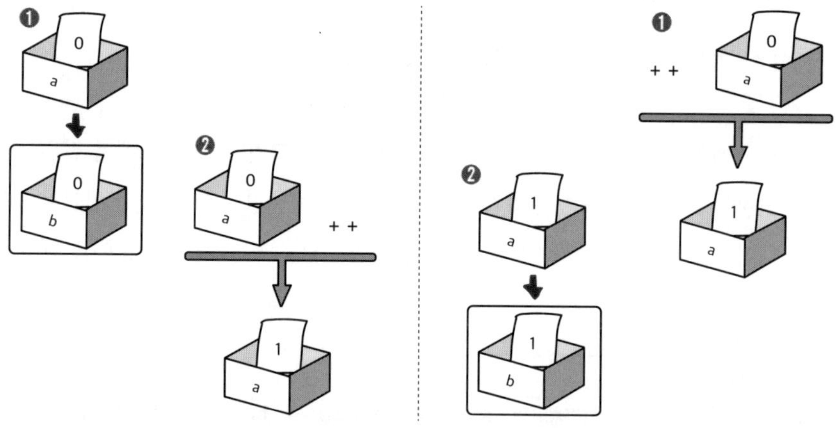

그림 4-5 증가 연산자의 후위와 전위 증가

연산자를 뒤에 두면 값이 대입된 다음, 변수의 값이 증가합니다(왼쪽). 증가 연산자를 앞에 두면 값의 대입 전에 변수의 값이 증가합니다(오른쪽).

대입 연산자

다음으로, **대입 연산자**(assignment operator)에 대해 배워 봅시다. 대입 연산자는 지금까지 변수에 값을 대입할 때 사용했던 '='라는 기호입니다. 이 연산자의 의미가 등식에서 말하는 = 부호, 즉 '같음'(equal)이라는 의미를 가지지 않음은 이미 설명했습니다. 즉, 대입 연산자란

좌변의 변수에 우변의 값을 대입

하는 연산자입니다. 대입 연산자의 사용법은 =만 있는 것이 아닙니다. 다른 연산 기호와 결합하여 다양하게 사용할 수 있습니다. 다음 표를 보세요.

표 4-2 : 복합 대입 연산자

기호	이름
+=	더한 후, 대입
-=	뺀후 , 대입
*=	곱한 후, 대입
/=	나눈 후, 대입
%=	나눈 후, 나머지를 대입
&=	논리곱을 구한 후, 대입
|=	논리합을 구한 후, 대입
^=	배타적 논리합을 구한 후, 대입
<<=	왼쪽 시프트 연산 후, 대입
>>=	오른쪽 시프트 연산 후, 대입
>>>=	부호 없는 오른쪽 시프트 연산 후, 대입

이러한 대입 연산자는 다른 연산은 물론 대입까지 동시에 수행하는 복합 대입 연산자라고 합니다. 예를 들어 += 연산자를 살펴보겠습니다.

+= 연산자는

변수 a의 값에 변수 b의 값을 더하고 그 값을 변수 a에 대입

하는 연산을 수행합니다. + 연산자와 = 연산자의 기능이 합쳐져 있습니다.

이와 같이, 사칙 연산 등의 연산자(이하 ●로 표기)와 함께 복합대입 연산자를 사용한 문장인

```
a ●= b;
```

는 일반적으로 대입 연산자 =를 사용하여

```
a = a ● b;
```

로 표현할 수 있습니다. 즉, 다음 두 문장 모두 '변수 a의 값과 변수 b의 값을 더해 변수 a에 대입'하는 처리를 하고 있습니다.

```
a += b;
a = a+b;
```

모두 a+b의 값을 a에 대입하는 문장입니다

또한 복합 연산자 사용 시

와 같이 + 와 = 부호 사이에 빈 칸을 넣을 수 없습니다.

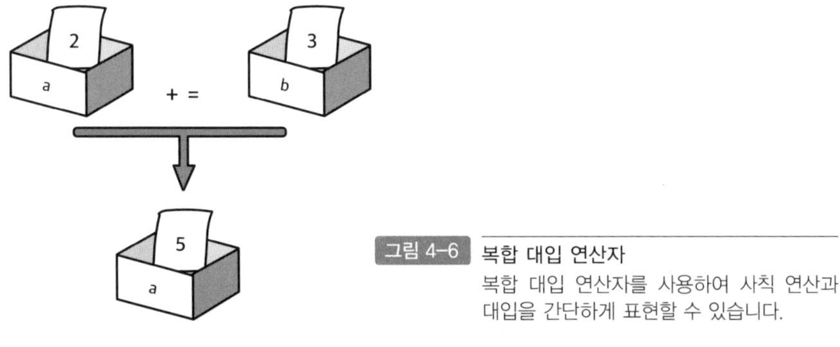

그림 4-6 복합 대입 연산자
복합 대입 연산자를 사용하여 사칙 연산과 대입을 간단하게 표현할 수 있습니다.

Lesson 4

시험 삼아 += 연산자를 사용한 코드를 작성해 봅시다.

Sample6.java ▶ 복합 대입 연산자

```
import java.io.*;

class Sample6
{
   public static void main(String[] args) throws IOException
   {
      System.out.println("정수를 3개 입력하십시오.");

      BufferedReader br =
         new BufferedReader(new InputStreamReader(System.in));

      String str1 = br.readLine();
      String str2 = br.readLine();
      String str3 = br.readLine();

      int sum = 0;
      sum += Integer.parseInt(str1);
      sum += Integer.parseInt(str2);
      sum += Integer.parseInt(str3);

      System.out.println("3개 정수의 합은 " + sum + "입니다.");
   }
}
```

복합 대입 연산자를 사용하고 있습니다

Sample6의 실행 화면

```
정수를 3개 입력하십시오.
1 ↵
3 ↵
4 ↵
3개 정수의 합은 8입니다.
```

이 예제에서는 입력된 3개 숫자의 덧셈 결과를 += 연산자를 사용하여 순서대로 변수 sum에 저장하고 있습니다. += 연산자를 사용하면 보다 간결한 코드를 작성할 수 있습니다. 이 코드를 + 연산자와 = 연산자를 따로 사용한 코드로도 바꾸어 보세요.

 시프트 연산자

마지막으로 좀 더 복잡한 연산자를 설명하겠습니다. 표 4-1에 '<<', '>>', '>>>'라는 기호로 표현된 것이 **시프트 연산자**(shift operator)입니다. '시프트 연산자'란

정수를 2진수로 표기할 경우의 자릿수를 왼쪽 또는 오른쪽으로 지정한 수만큼 이동(shift)

하는 연산자입니다. 예를 들어, << 연산자는 **왼쪽 시프트 연산자**라고 하며,

좌변을 2진수로 표기했을 때의 값을, 우변에서 지정한 자릿수만큼 왼쪽으로 밀어낸 다음, 밀어낸 자릿수만큼의 오른쪽을 모두 0으로 채움

하는 연산을 수행합니다. 설명이 조금 길어졌습니다. 실제 사용 예를 보겠습니다.

먼저 short형(3장 참조)의 값을 대상으로 '5 << 2'라는 왼쪽 시프트 연산을 할 경우를 가정해 보겠습니다. 5 << 2 의 연산은 다음처럼 이루어집니다.

```
    5    0000000000000101
〈〈 2
-------------------------------
    20   0000000000010100
```

왼쪽으로 두 자릿수를 밀고 그만큼 오른쪽을 모두 0으로 채웁니다.

즉, 5 〈〈 2는 20이 됩니다.

한편, 〉〉 연산자는 **오른쪽 시프트 연산자**라 불리는 연산을 수행합니다. 이 연산자는

좌변을 2진수로 표기했을 때의 값을, 우변에서 지정한 자릿수만큼 오른쪽으로 밀어낸 다음, 좌변의 값이 양수라면 자릿수만큼 왼쪽을 모두 0으로 채움. 좌변의 값이 음수라면 자릿수만큼 왼쪽을 모두 1로 채움

하는 연산을 수행합니다. 5 〉〉 2의 연산은 다음처럼 이루어집니다.

```
    5    0000000000000101
〉〉 2
-------------------------------
    1    0000000000000001
```

오른쪽으로 두 자릿수를 밀고 그만큼 왼쪽을 모두 0으로 채웁니다.

그 외에도, Java는 좌변의 값이 음수인지, 양수인지와는 관계 없이 좌변의 값 왼쪽에 0을 넣는 연산자가 있습니다. 오른쪽 시프트 연산을 수행하는 〉〉〉 연산자입니다.

시프트 연산의 의미

시프트 연산은 2진수의 자릿수를 왼쪽 또는 오른쪽으로 밀어내는 연산입니다. 이 연산은 어떤 의미를 가지고 있는 것일까요?
예를 들어 보겠습니다. 평소 사용하고 있는 10진수를 생각해 보세요. 10진수의 경우, '자릿수를 왼쪽으로 1자릿수 밀어낸다'는 것은 '(10^1 =) 10 곱하라'는 뜻입니다. 또한 10진수에서 두 자리를 밀어내라는 것은 '(10^2 =) 100 곱하라'는 뜻입니다.

10진수의 경우	5	
	50	왼쪽으로 1자릿수 밀어낸다(10배 곱한다)
	500	왼쪽으로 2자릿수 밀어낸다(100배 곱한다)

마찬가지로 2진수로 나타낸 숫자를 왼쪽으로 1자릿수 밀어내는 것은 '(2^1 =) 2배 곱하라'는 의미를 가지고 있습니다. 또한 2진수에서 2자릿수를 밀어내라는 것은 '(2^2 =) 4배 곱하라'는 뜻입니다.

2진수의 경우	101	
	1010	왼쪽으로 1자릿수 밀어낸다(2배 곱한다)
	10100	왼쪽으로 2자릿수 밀어낸다(4배 곱한다)

예를 들어, 10진수 5를 왼쪽으로 2자리 밀어내는 시프트 연산에 대해 생각해 봅시다. 이것은 2진수 101을 왼쪽으로 두 자릿수 밀어내는 것과 같습니다. 5 << 2 의 값은 20이었습니다. 이는, 분명히 10진수 5를 '4배 곱한' 값입니다.
또한, 오른쪽 시프트 연산은 왼쪽 시프트 연산의 반대편 자리를 밀어내는 연산입니다. 즉, 왼쪽 시프트 연산과 반대로 1/2배, 1/4배, 1/8배…곱하라는 뜻입니다. 그러나 이미 언급하였듯, 오른쪽 시프트 연산의 경우 왼쪽에 채워 넣는 비트값이 달라질 수 있습니다.
컴퓨터 내부적으로는 숫자를 2진수로 다룹니다. 따라서 일반 사칙 연산보다 시프트 연산 처리 속도가 더 빠릅니다. 시프트 연산을 사용하면 속도적인 면에서 이득을 볼 수 있습니다.

4.3 연산자 우선순위

 연산자 우선순위란?

다음 식을 보세요.

이 식에서는 + 연산자와 * 연산자, 두 가지가 사용되고 있습니다. 이처럼 하나의 식에서 여러 가지 연산자를 조합해서 사용할 수 있습니다. 이때 식은 어떤 순서로 평가(연산이 수행)될까요?

일반적인 사칙 연산에서는 덧셈보다 곱셈을 먼저 계산하지요? 이것은 우리가 일반적으로 사용하는 중위 표기법에서 덧셈보다 곱셈 연산 쪽이

우선순위가 높기

때문입니다. Java 연산자의 경우도 마찬가지입니다. 위의 코드에서는 '2*5'가 먼저 평가된 다음, 'a+10'이 평가됩니다.

연산자의 우선순위는 변경할 수 있습니다. 평상시에 사용하는 수식처럼 괄호로 감싸면, 괄호 안의 식이 먼저 평가됩니다. 다음 식에서는 'a+2'가 먼저 평가된 후, 그 값이 5배 곱해집니다.

```
(a+2)*5
```

괄호 안의 a+2가 먼저 평가됩니다

그러면 다른 연산자는 어떨까요? 다음 식을 보세요.

```
a = b+2;
```

대입 연산자와 같은 연산자는 사칙 연산보다 우선순위가 낮습니다. 따라서, 위의 식은 다음 순서대로 연산됩니다.

```
a = (b+2);
```

b+2가 먼저 평가됩니다

Java에서 사용되는 연산자의 우선순위는 표 4-3와 같습니다.

표 4-3 : 연산자 우선순위(앞에 올수록 우선순위가 높음. 실선 안의 연산자는 우선순위가 같음)

기호	이름	결합규칙
( )	인수	왼쪽
[]	배열 탐색	왼쪽
.	멤버 접근	왼쪽
++	후위 증가 연산자	왼쪽
--	후위 감소 연산자	왼쪽
!	논리 부정	오른쪽
~	보수	오른쪽
+	양수	오른쪽
-	음수	오른쪽
++	전위 증가 연산자	오른쪽
--	전위 감소 연산자	오른쪽
new	객체 생성	오른쪽
()	형 변환 (cast)	오른쪽
*	곱하기	왼쪽
/	나누기	왼쪽
%	나머지	왼쪽
+	더하기 (문자열 연결)	왼쪽
-	빼기	왼쪽

기호	이름	결합규칙
<<	왼쪽 시프트 연산	왼쪽
>>	오른쪽 시프트 연산	왼쪽
>>>	부호 없는 오른쪽 시프트 연산	왼쪽
>	~보다 크다	왼쪽
>=	이상	왼쪽
<	미만	왼쪽
<=	이하	왼쪽
instanceof	형 비교	왼쪽
==	같음	왼쪽
!=	같지 않음	왼쪽
&	비트 논리곱	왼쪽
^	비트 배타적 논리합	왼쪽
|	비트 논리합	왼쪽
&&	논리곱	왼쪽
||	논리합	왼쪽
? :	조건	오른쪽
=	대입	오른쪽
표 4-2의 복합 대입 연산자		오른쪽

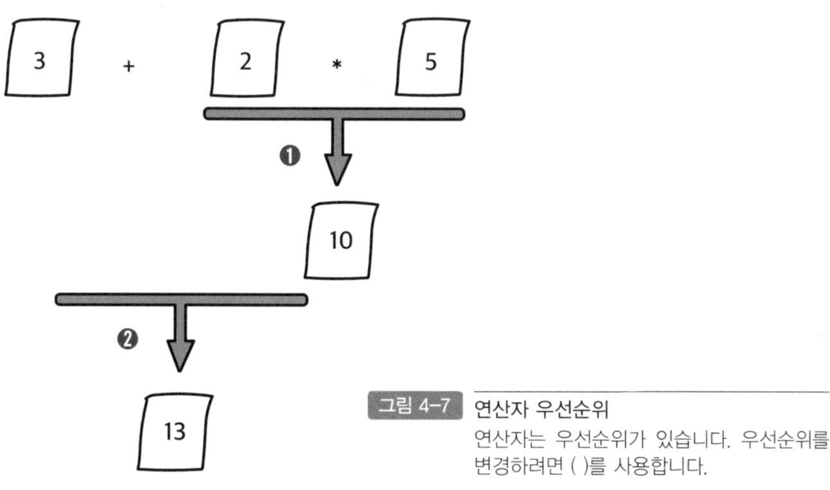

그림 4-7 연산자 우선순위

연산자는 우선순위가 있습니다. 우선순위를 변경하려면 ( )를 사용합니다.

같은 우선순위의 연산자 사용하기

만약 같은 우선순위를 가지는 연산자가 동시에 사용되면 어떻게 될까요? 사칙 연산에서는 우선순위가 동일할 경우, 반드시 '왼쪽에서 오른쪽으로' 계산하도록 되어 있지요? 이러한 연산 순서를 **왼쪽 결합**(left associative)이라고 합니다.

Java의 + 연산자 또한 왼쪽 결합되는 연산자입니다. 즉,

```
a+b+1
```

라고 작성했을 때,

```
(a+b)+1 ●── 왼쪽부터 평가됩니다
```

차례로 평가됩니다. 반대로 오른쪽에서 평가되는 연산자도 있습니다. 이를 **오른쪽 결합**(right associative)이라고 합니다. 예를 들어, 대입 연산자는 오른쪽 결합되는 연산자입니다. 즉,

```
a = b = 1
```

이라고 작성했을 때,

```
a = (b = 1) ●── 오른쪽부터 먼저 평가됩니다
```

이러한 순서로 오른쪽부터 평가되기 때문에, 먼저 변수 b에 1이 대입되고 변수 a에 1이라는 값이 들어갑니다. 일반적으로, 단항 연산자와 대입 연산자는 오른쪽 결합되는 연산자입니다.

연산자 우선순위 조사하기

연산자 우선순위를 신경쓰지 않으면 이상한 결과가 나오는 경우가 있습니다. 예를 들어, 이 장의 첫 번째 예제에서는 '1+2'라는 수식의 결과를 출력하기 위해 ( )를 사용했지요?

```
System.out.println("1+2는 " + (1+2) + "입니다.");
```

Lesson 4

( )는 여기서 배운 연산자의 우선순위를 변경하기 위해 사용된 ( )입니다. 그런데 이 식에 괄호를 붙이지 않으면 어떻게 될까요? 다음 코드를 입력합니다.

Sample7.java ▶ 괄호로 감싸지 않은 코드

```
class Sample7
{
    public static void main(String[] args)
    {
        System.out.println("1+2는 " + 1+2 + "입니다.");
        System.out.println("3*4는 " + 3*4 + "입니다.");
    }
}
```

괄호로 감싸지 않으면…

Sample7의 실행 화면

```
1+2는 12입니다.
3*4는 12입니다.
```

문자열로 먼저 연결됩니다

덧셈 부분의 출력이 이상합니다. 이는

'1'과 '2'를 문자열로 연결하라

는 + 연산자의 연산이 왼쪽에서 먼저 수행되었기 때문입니다. '1+2'의 계산보다 먼저 연산된 것입니다. 문자 '1'과 '2'를 연결하는 작업이 먼저 이루어졌기 때문에 우리가 기대한 '3'이 아니라 문자열이 연결된 결과인 '12'가 출력된 것입니다.

따라서 '1+2'라는 숫자 계산을 하기 위해 이 부분을 ( ) 안에 넣어서 우선적으로 계산해야 합니다.

그 다음의 '3*4' 연산은 * 연산자의 우선순위가 높습니다. 따라서 ( )로 감싸지 않아도 우리가 기대하는 계산 결과가 출력됩니다. 그러나 이 책의 예제에서는 코드를 읽기 쉽게 하기 위해 수식 부분은 ( )를 붙이도록 하겠습니다.

4.4 형 변환

 큰 사이즈의 형에 대입하기

사실 지금까지 살펴본 연산자와 피연산자의 형 사이에는 밀접한 관계가 있습니다. 이 절에서는 먼저, 대입 연산자와 형의 관계에 대해 살펴보도록 합시다. 다음의 코드를 보세요. 이 코드는 변수에 값을 대입합니다.

Sample8.java ▶ 큰 사이즈의 형에 대입하기

```
class Sample8
{
    public static void main(String[] args)
    {
        int inum = 160;
        System.out.println("키는 " + inum + "센티미터입니다.");

        System.out.println("double형 변수에 대입합니다.");
        double dnum = inum;    ← 큰 사이즈의 형에 대입합니다

        System.out.println("키는 " + dnum + "센티미터입니다.");
    }
}
```

Sample8의 실행 화면

```
키는 160센티미터입니다.
double형 변수에 대입합니다.
키는 160.0센티미터입니다.
```

이 코드는 int형 변수의 값을 double형 변수에 대입합니다. 그러면 int형의 값은 double형으로 변환되어 대입됩니다. 3장에서 형의 크기에 대해 배웠던 것이 기억나나요? 일반적으로 Java에서는

작은 데이터형 변수를 큰 데이터형 변수에 대입

할 수 있습니다. 이처럼 형을 바꾸는 작업을 **형 변환**이라고 부릅니다.

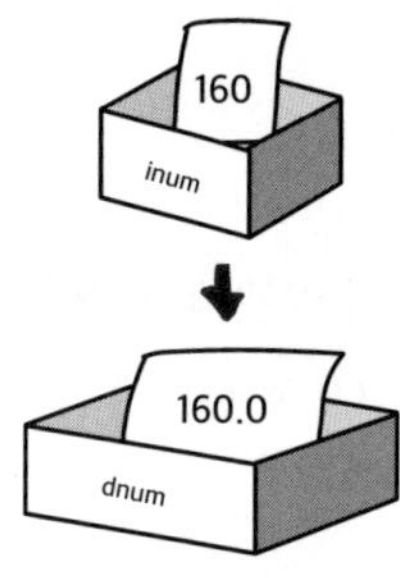

그림 4-8 큰 데이터형 변수에 대입
큰 데이터형 변수에 작은 데이터형 변숫값을 대입할 수 있습니다.

 작은 사이즈의 형에 대입하기

그렇다면 반대로 작은 데이터형 변수에 큰 데이터형 변수를 대입할 수 있을까요? 다음 코드를 통해 확인해 보겠습니다.

Sample9.java ▶ 작은 데이터형 변수에 대입하기

```
class Sample9
{
   public static void main(String[] args)
   {
      double dnum = 160.5;

      System.out.println("키는 " + dnum + "센티미터입니다.");

      System.out.println("int형 변수에 대입합니다.");
      int inum = dnum;   ← 작은 데이터형 변수에는 대입할 수 없습니다
```

```
        System.out.println("키는 " + inum + "센티미터입니다.");
    }
}
```

이전 예제와 반대로, double형 변수의 값을 int형 변수에 대입했습니다. 그러나 이 코드는 이대로 컴파일할 수 없습니다. 이번에는 값을 그대로 대입할 수 없습니다.

큰 데이터형 변수를 작은 데이터형 변수에 대입하기 위해서는

명시적으로 형을 변환

하는 작업을 해야 합니다. 이를 위해 다음과 같이 **캐스트 연산자**(cast operator)라는 연산자를 사용합니다.

캐스트 연산자

```
(형명) 식
```

캐스트 연산자는

지정한 식의 형을 ( ) 안에서 지정한 형으로 변환하는

연산을 수행합니다. 그러면 Sample9를 컴파일되도록 수정해 볼까요? Sample9에 대입하는 부분을 다음처럼 고칩니다.

```
...
int inum = (int)dnum;
...
```

변환할 형을 지정합니다

이렇게 고치면 Sample9.java를 컴파일할 수 있습니다. 실행 결과는 다음과 같습니다.

Lesson 4

Sample9의 실행 화면

```
키는 160.5센티미터입니다.
int형 변수에 대입합니다.
키는 160센티미터입니다.
```

반내림한 정수가 됩니다

캐스트 연산자를 사용하면 큰 데이터형 변수를 작은 데이터형 변수로 변환할 수 있습니다. 그러나 작은 데이터형 변수로 변환했을 때 그 형에서 표현할 수 없는 부분은 잘려 나갑니다. 예를 들어, '160.5'라는 값은 int형 변수에 그대로 저장할 수 없기 때문에, 소수점 이하는 버려지고 '160'이라는 정수가 저장됩니다.

캐스트 연산자는 형을 변환시킨다.

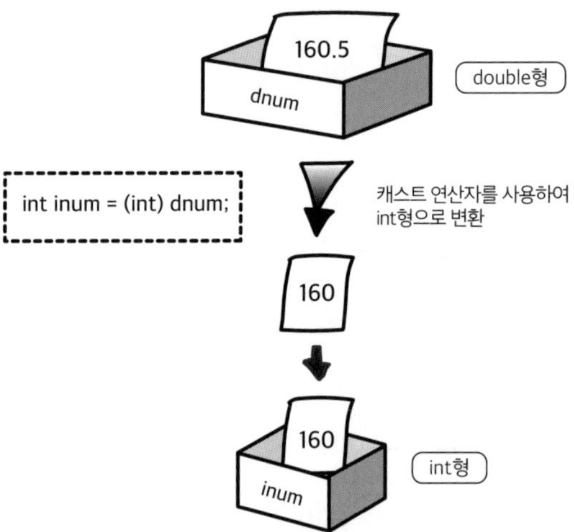

그림 4-9 큰 데이터형 변수를 작은 데이터형 변수에 대입하기
작은 데이터형 변수에 큰 데이터형 변수를 대입하는 경우 캐스트 연산자를 사용해야 합니다.

캐스트 연산자의 사용

캐스트 연산자는 Sample8처럼 큰 데이터형 변수로 변환시키는 경우에도 사용할 수 있습니다.

```
double dnum = (double)inum;
```

double형으로 변환합니다

그러나 Sample8은 이렇게 바꾸어도 그 결과가 동일합니다.

Lesson 4

 다른 형끼리 연산하기

다음으로 덧셈·뺄셈·곱셈·나눗셈 등 사칙 연산 등을 수행하는 연산자형과 피연산자형의 관계에 대해 살펴보겠습니다. 다음 예제를 보세요.

Sample10.java ▶ 다른 형의 변수와 연산하기

```
class Sample10
{
    public static void main(String[] args)
    {
        int d = 2;
        double pi = 3.14;

        System.out.println("지름이 " + d + "센티미터인 원의");
        System.out.println("둘레는 " + (d*pi) + "센티미터입니다.");
    }
}
```

int형 변수 d가 double형으로 변환되어 연산됩니다

Sample10의 실행 화면

```
지름이 2센티미터인 원의
둘레는 6.28센티미터입니다.
```

이 예제에서는 int형 변수 d의 값과 double형 변수 pi의 값을 곱하고 있습니다. Java에서는 일반적으로 다른 두 피연산자의 연산이 필요한 경우

두 피연산자의 크기를 비교하여 그중에서 큰 데이터형으로 형 변환을 한 후, 연산을 수행

합니다. 즉, 이 예제에서는 int형 d의 값 '2'가 double형의 숫자(2.0)로 변환된 후 곱셈이 이루어집니다. 판별값도 double형이 됩니다.

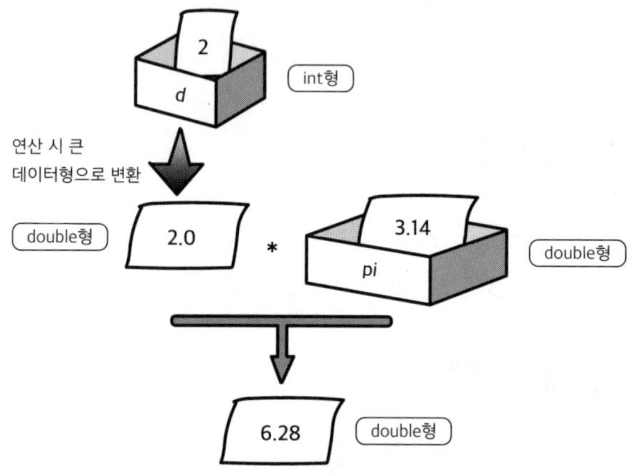

그림 4-10 다른 형의 변수와 연산하기
피연산자의 형이 다른 경우, 피연산자의 데이터형 중에서 큰 데이터형으로 변환한 다음, 연산이 이루어집니다. 판별값의 데이터형 또한, 피연산자의 데이터형 중에서 큰 데이터형이 됩니다.

같은 형끼리 연산하기

같은 형끼리 연산을 하면 어떻게 될까요? 이 경우, 같은 형으로 연산이 수행되고 판별값의 형 또한 같습니다. 그러나 이 연산이 의외의 결과를 출력하는 경우가 있습니다. 다음 예제를 보세요.

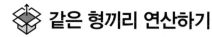

Sample11.java ▶ 같은 형의 변수와 연산하기

```
class Sample11
{
   public static void main(String[] args)
```

```
    {
        int num1 = 5;
        int num2 = 4;

        double div = num1 / num2;   // 5÷4가 계산되어야 하지만…

        System.out.println("5/4는 " + div + "입니다.");
    }
}
```


Sample11의 실행 화면

```
5/4는 1.0입니다.   // 기대했던 결과가 아닙니다
```

이 코드에서는 int형 변수 num1과 num2에 각각 정수 5와 4를 저장했습니다. 그리고 5÷4의 결과를 double형 변수 div에 대입했습니다. '1.25'라는 double형의 값이 출력되는 것을 기대하고 작성한 것입니다.

그러나 num1과 num2는 int형입니다. 그래서 '5/4'라는 식이 '1'이라는 int형의 값으로 판별됩니다. 그 결과, 출력값은 '1.0'이 되어 버렸습니다.

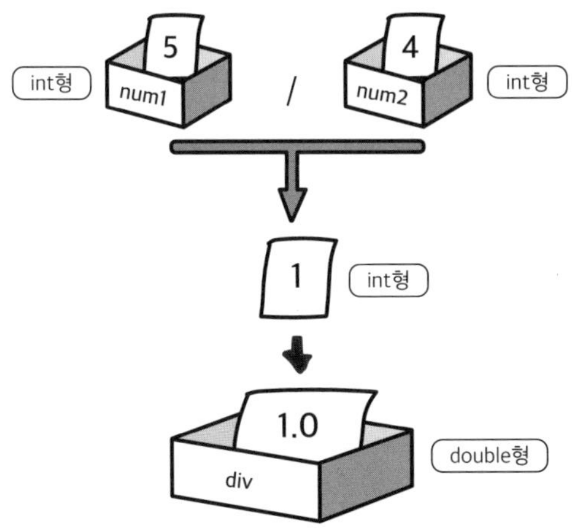

그림 4-11 같은 형끼리의 연산
두 개의 피연산자가 모두 int형인 경우 결과도 int형이 됩니다.

이 코드에서 '1.25'라는 값을 얻기 위해서는 적어도 변수 num1 또는 num2 중 하나가 double형이어야 합니다. 나눗셈 부분에서 캐스트 연산자를 사용하여 다음과 같이 변경합니다.

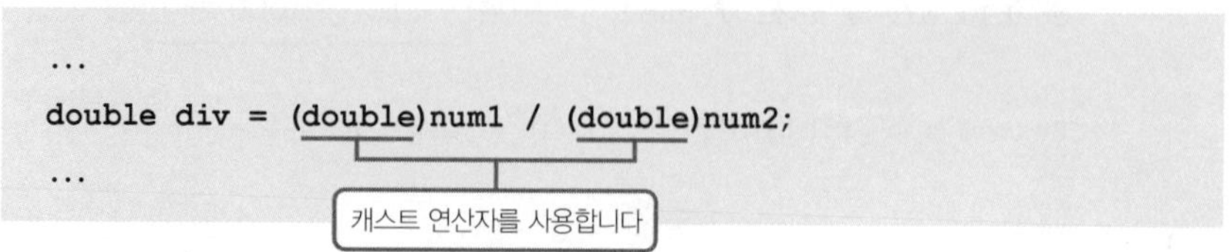

```
...
double div = (double)num1 / (double)num2;
...
```


코드를 변경한 경우의 실행 화면은 다음과 같습니다.

변경 후 Sample11의 실행 화면

```
5/4는 1.25입니다.
```


이렇게 코드를 고쳐 쓰면 double형의 연산이 이루어집니다. 결과 또한 double형이 되며, 1.25라는 답을 출력할 수 있게 됩니다.

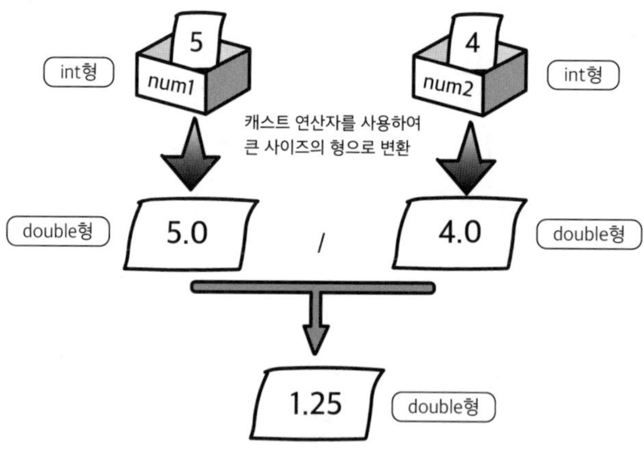

그림 4-12 double형의 연산

Sample11에서 double형으로 된 결괏값을 얻으려면 두 개의 피연산자 중에서 적어도 1개의 피연산자를 캐스팅 연산자로 형 변환해야 합니다.

4.5 강의 요약

이 장에서는 다음과 같은 것을 배웠습니다.

- 연산자와 피연산자를 조합해서 식을 만듭니다.
- 증가 연산자, 감소 연산자를 사용하면 변수의 값에 1을 더하거나 뺄 수 있습니다.
- 복합 대입 연산자를 사용하여 사칙 연산과 대입 연산을 합쳐서 표현할 수 있습니다.
- 큰 데이터형에 저장되었던 값이 작은 데이터형으로 변환될 경우, 값 일부가 손실될 수 있습니다.
- 캐스트 연산자를 사용하면 형을 변환할 수 있습니다.
- 대입할 때, 형이 변환되는 경우가 있습니다.
- 사칙 연산을 할 때, 형이 변환되는 경우가 있습니다.

연산자를 사용하면 사칙 연산을 비롯한 다양한 처리를 간결하게 표현할 수 있습니다. 여기에서 모든 연산자의 사용법을 확인할 수는 없습니다. 그러나 앞으로 공부할 코드에는 다양한 연산자가 등장하게 됩니다. 모르는 연산자가 있을 경우 이 장을 다시 복습하세요.

연습문제

1. 다음 항목에 대해 O 또는 ×로 답하십시오.

   ① 작은 데이터형 변수를 큰 데이터형 변수로 변환하려면 명시적 변환이 필요하다.

   ② 큰 데이터형 변수를 작은 데이터형 변수로 변환하려면 명시적 변환이 필요하다.

   ③ 다른 형의 변수 간 연산은 작은 데이터형으로 변환된 후 이루어진다.

2. 다음 계산 결과를 화면에 출력하는 코드를 작성하십시오.

   0−4

   3.14×2

   5÷3

   30÷7의 나머지값

   (7+32)÷5

3. 키보드로 사각형 한 변의 길이를 정수로 입력받은 후, 다음과 같이 넓이를 출력하는 코드를 작성하십시오.

```
정사각형의 한 변의 길이를 입력하십시오.
3 ↵
정사각형의 넓이는 9입니다.
```

4. 키보드로 삼각형의 밑변과 높이를 정수로 입력받은 후, 다음과 같이 넓이를 출력하는 코드를 작성하십시오.
(힌트 : 삼각형의 넓이 = (높이×밑변)÷2)

```
삼각형의 밑변과 높이를 입력하십시오.
3 ↵
5 ↵
삼각형의 넓이는 7.5입니다.
```

5. 키보드로 다섯 과목의 시험 점수를 입력받은 후, 다음과 같이 합계와 평균을 출력하는 코드를 작성하십시오.

```
과목 1~5의 점수를 정수로 입력하십시오.
52 ↵
68 ↵
75 ↵
83 ↵
36 ↵
5과목의 합계는 314점입니다.
5과목의 평균은 62.8점입니다.
```

Lesson 5

경우에 따른 처리

4장까지는 한 문장씩 처리하는 코드를 다뤘습니다. 그러나 더 복잡한 처리를 하고 싶은 경우, 순차적으로 문장을 처리하는 것만으로는 부족할 수 있습니다. Java에는 여러 문장을 모아서 코드의 흐름을 제어하는 방법이 있습니다. 이 장에서는 특정 상황에 맞추어 코드의 흐름을 제어하는 문장을 배웁니다.

Check Point!

- 조건
- 관계 연산자
- 조건 판단문
- if문
- if~else문
- if~else if~else문
- switch문
- 논리 연산자

5.1 관계 연산자와 조건식

 조건의 원리 이해하기

우리는 일상 생활에서 다음과 같은 상황을 만나곤 합니다.

학업 성적이 좋다면
→ 친구와 함께 여행을 떠난다
학업 성적이 나쁘다면
→ 다시 공부한다

Java에서도 이와 같은 '경우에 따른 분기 처리'를 할 수 있습니다. 이 장에서는 다양한 상황에 맞추어 복잡한 처리를 하는 방법을 배웁니다.

Java에서는 다양한 상황을 표현하기 위해 **조건**(condition)이라는 개념을 사용합니다. 예를 들어, 위의 예에서는

성적이 좋다

라는 사실이 '조건'에 해당합니다.

물론, 실제 Java 코드에서 이렇게 한국어로 조건을 표현할 수는 없습니다. 먼저, 4장에서 배웠던 식을 기억해 보세요. 4장에서는 식이 평가되어 값을 가지게 된다는 사실을 배웠습니다. 이런 식 중에서,

참(true)
거짓(false)

이라는 두 개의 값 중 하나를 표현하는 식을 Java에서는 '조건' 혹은 '조건식'이라고 합니다. true 또는 false란 그 조건이 '참이다' 혹은 '거짓이다'라는 사실을 표현

합니다.

예를 들어, '성적이 좋다'라는 조건을 생각해 봅시다. 조건이 true 또는 false가 되는 경우는 다음과 같은 경우일 것입니다.

성적이 80점 이상인 경우 → 좋은 성적이기 때문에 조건은 참(true)

성적이 80점 미만인 경우 → 나쁜 성적이기 때문에 조건은 거짓(false)

 조건식 작성하기

조건식이라는 것을 어렴풋하게나마 알게 되었습니다. 조건식을 Java의 식으로 나타내 봅시다. 우리는 1보다 3이 크다는 사실을,

3 〉 1

이라는 부등식으로 표현할 수 있습니다. 분명히 3은 1보다 큰 숫자이므로 이 부등식은 '참'이 됩니다. 그렇다면 다음 부등식의 결과는 무엇인가요?

3 〈 1

이 부등식은 '거짓'입니다. Java에서도 〉와 같은 기호를 사용할 수 있습니다. 위의 식은 true, 아래의 식은 false로 평가됩니다. 결과적으로 3 〉 1과 3 〈 1이라는 표현은 Java의 조건식이 될 수 있습니다.

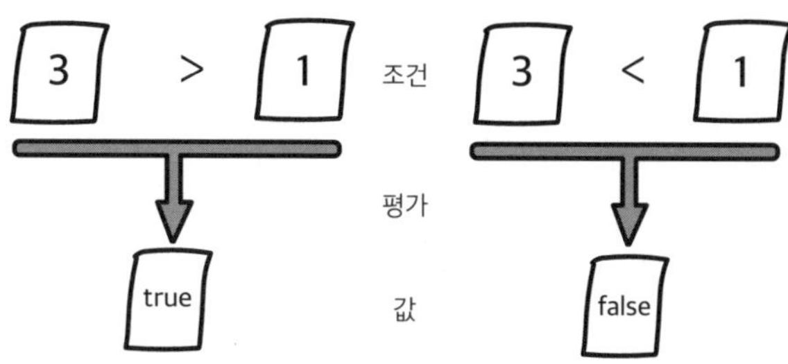

그림 5-1 조건

관계 연산자를 사용해 '조건'을 표현할 수 있습니다. 조건은 참(true) 혹은 거짓(false)이라는 값을 가집니다.

조건을 만들기 위해 사용하는 〉 등의 기호를 **관계 연산자**(relational operator)라고 합니다. 표 5-1에 다양한 관계 연산자와 그들이 참(true)을 반환하는 경우를 모아 보았습니다.

표 5-1 : 관계 연산자

연산자	식이 참(true)이 되는 경우
==	우변과 좌변이 같음
!=	우변과 좌변이 다름
〉	우변보다 좌변이 큼
〉=	우변보다 좌변이 크거나 같음
〈	우변보다 좌변이 작음
〈=	우변보다 좌변이 작거나 같음

표 5-1을 통해 알 수 있듯이 〉와 같은 경우는 '오른쪽보다 왼쪽이 큰 경우에 true'가 됩니다. 즉, 3 〉 1은 참(true)입니다. 그렇지 않은 경우는 거짓(false)입니다. 1 〉 3 과 같은 경우입니다.

관계 연산자를 사용해 조건을 표현할 수 있다.

 관계 연산자 사용하기

그러면 관계 연산자를 사용한 코드를 몇 개 작성해 봅시다.

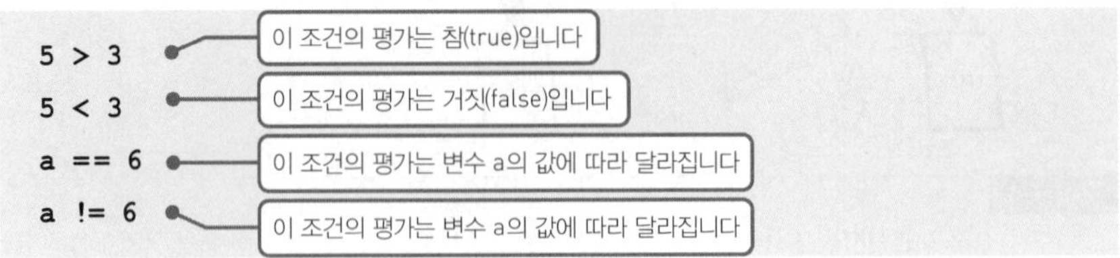

'5 〉 3'이라는 조건식에서는 3보다 5가 큽니다. 따라서 식의 값은 참(true)입니다. '5 〈 3'이라는 조건식의 값은 거짓(false)입니다.

조건식 안에서는 변수를 사용할 수 있습니다. 예를 들어, 'a == 6'이라는 조건식은 변수 a의 값이 6인 경우에 참(true)이 됩니다. 만약, 변수 a의 값이 3이나 10인 경우는 거짓이 됩니다. 이처럼, 변숫값의 변화에 따라 조건식의 값이 달라집니다.

마찬가지로, 'a != 6'은 a가 6이 아닌 값인 경우에 참(true)이 되는 조건식입니다. 덧붙여, !=와 ==는 2개의 문자로 하나의 연산자를 만들기 때문에 ! 부호와 = 부호 사이에 공백을 입력하면 안됩니다.

Lesson 5

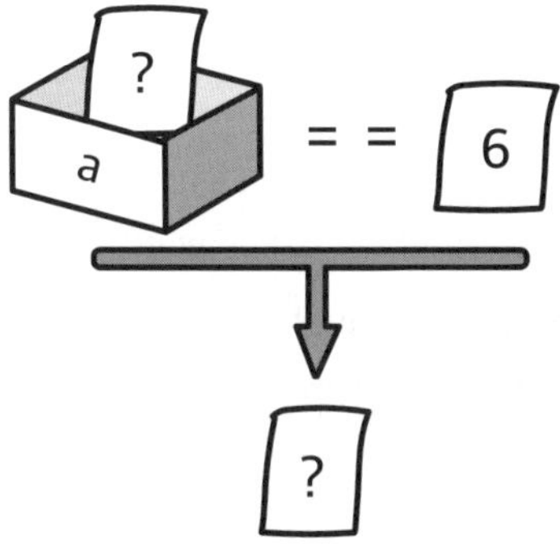

그림 5-2 변수와 조건
변수를 조건으로 사용하면 변수의 값에 따라 평가가 달라집니다.

그런데 = 연산자를 대입 연산자라 부른다는 사실을 4장에서 설명했던 것을 기억하나요? 모양은 비슷하지만 =와 ==는 다른 종류의 연산자(관계 연산자)입니다. 이 두 연산자는 실제로 코드를 작성할 때 착각하기 쉬우니 주의해서 입력합니다.

=(대입 연산자)와 ==(관계 연산자)를 착각하지 말 것.

5.2 if문

if문의 원리 이해하기

그러면 이 장의 목적이기도 한, 다양한 상황에 따른 처리를 배워 봅시다. Java에서는 상황에 따른 처리를 할 경우,

'조건'의 값(true 또는 false)에 따라 작업을 수행

하는 문장을 작성합니다. 이런 문장을 **조건 판단문**(conditional statement)이라고 합니다. 그러면 먼저, 조건 판단문 중 하나인 **if문**(if statement)을 배워 봅시다. if문은 조건이 참(true)인 경우 지정된 문장을 실행하는 구문입니다.

구문 if문

```
if (조건)
    문장;
```

조건이 참(true)일 때 실행됩니다

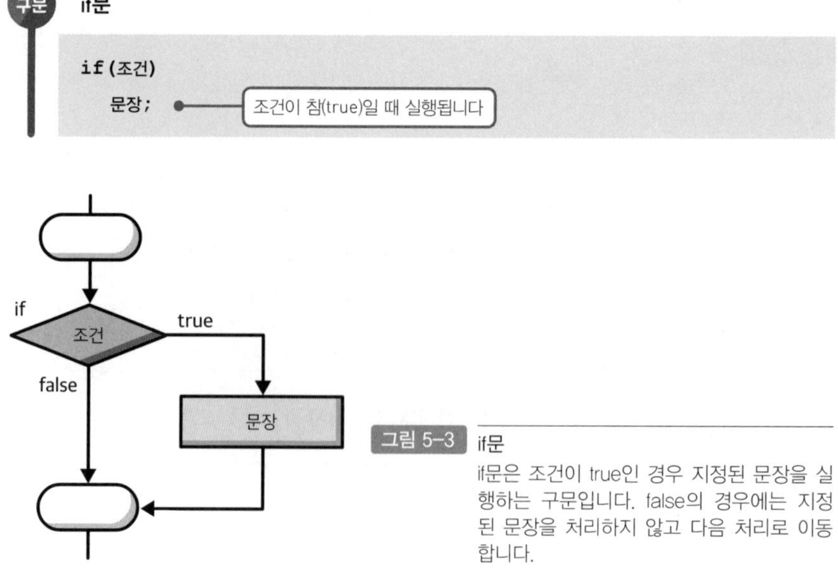

그림 5-3 if문

if문은 조건이 true인 경우 지정된 문장을 실행하는 구문입니다. false의 경우에는 지정된 문장을 처리하지 않고 다음 처리로 이동합니다.

예를 들어, 앞에서 설명한 예를 if문에 적용할 경우, 다음과 같은 코드로 표현할 수 있습니다.

if (좋은 성적을 거두면)
  여행을 떠난다

if문을 사용하면 조건('좋은 성적을 거두었다')이 참(true)인 경우에만 '여행을 떠난다'라는 작업을 수행할 수 있습니다. 성적이 나쁜 경우, '여행을 떠난다'라는 문장은 실행되지 않습니다.

그렇다면 실제 코드로 if문을 실행해 봅시다.

Sample1.java ▶ if문 사용하기

```
import java.io.*;

class Sample1
{
   public static void main(String[] args) throws IOException
   {
      System.out.println("정수를 입력하십시오.");

      BufferedReader br =
         new BufferedReader(new InputStreamReader(System.in));

      String str = br.readLine();
      int res = Integer.parseInt(str);

      if(res == 1)
         System.out.println("1이 입력되었습니다.");

      System.out.println("처리를 종료합니다.");
   }
}
```

❶ 변수 res에 키보드 입력을 저장합니다

❷ 1이 입력된 경우, 이 조건이 참(true)이 되어…

❸ 이 문장이 실행됩니다

Sample1의 첫 번째 실행 화면

Sample1에서는 조건 res == 1이 참(true)일 경우 ❸이 실행됩니다. 거짓(false)인 경우에는 실행되지 않습니다.

따라서 사용자가 프로그램을 실행하고 1을 입력했다면, 조건 res == 1이 참(true)이 되어 ❸이 실행됩니다. 즉, 실행 화면과 같은 결과가 출력됩니다.

그렇다면, 사용자가 1 이외의 문자를 입력한 경우는 어떻게 될까요?

Sample1의 두 번째 실행 화면

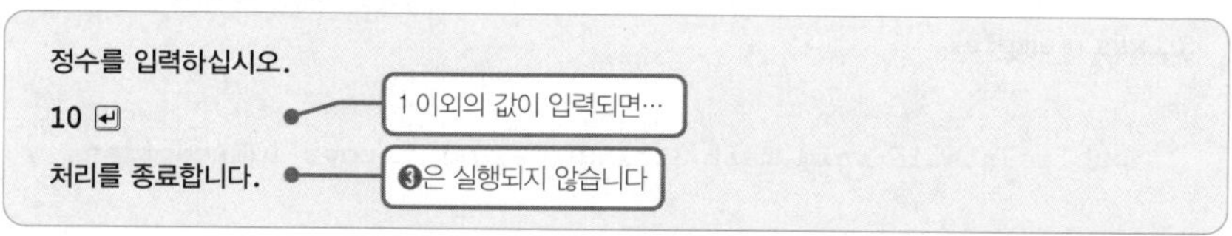

이번에는 res == 1이라는 조건이 거짓(false)이 되었습니다. 따라서 ❸은 실행되지 않습니다. 실행 화면은 위와 같습니다. 이처럼 if문을 사용하면 조건이 참(true)일 때만 작업을 할 수 있습니다.

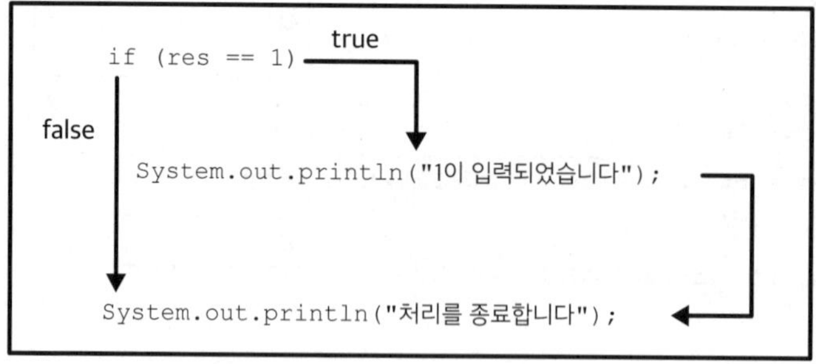

그림 5-4 if문의 흐름

if문으로 여러 개의 문장 실행하기

Sample1에서는 조건이 참(true)인 경우 하나의 문장으로 이루어진 간단한 작업을 실행했습니다. if문은 조건이 참(true)일 때, 여러 문장을 실행할 수도 있습니다. 이럴 때에는 { } 블록 안에 여러 문장을 적습니다. 그러면 { } 블록 안의 문장들은 원칙대로 한 문장씩 순서대로 처리됩니다. 구체적인 예를 들어 보겠습니다.

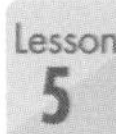

구문 여러 개의 문장을 처리하는 if문

```
if (조건){
   문장 1;
   문장 2;
   ...
}
```

조건이 참(true)이면 순서대로 실행됩니다

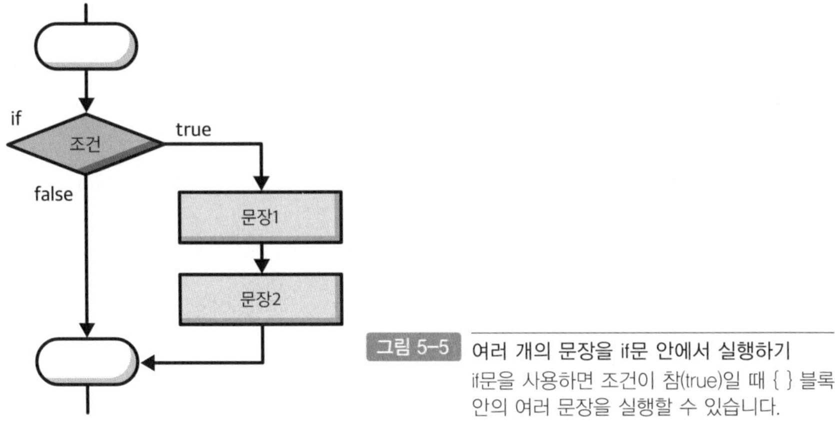

그림 5-5 여러 개의 문장을 if문 안에서 실행하기
if문을 사용하면 조건이 참(true)일 때 { } 블록 안의 여러 문장을 실행할 수 있습니다.

Sample2.java ▶ 여러 개의 문장을 if문 안에서 실행하기

```
import java.io.*;

class Sample2
{
   public static void main(String[] args) throws IOException
   {
```

```
        System.out.println("정수를 입력하십시오.");

        BufferedReader br =
           new BufferedReader(new InputStreamReader(System.in));

        String str = br.readLine();
        int res = Integer.parseInt(str);

        if(res == 1){
           System.out.println("1이 입력되었습니다.");
           System.out.println("1이 선택되었습니다.");
        }
        System.out.println("처리를 종료합니다.");
    }
}
```

1이 입력된 경우(조건이 true가 되는 경우)…

{ } 블록 안의 문장이 순서대로 실행됩니다

Sample2의 첫 번째 실행 화면

```
정수를 입력하십시오.
1 ↵
1이 입력되었습니다.
1이 선택되었습니다.
처리를 종료합니다.
```

{ } 블록 안의 문장이 순서대로 실행됩니다

사용자가 1을 입력하면 조건이 참(true)이 되므로, 블록 안의 문장이 차례대로 실행됩니다. 따라서 두 줄의 문자열이 출력됩니다. 만약 1 이외의 숫자를 입력하면 { } 블록 안의 문장은 실행되지 않고 다음과 같은 실행 결과가 나옵니다.

Sample2의 두 번째 실행 화면

```
정수를 입력하십시오.
10 ↵
처리를 종료합니다.
```

블록 안의 코드는 실행되지 않습니다

조금 전의 결과와 비교해 봅시다. 실행되지 않은 문장이 있습니다.

```
if (res == 1){          true
                         ↓
false   System.out.println("1이 입력되었습니다");
                         ↓
        System.out.println("1이 선택되었습니다");

}
System.out.println("처리를 종료합니다");
```

그림 5-6 여러 문장을 처리하는 if문의 흐름

 블록으로 감싸지 않으면 어떻게 되나요?

다음 코드는 Sample2와 비슷합니다. 하지만 실행하면 어떤 결과가 나올까요?

```
import java.io.*;

class Sample
{
   public static void main(String[] args) throws IOException
   {
      System.out.println("정수를 입력하십시오.");

      BufferedReader br =
         new BufferedReader(new InputStreamReader(System.in));

      String str = br.readLine();
      int res = Integer.parseInt(str);

      if (res == 1)
         System.out.println("1이 입력되었습니다.");
         System.out.println("1이 선택되었습니다.");

      System.out.println("처리를 종료합니다.");
   }
}
```

이 문장(❶)만 if문의 제어를 받습니다

이 문장(❷)은 if문 밖에서 실행됩니다

```
정수를 입력하십시오.
2 ↵
1이 선택되었습니다.
처리를 종료합니다.
```

(이상하게 출력됩니다)

화면을 보면 의도하지 않은 작업이 이루어지고 있는 것을 알 수 있습니다. 이것은 여러 문장을 if문으로 제어하려고 했지만 { }로 둘러싸지 않았기 때문에 컴파일러는 if문의 제어를 받는 문장은 ❶뿐이라고 해석해 버렸습니다.

이런 일을 방지하기 위해서는 어디부터 if문의 구문인지 알기 쉽도록 들여쓰기를 하거나 if문의 제어를 받는 문장이 한 문장에 불과하더라도 블록으로 둘러 싸서 읽기 쉬운 코드를 작성해야 합니다. 블록으로 둘러싸는 코드는 시작점과 끝을 주의해서 설정합니다.

블록으로 감싼 부분은 들여쓰기를 해서 가독성을 높인다.

세미콜론 주의

if문 사용 시, 세미콜론의 위치에 주의합니다. if문의 첫 번째 줄은 조건문 작성 후, 줄 바꿈하는 것이 일반적이지만, 이 줄에는 세미콜론이 필요없습니다.

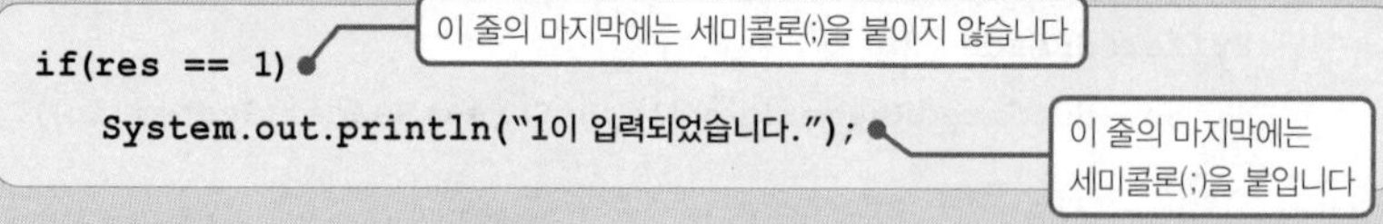

if(res == 1)
System.out.println("1이 입력되었습니다.");
이 줄의 마지막에는 세미콜론(;)을 붙이지 않습니다
이 줄의 마지막에는 세미콜론(;)을 붙입니다

또한, 실수로 첫 번째 줄에 세미콜론을 붙이더라도 컴파일러는 오류로 표시하지 않지만 실행 시 잘못된 동작을 하니 주의하세요.

5.3 if~else문

 if~else문의 원리 이해하기

5.2절의 if문은 조건이 true인 경우에만 특정 코드를 실행했지요? 조건이 false인 경우에도 특정 코드를 실행하는 if문이 있습니다. 바로 **if~else문**입니다.

구문 if~else문

```
if (조건)
   문장 1;
else
   문장 2;
```

이 구문에서는 조건이 참(true)인 경우 문장 1을 실행하고, 조건이 거짓(false)인 경우 문장 2를 실행합니다.

이 장의 도입부에서 들었던 예에 비유하면

```
if (좋은 성적을 거두면)
   여행을 떠난다
else
   다시 공부한다
```

처럼 표현할 수 있습니다. 이번에는 '좋은 성적을 거두었다'는 조건이 거짓(false)인 경우에도 특정 처리('다시 공부한다')를 할 수 있습니다.

또한 if~else문 역시 { }로 묶어 여러 문장을 제어할 수 있습니다. 이 구문은 다음과 같습니다.

구문 **if~else문으로 여러 문장 처리하기**

```
if(조건){
    문장 1;
    문장 2;     ── 조건이 참(true)이면 순서대로 실행됩니다
    ...
}
else{
    문장 3;
    문장 4;     ── 조건이 거짓(false)이면 순서대로 실행됩니다
    ...
}
```

이 구문에서는 조건이 참(true)인 경우 문장 1, 문장 2…를 실행합니다. 조건이 거짓(false)인 경우 문장 3, 문장 4…를 실행합니다.

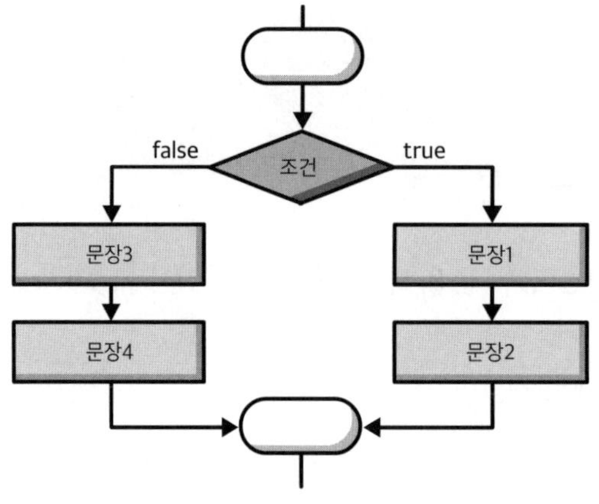

그림 5-7 if~else문

if~else문은 조건이 true인 경우와 false인 경우, 각각 다른 작업을 수행할 수 있습니다. { } 블록 안의 여러 문장을 실행할 수 있습니다.

그러면 if~else문을 실습해 봅시다. 다음 코드를 입력해 주세요.

Sample3.java ▶ if~else문 사용하기

```
import java.io.*;

class Sample3
{
   public static void main(String[] args) throws IOException
   {
      System.out.println("정수를 입력하십시오.");

      BufferedReader br =
         new BufferedReader(new InputStreamReader(System.in));

      String str = br.readLine();
      int res = Integer.parseInt(str);

      if(res == 1){
         System.out.println("1이 입력되었습니다.");
      }
      else{
         System.out.println("1 이외의 값이 입력되었습니다.");
      }
   }
}
```

❶ 1이 입력된 경우(조건이 참(true)인 경우) 실행됩니다

❷ 1 이외의 값이 입력된 경우(조건이 거짓(false)인 경우)에 실행됩니다

Sample3의 첫 번째 실행 화면

```
정수를 입력하십시오.
1 ↵
1이 입력되었습니다.
```

Sample3의 두 번째 실행 화면

```
정수를 입력하십시오.
10 ↵
1 이외의 값이 입력되었습니다.
```

사용자가 1을 입력한 경우와 10을 입력한 경우의 두 화면을 나타냈습니다. 1을 입력한 경우, 지금까지 나온 if문과 마찬가지로 ❶이 실행되지만, 그 외의 경우는 ❷가 실행됩니다. if~else문을 사용하면 경우에 따른 분기 처리가 가능합니다.

중요

if~else문을 사용하면 두 가지 상황에 따른 분기 처리가 가능하다.

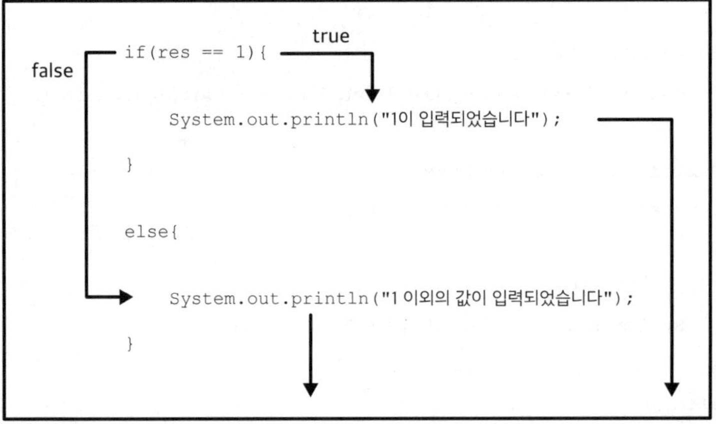

true
false
if(res == 1){
System.out.println("1이 입력되었습니다");
}
else{
System.out.println("1 이외의 값이 입력되었습니다");
}

그림 5-8 if~else문의 흐름

5.4 여러 조건을 판단하기

 if~else if~else문의 원리 이해하기

if문은 두 개 이상의 조건을 판단하고 실행할 수도 있습니다. 이것이 **if~else if~else문**입니다. 이 구문을 사용하면 두 개 이상의 조건을 판단할 수 있습니다.

구문 if~else if~else문

```
if(조건 1){
    문장 1;
    문장 2;      ── 조건 1이 참(true)일 때 실행됩니다
    ...
}
else if(조건 2){
    문장 3
    문장 4;      ── 조건 1이 거짓(false)이며 조건 2가 참(true)일 때 실행됩니다
    ...
}
else if(조건 3){
    ...          ── 마찬가지로 여러 개의 조건식을 확인할 수 있습니다
}
else{
    ...          ── 모든 조건이 거짓(false)이면 실행됩니다
}
```

이 구문에서는 조건 1의 판단 결과, 참(true)인 경우 문장 1, 문장 2…를 실행합니다. 만약 거짓(false)인 경우라면 조건 2를 판단하여 문장 3, 문장 4…를 실행합니다. 그 어떤 조건도 거짓(false)이라면 마지막 else 다음의 문장이 실행됩니다.

예를 들어,

if (성적이 '우수'했다)
해외여행을 떠난다
else if (성적이 '평범'했다)
국내여행을 떠난다
else
또 다시 공부한다

처럼 표현할 수 있습니다. 꽤 복잡한 표현이 가능하다는 것을 알 수 있습니다.

else if 조건문은 얼마든지 추가할 수 있습니다. 마지막 else문은 생략할 수 있습니다. 마지막 else문을 생략할 경우, 입력값이 모든 조건과 맞지 않다면 그 무엇도 실행되지 않습니다.

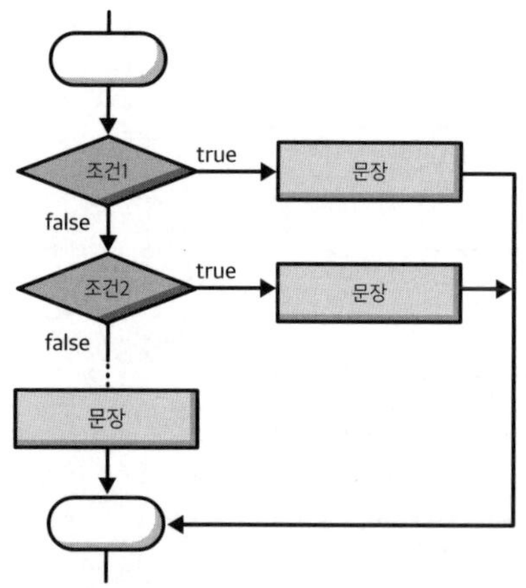

그림 5-9 if~else if~else문
if~else if~else는 여러 조건에 맞추어 코드를 실행할 수 있습니다.

이 원리를 사용하면 여러 조건에 따른 처리를 할 수 있습니다. 이제 코드를 작성해 보겠습니다.

Sample4.java ▶ if~else if~else문 사용하기

```
import java.io.*;

class Sample4
{
   public static void main(String[] args) throws IOException
   {
      System.out.println("정수를 입력하십시오.");

      BufferedReader br =
         new BufferedReader(new InputStreamReader(System.in));

      String str = br.readLine();
      int res = Integer.parseInt(str);

      if(res == 1){
         System.out.println("1이 입력되었습니다.");
      }
      else if(res == 2){
         System.out.println("2가 입력되었습니다.");
      }
      else{
         System.out.println("1 혹은 2를 입력하십시오.");
      }
   }
}
```

❶ 1이 입력된 경우 실행됩니다

❷ 2가 입력된 경우 실행됩니다

❸ 1 혹은 2 이외의 수가 입력된 경우 실행됩니다

Sample4의 첫 번째 실행 화면

```
정수를 입력하십시오.
1 ↵
1이 입력되었습니다.
```

Lesson 5

Sample4의 두 번째 실행 화면

```
정수를 입력하십시오.
2 ↵
2가 입력되었습니다.
```

Sample4의 세 번째 실행 화면

```
정수를 입력하십시오.
3 ↵
1 혹은 2를 입력하십시오.
```

1을 입력하면 첫 번째 조건이 참(true)이 되어 ❶이 실행됩니다. 다른 코드는 실행되지 않습니다. 2를 입력하면 첫 번째 조건이 거짓(false)이 되어 다른 조건을 판단합니다. 두 번째 조건은 참(true)입니다. 이번에는 ❷가 실행됩니다.

그 외의 경우(두 조건이 모두 거짓(false)인 경우), 반드시 ❸이 실행됩니다. 이처럼 if~else if~else의 구조를 사용하면 여러 조건을 판단할 수 있으므로 복잡한 처리가 가능해집니다.

중요

if~else if~else문을 사용하면 여러 조건을 판단하여 알맞은 처리를 할 수 있다.

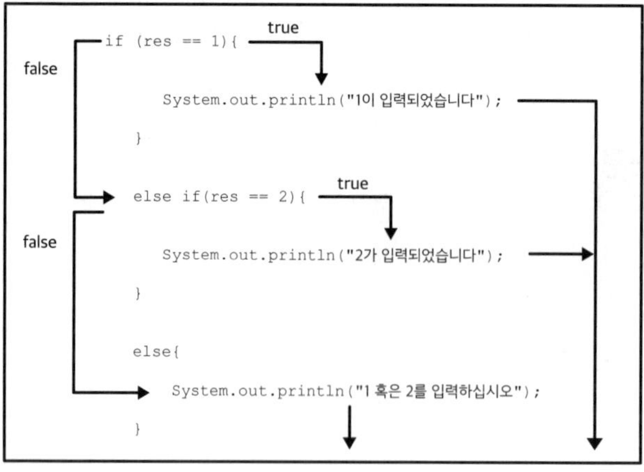

if (res == 1){
true
false
System.out.println("1이 입력되었습니다");
}
else if(res == 2){
true
false
System.out.println("2가 입력되었습니다");
}
else{
System.out.println("1 혹은 2를 입력하십시오");
}

그림 5-10 if~else if~else문의 흐름

5.5 switch문

 switch문의 원리 이해하기

Lesson 5

Java에는 if문처럼 조건에 따라 처리를 제어할 수 있는 **switch문**(switch statement)이 있습니다. switch문의 문법은 다음과 같습니다.

구문 switch문

```
switch (식){
    case 값 1:
      문장 1;      ← 식의 평가가 1인 경우 실행됩니다
      ...
      break;
    case 값 2:
      문장 2;      ← 식의 평가가 2인 경우 실행됩니다
      ...
      break;
    default:
      문장 D;
      ...          ← 식의 평가 결과가 모두 거짓인 경우 실행됩니다
      break;
}
```

switch문은 switch문 안의 식을 판단합니다. 만약 case 뒤의 값과 일치하면 그 뒤의 문장부터 'break' 사이의 모든 문장을 실행합니다. 만약, case 뒤의 값 중 일치하는 것이 없는 경우에는 'default:'와 'break' 사이의 모든 문장을 실행합니다. 'default:'는 생략할 수 있습니다.

이 장의 도입부에서 들었던 예를 switch문에 대입해 보겠습니다.

```
switch (성적) {
  case 우수:
    해외여행을 떠난다
    break;
  case 평범:
    국내여행을 떠난다
    break;
  default:
    또 다시 공부한다
    break;
}
```

이 switch문은 성적에 따라 다양한 처리를 합니다. if~else if~else와 같은 처리를 하는 것을 알 수 있습니다. switch문이 if~else if~else로 작성된 코드를 보다 간결하게 만들기도 합니다.

switch문을 사용하면 if~else if~else로 작성된 코드를 보다 간결하게 표현할 수 있는 경우가 있다.

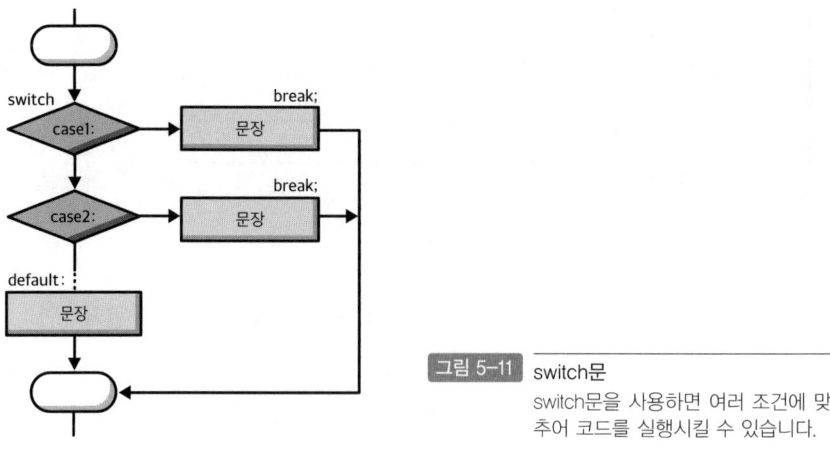

그림 5-11 switch문

switch문을 사용하면 여러 조건에 맞추어 코드를 실행시킬 수 있습니다.

switch문을 사용한 예를 들어 보겠습니다.

Sample5.java ▶ switch문 사용하기

```
import java.io.*;

class Sample5
{
   public static void main(String[] args) throws IOException
   {
      System.out.println("정수를 입력하십시오.");

      BufferedReader br =
         new BufferedReader(new InputStreamReader(System.in));

      String str = br.readLine();
      int res = Integer.parseInt(str);

      switch(res){
         case 1:
            System.out.println("1이 입력되었습니다.");
            break;
         case 2:
            System.out.println("2가 입력되었습니다.");
            break;
         default:
            System.out.println("1 혹은 2를 입력하십시오.");
            break;
      }
   }
}
```

1이 입력된 경우 실행됩니다

2가 입력된 경우 실행됩니다

1 또는 2가 아닌 수가 입력된 경우 실행됩니다

이 코드는 변수 res의 값을 판단해서 동작합니다. Sample4의 if~else if~else와 똑같은 처리를 하며 실행 결과도 똑같습니다.

이처럼 switch문은 여러 개의 if~else if~else로 이루어진 코드를 보다 간결하게 만드는 경우가 있습니다.

break문이 빠져 있다면?

switch문을 사용할 때는 몇 가지 주의할 점이 있습니다. Sample5의 코드에서 break문을 생략해 봅시다. 다음처럼 break문을 변경해 보세요.

```
switch(res){
    case 1:
        System.out.println("1이 입력되었습니다.");
    case 2:
        System.out.println("2가 입력되었습니다.");
    default:
        System.out.println("1 혹은 2를 입력하십시오.");
}
```

break문이 빠진 switch문입니다

이 코드를 실행하면, 화면에 다음처럼 표시됩니다.

```
정수를 입력하십시오.
1 ↵
1이 입력되었습니다.
2가 입력되었습니다.
1 혹은 2를 입력하십시오.
```


이 코드에 1이 입력되면 case 1: 다음의 문장이 모두 실행되어 화면 출력이 이상합니다.

원래 break라는 문장은

블록 내부 문장의 흐름을 강제 종료

하는 역할을 맡고 있습니다. switch문은 break문이 나오거나 블록이 종료될 때까지 { } 블록 안의 문장을 순서대로 실행합니다. 따라서 올바른 위치에 break문을 넣지 않으면 이상한 결과가 나옵니다.

break문을 쓰지 않거나 잘못된 위치에 쓰더라도 컴파일러는 에러를 표시하지 않으므로 주의하기 바랍니다. break문은 다음 장에서 다시 한 번 학습하도록 하겠습니다.

switch문 사용 시 break문을 쓰는 위치에 주의한다.

 입력 문자로 분기하기

지금까지는 입력한 '숫자'로 분기하는 프로그램을 만들었습니다. 이번에는 숫자가 아니라 입력한 '문자'로 분기하는 방법을 살펴봅시다. 다음 코드를 보세요.

Sample6.java ▶ switch문에서 문자로 분기하기

```
import java.io.*;

class Sample6
{
   public static void main(String[] args) throws IOException
   {
      System.out.println("a 혹은 b를 입력하십시오.");

      BufferedReader br =
        new BufferedReader(new InputStreamReader(System.in));

      String str = br.readLine();
      char res = str.charAt(0);    // ❶ 입력한 문자열에서 문자를 뽑아 냅니다
```

```
        switch(res){
           case 'a':
              System.out.println("a가 입력되었습니다.");
              break;
           case 'b':
              System.out.println("b가 입력되었습니다.");
              break;
           default:
              System.out.println("a 혹은 b를 입력하십시오.");
              break;
        }
    }
}
```

❷ 입력 문자로 분기합니다

Sample6의 실행 화면

```
a 혹은 b를 입력하십시오.
a ↵
a가 입력되었습니다.
```

❶처럼 … charAt(0)이라는 명령을 사용하면 입력한 문자열의 첫 번째 문자를 뽑아 냅니다. 그리고 char형 변수 res에 저장합니다.

```
char res = str.charAt(0);
```

입력한 문자열에서 문자를 뽑아 냅니다

charAt( )의 기능에 대해서는 10장에서 자세히 알아보겠습니다. 여기에서는 이처럼 charAt(0)을 사용하여 문자를 변수에 저장할 수 있다는 점만 기억하세요.

이 switch문은 변수 res에 저장되는 '문자'에 따라 분기되는 코드입니다. switch문 안에서 문자를 사용할 경우에는 'a', 'b'처럼 ' '로 묶어서 사용합니다. 2장에서 설명한 내용을 상기해 주세요.

5.6 논리 연산자

 논리 연산자의 원리 이해하기

지금까지 여러 가지 조건을 사용한 조건 판단문을 작성해 보았습니다. 이런 문장 안에서 더 복잡한 조건을 표현할 수 있으면 편리할 것입니다. 다음과 같은 경우를 상상해 보세요.

성적이 '우수'하다면, 그리고 돈까지 있다면
→ 해외여행을 떠난다

이 조건문은 5.1절에서 다루었던 예제보다 조금 더 복잡한 경우입니다. 이러한 복잡한 조건을 Java로 작성하려는 경우, **논리 연산자**(logical operator)를 사용합니다. 논리 연산자는,

조건을 조합하여 true 또는 false 값을 출력

하는 역할을 맡고 있습니다. 예를 들어, 논리 연산자를 사용하여 위의 조건을 식으로 표현하면 다음처럼 됩니다.

(성적이 '우수'하다) && (돈이 있다)

&& 연산자는 스스로의 왼쪽과 오른쪽이 모두 참(true)인 경우, 전체값을 참(true)으로 평가하는 논리 연산자입니다. 이 식은 '성적이 우수'하고 '돈이 있는' 경우 참(true)이 됩니다. 두 조건 중 어느 한쪽이라도 거짓(false)이면 전체가 거짓(false)이 됩니다.

논리 연산자가 평가되는 경우의 수는 다음의 표와 같습니다.

표 5-2 : 논리 연산자

연산자	참(true)이 되는 경우	평가		
&&	좌변 · 우변 양쪽이 모두 참(true)인 경우 왼쪽 : 참 오른쪽 : 참	왼쪽	오른쪽	전체
		false	false	false
		false	true	false
		true	false	false
		true	true	true
||	좌변 · 우변 중 하나가 참(true)인 경우 왼쪽 : 참 오른쪽 : 참	왼쪽	오른쪽	전체
		false	false	false
		false	true	true
		true	false	true
		true	true	true
!	우변이 false인 경우 오른쪽 : 참		오른쪽	전체
			false	true
			true	false

그러면 논리 연산자를 사용한 코드를 구체적으로 살펴봅시다.

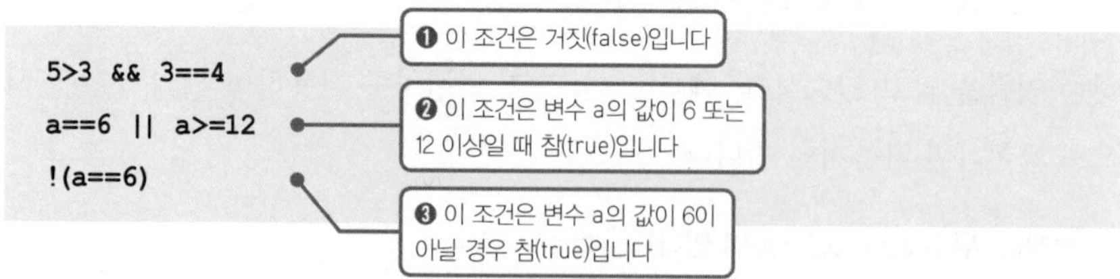
5>3 && 3==4
a==6 || a>=12
!(a==6)
❶ 이 조건은 거짓(false)입니다
❷ 이 조건은 변수 a의 값이 6 또는 12 이상일 때 참(true)입니다
❸ 이 조건은 변수 a의 값이 6이 아닐 경우 참(true)입니다

&& 연산자를 사용하는 식은 좌변 · 우변이 모두 참(true)인 경우에만 전체가 참(true)이 된다고 배웠습니다. 따라서 조건 ❶의 값은 거짓(false)입니다.

|| 연산자를 사용한 식은 좌변 · 우변 중 하나가 참(true)이면 전체 식이 참(true)이 됩니다. 따라서 조건 ❷는 변수 a의 값이 6이거나 12 이상일 경우에 참(true)이 됩니다. 만약 a의 값이 5인 경우는 거짓(false)이 됩니다.

! 연산자는 피연산자를 하나 가지는 단항 연산자입니다. 피연산자가 거짓(false)인 경우 참(true)입니다. 조건 ❸에서는 변수 a가 6이 아닌 경우 참(true)이 됩니다.

논리 연산자를 사용하면 조건을 조합해서 복잡한 조건을 만들 수 있다.

또한, 논리 연산자 &&를 사용할 경우, Java 인터프리터 내부적으로 && 왼쪽의 식이 참(true)으로 평가된 경우에만 && 오른쪽의 식을 평가합니다. && 왼쪽의 식이 거짓(false)이면 && 오른쪽이 어떻게 평가되더라도 전체 결과는 항상 거짓(false)이 되기 때문입니다. 마찬가지로 || 연산자의 경우에도 || 왼쪽의 식이 거짓(false)인 경우에만 || 오른쪽의 식이 평가됩니다.

Java에서는 &&와 || 이외에도 항상 좌변과 우변을 평가하는 '&'와 '|'라는 논리 연산자를 사용해서 같은 조건을 표현할 수 있습니다. 그러나 이 책에서는 보다 간단한 &&와 ||를 사용합니다.

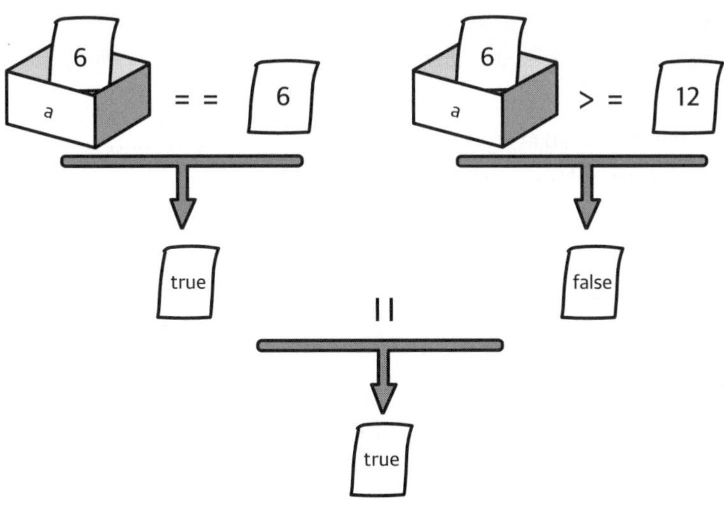

그림 5-12 논리 연산자

논리 연산자는 참(true) 또는 거짓(false)의 값을 연산합니다.

복잡한 조건 판단하기

지금까지 배운 if문 등에서 논리 연산자를 사용하면, 좀 더 복잡한 조건을 판단할 수 있습니다. 그러면 논리 연산자를 사용해 봅시다.

Sample7.java ▶ 논리 연산자로 조건 작성하기

```
import java.io.*;

class Sample7
{
   public static void main(String[] args) throws IOException
   {
      System.out.println("당신은 남성입니까?");
      System.out.println("Y 또는 N을 입력하십시오.");

      BufferedReader br =
         new BufferedReader(new InputStreamReader(System.in));

      String str = br.readLine();
      char res = str.charAt(0);

      if(res == 'Y' || res == 'y'){
         System.out.println("당신은 남성이군요.");
      }
      else if(res == 'N' || res == 'n'){
         System.out.println("당신은 여성이군요.");
      }
      else{
         System.out.println("Y 또는 N을 입력하십시오.");
      }
   }
}
```

Y 혹은 y가 입력된 경우 실행됩니다

N 혹은 n이 입력된 경우 실행됩니다

Y, y, N, n 이외의 문자가 입력되면 실행됩니다

Sample7의 첫 번째 실행 화면

```
당신은 남성입니까?
Y 또는 N을 입력하십시오.
Y ↵
당신은 남성이군요.
```

Sample7의 두 번째 실행 화면

```
당신은 남성입니까?
Y 또는 N을 입력하십시오.
n ↵
당신은 여성이군요.
```

Lesson 5

Sample7은 키보드로 입력한 문자에 따라 분기 처리를 하고 있습니다. Java에서는 Y와 y처럼 대문자, 소문자를 구분하지만 이 예제에서는 대문자와 소문자의 구별없이 처리하려 했습니다. 그래서 Sample7에는 if문 조건에 논리 연산자 ||를 사용해 보았습니다. 또한 문자는 ' '로 묶는 것을 잊지 마세요.

||를 사용해서 if문을 작성하면 Y 또는 y 입력에도 동일한 분기 처리가 가능합니다.

 조건 연산자의 원리 이해하기

지금까지 복잡한 조건을 판단하는 방법을 살펴보았습니다. 한편, 간단한 조건 판단이 필요하다면 if문을 사용하지 않아도 **조건 연산자**(conditional operator) '**? :**'을 사용해서 표현할 수 있습니다. 다음 코드를 보세요.

```
import java.io.*;

public class Sample
{
   public static void main(String[] args) throws IOException
```

```
   {
      System.out.println("몇 번째 코스를 선택하시겠습니까?");
      System.out.println("정수를 입력하십시오.");

      BufferedReader br =
         new BufferedReader(new InputStreamReader(System.in));

      String str = br.readLine();
      int res = Integer.parseInt(str);

      char ans;
      if(res == 1)
         ans = 'A';
      else
         ans = 'B';
      System.out.println(ans + "코스를 선택했습니다.");
   }
}
```

if문을 사용한 조건 판단문입니다

이 코드는 res == 1이라는 식의 결과가 true일 경우 변수 ans에 문자 A를 대입하고, 그렇지 않은 경우 B를 대입하는 코드를 if문을 사용해서 작성한 것입니다. 이러한 간단한 조건 판단은 조건 연산자 ? :를 사용해서 다음처럼 고쳐 쓸 수 있습니다.

Sample8.java ▶ 조건 연산자 사용하기

```
import java.io.*;

class Sample8
{
   public static void main(String[] args) throws IOException
   {
      System.out.println("몇 번째 코스를 선택하시겠습니까?");
      System.out.println("정수를 입력하십시오.");
```

```
        BufferedReader br =
           new BufferedReader(new InputStreamReader(System.in));

        String str = br.readLine();
        int res = Integer.parseInt(str);

        char ans = (res == 1) ? 'A' : 'B';   // if문을 조건 연산자로 바꾸었습니다

        System.out.println(ans + " 코스를 선택했습니다.");
    }
}
```

Sample8의 실행 화면

```
몇 번째 코스를 선택하시겠습니까?
정수를 입력하십시오.
1 ↵
A 코스를 선택했습니다.
```

if문을 사용했을 때보다 간단해진 것을 알 수 있네요. 조건 연산자 ? : 의 사용 방법을 정리해 둡시다.

조건 연산자

```
조건 ? 참(true)인 경우 식1 : 거짓(false)인 경우 식2
```

조건 연산자는 세 개의 피연산자를 취하는 연산자입니다. 전체 식의 값은 조건이 참(true)일 때 식 1의 값이 되고, 거짓(false)일 때 식 2의 값이 됩니다.

Sample8의 값은 res == 1이 참(true)일 때 A, 그 외의 경우는 B가 됩니다. 즉, 두 값 중 하나가 변수 ans에 대입된다는 것입니다.

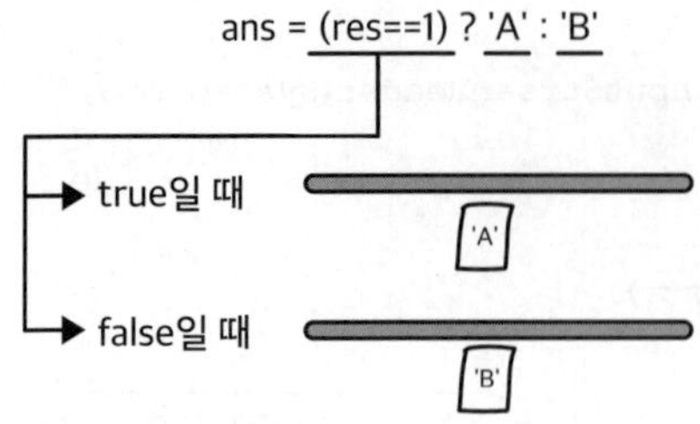

그림 5-13 조건 연산자
조건 연산자에서는 먼저 작성한 조건의 값에 따라 식의 값이 결정됩니다.

조건 연산자를 사용하면 간단한 조건에 따른 처리를 표현할 수 있다.

비트 논리 연산자

Java에는 2진수로 숫자를 표현할 경우, 비트끼리의 연산을 수행하기 위해 '비트 논리 연산자'라는 연산자가 준비되어 있습니다.
비트 논리 연산자란,

2진수로 표현된 하나 또는 두 개의 숫자의 각 자릿수에 0 혹은 1을 반환하는 연산자

입니다. 예를 들어, 비트 논리곱 연산자 '&'는 두 숫자의 자릿수가 모두 1인 경우 1, 아닌 경우 0을 반환합니다. 다음 예제를 보세요.

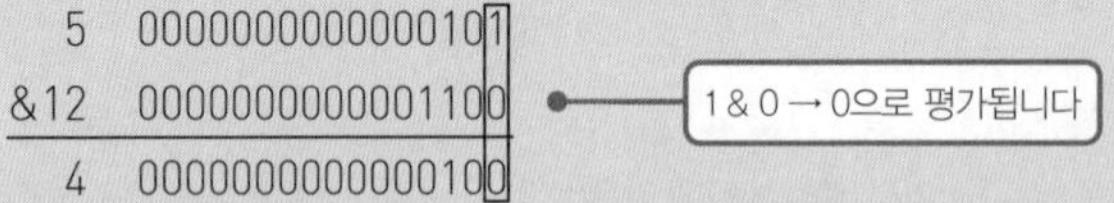

short형 값을 사용하여 '5&12'라는 연산을 할 경우, 그 과정은 위 그림과 같습니다. 계산 결괏값은 4가 됩니다.
이러한 종류의 연산자 사용법을 오른쪽 표에 정리하겠습니다. 비트 논리 연산자는 정수형의 값을 연산합니다. 참(true) 또는 거짓(false)에 대한 연산을 수행하는 논리 연산자와는 다르므로 주의합니다.

표 : 비트 논리 연산자

연산자	1이 될 경우	평가		
&	왼쪽 · 오른쪽 비트가 모두 1일 경우	왼쪽	오른쪽	전체
	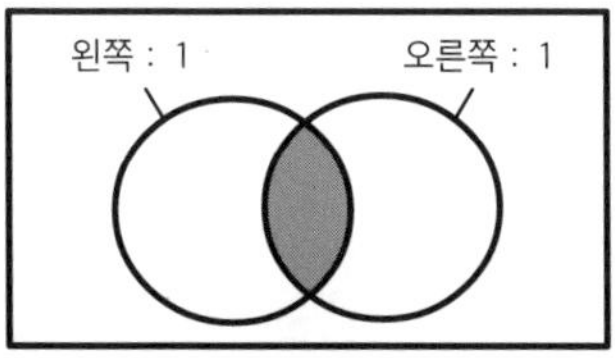 왼쪽 : 1 오른쪽 : 1	0	0	0
		0	1	0
		1	0	0
		1	1	1
|	왼쪽 · 오른쪽 비트 중 하나가 1일 경우	왼쪽	오른쪽	전체
	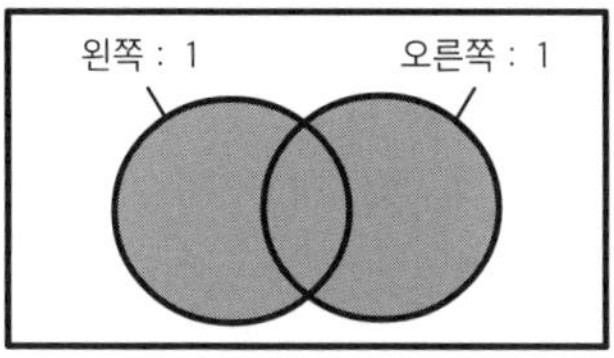 왼쪽 : 1 오른쪽 : 1	0	0	0
		0	1	1
		1	0	1
		1	1	1
^	왼쪽 · 오른쪽 비트가 모두 다를 경우	왼쪽	오른쪽	전체
	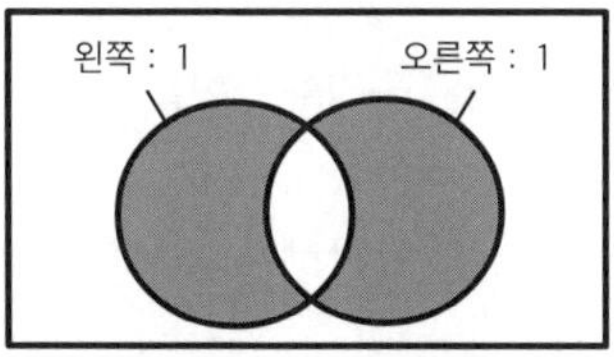 왼쪽 : 1 오른쪽 : 1	0	0	0
		0	1	1
		1	0	1
		1	1	0
~	오른쪽 비트가 0일 경우		오른쪽	전체
	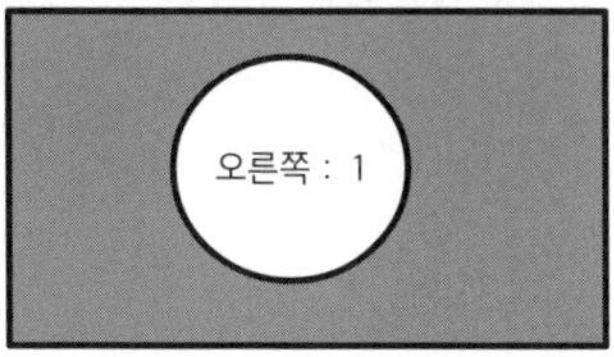 오른쪽 : 1		0	1
			1	0

5.7 강의 요약

이 장에서는 다음과 같은 것을 배웠습니다.

- 관계 연산자를 사용해 조건을 표현할 수 있습니다.
- if문을 사용해 조건에 맞추어 코드를 실행할 수 있습니다.
- if문의 다양한 변종을 사용해 다양한 조건에 맞는 코드를 실행할 수 있습니다.
- switch문을 사용해 식의 값에 맞추어 코드를 실행할 수 있습니다.
- 논리 연산자를 사용해서 복잡한 조건을 표현할 수 있습니다.
- 조건 연산자 ?:를 사용하면 간단한 조건에 따른 처리를 표현할 수 있습니다.

if문이나 switch문을 사용하면 조건에 따라 처리하는 유연한 코드를 작성할 수 있습니다. 이제 다양한 상황에 대응하는 코드를 작성할 수 있게 되었을 것입니다. 다음 장에서 반복문을 배우면 더 강력한 코드를 작성할 수 있습니다.

연습문제

1. 다음 조건을 논리 연산자를 사용하여 작성하십시오.

   ① '변수 a는 0 이상이고 10 미만'

   ② '변수 a는 0이 아님'

   ③ '변수 a는 10 이상 또는 0'

2. 키보드로 정숫값을 입력받은 후, 상황에 따라 다음과 같은 메시지를 출력하는 코드를 작성하십시오.

   값이 짝수인 경우 ------ '○(은)는 짝수입니다.'

   값이 홀수인 경우 ------ '○(은)는 홀수입니다.'

   (단, ○은 입력한 정수)

```
정수를 입력하십시오.
1 ↵
1(은)는 홀수입니다.
```

3. 키보드로 2개의 정숫값을 입력받은 후, 경우에 따라 다음과 같은 메시지를 출력하는 코드를 작성하십시오.

   값이 같은 경우 ------ '두 숫자는 같습니다.'

   그렇지 않은 경우 ----- 'O보다 X(이)가 큽니다.'

   (단, O, X는 입력한 정수. O 〈 X)

```
2개의 정수를 입력하십시오.
1 ↵
3 ↵
1보다 3(이)가 큽니다.
```

Lesson 5

4. 키보드로 정숫값을 입력받은 후, 다음과 같은 메시지를 출력하는 코드를 작성하십시오.

값이 0~10인 경우 ------ '정답입니다.'

그렇지 않은 경우 ------- '오답입니다.'

```
0에서 10까지의 수를 입력하십시오.
1 ↵
정답입니다.
```

5. 키보드로 1에서 5까지 5단계 성적을 입력받은 후, 경우에 따라 다음과 같은 메시지를 출력하는 코드를 작성하십시오.

성적	의미하는 메시지
1	노력이 필요합니다.
2	조금 더 노력합시다.
3	더 높은 점수를 목표로 합시다.
4	참 잘했습니다.
5	매우 우수합니다.

```
정수를 입력하십시오.
3 ↵
더 높은 점수를 목표로 합시다.
```

Lesson 6

여러 번 반복하기

5장에서는 특정 상황에 맞추어 코드의 흐름을 제어하는 문장을 배웠습니다. Java에는 그 외에도 문장을 컨트롤하는 기능이 포함되어 있습니다. 이 기능을 '반복문(루프문)'이라고 합니다. 반복문을 사용하면 동일한 작업을 여러 번 반복할 수 있습니다. 이 장에서는 반복문에 대해 배웁니다.

Check Point!

- 반복문
- for문
- while문
- do~while문
- 문장의 중첩
- break문
- continue문

6.1 for문

 for 문의 원리 이해하기

5장에서는 조건값에 따라 코드의 흐름을 제어하는 방법을 배웠습니다. Java는 이 외에도 복잡한 처리를 할 수 있습니다. 예를 들어, 다음과 같은 경우를 상상해 보세요.

시험에 합격할 때까지…
→ 시험에 계속 응시한다

우리도 일상생활 속에서 일종의 '반복 작업'을 할 때가 있습니다. 아침에 일어나면 양치질을 하고, 아침을 먹고, 학교에 가고… 우리의 생활은 이러한 패턴의 반복입니다.

Java에서는 이러한 과정을 **반복문**(루프문, loop statement)이라고 하는 구문으로 표현할 수 있습니다. Java의 반복문에는 for문, while문, do~while문 3종류가 있습니다. 이 장에서는 우선 **for문**(for statement)부터 차례대로 배워 보겠습니다. for문의 스타일을 먼저 확인해 볼까요?

for문

```
for (초기화 식 1; 다시 반복할지 확인하는 식 2; 변화를 주기 위한 식 3)
    문장;  ●── 이 문장을 반복해서 실행합니다
```

for문의 자세한 처리 순서는 예제를 입력하면서 배웁니다. 여기에서는 형태만 확인합시다.

또한 for문은 if문과 마찬가지로 여러 문장을 제어할 수 있습니다. 여러 문장을 반복하고 싶다면 if문을 사용할 때와 마찬가지로 {} 블록으로 감쌉니다.

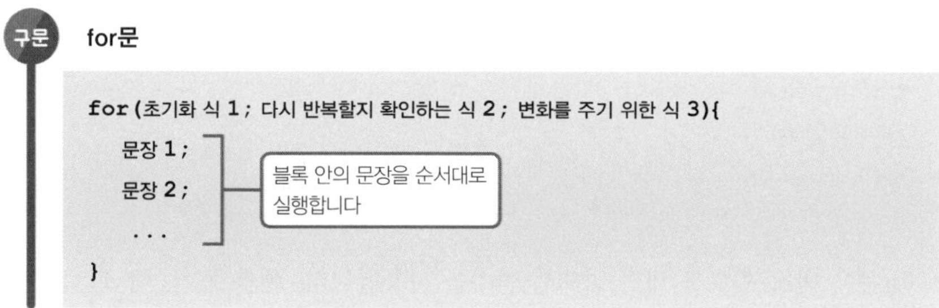

구문
for문
for (초기화 식 1 ; 다시 반복할지 확인하는 식 2 ; 변화를 주기 위한 식 3){
문장 1 ;
문장 2 ;
...
}
블록 안의 문장을 순서대로 실행합니다

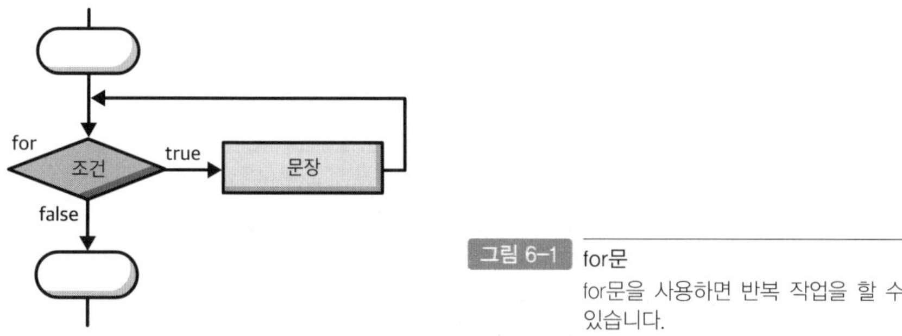

for
조건
true
문장
false

그림 6-1 for문

for문을 사용하면 반복 작업을 할 수 있습니다.

for문에서 블록을 사용하면 블록 안의 문장 1, 문장 2…의 실행을 반복할 수 있습니다. 그러면 실제로 for문을 사용해 보도록 합시다.

Sample1.java ▶ for문 사용하기

```
class Sample1
{
    public static void main(String[] args)
    {
        for(int i=1; i<=5; i++){
            System.out.println("반복하고 있습니다.");
        }

        System.out.println("반복이 끝났습니다.");
    }
}
```

변수 i의 값을 1개씩 증가시키면서, i <= 5가 거짓(false)이 될 때까지…

이 문장이 반복됩니다

Sample1의 실행 화면

```
반복하고 있습니다.
반복하고 있습니다.
반복하고 있습니다.
반복하고 있습니다.
반복하고 있습니다.
반복이 끝났습니다.
```

for문은 반복 횟수를 세기 위해서 변수를 사용합니다. 예를 들어, 이 코드는 변수 i를 사용합니다. 그리고 다음과 같은 순서로 코드가 실행됩니다.

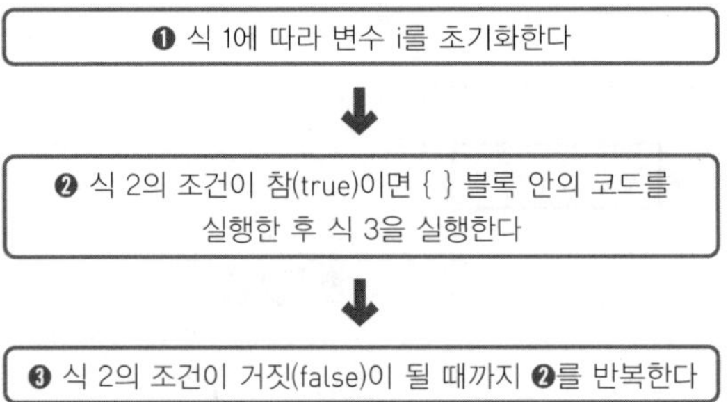
❶ 식 1에 따라 변수 i를 초기화한다
❷ 식 2의 조건이 참(true)이면 { } 블록 안의 코드를 실행한 후 식 3을 실행한다
❸ 식 2의 조건이 거짓(false)이 될 때까지 ❷를 반복한다

즉, 이 for문에서는 변수 i를 1로 초기화한 뒤, 조건 i 〈= 5가 거짓(false)이 될 때까지 i++를 실행하여 '반복하고 있습니다.'라는 문장을 출력합니다. for문의 이해를 돕기 위해, 다음과 같은 상황을 예로 들어 보겠습니다.

```
for (int i=1; i <= 5; i++) {
  시험에 응시한다
}
```

for문을 실행하면 변수 i가 1부터 5까지 늘어나는 동안 시험을 보게 만듭니다. 이 경우, 결과적으로 시험에 총 5번 응시해야 합니다.

중요

for문을 사용하면 반복 실행을 표현할 수 있다.

변수를 반복문 내에서 사용하기

Sample1에서는 반복할 때마다 화면에 문자가 출력되도록 지시했습니다. 이럴 때 반복한 횟수를 표시하면 편리합니다. 이 상황을 다음 코드로 연습해 봅시다.

Sample2.java ▶ 반복 횟수 출력하기

```
class Sample2
{
    public static void main(String[] args)
    {
        for(int i=1; i<=5; i++){
            System.out.println(i + "번째 반복입니다.");
        }
        System.out.println("반복이 끝났습니다.");
    }
}
```

반복문 안에서 변수 i를 사용하고 있습니다

Sample2의 실행 화면

```
1번째 반복입니다.
2번째 반복입니다.
3번째 반복입니다.
4번째 반복입니다.
5번째 반복입니다.
반복이 끝났습니다.
```

반복할 때마다 값이 1씩 증가합니다

반복문 안에서 횟수 계산에 사용하는 변수 i의 값을 출력할 수 있습니다. 이 코드를 실행하면 블록 안에서 변수 i의 값이 하나씩 증가하면서 반복된다는 사실을 확인할 수 있습니다. 반복문을 몇 번 처리했는지를 한눈에 알 수 있는 것입니다.

다음 예제를 보겠습니다.

```
for (int i=1; i<=5; i++) {
  과목 i의 시험에 응시한다
}
```

이 문장은 과목 1에서 5까지의 시험을 총 5회 응시하는 처리를 표현하고 있습니다. 복잡한 처리를 간단한 코드로 작성하고 있으며, 수험 과목이 늘어나더라도 즉시 대응할 수 있습니다. 이렇게 반복문에서 변수를 사용하면 변화가 풍부한 프로그램을 만들 수 있습니다.

또한, for문에서 선언한 변수 i는 이 for문 안에서만 출력할 수 있습니다. i를 for문 블록 밖에서 사용할 수 없습니다. 블록 밖에서 i를 사용하고 싶다면 for문을 시작하기 전에 i를 선언해 주세요.

```
int i;
for(i=1; i<=5; i++){
    System.out.println(i + "번째 반복입니다.");
}
System.out.println((i-1) + "반복이 끝났습니다.");
```

for문 밖에 i를 선언하면…

for문 밖에서도 i를 사용할 수 있습니다

변수를 for문의 반복문에서 사용하면 반복 횟수 등을 보여 줄 수 있다.

 for문 응용하기

for문을 응용한 프로그램을 몇 개 만들어 봅시다. 다음 코드를 입력합니다.

Sample3.java ▶ 입력한 수만큼 * 출력하기

```
import java.io.*;

class Sample3
{
    public static void main(String[] args) throws IOException
    {
        System.out.println("몇 개의 *를 출력하시겠습니까?");
```

```
        BufferedReader br =
           new BufferedReader(new InputStreamReader(System.in));

        String str = br.readLine();   ● 숫자를 입력합니다
        int num = Integer.parseInt(str);

        for(int i=1; i<=num; i++){
           System.out.print("*");   ● 입력한 수만큼 *를 반복해서 출력합니다
        }
     }
}
```

Lesson 6

Sample3의 실행 화면

```
몇 개의 *를 출력하시겠습니까?
10 ↵
**********   ● 입력한 수만큼 *가 출력됩니다
```

프로그램을 실행시키자 입력한 수만큼 *가 출력되었습니다. for문을 사용하여 입력한 숫자와 같은 개수의 *를 출력한 것입니다. * 부분을 다른 문자로 변경하면 다양한 기호나 문자를 출력할 수 있을 것입니다. 여러 가지 문자로 바꿔 가며 프로그램을 실행해 보세요.

이번에는 1부터 입력한 숫자까지 차례로 더하는 프로그램을 만들어 봅시다.

Sample4.java ▶ 1부터 입력한 숫자까지의 합 구하기

```
import java.io.*;

class Sample4
{
   public static void main(String[] args) throws IOException
   {
      System.out.println("숫자 몇까지의 합을 구하시겠습니까?");
```

```
        BufferedReader br =
            new BufferedReader(new InputStreamReader(System.in));

        String str = br.readLine();  ●──── 숫자를 입력합니다
        int num = Integer.parseInt(str);

        int sum = 0;
        for(int i=1; i<=num; i++){
            sum += i;  ●──── i가 입력한 숫자와 같아질 때까지 더합니다
        }

        System.out.println("1부터 " + num + "까지의 합은 " + sum + "입니다.");
    }
}
```

Sample4의 실행 화면

```
숫자 몇까지의 합을 구하시겠습니까?
10 ↵
1부터 10까지의 합은 55입니다.
```

1부터 입력한 숫자 사이의 자연수를 모두 더했습니다

여기도 마찬가지로 입력한 숫자까지 코드가 실행되었군요. for문 안에서 변수 sum에 변수 i의 값을 더하는 부분에 주목합니다. 변수 i의 값은 1부터 1씩 증가합니다. 이러한 처리가 반복되면 1부터 입력한 숫자 사이에 있는 자연수가 모두 더해집니다.

sum		i		새로운 sum값	
0	+	1	=	1	1번째 반복
1	+	2	=	3	2번째반복
3	+	3	=	6	3번째 반복
6	+	4	=	10	4번째 반복
				…	
45	+	10	=	55	10번째 반복

다양한 반복문

반복문은 다양하게 변형시켜서 사용할 수 있습니다. 예를 들어, 다음과 같은 변형이 가능합니다.

```
for(int i=0; i<10; i++){...}
for(int i=1; i<=10; i+){...}
for(int i=10; i>=1; i-){...}
```

- 10회 반복됩니다
- 1~10의 정수 i를 순차적으로 처리할 수 있습니다
- 10~1의 정수 i를 역순으로 처리할 수 있습니다

반복문의 다양한 사용법에 능숙해지면 표현이 보다 자유로워집니다.

Lesson 6

6.2 while문

 while문의 원리 이해하기

Java에는 for문처럼 지정된 문장을 반복할 수 있는 구문이 있습니다. 그중 하나가 **while문**(while statement)입니다.

구문 **while문**

```
while(조건){
    문장;
      ...
}
```

조건이 참(true)인 경우…

블록 안의 문장을 순서대로 반복 실행합니다

while문은 조건이 참(true)일 경우에만 지정한 문장을 여러 번 반복 실행합니다. 이 장의 도입부에서 들었던 예를 while문을 사용한 코드로 표현한다면 다음과 같습니다.

```
while (시험에 합격하지 못했음) {
    시험에 응시한다
}
```

while문을 사용하면 '시험에 합격하지 못했음'이라는 조건이 거짓(false)이 될 때까지 시험을 치루게 됩니다. 이 while문의 표현에 따르자면 시험에 이미 합격했을 경우, 시험에 응시하지 않습니다. 다음 페이지의 그림을 보면서 반복 처리의 흐름을 짚어 보세요.

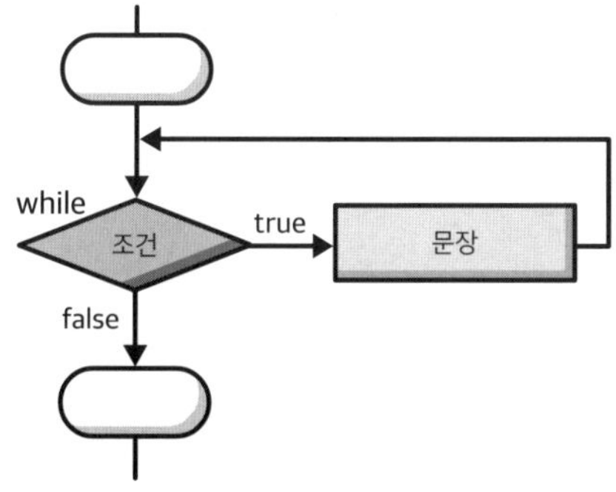

그림 6-2 while문
while문을 사용하면 조건이 false가 될 때까지 반복해서 코드를 실행할 수 있습니다.

그러면 이제 while문을 사용한 코드를 작성해 봅시다.

Lesson 6

Sample5.java ▶ while문 사용하기

```
class Sample5
{
   public static void main(String[] args)
   {
      int i=1;

      while(i<=5){
         System.out.println(i + "번째 반복입니다.");
         i++;
      }

      System.out.println("반복이 끝났습니다.");
   }
}
```

조건이 참(true)인 경우…

블록 안의 문장을 순서대로 반복 실행합니다

조건이 거짓(false)에 가까워지도록 증가 연산자를 사용해서 1씩 더합니다

Sample5의 실행 화면

```
1번째 반복입니다.
2번째 반복입니다.
3번째 반복입니다.
4번째 반복입니다.
5번째 반복입니다.
반복이 끝났습니다.
```

사실 이 while문 코드가 하는 일은 Sample2의 for문 코드가 하는 일과 같습니다. while문은 조건 i <= 5가 거짓(false)이 될 때까지 반복해서 코드를 실행하기 때문입니다.

이 블록 안에서는 조건이 거짓(false)에 가까워지도록 변수 i의 값을 증가시키고 있습니다. 일반적으로 반복문은 반복 여부를 판단하기 위한 조건의 결과가 변화하도록 작성해야 합니다. 그렇지 않을 경우 영원히 반복문이 실행되어 버리기 때문입니다. 다음 예제를 예로 들어 보겠습니다.

```
int i=1;

while(i<=5){
   System.out.println(i + "번째 반복입니다.");
}
```

조건은 결코 거짓(false)이 되지 않습니다. 따라서 블록 안이 영원히 반복됩니다

이 코드는 while문의 조건 안에 'i++'처럼 변수 i의 값을 증가시키는 부분이 없습니다. 따라서 while문의 조건은 몇 번을 반복하더도 false로 변하지 않습니다. 이런 프로그램을 실행하면 while문 처리가 영원히 반복되고, 그 결과, 프로그램이 종료되지 않습니다. 조건문을 작성할 때는 주의하기 바랍니다.

while문을 사용하면 코드의 반복 실행을 표현할 수 있다.
반복문을 사용할 때에는 조건문 작성에 주의하자.

6.3 do~while문

do~while문의 원리 이해하기

또 다른 반복문을 살펴봅시다. 이번에는 **do~while문**(do while statement)을 소개합니다. 이 구문은 마지막에 지정된 조건이 참(true)일 경우, 블록 내의 코드를 반복해서 실행합니다.

구문 do~while문

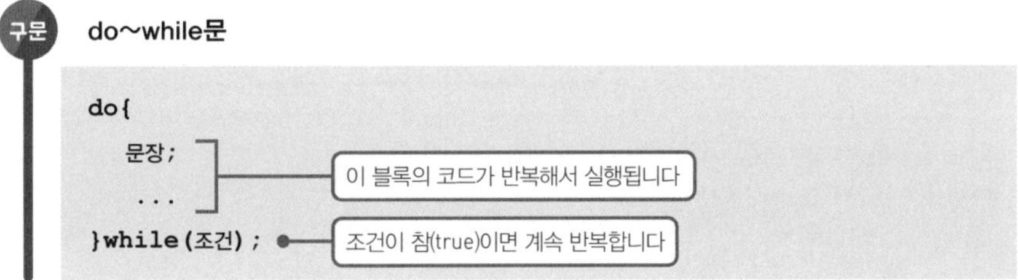

do~while문이 while문과 다른 점은

조건을 판단하기 전에 블록 안의 코드를 실행한다

는 점입니다. while문에서는 블록 안의 코드를 실행하기에 앞서 조건문을 먼저 판별합니다. 그 결과가 거짓(false)일 경우 블록 안의 코드를 실행하지 않습니다. 반면, do~while문에서는 적어도 한 번 반드시 블록 안의 코드가 실행됩니다.

예를 들어, while문으로 작성했던 예제를 do~while문으로 고쳐 봅시다.

```
do {
  시험에 응시한다
} while (시험에 합격하지 못했음);
```

이는 while문과 마찬가지로 시험에 계속 응시하도록 지시하는 반복문입니다. 그러나 이 반복문의 표현을 따르면 시험에 이미 합격했을 경우에도 최소 1번은 시험에 응시해야 합니다. while문과 비교해 보세요.

다음 코드는 Sample5.java를 do~while문을 사용하여 다시 작성한 것입니다.

Sample6.java ▶ do~while문 사용하기

```
class Sample6
{
    public static void main(String[] args)
    {
        int i=1;

        do{
            System.out.println(i + "번째 반복입니다.");
            i++;
        }while(i<=5);

        System.out.println("반복이 끝났습니다.");
    }
}
```

- `System.out.println(...)` / `i++;` : 이 문장이 반복됩니다
- `}while(i<=5);` : i <= 5가 거짓(false)이면 반복 작업을 종료합니다

Sample6의 실행 화면

```
1번째 반복입니다.
2번째 반복입니다.
3번째 반복입니다.
4번째 반복입니다.
5번째 반복입니다.
반복이 끝났습니다.
```

이 예제에서는 do~while문을 사용하고 있지만, Sample5와 같은 결과가 나왔습니다. 이와 같이 동일한 작업을 다양한 구문을 사용하여 표현할 수 있습니다. 코드를 다양한 스타일로 작성하는 연습을 해 보길 바랍니다.

do~while문을 사용하면 코드의 반복 실행을 표현할 수 있다.
do~while문은 최소 1회, 블록 안의 코드를 실행한다.

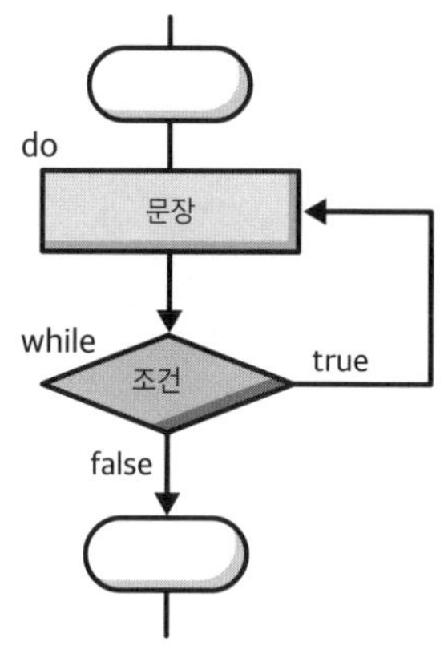

Lesson 6

그림 6-3 do~while문

while문은 블록 안의 코드를 실행하기 전에 조건을 판단하지만 do~while문은 블록 안의 코드가 실행된 다음에 조건을 판단합니다.

프로그램의 구조

1장에서 본 바와 같이 기본적으로 프로그램의 코드는 차례대로 실행됩니다. 이러한 프로그램의 구조를 **순차**라고 합니다. 또한 if문, switch문처럼 조건을 판단하는 구문은 **선택**(조건 분기)이라고 합니다. while문, do~while문과 같은 반복적인 구문은 **반복**이라고 합니다.

프로그램을 만들 때에는 이러한 기본 구조를 조합한 문제 해결법을 생각해 내는 것이 중요합니다.

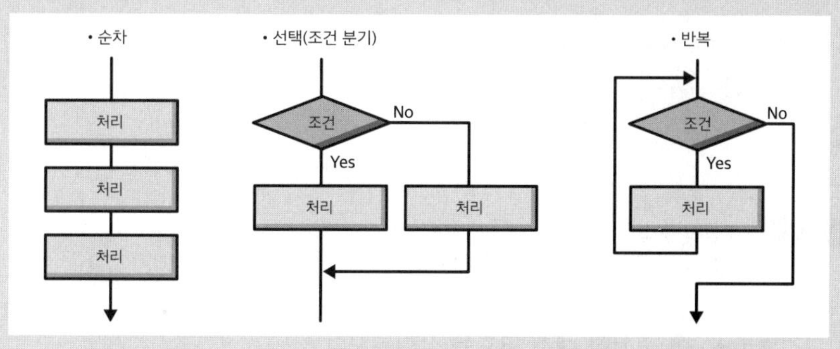

6.4 문장의 중첩

for문 중첩하기

지금까지 여러 가지 구문을 배웠습니다. 이러한 조건 판단문, 반복문 안에는 여러 문장을 **중첩시킬 수 있습니다**. 예를 들어, 다음처럼 for문 안에 for문을 사용하는 복잡한 코드를 작성할 수 있습니다.

구문 **for문의 중첩**

```
for(식1-1; 식2-1; 식3-1){
    ...
    for(식1-2; 식2-2; 식3-2){
        ...
    }
}
```

for문을 중첩할 수 있습니다

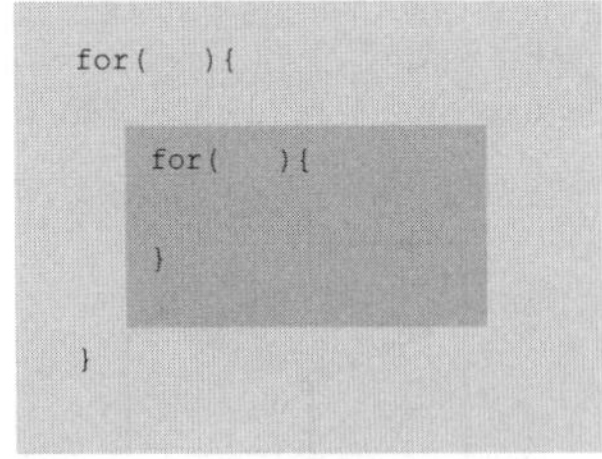

그림 6-4 문장의 중첩
for문 등의 구문은 중첩할 수 있습니다.

그러면 for문을 중첩한 예제 코드를 살펴봅시다.

Sample7.java ▶ for문 중첩하기

```
class Sample7
{
    public static void main(String[] args)
    {
        for(int i=0; i<5; i++){
            for(int j=0; j<3; j++){
                System.out.println("i는 " + i + " : j는 " + j);
            }
        }
    }
}
```

for문이 중첩되어 있습니다

Sample7의 실행 화면

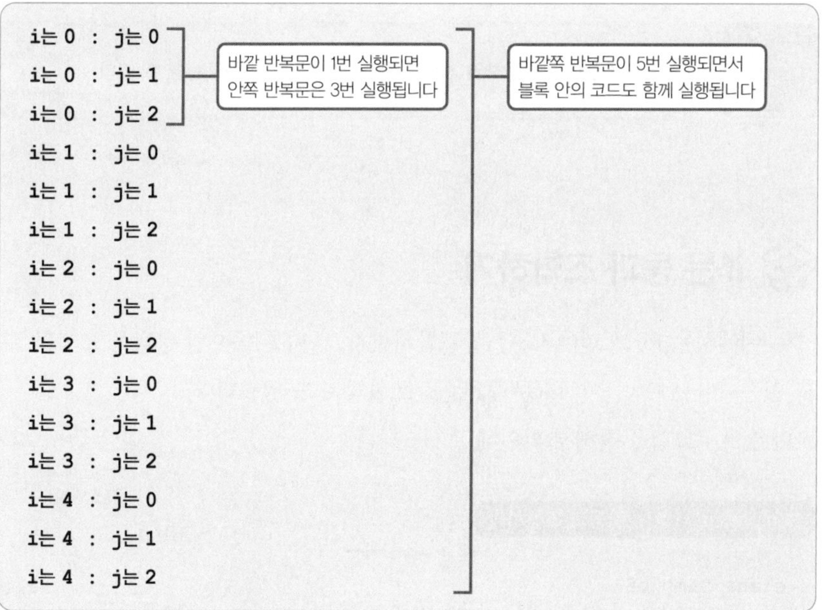

```
i는 0 : j는 0
i는 0 : j는 1
i는 0 : j는 2
i는 1 : j는 0
i는 1 : j는 1
i는 1 : j는 2
i는 2 : j는 0
i는 2 : j는 1
i는 2 : j는 2
i는 3 : j는 0
i는 3 : j는 1
i는 3 : j는 2
i는 4 : j는 0
i는 4 : j는 1
i는 4 : j는 2
```

바깥 반복문이 1번 실행되면 안쪽 반복문은 3번 실행됩니다
바깥쪽 반복문이 5번 실행되면서 블록 안의 코드도 함께 실행됩니다

이 코드는 변수 i를 1씩 증가시키는 for문 안에 변수 j를 1씩 증가시키는 for문을 중첩해서 실행합니다. 그래서 반복문 안쪽의 코드가 다음과 같이 실행됩니다.

```
┌ 변수 i의 값을 1 증가시킴
│     ↓    변수 j의 값을 1 증가시킴 ┐
│     ↓    변수 j의 값을 1 증가시킴 │
└     ↓    변수 j의 값을 1 증가시킴 ┘
┌ 변수 i의 값을 1 증가시킴
│     ↓    변수 j의 값을 1 증가시킴 ┐
│     ↓    변수 j의 값을 1 증가시킴 │
└     ↓    변수 j의 값을 1 증가시킴 ┘
        …
```

결과적으로, 변수 i의 값을 1 증가시키는 반복문이 한 번 실행되면 변수 j의 값을 1 증가시키는 반복문이 세 번 실행됩니다. 이처럼 문장을 중첩하면 복잡한 처리도 표현할 수 있습니다.

for문을 중첩해서 사용하면 계속 실행되는 반복 처리를 표현할 수 있다.

 if문 등과 조합하기

위 예에서는 for문 안에 for문을 포함시켰지만, 다른 종류의 문장을 조합할 수도 있습니다. 예를 들어, for문과 if문을 조합할 수도 있습니다.

다음 프로그램을 통해서 확인해 보겠습니다.

Sample8.java ▶ if문 등과 조합하기

```
class Sample8
{
   public static void main(String[] args)
   {
      boolean bl = false;
```

```
        for(int i=0; i<5; i++){
            for(int j=0; j<5; j++){
                if(bl == false){
                    System.out.print("*");
                    bl = true;
                }
                else{
                    System.out.print("-");
                    bl = false;
                }
            }
            System.out.print("\n");
        }
    }
}
```

for문이 중첩되어 있습니다

*를 출력한 다음, -를 출력하도록 변수 bl의 값을 true로 만듭니다

Sample8의 실행 화면

```
*-*-*
-*-*
*-*-*
-*-*
*-*-*
```

이 코드는 2개의 for문과 1개의 if~else문을 사용하고 있습니다. * 또는 -를 출력할 때마다 boolean형 변수 bl에 교대로 true와 false를 대입합니다. 이렇게 코드를 작성하면 다음에 출력할 문자를 if문 안의 'bl == false'라는 조건식의 평가 결과를 통해 결정할 수 있게 됩니다.

참고로, boolean형은 true 또는 false값을 저장할 수 있는 형입니다. boolean형에 대한 자세한 내용은 3장을 참조합니다.

안쪽의 반복문이 끝나면 \n(₩n)이라는 이스케이프 시퀀스를 출력합니다. 따라서 문자 5개가 출력될 때마다 줄이 바뀝니다. 출력하는 문자의 종류를 바꾸어 보거나 출력 개수를 늘려 보세요.

6.5 프로세스 흐름의 변경

 break문의 원리 이해하기

지금까지 학습한 내용을 통해서 우리는 반복문에 일정한 처리의 흐름이 있음을 알 수 있었습니다. 그러나 때로는 이러한 처리의 흐름을 강제로 변경해야 할 때도 있을 것입니다.

Java에는 반복 처리의 흐름을 변경할 수 있는 break문과 continue문이 있습니다. 이 절에서는 먼저 break문을 배워 보겠습니다. **break문**(break statement)은

처리의 흐름을 강제로 종료시키고, 그 블록에서 빠져나가도록

지시하는 문장입니다. 코드 안에 다음처럼 적습니다.

break문

```
break;
```

다음 코드에서 break문을 사용하여 키보드로 입력받은 횟수만큼 반복문을 실행한 다음, 처리를 강제로 종료해 보겠습니다.

Sample9.java ▶ break문으로 블록에서 빠져나가기

```
import java.io.*;

class Sample9
{
   public static void main(String[] args) throws IOException
```

```
    {
        System.out.println("몇 번째에서 루프를 빠져나가시겠습니까?(1~10)");

        BufferedReader br =
            new BufferedReader(new InputStreamReader(System.in));

        String str = br.readLine();
        int res = Integer.parseInt(str);

        for(int i=1; i<=10; i++){ ●── 이 for문은 원래 10번 반복되어야 하지만…
            System.out.println(i + "번째 처리입니다.");
            if(i == res)
                break; ●── 키보드로 입력받은 횟수만큼 반복한 후 종료합니다
        }
    }
}
```

Lesson 6

Sample9의 실행 화면

```
몇 번째에서 루프를 빠져 나가시겠습니까?(1~10)
5 ↵
1번째 처리입니다.
2번째 처리입니다.
3번째 처리입니다.
4번째 처리입니다.
5번째 처리입니다. ●── 지정한 횟수만큼 처리합니다
```

Sample9는 원래 10번 반복하는 for문을 사용합니다. 그러나 여기에서는 사용자가 입력한 숫자에 맞추어 break문을 실행했고, 반복문을 강제로 종료하였습니다. 6번째 처리는 실행되지 않았음을 알 수 있습니다.

또한 반복문이 중첩된 경우, 안쪽 문장에서 break문을 사용하면 안쪽 문장을 벗어나 그를 감싸고 있는 바깥 문장이 실행됩니다.

break문을 사용하면 블록에서 빠져나갈 수 있다.

```
for(int i=1; i<=10; i++){
   if(i==res)
      break;
}
```

그림 6-5 break문

break문을 사용하면 반복문을 강제 종료시키고 그 블록에서 빠져나갈 수 있습니다.

 switch문 안에서 break문 사용하기

앞서 switch문에서 보았듯이, switch문에도 break문이 사용되고 있었습니다. swtich문에서 사용된 break문은 이 절에서 설명하는 break문과 동일합니다. 즉, switch문에서 break문을 응용해서 사용하면 다음과 같은 작업을 할 수 있습니다.

Sample10.java ▶ switch문 안에서 break문 사용하기

```
import java.io.*;

class Sample10
{
   public static void main(String[] args) throws IOException
   {
      System.out.println("정수를 입력하십시오.(1~5)");

      BufferedReader br =
         new BufferedReader(new InputStreamReader(System.in));

      String str = br.readLine();
      int res = Integer.parseInt(str);

      switch(res){
         case 1:
         case 2:
            System.out.println("조금 더 노력합시다.");
            break;
         case 3:
```

변수 res의 값이 1 또는 2일 때 이 문장이 실행됩니다

break문의 작성 위치 선정에 주의하세요

```
        case 4:
            System.out.println("이 페이스로 더 노력합시다.");
            break;
        case 5:
            System.out.println("매우 우수합니다.");
            break;
        default:
            System.out.println("1~5까지의 성적을 입력하십시오.");
            break;
        }
    }
}
```

변수 res의 값이 3 또는 4일 때 이 문장이 실행됩니다

Sample10의 첫 번째 실행 화면

```
정수를 입력하십시오.(1~5)
1 ↵
조금 더 노력합시다.
```

Sample10의 두 번째 실행 화면

```
정수를 입력하십시오.(1~5)
2 ↵
조금 더 노력합시다.
```

Sample10의 세 번째 실행 화면

```
정수를 입력하십시오.(1~5)
3 ↵
이 페이스로 더 노력합시다.
```

Sample10은 정수로 입력한 성적에 따라 다양한 메시지를 표시하는 프로그램입니다. 코드 안의 break문의 작성 위치 선정에 주의합니다. case 1과 case 3에는 break문이 없기 때문에 각각 case 2, case 4와 동일한 처리를 합니다. 이처럼 break문을 넣는 위치에 따라 프로그램의 흐름을 제어할 수 있습니다.

continue문의 원리 이해하기

문장의 흐름을 강제로 변경하는 또 하나의 문장으로 **continue문**(continue statement)이 있습니다. continue문은,

반복 처리를 건너뛴 다음, 블록의 시작 위치로 돌아가서 다음 작업을 진행하라

는 문장입니다.

continue문

```
continue;
```

continue문을 사용한 코드를 살펴봅시다.

Sample11.java ▶ continue문으로 블록 시작 부분으로 돌아가기

```
import java.io.*;

class Sample11
{
   public static void main(String[] args) throws IOException
   {
      System.out.println("몇 번째 처리를 건너뛰시겠습니까?(1~10)");

      BufferedReader br =
         new BufferedReader(new InputStreamReader(System.in));

      String str = br.readLine();
      int res = Integer.parseInt(str);

      for(int i=1; i<=10; i++){
         if(i == res)
            continue;
```

입력한 n번째가 되면, 더 이상 진행되지 않고 처음으로 돌아갑니다

```
            System.out.println(i + "번째 처리입니다.");
        }
    }
}
```

입력한 n번째의 처리에서 이 문장은 실행되지 않습니다

Sample11의 실행 화면

```
몇 번째 처리를 건너뛰시겠습니까?(1~10)
3 ↵
1번째 처리입니다.
2번째 처리입니다.
4번째 처리입니다.
5번째 처리입니다.
6번째 처리입니다.
7번째 처리입니다.
8번째 처리입니다.
9번째 처리입니다.
10번째 처리입니다.
```

세 번째 반복 처리는 continue문이 그 다음 코드의 실행을 건너뛰도록 만들어, 출력되지 않았습니다

Sample11을 실행하고 처리를 건너뛸 횟수로 '3'을 입력했습니다. 그러자 3번째 반복 처리는 continue문이 수행됨으로써 강제 종료되고 블록의 시작, 즉 다음 반복 처리로 이동했습니다. 그 결과, '3번째 처리입니다.'라는 메시지가 출력되지 않았습니다.

continue문을 사용해서 코드 실행을 건너뛸 수 있다.

```
for(int i=1; i<=10; i++){

    if(i==res)
        continue;

}
```

그림 6-6 continue문

반복문 안에서 코드의 실행을 건너뛰고 다음 반복 코드로 이동할 때에는 continue문을 사용합니다.

6.6 강의 요약

이 장에서는 다음과 같은 것을 배웠습니다.

- for문을 사용하면 반복 실행을 표현할 수 있습니다.
- while문을 사용하면 반복 실행을 표현할 수 있습니다.
- do~while문을 사용하면 반복 실행을 표현할 수 있습니다.
- 문장을 중첩할 수 있습니다.
- break문을 사용하면 반복문 또는 switch문 블록을 벗어납니다.
- continue문을 사용하면 반복문의 시작 부분으로 돌아가서 다음 처리를 합니다.

이 장에서는 반복과 처리의 흐름을 변경하는 구문을 배웠습니다. 5장에서 배운 구문과 함께 사용하면 다양한 작업을 수행하는 복잡한 프로그램을 만들 수 있습니다. 다음 연습문제를 반복과 처리를 담당하는 구문을 통해 자유자재로 쓸 수 있도록 연습해 보세요.

연습문제

1. 다음과 같이 화면에 출력하는 코드를 작성하십시오.

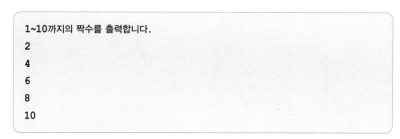

```
1~10까지의 짝수를 출력합니다.
2
4
6
8
10
```


2. 키보드로 시험 점수를 입력받은 후, 그 합계를 출력하는 코드를 작성하십시오. 0을 입력받으면 결과를 출력하도록 합니다.

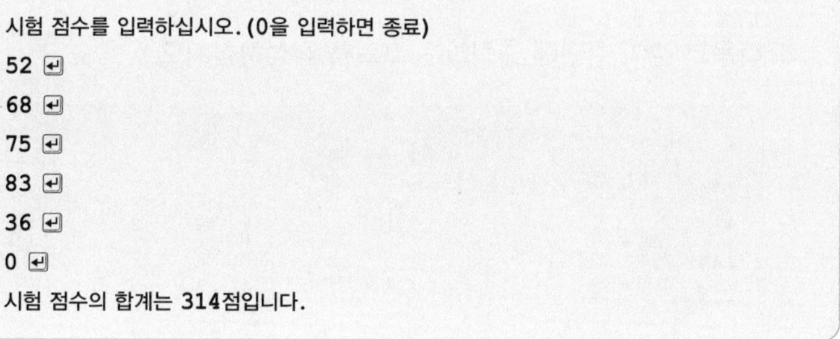

```
시험 점수를 입력하십시오. (0을 입력하면 종료)
52 ↵
68 ↵
75 ↵
83 ↵
36 ↵
0 ↵
시험 점수의 합계는 314점입니다.
```

3. 탭 문자(\t)를 사용해서, 다음과 같이 구구단을 화면에 출력하는 코드를 작성하십시오.

```
1	2	3	4	5	6	7	8	9
2	4	6	8	10	12	14	16	18
3	6	9	12	15	18	21	24	27
4	8	12	16	20	24	28	32	36
5	10	15	20	25	30	35	40	45
6	12	18	24	30	36	42	48	54
7	14	21	28	35	42	49	56	63
8	16	24	32	40	48	56	64	72
9	18	27	36	45	54	63	72	81
```

4. 다음과 같이 화면에 출력하는 코드를 작성하십시오.

```
*
**
***
****
*****
```

5. 키보드로 정수를 입력받아서, 그 수가 소수(1 또는 그 수 이외의 수로 나누어 떨어지지 않는 수)인지 여부를 판단하는 코드를 작성하십시오.

```
2 이상의 정수를 입력하십시오.
7 ↵
7(은)는 소수입니다.
```

```
2 이상의 정수를 입력하십시오.
10 ↵
10(은)는 소수가 아닙니다.
```

Lesson 7

배열

3장에서는 변수를 사용하여 특정 값을 저장하는 방법에 대해 배웠습니다. Java에는 이 외에도 동일한 형의 여러 값을 함께 저장하는 '배열'이라는 기능이 있습니다. 배열을 사용하면 많은 데이터를 처리하는 복잡한 코드를 깔끔하게 작성할 수 있습니다. 이 장에서는 배열의 원리에 대해 배워 보겠습니다.

Check Point!

- 배열
- 배열의 선언
- 배열 요소의 확보
- 인덱스
- 배열의 초기화
- 배열 변수
- 배열의 길이
- 다차원 배열

7.1 배열

 배열의 원리 이해하기

프로그램 안에서 많은 데이터를 처리해야 하는 경우가 있습니다. 예를 들어 50명의 학생이 있는 학급의 시험 점수를 다루는 프로그램을 만든다고 해 봅시다. 지금까지 배운 지식을 사용하면 50명의 시험 점수를 변수에 저장하고 관리하는 코드를 작성할 수 있습니다. 그러면 test1~test50까지의 이름을 가지는 변수를 총 50개 준비해 봅시다.

```
int test1 = 80;
int test2 = 60;
int test3 = 22;
…
int test50 = 35;
```

50개 변수 모두를 초기화하고 있습니다

그러나 이렇게 많은 변수가 등장하면 코드가 복잡해져서 읽기 어려워질 것입니다. 이런 경우 **배열**(array)이라는 기능을 이용하면 편리합니다. 변수는 특정한 1개의 값을 기억하는 기능을 가지고 있다고 했었지요? 배열 또한 '특정 값을 기억한다'는 점에서 변수와 같은 역할을 합니다. 그러나 배열은

같은 형의 값을 동시에 여러 개 기억하기

위한 편리한 기능을 제공합니다. 같은 이름을 가진 상자들이 모여서 줄지어 있는 모습을 상상해 보세요. 변수와 마찬가지로 배열 속 상자 안에도 값을 저장해서 사용할 수 있습니다.

배열에는 같은 형의 값을 모아서 저장하는 기능이 있다.

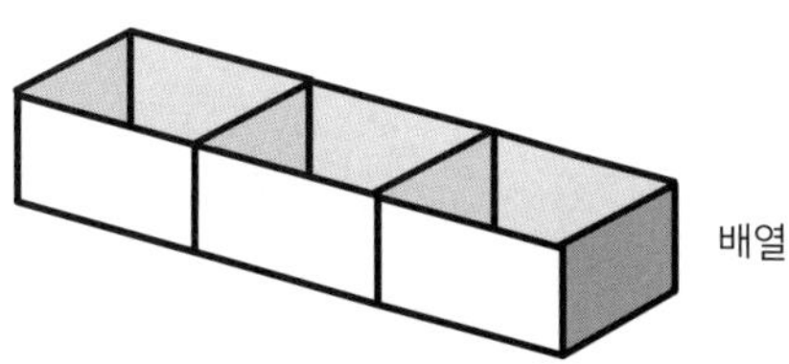

그림 7-1 배열
같은 형의 값을 모아서 저장해야 할 때 배열을 사용합니다.

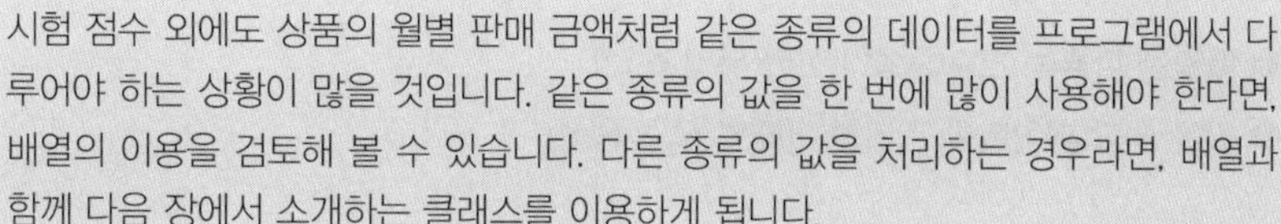

배열의 사용

시험 점수 외에도 상품의 월별 판매 금액처럼 같은 종류의 데이터를 프로그램에서 다루어야 하는 상황이 많을 것입니다. 같은 종류의 값을 한 번에 많이 사용해야 한다면, 배열의 이용을 검토해 볼 수 있습니다. 다른 종류의 값을 처리하는 경우라면, 배열과 함께 다음 장에서 소개하는 클래스를 이용하게 됩니다.

7.2 배열의 준비

 배열 준비하기

그러면 배열을 사용해 봅시다. Java에서 배열을 사용하려면 먼저 다음과 같은 두 가지 작업이 필요합니다.

❶ **배열을 다루는 변수를 준비한다(배열 선언)**

❷ **값을 저장할 상자를 준비한다(배열 요소 생성)**

먼저 ❶번 작업부터 살펴볼까요? 배열을 사용하기 위해서는 먼저

배열을 다루는 변수

를 준비해야 합니다. 이 변수를 **배열 변수**(array variable)라고 부르기도 합니다. 배열 변수를 준비하는 작업을 **배열의 선언**(declaration)이라고 하며, 배열의 선언 방법은 다음과 같습니다.

```
int[] test;
```
배열 변수 test를 준비합니다

배열 변수는 **배열형** 변수입니다. 그래서 int형의 값을 저장하는 배열은 **int[ ]형**이 됩니다. 이제 배열을 다루기 위한 첫 번째 작업이 끝났습니다.

그러나 배열을 사용하기 위한 작업이 하나 더 남았습니다. 두 번째로 필요한 작업은

값을 저장할 상자를 지정한 수만큼 준비하는

작업입니다. 배열 상자를 배열의 **요소**(element)라고 합니다. 이때 상자를 준비하는 작업을 가리켜 '**배열 요소의 생성**'이라고 합니다. 배열을 생성하려면 다음과 같은 스타일로 코드를 작성해야 합니다.

```
test = new int[5];
```

int형의 값을 5개 저장할 수 있는 배열을 생성합니다

new라는 연산자를 사용하면 [ ] 안에 지정한 수만큼의 배열 상자가 컴퓨터의 메모리에 마련됩니다. 이 예제에서는 5개의 상자를 준비해 보았습니다. new를 사용한 결과를 대입 연산자를 사용하여 조금 전 준비한 **배열 변수에 대입**합니다. 이렇게 하면,

배열 변수의 이름을 사용하여 배열의 요소를 다룰 수 있는

상태가 됩니다. 이 상태를 'test 배열을 가리킨다'라고 부르기도 합니다. 이 두 작업을 거치면 배열의 준비가 완료됩니다.

그러면 배열의 준비 과정을 정리해 봅시다.

구문 배열의 선언과 생성

```
형명[] 배열 변수명;
배열 변수명 = new 형명[요소의 수];
```

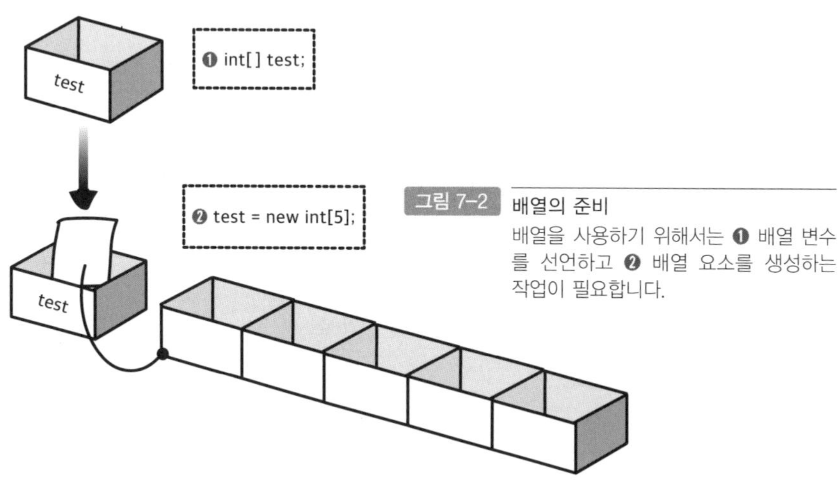
test
❶ int[] test;
❷ test = new int[5];
test

그림 7-2 배열의 준비

배열을 사용하기 위해서는 ❶ 배열 변수를 선언하고 ❷ 배열 요소를 생성하는 작업이 필요합니다.

준비한 배열 상자(요소)는 배열 변수의 이름을 사용해서 각각 다음과 같이 표현할 수 있습니다.

```
test[0]
test[1]
test[2]
test[3]
test[4]
```

[ ] 안의 번호는 **첨자**(인덱스, index)라고 합니다. 이 첨자를 배열 변수에 붙이면 배열 상자를 확인하고 값을 대입할 수 있습니다. Java 배열의 첨자는 0부터 시작합니다. 따라서,

배열 첨자로 사용할 수 있는 가장 큰 숫자는 '요소의 수 −1'

이 됩니다. 즉, 5개의 요소를 가지는 배열에서는 test[4]가 값을 저장할 수 있는 마지막 요소가 됩니다. test[5]라는 요소는 존재하지 않습니다. 주의가 필요합니다.

배열을 준비하기 위해, 배열 변수 선언과 생성이 필요하다.
배열 요소의 마지막 첨자는 요소 수−1.

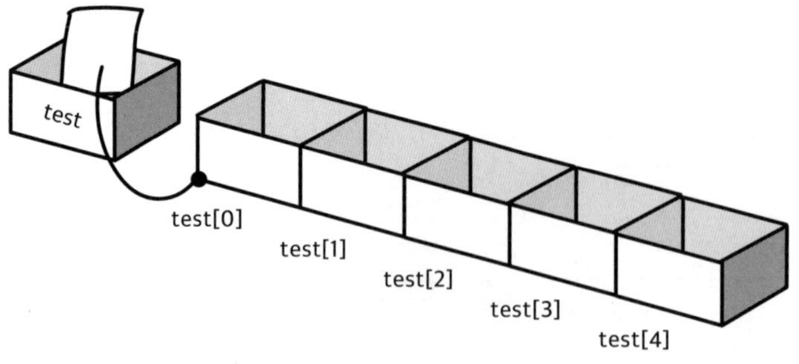

그림 7-3 배열의 선언과 요소 생성
배열을 선언하고 5개의 배열 요소를 생성하면 각 요소를 첨자 0~4로 가리킬 수 있습니다.

배열에 값 대입하기

준비한 배열에 값을 저장해 봅시다. 배열의 각 요소는 test[0], test[1]…이라는 이름으로 가리킬 수 있습니다. 각각의 배열 요소에 값을 대입해 보겠습니다. 이 배열 상자에는 정숫값을 저장할 수 있습니다.

```
int[] test;
test = new int[5];

test[0] = 80;
test[1] = 60;
test[2] = 22;
test[3] = 50;
test[4] = 75;
```

배열을 준비했습니다

각각의 배열 요소에 값을 대입하고 있습니다

여기에서는 5개의 배열 요소에 시험 점수를 대입하고 있습니다. 배열 요소에 값을 대입하는 방법은 변수에 값을 대입하는 방법과 동일합니다. 배열 상자를 가리킨 다음, 대입 연산자 '='를 사용하면 됩니다.

구문 **배열 요소에 값 대입하기**

```
배열 변수명[첨자] = 식;
```

배열에 값을 저장하려면 첨자를 사용하여 요소를 지정한 다음, 값을 대입한다.

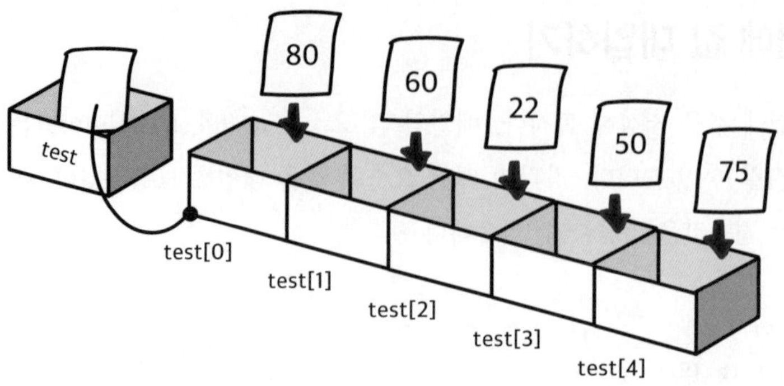

그림 7-4 배열에 값 대입하기
배열에 값을 저장할 수 있습니다.

배열 변수

배열 변수는 그림 7-4처럼 배열 요소의 상자가 메모리의 어디에 있는지를 알려 주는 변수입니다. 각각의 실젯값은 배열 요소의 상자 안에 저장됩니다. 이러한 배열의 이미지를 머릿속에 그려 보길 바랍니다.

7.3 배열의 이용

 반복문을 배열에 사용하기

실제로 배열을 사용한 코드를 작성해 봅시다. 배열 첨자는 순서대로 나열되어 있기 때문에, 6장에서 배운 반복문을 사용하면 깔끔하게 작성할 수 있습니다. 반복문을 사용하여 배열에 저장한 시험 점수를 출력하는 코드를 만들어 봅시다.

Sample1.java ▶ 배열 사용하기

```
class Sample1
{
    public static void main(String[] args)
    {
        int[] test;              ← 배열을 준비합니다
        test = new int[5];

        test[0] = 80;
        test[1] = 60;
        test[2] = 22;            ← 각각의 배열 요소에 값을 대입합니다
        test[3] = 50;
        test[4] = 75;

        for(int i=0; i<5; i++){
            System.out.println((i+1) + "번째 사람의 점수는 " +
                test[i] + "입니다.");
        }                        ← 반복문을 사용하여 배열 요소를 출력합니다
    }
}
```

Sample1의 실행 화면

```
1번째 사람의 점수는 80입니다.
2번째 사람의 점수는 60입니다.
3번째 사람의 점수는 22입니다.
4번째 사람의 점수는 50입니다.
5번째 사람의 점수는 75입니다.
```

Sample1에서는 먼저 배열의 각 요소에 값을 대입하고 있습니다. 그 다음, for 문을 사용하여 각 요소의 값을 출력합니다. 배열의 첨자는 0부터 시작하므로, 반복문 안에서는 출력되는 순서를 'i+1번째'로 지정했습니다. 이처럼 배열은

각 요소를 가리킬 때 첨자에 변수를 사용

할 수 있습니다. 그렇기 때문에 '몇 번째 학생이 몇 점인지'를 반복문으로 출력할 수 있는 것입니다. 배열과 반복문을 사용하면, 깔끔한 코드를 작성할 수 있습니다.

배열과 반복문을 사용하면 데이터를 쉽게 처리할 수 있다.

 배열 첨자 사용 시 주의점

그러나 배열을 사용할 때, 주의해야 할 점이 있습니다. 그것은

배열의 크기보다 큰 첨자로 배열 요소를 가리킬 수 없다

는 사실입니다. 예를 들어, 지금까지 작성한 코드에서는 5개의 요소를 가지는 배열을 선언했습니다. 그런데 이 배열을 다룰 때, test[10]과 같이 배열의 크기보다 큰 첨자를 [ ] 안에 대입하면 안 됩니다.

```
int[] test;
test = new int[5];
//오류
//test[10] = 50;
```
이렇게 대입할 수 없습니다

test[10]이라는 요소는 존재하지 않습니다. 이러한 코드는 잘못된 코드입니다. 배열의 첨자를 사용할 때에는 주의하세요.

배열의 크기를 넘는 요소에 값을 대입하지 않는다.

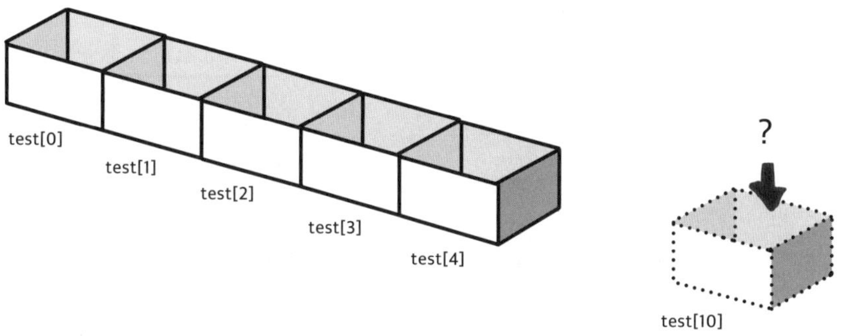

그림 7-5 배열 요소에 대입할 때의 주의사항
배열에 값을 대입할 때에는 배열의 첨자가 너무 크거나 작지 않은지 주의해야 합니다.

 키보드로 배열 요소의 수 입력하기

배열 요소의 개수를 코드 안에서 결정할 수 없는 경우가 있습니다. 예를 들어 '사전에 시험 응시자가 몇 명이나 되는지 알 수 없는' 경우를 생각해 보세요. 이럴 때 배열 요소의 개수를 키보드로 입력받으면 편리할 것입니다. 다음 코드를 통해 실습해 보겠습니다.

Sample2.java ▶ 배열 요소의 개수 입력하기

```
import java.io.*;

class Sample2
{
    public static void main(String[] args) throws IOException
    {
        System.out.println("시험 응시자 수를 입력하십시오.");

        BufferedReader br =
            new BufferedReader(new InputStreamReader(System.in));

        String str = br.readLine();
        int num = Integer.parseInt(str);

        int[] test;
        test = new int[num];

        System.out.println("시험 응시자 수만큼 점수를 입력하십시오.");

        for(int i=0; i<num; i++){
            str = br.readLine();
            int tmp = Integer.parseInt(str);
            test[i] = tmp;
        }

        for(int i=0; i<num; i++){
            System.out.println((i+1) + "번째 사람의 점수는 " +
                test[i] + "입니다.");
        }
    }
}
```

배열 요소의 개수를 입력받습니다

필요한 개수만큼 배열 요소를 준비합니다

키보드로 필요한 만큼 점수를 입력합니다

배열 요소에 점수를 저장합니다

배열 요소의 값을 출력합니다

Sample2의 실행 화면

```
시험 응시자 수를 입력하십시오.
5 ↵
시험 응시자 수만큼 점수를 입력하십시오.
80 ↵
60 ↵
22 ↵
50 ↵
75 ↵
1번째 사람의 점수는 80입니다.
2번째 사람의 점수는 60입니다.
3번째 사람의 점수는 22입니다.
4번째 사람의 점수는 50입니다.
5번째 사람의 점수는 75입니다.
```

Lesson 7

이 코드는 우선 시험 응시자 수(요소 수)를 키보드로 입력받아서 변수 num에 저장합니다. 그리고 new를 사용하여 입력된 num만큼 배열 요소를 생성하고 있습니다. 그 후 num의 개수만큼 시험 점수를 입력받고 상자에 값을 저장합니다. 이렇게 하면 필요한 만큼의 배열 요소를 생성하는 유연한 프로그램을 만들 수 있습니다.

7.4 배열을 선언하는 방법

 배열을 선언하는 또 다른 방법 이해하기

이전 절에서는 배열의 기본적인 사용 방법을 설명했습니다. 배열은 이 외에도 다양한 방법으로 표현할 수 있습니다. 이전 장에서 배열을 준비하기 위해 실시하는 '배열의 선언'과 '배열 요소의 생성'이라는 두 가지 작업을 두 문장으로 나누어 표현했었지요?

```
int[] test;
test = new int[5];
```

2개의 문장으로 배열을 준비합니다

사실, 이 두 문장은 하나로 합칠 수 있습니다. 다음 예제를 보세요.

```
int[] test = new int[5];
```

1개의 문장으로 배열을 준비했습니다

이처럼 배열의 준비도 하나의 문장으로 표현할 수 있습니다. 배열의 준비 과정을 하나의 문장으로 요약한 문장의 문법은 다음과 같습니다.

배열의 선언과 요소의 생성

```
형명[] 배열 변수명 = new 형명[첨자];
```

그러면 Sample1에서 배열 준비 부분의 코드를 고쳐 봅시다. 이 코드의 실행 결과는 Sample1과 동일합니다.

Sample3.java ▶ 배열의 선언과 요소의 생성을 동시에 하기

```
class Sample3
{
    public static void main(String[] args)
    {
        int[] test = new int[5];   ●—— 1개의 문장으로 배열을 준비합니다

        test[0] = 80;
        test[1] = 60;
        test[2] = 22;
        test[3] = 50;
        test[4] = 75;

        for(int i=0; i<5; i++){
            System.out.println((i+1) + "번째 사람의 점수는 " +
                test[i] + "입니다.");
        }
    }
}
```


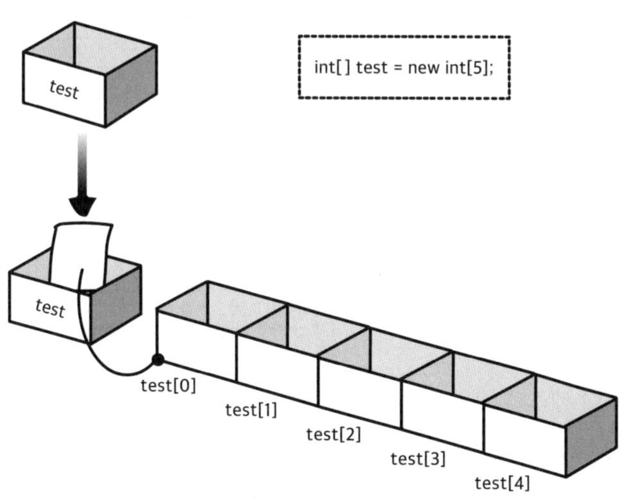

그림 7-6 배열의 선언과 요소의 생성
배열의 선언과 요소의 생성을 한 문장으로 표현할 수 있습니다.

Sample3의 실행 화면

```
1번째 사람의 점수는 80입니다.
2번째 사람의 점수는 60입니다.
3번째 사람의 점수는 22입니다.
4번째 사람의 점수는 50입니다.
5번째 사람의 점수는 75입니다.
```

배열 초기화하기

지금까지 '배열의 선언'과 '배열 요소의 생성'을 동시에 하는 방법을 학습했습니다. 이 두 가지 작업과 동시에 '값의 대입'까지 함께 수행하는 문장을 작성할 수도 있습니다. 즉, ❶ 배열의 선언, ❷ 배열의 생성, ❸ 값의 대입 세 가지를 한꺼번에 수행하는 문장을 작성할 수 있습니다. 이 작업을 **배열의 초기화**(initialization)라고 합니다.

배열의 초기화는 이렇게 표현합니다.

배열의 초기화

```
형명[] 배열 변수명 = {값1, 값2, 값3, …};
```

지금까지 예제로 사용했던 시험 점수를 다루는 배열은 다음처럼 고쳐 쓸 수 있습니다.

```
int[] test = {80, 60, 22, 50, 75};
```
5개의 배열 요소를 초기화합니다

이 코드에서는 요소의 개수를 지정하지 않은 점에 주목해 주세요. new라는 키워드도 사용하지 않았습니다. 이렇게 쓰면 **{ } 안의 값의 개수만큼 자동으로 배열 요소가 생성**됩니다. 위의 코드에는 5개의 값이 있기 때문에 5가지 요소가 자동으로 생성된 것입니다.

Sample3의 코드에 등장하는 배열을 초기화하도록 고쳐 봅시다. 고쳐 쓴 코드는 다음과 같습니다.

Sample4.java ▶ 배열 초기화하기

```
class Sample4
{
    public static void main(String[] args)
    {
        int[] test = {80,60,22,50,75};   ← 5개의 배열 요소를 초기화합니다

        for(int i=0; i<5; i++){
            System.out.println((i+1) + "번째 사람의 점수는 " +
                test[i] + "입니다.");
        }
    }
}
```

실행 결과는 Sample3과 같습니다. 배열은 이처럼 다양하게 표현할 수 있습니다. 서서히 익숙해지도록 합시다.

배열을 초기화하면 배열의 선언, 요소의 생성, 대입을 동시에 할 수 있다.

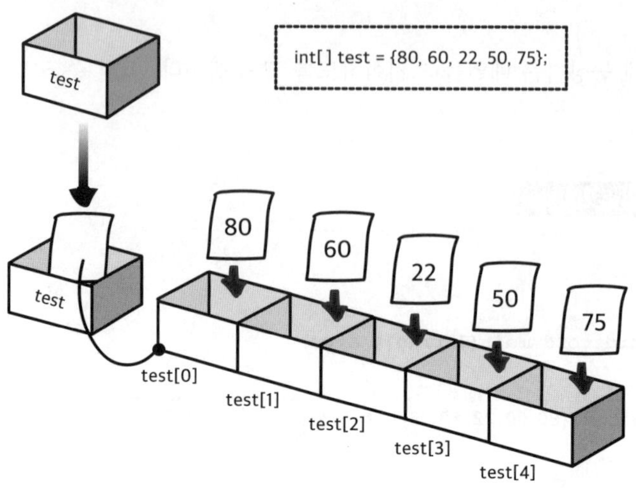

그림 7-7 배열의 초기화

배열의 선언, 생성, 대입을 한 번에 수행하여 배열을 초기화할 수 있습니다.

7.5 배열 변수

 배열 변수에 값 대입하기

이 절에서는 배열 변수의 구조에 대해 자세히 배워 보겠습니다. '배열 변수'란 배열을 다룰 때 가장 먼저 준비해야 하는 변수라고 이미 설명한 바 있습니다.

```
int[] test;          ← 배열 변수 test입니다
test = new int[5];
```

new를 사용하여 요소를 생성한 다음, 배열 변수 test에 대입함으로써 배열을 다룰 수 있게 되었습니다.

이 배열 변수는 **int[ ]형 변수**로 불립니다. 또한, 위에서 예제로 제시한 배열 준비 방법은 다음처럼 표현할 수도 있습니다.

```
int test[];
test = new int[5];
```

배열 변수는 new 연산자를 사용하여 생성합니다. 그러나 이외에도 대입 연산자를 사용하여 대입하는 방법이 있습니다. 다음 코드를 입력해 봅니다.

Sample5.java ▶ 배열 변수에 배열 대입하기

```
class Sample5
{
   public static void main(String[] args)
```

```
    {
        int[] test1;
        test1 = new int[3];        배열을 준비합니다

        System.out.println("test1을 선언했습니다.");
        System.out.println("배열 요소를 생성했습니다.");

        test1[0] = 80;
        test1[1] = 60;             배열에 값을 대입합니다
        test1[2] = 22;

        int[] test2;               배열 변수만 준비합니다
        System.out.println("test2를 선언했습니다.");

        test2 = test1;             배열 변수에 배열을 대입합니다
        System.out.println("test2에 test1을 대입했습니다.");

        for(int i=0; i<3; i++){
            System.out.println("test1(이)가 가리키는 " + (i+1) +
                "번째 사람의 점수는 " + test1[i] + "입니다.");
        }

        for(int i=0; i<3; i++){
            System.out.println("test2(이)가 가리키는 " + (i+1) +
                "번째 사람의 점수는 " + test2[i] + "입니다.");
        }
    }
}
```

Sample5의 실행 화면

```
test1을 선언했습니다.
배열 요소를 생성했습니다.
test2를 선언했습니다.
test2에 test1을 대입했습니다.
```

```
test1(이)가 가리키는 1번째 사람의 점수는 80입니다.
test1(이)가 가리키는 2번째 사람의 점수는 60입니다.
test1(이)가 가리키는 3번째 사람의 점수는 22입니다.
test2(이)가 가리키는 1번째 사람의 점수는 80입니다.
test2(이)가 가리키는 2번째 사람의 점수는 60입니다.
test2(이)가 가리키는 3번째 사람의 점수는 22입니다.
```

test1이 가리키는 배열의 내용입니다

test2가 가리키는 배열의 내용입니다

먼저 배열을 선언하고 배열 변수 test1에 대입하고 있습니다. 여기까지는 지금까지 등장한 예제와 동일합니다. 다음에는 test2라는 배열 변수를 선언하기만 했습니다. 그리고 대입 연산자를 사용하여 test2에 test1을 대입했습니다.

test2[0], test2[1], test2[2]의 값을 출력해 보면, test1과 출력값이 동일한 것을 확인할 수 있습니다. 배열 변수에는 이처럼 다른 배열 변수를 대입할 수 있습니다.

Lesson 7

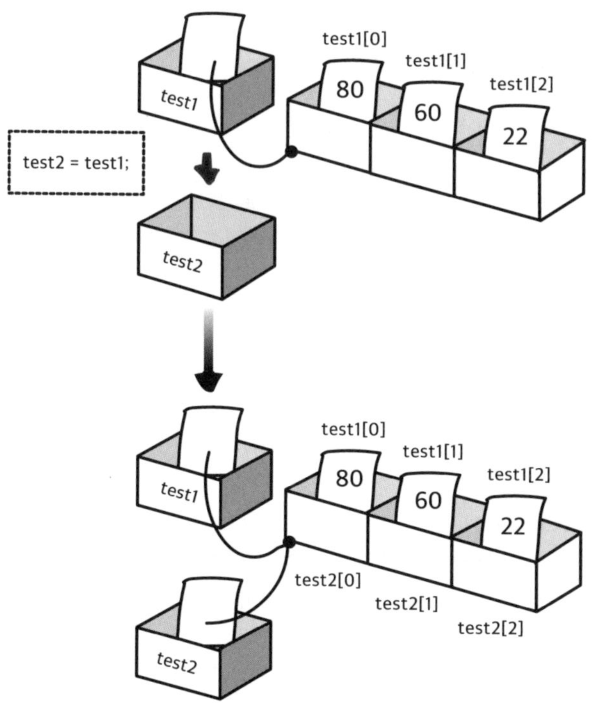

그림 7-8 배열 변수에 대입하기
배열 변수를 선언하고 다른 배열 변수를 대입할 수 있습니다.

배열 변수에 값을 대입한다는 것

앞서 본 대로 배열 변수에 대입을 할 수 있습니다. 그 결과, test1, test2에서 같은 점수를 출력할 수 있었습니다. 똑같은 배열이 2개 만들어진 것일까요? 아닙니다. 다음의 코드를 입력해 봅시다.

Sample6.java ▶ 배열 요소의 값 바꾸기

```
class Sample6
{
    public static void main(String[] args)
    {
        int[] test1;
        test1 = new int[3];
        System.out.println("test1을 선언했습니다.");
        System.out.println("배열을 생성했습니다.");

        test1[0] = 80;
        test1[1] = 60;
        test1[2] = 22;

        int[] test2;
        System.out.println("test2를 선언했습니다.");

        test2 = test1;        ●── 배열 변수에 대입합니다
        System.out.println("test2에 test1을 대입했습니다.");

        for(int i=0; i<3; i++){
            System.out.println("test1(이)가 가리키는 " + (i+1) +
                "번째 사람의 점수는 " + test1[i] + "입니다.");
        }

        for(int i=0; i<3; i++){
            System.out.println("test2(이)가 가리키는 " + (i+1) +
                "번째 사람의 점수는 " + test2[i] + "입니다.");
        }
```

```
        test1[2] = 100;  ● test1을 사용하여 배열 요소의 값을 하나 바꿉니다
        System.out.println("test1이 가리키는 세 번째 사람의 점수를 변경합니다.");

        for(int i=0; i<3; i++){
            System.out.println("test1(이)가 가리키는 " + (i+1) +
                "번째 사람의 점수는 " + test1[i] + "입니다.");
        }

        for(int i=0; i<3; i++){
            System.out.println("test2(이)가 가리키는 " + (i+1) +
                "번째 사람의 점수는 " + test2[i] + "입니다.");
        }
    }
}
```

Lesson 7

Sample6의 실행 화면

```
test1을 선언했습니다.
배열을 생성했습니다.
test2를 선언했습니다.
test2에 test1을 대입했습니다.
test1(이)가 가리키는 1번째 사람의 점수는 80입니다.
test1(이)가 가리키는 2번째 사람의 점수는 60입니다.
test1(이)가 가리키는 3번째 사람의 점수는 22입니다.
test2(이)가 가리키는 1번째 사람의 점수는 80입니다.
test2(이)가 가리키는 2번째 사람의 점수는 60입니다.
test2(이)가 가리키는 3번째 사람의 점수는 22입니다.
test1(이)가 가리키는 세 번째 사람의 점수를 변경합니다.
test1(이)가 가리키는 1번째 사람의 점수는 80입니다.
test1(이)가 가리키는 2번째 사람의 점수는 60입니다.
test1(이)가 가리키는 3번째 사람의 점수는 100입니다.  ● test1의 배열 요소를 바꾸면…
test2(이)가 가리키는 1번째 사람의 점수는 80입니다.
test2(이)가 가리키는 2번째 사람의 점수는 60입니다.
test2(이)가 가리키는 3번째 사람의 점수는 100입니다.  ● test2의 배열 요소도 바뀝니다
```

이 코드에서는 test1[2]를 사용하여 요소 하나의 값을 100점으로 바꾸었습니다. 그 다음, test1[2]와 test2[2]를 출력해 보면 두 배열 요소 모두 같은 값으로 변한 것을 알 수 있습니다. 즉, **test1과 test2는 2개의 다른 배열이 아닙니다. '동일한 하나의 배열을 가리킨다'는 것입니다.** test1의 데이터를 변경하면, test2의 데이터도 변경됩니다.

즉, 배열 변수에 배열을 대입한다는 것은 배열이 또 하나 생기는 것이 아니라,

대입되는 좌변의 배열 변수가 우변의 배열 변수를 가리키게 된다

는 뜻입니다. 배열을 다룰 때는 이러한 원리에 주의해야 합니다.

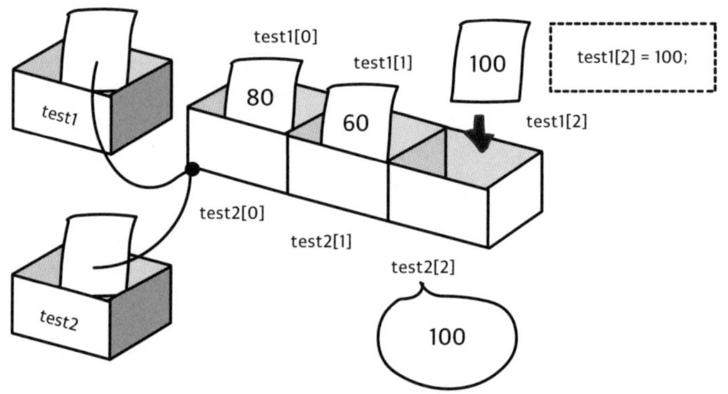

그림 7-9 2개의 배열 변수가 하나의 배열을 가리킬 경우
대입되는 쪽의 배열 변수는 대입하는 쪽의 배열 변수가 가리키는 배열을 가리키게 됩니다. 한쪽의 배열 변수가 바뀌면, 다른 한쪽의 배열 변수도 바뀝니다.

배열 변수의 특징

3장에서 배운 int형 변수(기본형 변수) 등이 값을 저장하는 상자 '그 자체'인 반면, 배열 변수는 값을 저장하는 상자가 '메모리의 어디에 존재하는지'에 대한 위치 정보를 가집니다. 기본형 변수와 대비되는 개념의 변수를 **참조형 변수**라고 부릅니다. 참조형 변수의 종류에는 배열 변수 외에도 8장과 10장에서 배우는 클래스형 변수나 12장에서 배우게 될 인터페이스형 변수가 있습니다.

7.6 배열의 응용

 배열의 길이 알기

이 절에서는 지금까지의 지식을 사용하여 배열을 응용하는 코드를 만들어 봅니다. 먼저 배열의 요소 수를 확인하는 코드를 작성합니다. 배열의 요소 수(상자의 수)는 **배열의 길이**(크기)라고 합니다.

 구문 **배열의 길이**

```
배열 변수명.length
```

Java에서 배열 변수에 마침표(.)를 찍고 그 다음에 length라고 적으면 배열의 요소 개수를 구할 수 있습니다. 예를 들어, test가 가리키는 배열의 요소 개수는 다음과 같은 방법으로 구할 수 있습니다.

```
test.length
```

test가 가리키는 배열 요소의 개수를 구할 수 있습니다

실제 코드를 작성해 보겠습니다. 다음 코드를 입력해 봅니다.

Sample7.java ▶ 배열의 길이 알아내기

```
class Sample7
{
   public static void main(String[] args)
   {
      int[] test = {80,60,22,50,75};
```

배열 요소 5개를 준비하고 있습니다

```
        for(int i=0; i<5; i++){
            System.out.println((i+1) + "번째 사람의 점수는 " +
                test[i] + "입니다.");
        }

        System.out.println("시험의 응시자 수는 " + test.length + "명입니다.");
    }
}
```

배열 요소의 개수를 출력합니다

Sample7의 실행 화면

```
1번째 사람의 점수는 80입니다.
2번째 사람의 점수는 60입니다.
3번째 사람의 점수는 22입니다.
4번째 사람의 점수는 50입니다.
5번째 사람의 점수는 75입니다.
시험의 응시자 수는 5명입니다.
```

배열 요소의 개수가 출력됩니다

이 코드에서 배열 요소의 개수는 시험의 응시자 수입니다. 즉, test.length로 시험의 응시자 수를 확인하는 셈입니다.

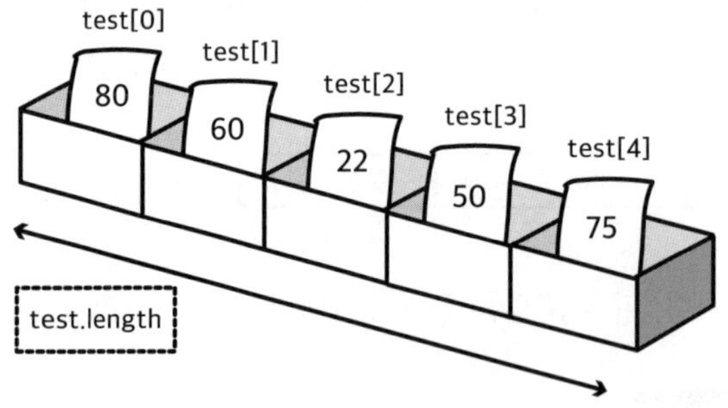

그림 7-10 배열의 길이
.length로 배열 요소의 개수를 알 수 있습니다.

배열 요소의 개수를 알 수 있으면 코드 작성이 편해집니다. 지금까지 작성한 코드에서는 반복문을 사용해서 배열을 다루었습니다. 예를 들어, 다음과 같이 배열의 길이인 '5'를 반복문 안에서 직접 사용했었지요?

```
int[] test = {80,60,22,50,75};
...
for(int i=0; i<5; i++){
    System.out.println((i+1) + "번째 사람의 점수는 " + test[i] + "입니다.");
}
...
```

반복문에 '5'라는 숫자를 사용했습니다

하지만 만약 다른 시험 결과를 다루는 코드를 새로 작성해야 한다면 어떻게 해야 될까요? 이 코드를 재활용할 수 있을 것 같습니다. 그러나 그 전에 코드 안에 있는 모든 '5'라는 숫자를 다른 시험의 응시자 수에 맞추어 고쳐야 하는데, 코드 안에서 '5'라는 단순한 숫자를 찾는 것은 매우 힘든 작업입니다. 이럴 때 원래 코드의 반복문 안에서 .length를 사용하면 편리합니다. 다음 코드를 통해 확인해 보겠습니다.

Lesson 7

Sample8.java ▶ 반복 조건에 배열의 길이 지정하기

```
class Sample8
{
    public static void main(String[] args)
    {
        int[] test = {80,60,22,50,75};

        for(int i=0; i<test.length; i++){
            System.out.println((i+1) + "번째 사람의 점수는 " +
                test[i] + "입니다.");
        }

        System.out.println("시험의 응시자 수는 " + test.length + "명입니다.");
    }
}
```

.length를 사용하면 코드의 수정이 편해집니다

이 코드의 실행 결과는 Sample7과 같습니다. 그러나 이 예제에서는 반복문에서 .length를 사용하고 있습니다. 이렇게 코드를 작성하면 응시자 수가 다른 시험 코드를 작성하게 되더라도, 반복 조건을 변경할 필요가 없이 시험 점수의 숫자 데이터만 수정하면 됩니다. 반복 횟수는 배열 요소의 수에 따라 자동으로 바뀔 것입니다.

데이터를 수정하고 배열 요소의 개수를 바꾸는 일은 자주 있는 일입니다. .length를 사용한 코드를 작성해 두면 코드 수정이 편해집니다.

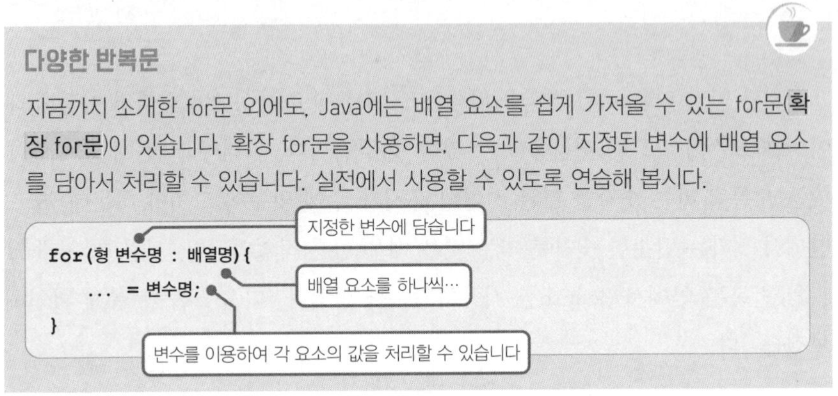

다양한 반복문
지금까지 소개한 for문 외에도, Java에는 배열 요소를 쉽게 가져올 수 있는 for문(확장 for문)이 있습니다. 확장 for문을 사용하면, 다음과 같이 지정된 변수에 배열 요소를 담아서 처리할 수 있습니다. 실전에서 사용할 수 있도록 연습해 봅시다.
for(형 변수명 : 배열명){
... = 변수명;
}
지정한 변수에 담습니다
배열 요소를 하나씩…
변수를 이용하여 각 요소의 값을 처리할 수 있습니다

배열의 내용 정렬하기

이번에는 배열을 사용하여 시험 점수를 정렬해 봅시다. 값을 순서대로 줄 세우는 작업을 **정렬**(sort)이라고 합니다. 배열 요소에는 여러 가지 값을 저장할 수 있기 때문에 정렬을 코드에 사용하면 편리합니다.

다음 코드는 배열의 요소를 값이 큰 순서대로 정렬합니다.

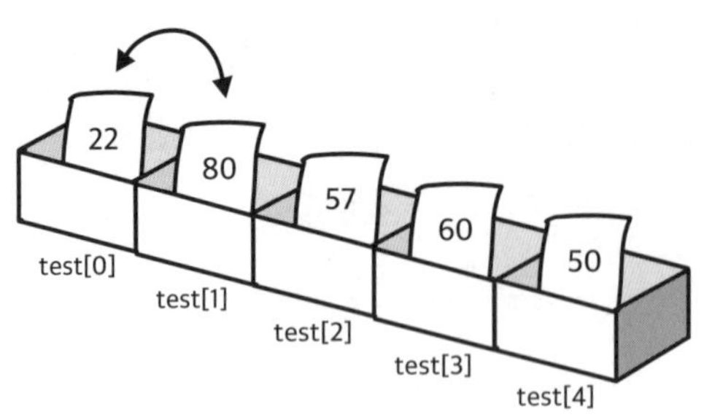

Sample9.java ▶ 배열 정렬하기

```
import java.io.*;

class Sample9
{
   public static void main(String[] args) throws IOException
   {
      BufferedReader br =
         new BufferedReader(new InputStreamReader(System.in));

      int[] test = new int[5];
      System.out.println(test.length + "명의 점수를 입력하십시오.");

      for(int i=0; i<test.length; i++){
         String str = br.readLine();
         test[i] = Integer.parseInt(str);
      }

      for(int s=0; s<test.length-1; s++){
         for(int t=s+1; t<test.length; t++){
            if(test[t] > test[s]){
               int tmp = test[t];
               test[t] = test[s];          배열을 정렬합니다
               test[s] = tmp;
            }
         }
      }

      for(int j=0; j<test.length; j++){
         System.out.println((j+1) + "번째 사람의 점수는 " +
            test[j] + "입니다.");
      }
   }
}
```

Sample9의 실행 화면

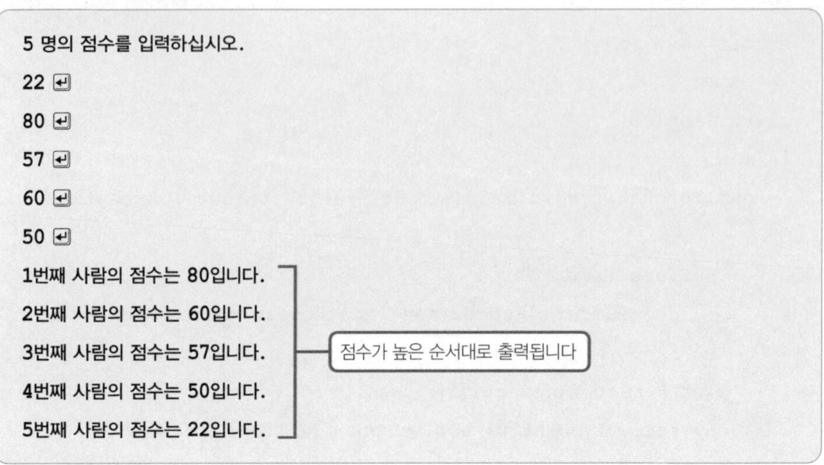

5 명의 점수를 입력하십시오.
22 ↵
80 ↵
57 ↵
60 ↵
50 ↵
1번째 사람의 점수는 80입니다.
2번째 사람의 점수는 60입니다.
3번째 사람의 점수는 57입니다.
4번째 사람의 점수는 50입니다.
5번째 사람의 점수는 22입니다.
점수가 높은 순서대로 출력됩니다

실행 결과를 보니 확실히 높은 점수가 먼저 출력되었네요.

배열을 정렬하는 방법에는 여러 가지가 있지만 이 예제에서는 다음과 같은 기법을 사용하고 있습니다. 순서대로 살펴봅시다.

❶ 먼저 배열의 각 요소를 배열의 첫 번째 요소(test[0])와 비교합니다. 비교한 요소가 배열의 첫 번째 요소보다 큰 경우, 첫 번째 요소와 비교한 요소의 값을 교환합니다. 그러면 배열의 첫 번째 요소에 최댓값을 저장할 수 있습니다.

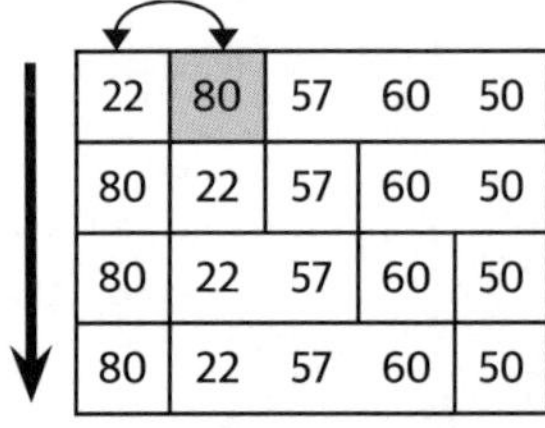

test[t]와 test[0]을 비교해서 바꿔 넣는다.
test[t]가 더 클 경우에 바꿔 넣는다.
즉, test[t] 〉 test[s](s=0)일 때 바꿔 넣는다.

❷ 이로써 배열의 첫 번째 요소가 가장 큰 값이 되었습니다. 그리고 나머지 배열 요소에 대해서도 같은 작업을 반복합니다. 즉, 나머지 요소를 배열의 두 번째 요소(test[1])와 하나하나 비교하는 것입니다. 만약 그 요소가 배열의 두 번째 요소보다 크다면 서로의 위치를 바꿉니다. 그러면 결과적으로 두 번째로 큰 숫자가 배열의 두 번째 요소가 됩니다.

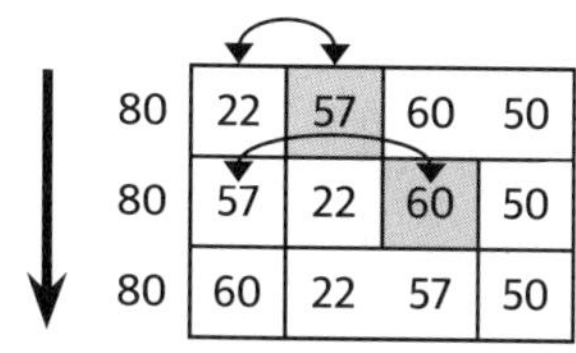

test[t]와 test[1]을 비교해서 바꿔 넣는다.
즉, test[t] 〉 test[s](s=1)일 때 바꿔 넣는다.

❸ 차례대로 반복하면 배열의 정렬이 완료됩니다.

80 60 57 50 22

조금 복잡한 코드이지만, Sample9의 코드와 비교하면서 처리 순서를 확인해 보세요. Sample9에서는 반복문을 중첩시켜서 정렬 단계를 표현했습니다.

배열 요소를 교환하기 위해서는 같은 형의 작업 공간(변수)이 필요합니다. 따라서 이 정렬 코드에서는 작업용 변수 tmp를 사용하고 있습니다.

정렬 방법

데이터를 정렬하는 방법은 다양합니다. 지금까지 알려진 대표적인 방법은 다음과 같습니다.

- 최댓값(최솟값)을 찾는 방법(이 책에서 설명하는 방법)
- 이웃한 요소를 비교해서 정렬하는 방법
- 전체 배열을 여러 개의 배열로 나누고, 나뉘어진 배열을 정렬하면서 합쳐 나가는 방법

데이터의 양과 순서에 따라 처리 속도 등에 차이가 있습니다. 프로그램을 작성할 때에는 이러한 지식을 알아 두는 것도 중요합니다.

역자주)
아래의 정렬 알고리즘을 더욱 자세히 탐구하고 싶은 분께는, 「그림으로 배우는 알고리즘」 도서를 추천합니다.

- 최댓값(최솟값)을 찾는 방법(선택 정렬)
- 이웃한 요소를 비교해서 정렬하는 방법(버블 정렬)
- 전체 배열을 여러 개의 배열로 나누고, 나뉘어진 배열을 정렬하면서 합쳐 나가는 방법(병합 정렬)

7.7 다차원 배열

다차원 배열의 원리 이해하기

지금까지 배운 배열은 마치 일렬로 늘어선 상자들과 같았습니다. Java에서는 '배열 요소를 한 번 더 배열'하면 **다차원 배열**도 만들 수 있습니다. 2차원 배열은 흡사 스프레드 시트의 워크시트와 비슷한 모양이 될 것입니다. 거기에 차원이 하나 더해져서 3차원이 된다면 그 모습은 가로, 세로, 높이를 가지는 상자더미와 흡사할 것입니다.

이러한 다차원 배열의 준비 방법은 다음과 같습니다.

다차원 배열의 준비(2차원 배열의 경우)

```
형명[][] 배열 변수명;
배열 변수명 = new 형명[첨자][첨자];
```

2차원 배열을 준비하는 코드를 살펴봅시다.

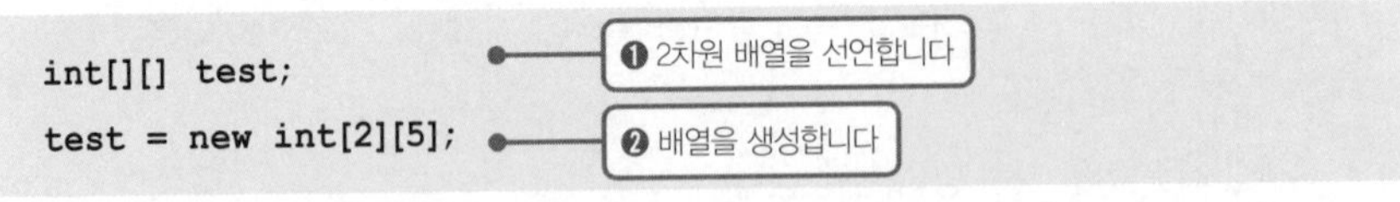

```
int[][] test;
test = new int[2][5];
```


2차원 배열은 ❶처럼 선언합니다. 그리고 int형의 값을 2×5=10개 저장하기 위해 ❷처럼 배열을 생성합니다.

다차원 배열은 다양한 용도로 사용할 수 있습니다. 예를 들어, 여러 과목의 시험 점수를 정리하는 용도로 사용할 수도 있고, 수학에서 행렬식의 계산에 사용할 수도 있을 것입니다.

여기에서는 간단한 예를 들겠습니다. 이전 예제에서 등장했던 5명의 '국어'와 '산수' 두 과목의 시험 점수를 정리해 보기로 합니다. 2차원 배열에 값을 대입하는 모습을 확인하세요.

Sample10.java ▶ 다차원 배열 사용하기

```
class Sample10
{
    public static void main(String[] args)
    {
        int[][] test;
        test = new int[2][5];

        test[0][0] = 80;
        test[0][1] = 60;
        test[0][2] = 22;
        test[0][3] = 50;
        test[0][4] = 75;
        test[1][0] = 90;
        test[1][1] = 55;
        test[1][2] = 68;
        test[1][3] = 72;
        test[1][4] = 58;

        for(int i=0; i<5; i++){
            System.out.println((i+1) +
                "번째 사람의 국어 점수는 " + test[0][i] + "입니다.");
            System.out.println((i+1) +
                "번째 사람의 산수 점수는 " + test[1][i] + "입니다.");
        }
    }
}
```

과목 수×인원 수만큼의 값을 저장할 배열을 준비합니다

2차원 배열 요소에 하나씩 값을 대입하고 있습니다

국어 점수를 출력합니다

산수 점수를 출력합니다

Lesson 7

Sample10의 실행 화면

```
1번째 사람의 국어 점수는 80입니다.
1번째 사람의 산수 점수는 90입니다.
2번째 사람의 국어 점수는 60입니다.
2번째 사람의 산수 점수는 55입니다.
3번째 사람의 국어 점수는 22입니다.
3번째 사람의 산수 점수는 68입니다.
4번째 사람의 국어 점수는 50입니다.
4번째 사람의 산수 점수는 72입니다.
5번째 사람의 국어 점수는 75입니다.
5번째 사람의 산수 점수는 58입니다.
```

이 코드에서는 test[0][●]에 국어 점수를 저장하고, test[1][●]에 산수 점수를 저장합니다. 이를 for문으로 출력합니다. 2차원 이상의 다차원 배열에 값을 대입하는 방법과 출력하는 방법 또한 기본적으로 동일합니다.

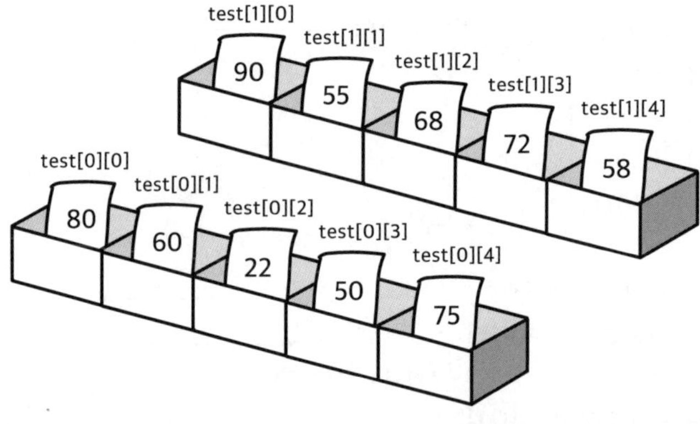

그림 7-11 다차원 배열
'배열의 배열'로 표현하면 다차원 배열도 다룰 수 있습니다.

 다차원 배열을 선언하는 방법

1차원 배열처럼 2차원 배열도 여러 가지 방법으로 작성할 수 있습니다. 먼저 배열을 선언함과 동시에 생성하는 문장을 작성합니다.

```java
int[][] test = new int[2][5];
```
1개의 문장으로 2차원 배열을 준비합니다

또한 선언, 생성과 동시에 값을 대입하고 초기화할 수도 있습니다. 다차원 배열을 선언할 때에는 {} 블록으로 한 번 더 감쌉니다.

```java
int[][] test = {
    {80,60,22,50,75},{90,55,68,72,58}
};
```
2차원 배열을 초기화합니다

이 코드는 Sample10에서 다룬 2차원 배열을 조금 고친 것에 불과합니다. 실제로 코드를 고쳐서 같은 동작을 하는지 확인해 보세요.

또한 Java의 다차원 배열에서 각 요소의 수가 맞아떨어질 필요는 없습니다. 다음과 같이 길이가 일정하지 않은 배열도 만들 수 있습니다.


```java
int[][] test = {
    {80,60,22,50},{90,55,68,72},{33,75,63}
};
```
비대칭 배열도 만들 수 있습니다

그림 7-12를 보세요. 이 배열은 첫 번째와 두 번째 배열이 4개의 배열 변수를 가지고 있고, 세 번째 배열은 3개의 배열 변수를 가지고 있습니다. 즉, 이 2차원 배열은 길이가 일정하지 않습니다.

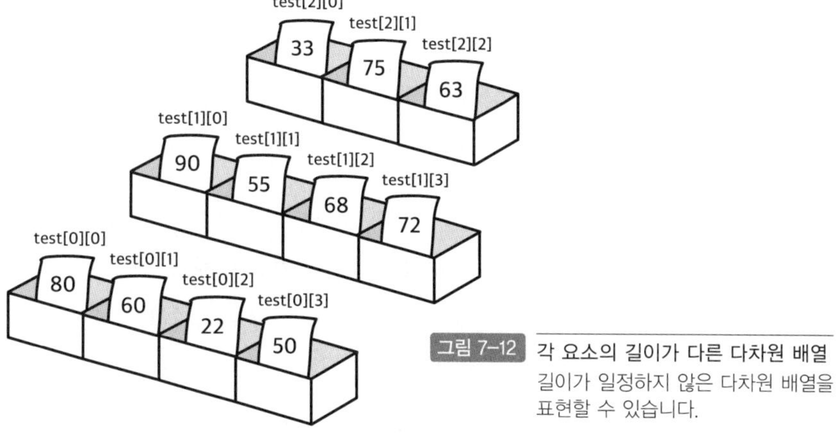

그림 7-12 각 요소의 길이가 다른 다차원 배열
길이가 일정하지 않은 다차원 배열을 표현할 수 있습니다.

그러면 이렇게 길이가 일정하지 않은 배열을 사용하는 코드를 작성해 봅시다.

Sample11.java ▶ 길이가 일정하지 않은 다차원 배열

```
class Sample11
{
    public static void main(String[] args)
    {
        int[][] test = {
            {80,60,22,50},{90,55,68,72},{33,75,63}
        };

        for(int i=0; i<test.length; i++){
            System.out.println((i+1) +
                "번째 배열 요소의 길이는 " + test[i].length + "입니다.");
        }
    }
}
```

배열 전체의 길이를 표시합니다

배열 변수 각각의 길이를 표시합니다

Sample11의 실행 화면

```
1번째 배열 요소의 길이는 4입니다.
2번째 배열 요소의 길이는 4입니다.
3번째 배열 요소의 길이는 3입니다.
```

test.length로 이 배열의 전체 길이를 알 수 있습니다. 또한 각 배열 요소가 몇 개의 배열 요소를 가지고 있는지 조사하려면,

```
test[첨자].length
```

라고 작성합니다.

즉, test[i].length는 그 배열 요소가 포함하고 있는 각각의 배열 길이가 됩니다. 위의 코드를 실행하면 반복문(여기에서는 for문)이 3번 반복되면서 각 요소가 가리키는 배열의 길이가 출력되는 것을 알 수 있습니다.

7.8 강의 요약

이 장에서는 다음과 같은 것을 배웠습니다.

- 배열을 선언하고 new 연산자로 배열 요소를 생성할 수 있습니다.
- 배열 변수를 사용해서 배열 요소에 값을 대입할 수 있습니다.
- { } 안에 값을 지정해서 배열을 초기화할 수 있습니다.
- 배열 변수의 뒤에 .length를 붙이면 배열 요소의 개수를 알 수 있습니다.
- 배열 변수에 다른 배열 변수를 대입할 수 있습니다.
- 다차원 배열을 만들고 사용할 수 있습니다.

배열을 사용하면 동일한 형의 대량 데이터를 처리할 수 있고, 많은 데이터를 정리하여 쉽게 관리할 수 있습니다. 배열의 원리는 Java에서 빼놓을 수 없는 요소입니다.

연습문제

1. 다음 항목에 대해 ○ 또는 ×로 답하시오.

   ① 배열 변수를 선언하면 자동으로 배열 요소가 생성된다.

   ② 배열 요소를 초기화하려면 new 연산자를 사용한다.

   ③ 배열 요소의 수는 프로그램 실행 전에 정해지지 않아도 된다.

2. 다음 코드는 어디가 잘못되었습니까? 틀린 곳이 있으면 고치십시오.

```
class SampleP2
{
    public static void main(String[] args)
    {
        int[] test;
        test = new int[5];

        test[0] = 80;
        test[1] = 60;
        test[2] = 22;
        test[3] = 50;
        test[4] = 75;
        test[5] = 100;

        for(int i=0; i<5; i++){
            System.out.println((i+1) + "번째 사람의 점수는 " +
                test[i] + "입니다.");
        }
    }
}
```

3. 다음과 같은 결과가 나오도록 가~사 중에서 알맞은 코드를 고르십시오.

```
class SampleP3
{
   public static void main(String[] args)
   {
      int[] test = {80,60,22,50,75,100};

      for(int i=【①】; i<【②】; i++){
         System.out.println((【③】) + "번째 사람의 점수는 " +
            test[【④】] + "입니다.");
      }
   }
}
```

```
1번째 사람의 점수는 80입니다.
2번째 사람의 점수는 60입니다.
3번째 사람의 점수는 22입니다.
4번째 사람의 점수는 50입니다.
5번째 사람의 점수는 75입니다.
6번째 사람의 점수는 100입니다.
```

가) 0　　나) 1　　다) 5　　라) 6　　마) i　　바) i+1　　사) i++

Lesson 7

4. 키보드로 시험 점수를 입력받은 후, 다음과 같이 각각의 점수와 최고점을 출력하는 코드를 배열을 사용하여 작성하십시오.

```
5 명의 시험 점수를 입력하십시오.
80 ↵
60 ↵
57 ↵
50 ↵
22 ↵
1번째 사람의 점수는 80입니다.
2번째 사람의 점수는 60입니다.
3번째 사람의 점수는 57입니다.
4번째 사람의 점수는 50입니다.
5번째 사람의 점수는 22입니다.
가장 높은 점수는 80점입니다.
```

Lesson **8**

클래스의 기본

지금까지 변수, 배열 등 Java의 다양한 기능에 대해 배워 보았습니다. 이러한 기능들은 예로부터 다양한 프로그래밍 언어에서 지원하고 있었습니다. 그러나 프로그램이 복잡해짐에 따라, 보다 효율적으로 프로그램을 작성하는 방법이 필요해졌습니다. 그러한 필요에 따라 새롭게 등장한 기능이 '클래스'입니다. 이 장에서는 클래스의 기본을 배웁니다.

Check Point!

- 객체지향
- 클래스
- 객체
- 필드
- 메소드
- 멤버
- 메소드의 인수
- 메소드의 리턴값

8.1 클래스 선언

 클래스란

지금까지 변수, 배열 등 Java의 다양한 기능에 대해 배워 보았습니다. 이러한 지식을 활용하면 앞으로도 다양한 프로그램을 자유롭게 만들 수 있을 것입니다. 예를 들어 기업이 보유하고 있는 자동차를 관리하는 프로그램을 만든다고 상상해 보세요. 그 기업이 보유하고 있는 차량 번호를 배열로 표현하고 차량 번호를 화면에 출력할 수 있을 것입니다.

그러나 회사의 자동차와 관련된 더욱 다양한 프로그램을 만들어야 할 경우에는 어떻게 해야 할까요? 예를 들어, 많은 수의 차량을 관리하는 대규모 시스템을 개발할 경우에는 어떻게 해야 할까요? 이럴 때 지금까지 작성한 코드를 효율적으로 활용하는 것이 중요합니다. 이 장에서 배우는 **클래스**(class)라는 개념을 사용하면 프로그램을 효율적으로 작성할 수 있습니다. Java에서는 프로그램을 만들 때 반드시 클래스를 사용해야 합니다. 이 장에서는 클래스의 원리에 대해 배워 보겠습니다.

 Java에는 클래스가 필수이다

지금까지 설명한 코드에서는 클래스가 이미 사용되고 있었습니다. 2장에서 설명했듯이 Java 코드에는 반드시 하나 이상의 클래스가 존재해야 합니다. 지금까지 입력한 코드를 찬찬히 살펴봅시다.

```
class Sample1
{
  ...
}
```

클래스입니다

지금까지의 코드는 바깥쪽이 블록({ })으로 둘러싸여 있었습니다. 이처럼 앞에 class라는 키워드가 붙은 블록으로 둘러싸인 부분을 '클래스'라고 부릅니다.

즉, 지금까지의 모든 코드는 전체가 하나의 클래스였던 것입니다. 이 장에서는 또 다른 새로운 클래스를 만들어 봅시다. 지금까지 만들어 온 클래스에서 사용할 수 있는 새로운 클래스를 만드는 것입니다.

클래스의 원리 이해하기

그러면 먼저 '클래스'란 무엇인지 간단하게 살펴봅시다. 클래스를 다룰 때는 현실 세계에 존재하는 특정한 **'사물'의 개념에 주목할 필요**가 있습니다. '사물'을 프로그램의 부품으로 간주하여 프로그램을 개발해 나가는 것입니다.

예를 들어, '자동차'라는 사물을 프로그램으로 표현한다고 생각해 봅시다. '자동차'를 관리하는 프로그램을 만든다면, '자동차'라는 사물의 특징과 동작에 집중해야 할 것입니다. 자동차는 1234나 4567 같은 차량 번호를 가지고 있을 것이며, 어느 정도 양의 연료를 싣고 있을 것입니다. 이렇게 간추렸다면 '자동차'를 표현하기 위한 데이터는 다음과 같습니다.

- 차량 번호
- 남은 연료의 양

'차량 번호는 ○○이다', '남은 연료의 양은 ○○이다'와 같이 '자동차'에 대한 일반적인 내용을 '자동차 클래스'로 표현합니다. 바꾸어 말하자면 이러한 데이터는 자동차의 '상태' 혹은 '본질'과 같은 것입니다.

또한, 이외에도 자동차에는 다음과 같은 '기능'이 있을 것입니다.

- 차량 번호를 결정하기
- 자동차에 연료를 넣기
- 차량 번호와 남은 연료의 양을 표시하기

이러한 '기능'은 차량 번호나 연료의 양 등을 바꾸기 위한 것입니다. 클래스란 이러한

사물의 상태 및 특성, 그와 관련된 기능을 정리하여 프로그램으로 표현

하기 위해 사용하는 개념입니다.

코드로 표현한 클래스는 다음과 같습니다. 이것이 클래스의 기본 개념입니다.

```
//자동차 클래스
class 자동차
{
    차량 번호;      ┐
                    ├─ 자동차의 상태 및 특성을 정리합니다
    연료량;         ┘
    차량 번호를 결정하기…                      ┐
    연료를 넣기…                               ├─ 자동차의 기능을 정리합니다
    차량 번호와 남은 연료의 양을 표시하기…     ┘
}
```

블록 안에 자동차의 '상태 및 특성' 그리고 '기능'을 정리했습니다. 그리고 이 코드 뭉치에 '자동차'라고 이름을 붙였습니다.

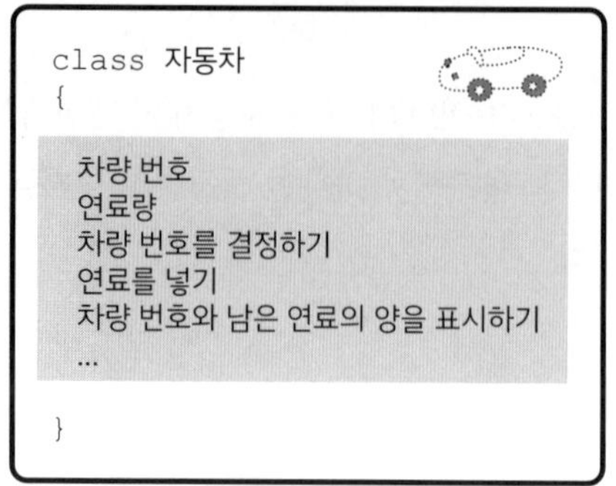

class 자동차
{
차량 번호
연료량
차량 번호를 결정하기
연료를 넣기
차량 번호와 남은 연료의 양을 표시하기
...
}

그림 8-1 클래스
사물의 일반적인 상태와 특성 및 기능을 정리한 것을 클래스라고 합니다.

클래스 선언하기

그러면 실제 코드를 작성해 봅시다. 사물의 상태 및 특성, 기능을 정리한 클래스를 작성하는 작업을 일컬어 **클래스의 선언**(declaration)이라고 합니다. 클래스는 다음과 같이 선언합니다.

구문 **클래스 선언**

```
class 클래스명
{
    형명 필드명; ●── 클래스에는 필드가 있습니다
    ...
    리턴값의 형 메소드명 (인수 목록) ─┐
    {                                 │
        문장;                         ├── 클래스에는 메소드가 있습니다
        ...                           │
        return식;                     │
    }                                ─┘
    ...
}
```

클래스의 이름(클래스명)은 식별자(3장 참조) 중에서 작성자가 선택합니다. 예를 들어, 'Car' 등이 클래스의 이름이 될 수 있습니다.

클래스의 **'상태 및 특성'**을 표현하기 위한 수단을 **필드**(field)라고 합니다. 필드는 코드상에서 변수로 표현됩니다. 클래스의 **'기능'**을 표현하기 위한 수단을 **메소드**(method)라고 합니다. 메소드에 대해서는 이 장의 뒷부분에서 배우니, 그 형태만 눈으로 익혀 주세요. 필드와 메소드 모두 클래스의 **멤버**(member)라고 부릅니다. 이 절에서는 먼저 필드를 살펴보겠습니다.

클래스는 필드와 메소드를 멤버로 가진다.
필드는 변수를 사용해서 표현한다.

Lesson 8

다음 코드를 볼까요? 이것은 차량 번호와 연료의 양을 저장하는 필드를 가지는 'Car(자동차)'라는 클래스를 선언한 것입니다.

```
class Car
{
    int num;       // 자동차는 차량 번호를 가집니다
    double gas;    // 자동차는 연료량을 가집니다
}
```

블록 안에서 num과 gas 같은 변수를 선언했군요. 이것이 Car 클래스의 '필드'입니다. 앞으로 이러한 필드(변수)에 번호와 연료의 양을 저장할 것입니다. 즉, 이 Car 클래스는 아래와 같은 필드를 정리한 것입니다.

필드

num(차량 번호를 저장하는 변수)

gas(연료의 양을 저장하는 변수)

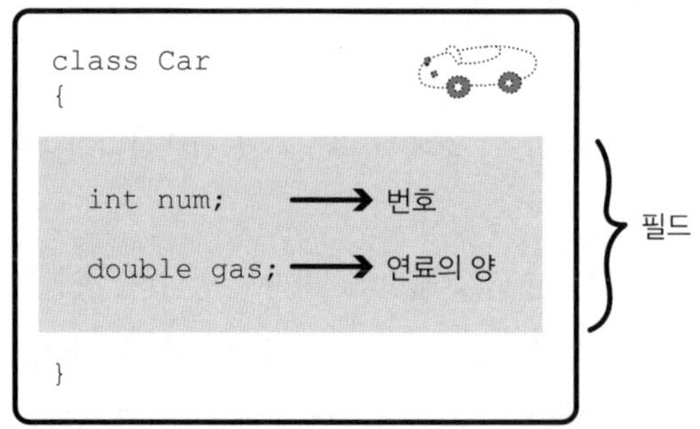

그림 8-2 필드
사물의 '상태 및 특성'을 클래스 안에 표현한 것을 필드라고 합니다.

8.2 객체 생성

클래스를 사용한다는 것은

8.1절에서는 필드를 정리하여 클래스를 선언해 보았습니다. 그러나 클래스를 선언하기만 해서는 사용할 수 없습니다. 왜냐하면

'자동차'라는 사물의 실제 차량 번호는 무엇인지, 싣고 있는 연료의 양은 얼마나 되는지

구체적인 내용을 아직 표현하지 않았기 때문입니다. 실제 자동차는 1234와 같이 구체적인 차량 번호를 가집니다. 이에 대해 아직 아무것도 결정되지 않았습니다. 그래서 **객체를 생성**하는 작업이 필요합니다. 객체를 생성하는 작업은,

실제로 1대의 차를 만드는 작업

이라고 생각하면 이해가 쉬울지도 모르겠네요. 이전 절에서 '자동차'라는 일반적인 사물이 어떠한 '상태와 특성'을 가지는지 클래스로 표현했지요? 이제부터는 클래스 선언을 이용해서 코드로 진짜 차를 하나씩 만든다고 생각해 주세요. 그러면 그 후에 만들어진 자동차들이 올바른 번호와 연료량을 가지게끔 코드를 작성할 수 있습니다.

코드로 만들어지는 자동차 1대를 **객체**(object) 또는 **인스턴스**(instance)라고 부릅니다. 이 책에서는 '객체'라고 부르겠습니다. Car 클래스의 선언으로 만드는 개체는 'Car 클래스의 객체'라고 부를 수 있습니다.

선언한 클래스를 이용하려면 객체(인스턴스)를 생성한다.

Lesson 8

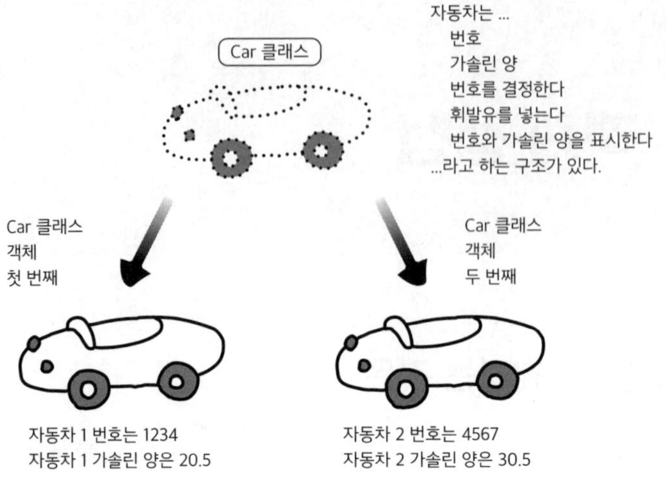

그림 8-3 객체 생성
클래스를 실제로 이용하기 위해서는 코드로 객체를 만듭니다.

 객체 생성하기

그러면 실제로 객체를 생성하는 코드를 입력해 봅시다. 이를 위해서 다음과 같은 두 단계의 작업이 필요합니다.

❶ **객체를 담을 변수 선언하기**

❷ **객체를 만들고, 그 변수에 접근하기**

먼저, ❶번 작업을 살펴봅시다. 이는

선언한 클래스를 사용하여 객체를 다루는 변수를 선언하라

는 뜻입니다. 3장에서 int형과 double형 변수를 선언했던 것을 떠올려 보세요.

❶은 이러한 변수를 선언하는 방법과 거의 동일합니다. int형과 double형이었던 형명 부분에 클래스 이름을 넣으면 됩니다.

```
Car car1;
```

Car형 변수 car1을 선언합니다

이것이 Car 클래스의 객체를 다룰 '변수 car1'을 준비하는 문장입니다. 변수 car1은 'Car형 변수'라고 합니다.

다음으로 ❷번 작업을 살펴봅시다. Car 클래스의 객체를 생성할 때에는 **new**라는 연산자를 사용합니다. new 다음에는 '클래스명( );'을 씁니다. 즉, 다음과 같은 문장에 의해 객체가 생성됩니다.

```
car1 = new Car();   ● 객체를 생성해서 변수 car1에 대입합니다
```

이 문장은 'new를 사용한 결과를 변수 car1에 대입한다'는 2가지 작업을 동시에 하고 있습니다. 이렇게 대입하면,

새로 생성된 Car 클래스의 객체를 변수 car1을 사용하여 다룰 수 있는 상태

가 됩니다. 이 상태를 일컬어 **'변수 car1은 Car 클래스의 객체를 가리킨다'**고 부르기도 합니다. ❶과 ❷를 main( ) 메소드 안에 작성하면 차량 번호 및 연료의 양을 처리할 준비가 된 것입니다. 그러면 지금까지의 작업을 정리해 봅시다.

```
//자동차 클래스
class Car
{
    int num;          Car 클래스입니다
    double gas;
}

//자동차 클래스의 객체 생성하기
class Sample1
{
    public static void main(String[] args)
    {
        Car car1;   ● Car형 변수를 선언합니다
        car1 = new Car();   ● 객체를 생성해서 대입합니다
        ...
    }
}
```

Lesson 8

객체를 만드는 방법은 다음과 같이 정리할 수 있습니다. 두 가지 작업이 필요함을 기억하세요.

객체 생성(첫 번째)

```
클래스명 변수명;
변수명 = new 클래스명();
```

또한 ❶번 작업과 ❷번 작업을 하나의 문장으로 요약할 수 있습니다.

```
Car car1 = new Car();
```

하나의 문장으로 요약할 수도 있습니다

객체 생성(두 번째)

```
클래스명 변수명 = new 클래스명();
```

이 방법을 사용하면 쉽게 객체의 생성을 표현할 수 있습니다. 기억하길 바랍니다.

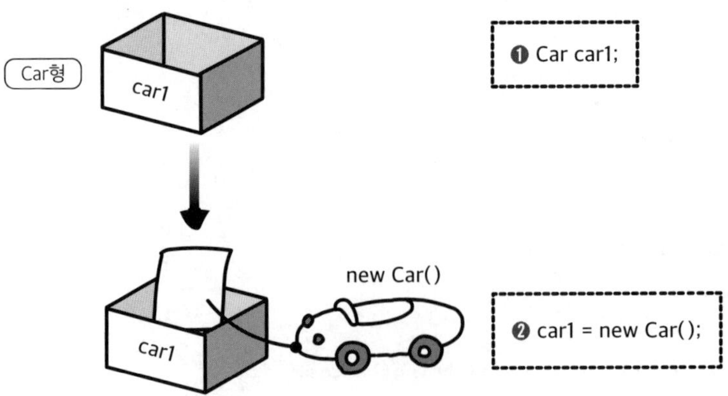

그림 8-4 객체를 생성하는 순서
객체를 생성해서 다루려면 먼저 객체를 담을 변수를 선언합니다(❶). 다음, new를 사용해서 객체를 생성하고 변수에 대입합니다(❷).

참조형 변수

변수 car1은 '객체 그 자체'가 아닙니다. 클래스형 변수는 객체가 생성되어 있는 '위치'를 가리킵니다. 이러한 변수를 **참조형 변수**라고 부릅니다. 7장 칼럼에서 설명했듯이, 참조형 변수의 종류에는 클래스형 변수 외에도 배열형 변수와 인터페이스형 변수가 있습니다.

 멤버에 접근하기

그러면 생성된 객체를 이용해서 코드를 작성해 봅시다. Car 클래스의 객체를 1개 생성하면,

자동차 1대에 대한 차량 번호 및 연료량의 실젯값 설정

이 가능해집니다. 생성된 객체는 num, gas의 값을 저장할 수 있는 필드(변수)를 가집니다. 그래서 이 필드에 실젯값을 대입하면 됩니다.

필드에 값을 대입하려면 객체를 가리키는 변수 이름에 마침표(.)를 찍은 뒤에 필드명을 적습니다.

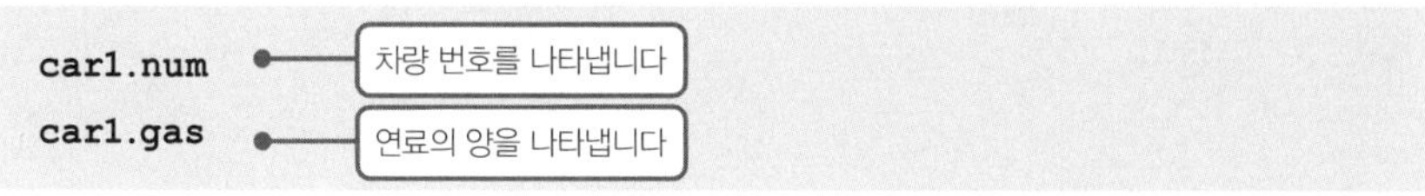

car1.num
차량 번호를 나타냅니다
car1.gas
연료의 양을 나타냅니다

즉, 'car1.num'이라고 쓰면 car1이 가리키는 **'자동차' 객체의 번호를 나타낼 수 있는 셈입니다.** car1의 차량 번호를 1234로 만들고 연료량을 20.5로 만들려면 다음과 같이 대입합니다.

```
public static void main(String[] args)
{
    Car car1;
    car1 = new Car();
```

객체를 생성하고…

```
    car1.num = 1234;      // 차량 번호를 대입합니다
    car1.gas = 20.5;      // 연료의 양을 대입합니다
    ...
}
```

이처럼 필드를 다루는 행위를 가리켜 **'멤버(필드)에 접근한다'** 고 합니다.

객체를 생성하면 멤버에 접근할 수 있다.

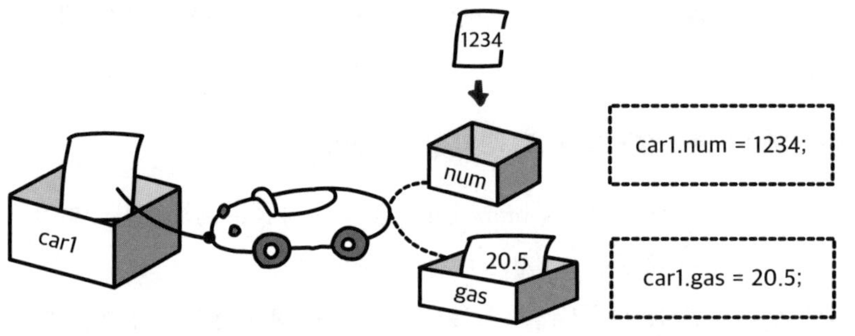

그림 8-5 멤버에 접근하려면
멤버에 접근하는 객체를 생성하면 멤버(필드)에 접근해서 실젯값을 저장할 수 있습니다.

8.3 클래스 사용

클래스를 사용하는 프로그램

그러면 지금까지의 작업을 모두 정리해서 실제로 동작하는 프로그램을 만들어 봅시다. 다음 코드를 입력하세요.

Sample1.java ▶ 클래스 사용하기

```
//자동차 클래스
class Car
{
    int num;
    double gas;
}

class Sample1
{
    public static void main(String[] args)
    {
        Car car1;
        car1 = new Car();
        car1.num = 1234;
        car1.gas = 20.5;

        System.out.println("차량 번호는 " + car1.num + "입니다.");
        System.out.println("연료량은 " + car1.gas + "입니다.");
    }
}
```

Car 클래스의 선언입니다

객체를 생성해서…

차량 번호와 연료의 양을 대입합니다

차량 번호와 연료의 양을 출력합니다

Lesson 8

Sample1의 실행 화면

```
차량 번호는 1234입니다.
연료량은 20.5입니다.
```

Sample1의 시작 부분은 지금까지의 코드와 다르게 Car 클래스의 선언으로 시작합니다. 그러나 이러한 코드도 지금까지의 예제와 마찬가지로 main( ) 메소드부터 처리가 실행됩니다.

main( ) 메소드에서는 우선 Car 클래스의 객체를 생성합니다. 다음으로 차량 번호 필드와 연료의 필드에 값을 저장합니다. 그 다음, 변수 num의 값과 gas의 값을 출력합니다.

실행 결과를 확인해 보세요. 이로써,

자동차를 관리하는 간단한 프로그램

을 만들었습니다. 클래스를 사용하여 프로그램을 작성한 것입니다.

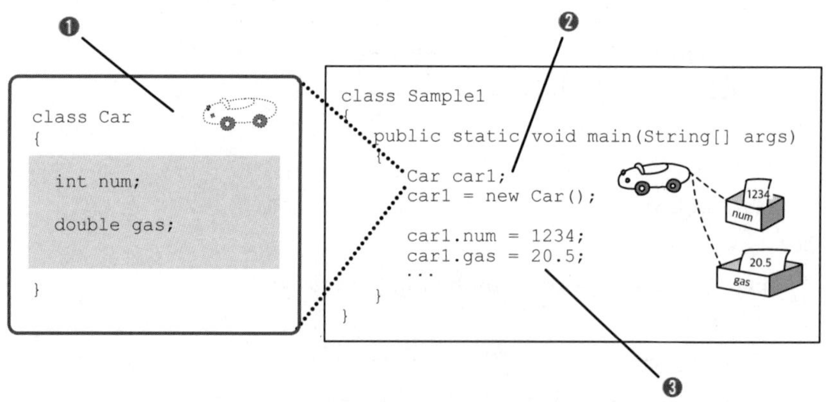
❶
❷
class Car
{
int num;
double gas;
}
class Sample1
{
public static void main(String[] args)
{
Car car1;
car1 = new Car();
car1.num = 1234;
car1.gas = 20.5;
...
}
}
1234
num
20.5
gas
❸

그림 8-6 클래스의 사용 방법
❶ 클래스를 선언하고 ❷ 객체를 만들고 ❸ 멤버에 접근해서 프로그램을 작성합니다.

2개 이상의 객체 생성하기

Sample1에서는 객체를 하나만 생성했지만, **객체는 얼마든지 만들 수 있습니다.** 예를 들어 2대의 자동차를 만든다면 새로운 변수인 car2를 준비하고 new를 사용해서 생성하면 됩니다.

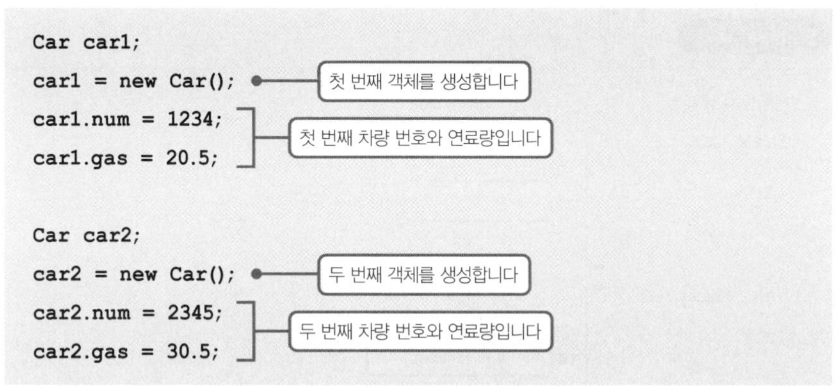

```
Car car1;
car1 = new Car();
car1.num = 1234;
car1.gas = 20.5;

Car car2;
car2 = new Car();
car2.num = 2345;
car2.gas = 30.5;
```

첫 번째 객체를 생성합니다
첫 번째 차량 번호와 연료량입니다
두 번째 객체를 생성합니다
두 번째 차량 번호와 연료량입니다

그러면 두 대의 '자동차'는 각각 자신의 차량 번호와 연료량을 가지게 됩니다. 또한 car1, car2는 변수명이므로, 식별자 중에서 다른 적당한 이름을 붙여도 됩니다.

객체를 여러 개 만들면 더욱 복잡한 프로그램을 만들 수 있고 많은 수의 자동차를 관리하는 프로그램을 만들 수도 있습니다.

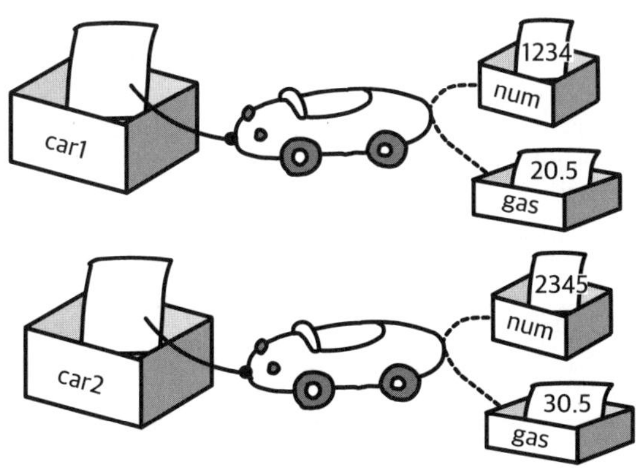
1234
num
car1
20.5
gas
2345
num
car2
30.5
gas

그림 8-7 2개 이상의 객체 생성하기
객체를 여러 개 생성할 수 있습니다.

2개의 클래스 파일이 생성된다

그런데 Sample1.java를 컴파일하면 **2개의 파일이 만들어진다**는 점을 알아챈 독자가 있을지도 모르겠습니다. Sample1.class와 Car.class라는 2개의 파일이 생성되었지요. 이는 1개의 소스 파일에 2개의 '클래스'를 선언했기 때문입니다.

Sample1.java

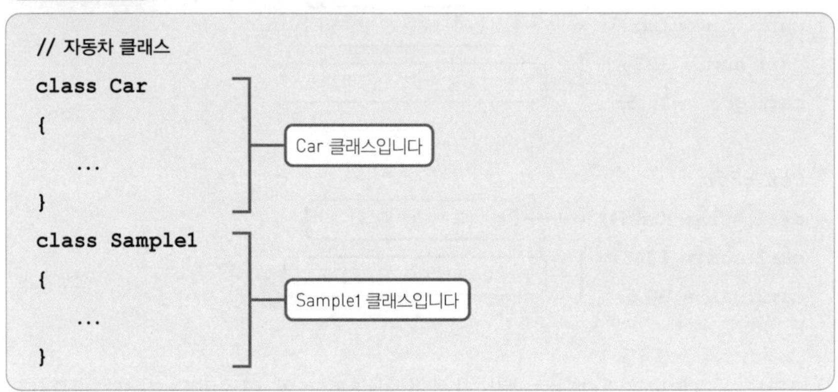

```
// 자동차 클래스
class Car
{
    ...
}
class Sample1
{
    ...
}
```


컴파일하면 각 클래스별로 클래스 파일이 하나씩 만들어집니다. 프로그램을 실행하려면 만들어진 파일 2개를 같은 폴더에 놓고, Sample1 클래스를 실행하세요. 그러면 지금처럼 프로그램을 실행할 수 있습니다.

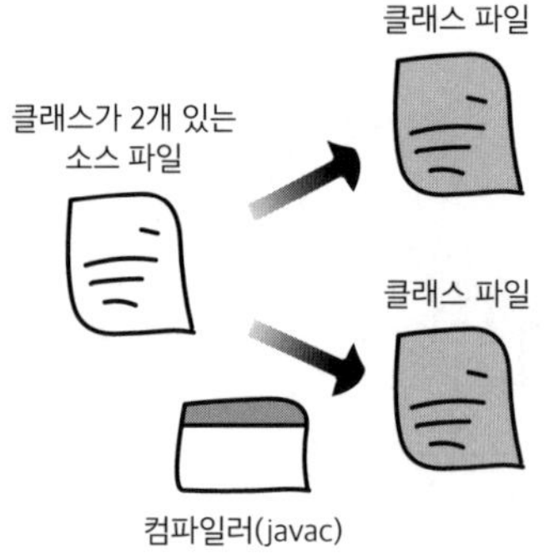

그림 8-8 2개의 클래스 파일
2개의 클래스가 선언된 1개의 소스 파일을 컴파일하면 2개의 클래스 파일이 만들어집니다.

2개 이상의 클래스 실행하기

1장의 칼럼(37페이지)에서 설명한 바와 같이, Java 최신 버전부터는 'java 〈소스 파일 이름〉'처럼 java 명령어 뒤에 소스 파일의 이름만 넣어도 프로그램을 실행할 수 있습니다. 하지만 이번처럼 클래스를 두 개 이상 다룰 경우에는 이 방법으로 실행할 수 없습니다. 컴파일해서 2개의 클래스 파일을 생성한 다음에 실행하세요.

클래스를 사용하는 순서 정리

이 절에서 살펴본 바와 같이 클래스를 사용하는 프로그램을 만들려면 일반적으로 다음의 두 단계 작업이 필요함을 알 수 있습니다.

❶ **클래스 선언하기**

❷ **클래스로 객체 생성하기**

❶번 작업인 '클래스 선언하기'는

'자동차의 설계도'(클래스)를 작성

하는 작업이라고 할 수 있습니다.

한편, ❷번 작업인 '객체 만들기'는 그 설계도(클래스)를 바탕으로

'각각의 자동차'(객체)를 만들어 데이터를 저장하고 설정

하는 작업이라고 할 수 있습니다.

이 예제에서는 같은 파일에서 ❶번 작업과 ❷번 작업을 수행했습니다. 그러나 Java에서는 이 두 코드를 2개의 파일로 분할한 다음, 각각 다른 사람이 작성하는 것 또한 가능합니다.

❶번 단계에서 Car 클래스를 잘 설계해 두면 매우 편리합니다. 잘 설계된 Car 클래스를 이용할 수 있다면 **'자동차'를 다루는 다양한 프로그램을 여러 사람이 효율적으로 만들어 갈 수 있기 때문입니다.** 그 방법에 대해서는 13장에서 자세히 살펴보겠습니다.

중요

클래스를 사용하려면 클래스를 선언하고 객체를 생성한다.

자동차를 설계하는 사람

자동차의 사양을 바탕으로
프로그램을 만드는 사람

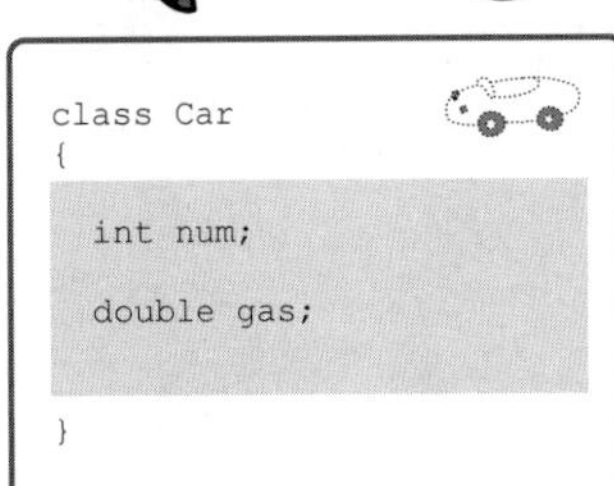
class Car
{
int num;
double gas;
}

```
class Sample1
{
    public static void main(String[] args)
    {
        Car car1;
        car1 = new Car();

        car1.num = 1234;
        car1.gas = 20.5;
        ...
    }
}
```

1234
num
20.5
gas

그림 8-9 클래스 선언과 클래스 사용
클래스를 선언하는 사람과 사용하는 사람이 다를 수 있습니다. 클래스가 적절하게 설계되어 있으면 효율적으로 프로그램을 만들 수 있습니다.

객체 지향

클래스와 객체에 바탕을 둔 프로그램 개발 방법을 **객체 지향**(object oriented)이라고 부릅니다. Java는 객체 지향적인 특징을 갖춘 프로그래밍 언어입니다.

8.4 메소드의 기본

 메소드 정의하기

지금까지 클래스를 사용하는 프로그램이 어떠한 모습인지 배워 보았습니다. 이 절에서는 보다 자세하게 클래스에 대해 배워 보겠습니다. 이 장의 시작 부분에서 설명했듯이 '자동차' 클래스를 만들 때, 자동차에 관한 다양한 '기능'을 **메소드**(method)라 불리는 기능으로 표현할 수 있습니다.


```
class 자동차
{
    차량 번호;
    연료량;
    차량 번호를 결정하기…
    연료를 넣기…
    차량 번호와 연료의 양을 표시하기…
}
```


필드와 메소드 모두 클래스의 **멤버**(member)라고 부릅니다. 실제 메소드는 다음과 같은 스타일로 클래스 선언부에 작성하고, 블록 안에 '사물의 기능'을 표현합니다.

구문 **메소드의 정의**

```
리턴값의 형 메소드명 (인수 목록)
{
    문장;
    ...
    return 식;
}
```

'기능'을 정리해서 표현합니다

'리턴값'이나 '인수' 같은 생소한 용어가 사용되고 있군요. 이 용어들은 다음에 자세히 알아보겠습니다. 여기에서는 대략적인 이미지만 파악해 주세요.

'메소드명'이란 변수명처럼 식별자(3장 참조)를 사용하여 붙인 메소드의 이름입니다. 메소드는 1개 이상의 문장을 사용하여 작성합니다. 이러한 작업을 가리켜

메소드를 정의한다(definition)

고 합니다. 그 예로, 다음의 코드는 메소드를 정의하고 있습니다. 이는 '자동차 정보를 표시'하는 기능을 표현한 메소드입니다.

```
class Car
{
    ...
    void show()
    {
        System.out.println("차량 번호는 " + num + "입니다.");
        System.out.println("연료량은 " + gas + "입니다.");
    }
    ...
}
```

차량 정보를 표시하는 메소드입니다

메소드에 show라는 이름을 붙였습니다. 이 메소드는 화면에 표시하는 2개의 명령을 한 곳으로 모았군요.

메소드를 정의하면, 특정 처리를 한 곳에 모을 수 있다.

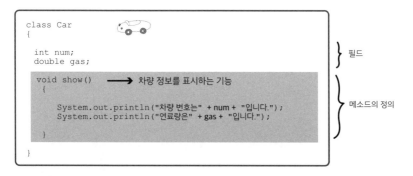

```
class Car
{
  int num;                                              } 필드
  double gas;

  void show()  ──→ 차량 정보를 표시하는 기능             ┐
  {                                                      │
    System.out.println("차량 번호는" + num + "입니다.");  │ 메소드의 정의
    System.out.println("연료량은" + gas + "입니다.");     │
  }                                                      ┘
}
```

그림 8-10 메소드의 정의
코드를 한 곳에 모아서 메소드를 정의할 수 있습니다.

메소드 호출하기

정의된 메소드는 그 클래스의 **객체를 생성한 후에야 비로소 실행할 수 있습니다.** 메소드의 처리를 실행하는 것을 일컬어,

메소드를 호출한다

고 합니다. 그러면 메소드를 호출하는 방법을 배워 보도록 할까요? 메소드를 실행하려면 다음과 같이 작성합니다.

메소드의 호출

```
객체를 가리키는 변수명.메소드명(인수 목록);
```

예를 들어 이 절에서 사용한 show( ) 메소드를 호출하는 코드는 다음과 같습니다.

```
class Sample2
{
   public static void main(String[] args)
   {
```

```
        Car car1;
        car1 = new Car();      ← 객체를 생성합니다
        ...
        car1.show();           ← 메소드를 호출합니다
        ...
    }
}
```

메소드를 main( ) 메소드 안에서 호출하려면 객체를 나타내는 변수 이름 다음에 마침표(.)를 찍고 메소드 이름과 ( )를 적습니다.

그리하여 코드 안에서 메소드가 호출되면 방금 정의한 **메소드 안의 코드가 한번에 실행**됩니다. 실제로 메소드를 호출해서 눈으로 확인해 봅시다.

Sample2.java ▶ 메소드 호출하기

```
//자동차 클래스
class Car
{
    int num;
    double gas;

    void show()
    {
        System.out.println("차량 번호는 " + num + "입니다.");
        System.out.println("연료량은 " + gas + "입니다.");
    }
}                                      ← 메소드를 정의해 둡니다

class Sample2
{
    public static void main(String[] args)
    {
        Car car1;
        car1 = new Car();
        car1.num = 1234;
        car1.gas = 20.5;
```

```
        car1.show();
        car1.show();
    }
}
```

메소드를 호출합니다

다시 한 번 메소드를 호출합니다

Sample2의 실행 화면

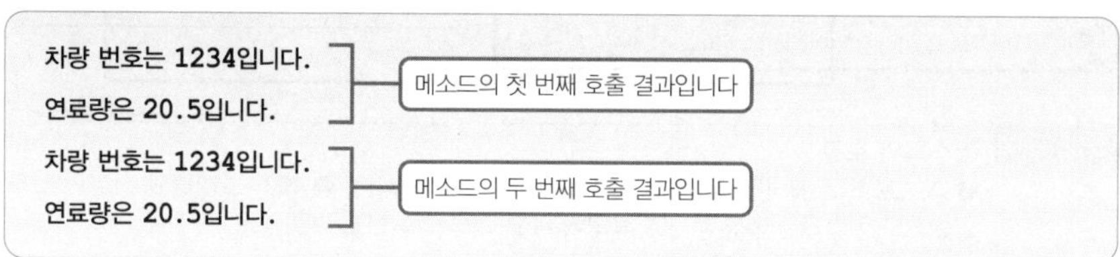

차량 번호는 1234입니다.
연료량은 20.5입니다.
메소드의 첫 번째 호출 결과입니다
차량 번호는 1234입니다.
연료량은 20.5입니다.
메소드의 두 번째 호출 결과입니다

Sample2의 main( ) 메소드 안에서 Car 클래스 객체의 show( ) 메소드를 호출하고 있습니다. 따라서 이 부분이 실행되면 **show( ) 메소드 안의 첫 문장부터 순차적으로 실행**됩니다. 그 결과, 화면에는 차량 번호와 연료량이 출력됩니다.

show( ) 메소드의 처리는 블록 끝에서 끝납니다. 그러면 **main( ) 메소드의 show 메소드의 호출 부분, 바로 그 다음 문장이 실행**됩니다. main( ) 메소드에서는 다시 한 번 show( ) 메소드를 호출하고 있습니다. 따라서 다시 한 번 show( ) 메소드의 처리가 이루어지게 되고 그 결과 같은 내용이 화면에 출력됩니다. 즉,

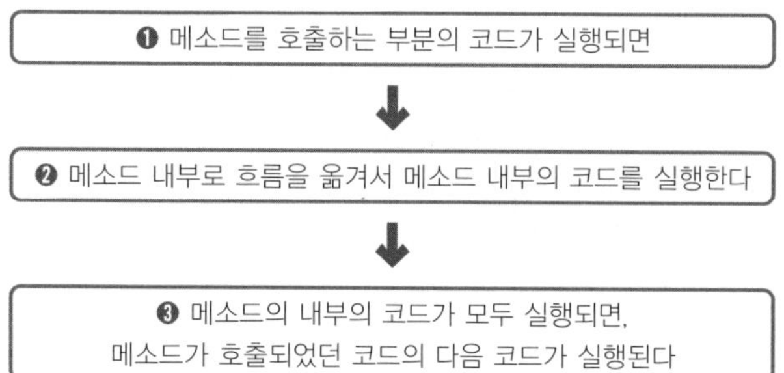

라는 흐름을 가집니다. Sample2의 흐름을 정리하면 그림 8-11과 같습니다.

메소드를 호출하면 메소드 안의 코드가 실행된다.

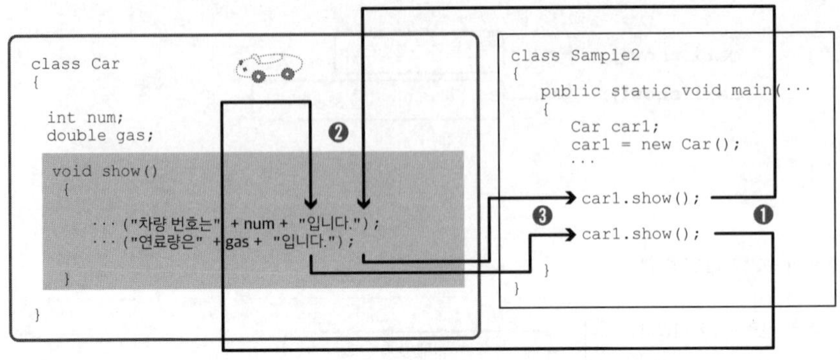

그림 8-11 메소드의 호출

❶ 메소드를 호출하면 ❷ 메소드 안의 코드가 실행됩니다. ❸ 메소드 내부의 코드가 모두 실행되면 메소드가 호출되었던 코드의 다음 코드가 실행됩니다.

 필드에 접근하는 방법

지금부터는 멤버에 접근하는 방법을 복습해 봅시다. Car 클래스 외부에 있는 main( ) 메소드에서 필드에 값을 저장할 경우, 객체를 가리키는 변수 car1에 마침표를 찍은 다음, 접근하고 있군요.

```
class Sample2
{
    ...
    public static void main(String[] args)
    {
        car1.num = 1234;
        car1.gas = 20.5;
        ...
    }
}
```

car1의 필드를 의미합니다

반면에 Car 클래스 내부에서 필드를 사용할 경우를 살펴봅시다. 필드 앞에 아무것도 붙이지 않고 사용하고 있군요.

```
//자동차 클래스
class Car
{
    int num;      ]— 필드입니다
    double gas;   ]

    void show()
    {
        System.out.println("차량 번호는" + num + "입니다.");
        System.out.println("연료량은" + gas + "입니다.");
    }                                  '자기 자신'의 필드임을 뜻합니다
}
```

이는 클래스 바깥에서 필드를 사용할 경우에는 그 필드가

변수 car1이 가리키는 객체의 필드

임을 확실히 해 두어야 하기 때문입니다. 즉, car1이 가리키는 객체의 차량 번호인지, 아니면 car2가 가리키는 객체의 차량 번호인지를 컴퓨터에게 알려 주어야 합니다.

반면에 클래스 안에서 접근하는 필드는,

'실행되고 있는 객체 자신'의 필드

를 뜻합니다. 그 필드를 소유하는 객체가 그 어떤 클래스의 객체이던 클래스 안에서 필드에 접근할 때에는, 어떤 객체의 필드인지를 컴퓨터에게 알려 줄 필요 없이 필드 이름만 적으면 됩니다.

또한, 필드가 '객체 자신'의 소유임을 강조하기 위해 **this.**라 불리는 키워드를 사용할 수도 있습니다. 학습해 보도록 하겠습니다.

```
//자동차 클래스
class Car
{
    int num;      ]— 필드입니다
    double gas;   ]
```

Lesson 8

```
    void show()
    {
        System.out.println("차량 번호는 " + this.num + "입니다.");
        System.out.println("연료량은 " + this.gas + "입니다.");
    }
}
```

'자기 자신'의 필드에는 this.를 붙일 수 있습니다

```
class Car
{
  int num;
  double gas;
  void show()
  {
     System.out.println("차량 번호는" + num + "입니다.");
     System.out.println("연료량은" + gas + "입니다.");
  }
}
```

```
class Sample2
{
   public static void main(String[] args)
   {
      ...
      car1.num = 1234;
      car1.gas = 20.5;
   }
}
```

그림 8-12 필드 작성 방법

❶ 클래스 밖에서 필드에 접근할 때에는 객체를 가리키는 변수 이름을 먼저 적고 마침표를 찍은 다음에 필드 이름을 적습니다.

❷ 클래스 안에서 필드에 접근할 때에는 필드 이름을 그대로 적거나 this.를 필드 이름 앞에 붙일 수 있습니다.

메소드에 접근하는 방법

메소드를 호출하는 방법도 살펴볼까요? 필드의 경우와 마찬가지로, SampleX 클래스의 main( ) 메소드 같은 클래스 외부에서 메소드를 호출할 때, 메소드 이름 앞에 객체를 가리키는 변수 이름을 붙여 호출합니다.

```
class Sample2
{
    public static void main(String[] args)
    {
        Car car1;
        car1 = new Car();
        ...
        car1.show();     ● car1의 필드를 의미합니다
        ...
    }
}
```

클래스 밖에서 메소드를 호출하려면 어떤 객체의 메소드를 호출하는지 컴퓨터에게 알려 주어야 합니다. 또한 메소드 호출은 메소드가 선언된 클래스 안에서도 할 수 있습니다. 다음 코드를 보세요.

Lesson 8

Sample3.java ▶ 클래스 안에서 메소드 호출하기

```
//자동차 클래스
class Car
{
    int num;
    double gas;

    void show()     ● 메소드입니다
    {
        System.out.println("차량 번호는 " + num + "입니다.");
        System.out.println("연료량은 " + gas + "입니다.");
    }
    void showCar()
    {
        System.out.println("지금부터 자동차의 정보를 표시합니다.");
        show();     ● '자기 자신'의 메소드라는 뜻입니다
    }
}
```

```
class Sample3
{
   public static void main(String[] args)
   {
      Car car1;
      car1 = new Car();

      car1.num = 1234;
      car1.gas = 20.5;

      car1.showCar();
   }
}
```

car1의 메소드라는 뜻입니다

Sample3의 실행 화면

```
지금부터 자동차의 정보를 표시합니다.
차량 번호는 1234입니다.
연료량은 20.5입니다.
```

이 Car 클래스에서는 showCar( )라는 메소드를 선언했습니다. 그리고 같은 클래스 안의 show( ) 메소드를 호출했습니다. 이때, 메소드 이름만 사용하고 있는 점에 주목하세요. 클래스 안에서 메소드를 호출할 때는 메소드의 이름만 적으면 됩니다. 필드에 접근할 경우와 같습니다.

또한, 메소드의 이름 앞에 this.를 붙여서 호출할 수도 있습니다. 이 또한 필드에 접근할 경우와 같습니다.

```
//자동차 클래스
class Car
{
   void show()
   {
      ...
```

메소드입니다

```
    }
    void showCar()
    {
        System.out.println("지금부터 자동차의 정보를 표시합니다.");
        this.show();
    }
}
```

'자기 자신'의 메소드에는 this.를 붙일 수 있습니다

```
class Car
{
  int num;
  double gas;
    void showCar()
    {
      System.out.println("지금부터 자동차의 정보를 표시합니다.");
      show();  ❷
    }
}
```

```
class Sample3
{
   public static void main(String[] args)
   {
      ...

      car1.showCar();  ❶

   }
}
```

그림 8-13 메소드 작성 방법

❶ 클래스 밖에서 메소드에 접근할 때에는 객체를 가리키는 변수 이름을 먼저 적고 마침표를 찍은 다음에 메소드 이름을 적습니다.

❷ 클래스 안에서 메소드에 접근할 때에는 메소드 이름을 그대로 적거나 this.를 메소드 이름 앞에 붙일 수 있습니다.

this.를 통한 접근

Sample2와 Sample3의 멤버(필드와 메소드)는 클래스 안에서는 this.를 붙여 접근할 수 있었습니다. 그러나 클래스에는 이 방법으로 접근할 수 없는 멤버도 있습니다. 그 멤버에 대해서는 9장에서 자세히 살펴보겠습니다.

이 절에서는 메소드를 정의해서 사용해 보았습니다. '차량 정보를 표시하는 기능'을 정의함으로써, 자동차라는 사물의 기능을 사용할 수 있었습니다. 메소드 기능을 활용할 수 있게 되면, 사물을 보다 자유롭게 표현할 수 있을 것입니다.

8.5 메소드의 인수

 인수를 사용하여 정보 전달하기

이 절에서는 메소드에 대해 자세히 알아보겠습니다. 메소드 안에서는 더욱 유연한 처리가 가능합니다.

메소드를 호출할 때,

메소드에 어떠한 정보(값)를 전달하고 메소드로 하여금 그 값에 따라 처리하도록 지시

할 수 있습니다. 메소드에 건네주는 정보를 **인수**라고 부릅니다. 인수는 다시 실인수(argument)와 가인수(parameter)로 나뉩니다. 자세한 내용은 뒤에서 학습합니다. 인수를 갖는 메소드는 다음과 같은 형태를 가집니다.

```
void setNum(int n)      ●── int형 인수(변수)를 준비합니다
{
    num = n;      ●── 인수를 메소드 안에서 사용합니다
    System.out.println("차량 번호를 " + num + "로 바꾸었습니다.");
}
```

setNum( ) 메소드는 호출될 때 **int형의 값을 1개 전달받도록 선언**되어 있습니다. 메소드의 ( ) 안에 있는 'int n'이 인수입니다. 인수 n은 이 메소드 안에서만 사용할 수 있는 int형 변수입니다.

변수 n(인수)은 메소드가 호출될 때 생성됩니다. 그리고 **호출되는 시점에 값이 저장**됩니다.

따라서 메소드 안에서 변수 n의 값을 내부 코드 실행에 활용할 수 있습니다. 위의 setNum( ) 메소드는 전달된 값을 필드 num에 대입하며 출력합니다.

인수를 사용하여 메소드에 값을 전달할 수 있다.

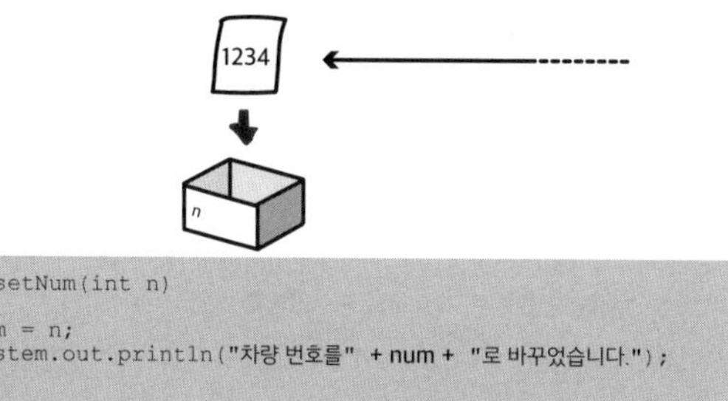

그림 8-14 인수

메소드 본체에 정보(인수)를 전달하여 내부의 코드 실행에 활용할 수 있습니다.

 인수를 전달하여 메소드 호출하기

그러면 인수를 가지는 메소드를 호출해 봅시다. 다음 코드를 보세요. 인수를 갖는 메소드를 호출할 때에는 호출 문장의 ( ) 안에 지정된 형에 걸맞은 값을 전달해야 합니다.

Sample4.java ▶ 인수를 가진 메소드 호출하기

```
//자동차 클래스
class Car
{
    int num;
    double gas;
```

```
    void setNum(int n)
    {
        num = n;
        System.out.println("차량 번호를 " + num + "로 바꾸었습니다.");
    }
    void setGas(double g)
    {
        gas = g;
        System.out.println("연료량을 " + gas + "로 바꾸었습니다.");
    }
    void show()
    {
        System.out.println("차량 번호는 " + num + "입니다.");
        System.out.println("연료량은 " + gas + "입니다.");
    }
}

class Sample4
{
    public static void main(String[] args)
    {
        Car car1 = new Car();

        car1.setNum(1234);
        car1.setGas(20.5);
    }
}
```

값을 받는 가인수입니다

인수를 갖는 메소드입니다

인수를 가지지 않는 메소드입니다

메소드에 실인수로 1234를 전달하며 호출합니다

Sample4의 첫 번째 실행 화면

```
차량 번호를 1234로 바꾸었습니다.
연료량을 20.5로 바꾸었습니다.
```

전달한 값이 출력되고 있습니다

이 main( ) 메소드 안에서는

setNum( ) 메소드에 값 '1234'를 전달한 다음 호출하는 코드

를 실행하고 있습니다. 여기에서는 차량 번호 '1234'를 메소드에 전달한 셈입니다.

'1234'라는 값은 인수 n에 저장됩니다. 메소드 안에서는 변수 n의 값을 필드 num에 대입하고 있습니다. 그 결과, 이 값이 화면에 출력되는 것을 확인할 수 있습니다.

메소드에 선언되어 있는 인수(변수)를 **가인수**(parameter)라고 부릅니다. 반면, 메소드 호출 시 전달되는 인수(값)를 **실인수**(argument)라고 부릅니다. 이 코드에서는 변수 n이 가인수, '1234'가 실인수입니다.

중요

메소드의 선언에서 값을 받는 변수를 가인수라고 부른다.
메소드를 호출할 때 전달하는 값을 가리켜 실인수라고 부른다.

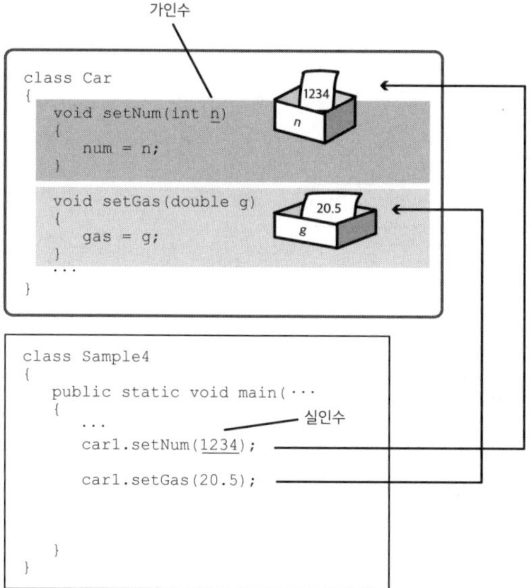
가인수
class Car
{
void setNum(int n)
{
num = n;
}
1234
n
void setGas(double g)
{
gas = g;
}
...
}
20.5
g
class Sample4
{
public static void main(···
{
...
car1.setNum(1234);
car1.setGas(20.5);
}
}
실인수

그림 8-15 가인수와 실인수

메소드 본체에 가인수를 선언하면 메소드를 호출할 때 실인수를 전달해서 코드 실행 시에 활용할 수 있습니다.

다른 값을 전달해서 호출하기

인수에는 다양한 값을 전달할 수 있습니다. Sample4의 main( ) 메소드의 두 문장을 다음처럼 바꾸어 연습해 보세요.

```
class Sample4
{
   public static void main(String[] args)
   {
      Car car1 = new Car();

      car1.setNum(4567);
      car1.setGas(30.5);
   }
}
```

인수를 바꾸어 메소드를 호출해 보겠습니다

이렇게 코드를 변경했을 때 출력되는 실행 결과는 다음과 같습니다.

변경 후 Sample4의 두 번째 실행 화면

```
차량 번호를 4567로 바꾸었습니다.
연료량을 30.5로 바꾸었습니다.
```

출력되는 값도 달라집니다

이번에는 실행 화면이 다릅니다. 같은 메소드를 호출했지만

전달된 실인수의 값이 다르면 다른 결과가 나온다

는 사실을 확인할 수 있습니다. 인수로 값을 전달하여 유연한 처리를 할 수 있다는 사실을 확인하였습니다.

변숫값을 전달해서 호출하기

또한, 메소드에 건넬 실인수로 변수를 전달할 수도 있습니다. 이번에는 다음과 같이 Sample4의 마지막 부분을 고쳐 보세요.

```
class Sample4
{
   public static void main(String[] args)
   {
      Car car1 = new Car();

      int number = 1234;
      double gasoline = 20.5;

      car1.setNum(number);
      car1.setGas(gasoline);
   }
}
```

변수를 실인수로 사용할 수 있습니다

변경 후 Sample4의 세 번째 실행 화면

```
차량 번호를 1234로 바꾸었습니다.
연료량을 20.5로 바꾸었습니다.
```

이 예제에서는 main( ) 메소드 안에 선언한 변수 number(값)를 메소드에 실인수로 전달해 보았습니다. 이처럼 메소드에 건넬 실인수로 변수를 사용할 수도 있습니다.

실인수와 가인수의 이름은 서로 달라도 됩니다. 이 예제에서도 실인수와 가인수의 이름이 다른 것을 알 수 있습니다.

실인수와 가인수의 이름은 서로 달라도 된다.

둘 이상의 인수를 가지는 메소드 정의하기

지금까지의 메소드에 등장한 인수는 단 1개였지만, 메소드는 2개 이상의 인수를 가질 수 있습니다. 다음 코드를 통해 확인해 봅시다.

Sample5.java ▶ 둘 이상의 인수를 가지는 메소드 호출하기

```
//자동차 클래스
class Car
{
   int num;
   double gas;

   void setNumGas(int n, double g)
   {
      num = n;
      gas = g;
      System.out.println("차량 번호를 " + num + "로, 연료량을 " +
         gas + "로 바꾸었습니다.");
   }
   void show()
   {
      System.out.println("차량 번호는 " + num + "입니다.");
      System.out.println("연료량은 " + gas + "입니다.");
   }
}

class Sample5
{
   public static void main(String[] args)
   {
      Car car1 = new Car();

      int number = 1234;
      double gasoline = 20.5;
```

둘 이상의 인수를 가지는 메소드입니다

```
        car1.setNumGas(number, gasoline);
    }
}
```
두 개의 인수를 전달합니다

Sample5의 실행 화면

```
차량 번호를 1234로, 연료량을 20.5로 바꾸었습니다.
```

2개 이상의 인수를 가지는 메소드도 지금까지 봐온 메소드와 크게 다르지 않습니다. 단, 메소드를 호출할 때 각각의 인수 사이에 쉼표(,)를 꼭 넣어야 합니다. 2개 이상의 인수를 통칭하여 **인수 목록**이라고도 합니다. 메소드를 호출하면서 인수를 전달하면 실인수의 값이 가인수에 순서대로 전달됩니다. 즉, Sample5의 setNumGas( ) 메소드는 다음처럼 값을 전달받는 셈입니다.

가인수		실인수
n	←	number 값
g	←	gasoline 값

이 메소드는 전달받은 2개의 인수를 대입하고 출력하는 일을 하고 있습니다.

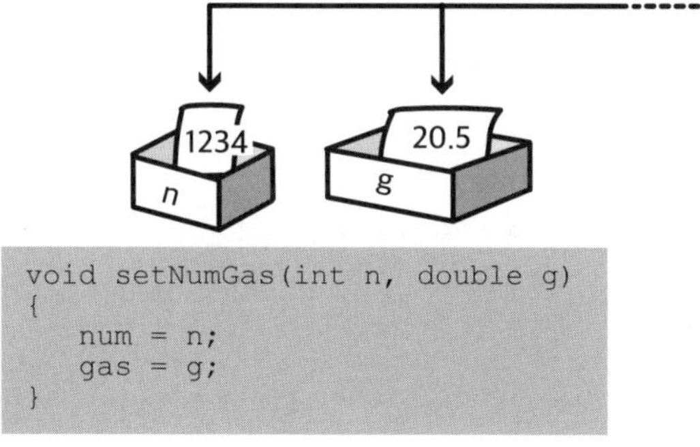
1234
n
20.5
g
void setNumGas(int n, double g)
{
   num = n;
   gas = g;
}

그림 8-16 2개 이상의 인수
메소드에 2개 이상의 인수를 전달할 수 있습니다.

또한, 가인수와 실인수의 개수가 다를 경우, 메소드를 호출할 수 없습니다. 즉, 2개의 가인수를 가지는 setNumGas( ) 메소드에 인수를 1개만 전달해서 호출할 수 없으니 주의하기 바랍니다.

가인수의 개수와 실인수의 개수는 동일해야 합니다

```
car1.setNumGas(number, gasoline);
//잘못된 메소드의 호출 방법
//car1.setNumGas(number);
```

이 호출 방법은 잘못되었습니다

메소드에 2개 이상의 인수를 전달할 수 있다.

 인수가 없는 메소드 사용하기

메소드 중에는 8.4절에서 정의한 show( ) 메소드처럼 '인수가 없는 메소드'도 있습니다. 인수가 없는 메소드를 정의하려면 ( ) 안에 아무것도 적지 않습니다. 메소드를 호출할 때에도 ( ) 안을 비워 둡니다.

메소드에 인수가 없을 경우, ( ) 안을 비워 둡니다

```
void show()
{
    System.out.println("차량 번호는 " + num + "입니다.");
    System.out.println("연료량은 " + gas + "입니다.");
}
```

이러한 메소드를 호출할 때에는 ( ) 안에 값을 지정하지 않고 호출합니다. 이것이 인수가 없는 메소드의 호출 방법입니다.

인수를 전달하지 않고 메소드를 호출합니다

```
...
car1.show();
```

중요

인수가 없는 메소드를 정의할 수 있다.

메소드 설계하기

이 절에서는 인수를 사용하여 메소드에 정보를 전달하는 방법을 배웠습니다. 인수를 사용하면 세분화된 기능을 가진 메소드를 설계할 수 있습니다. 차량 정보를 표시하는 경우라면, 번호와 가솔린의 양이라는 정보를 전달해서 표시할 수 있습니다. '사물'의 기능에 부합하는 세부적인 메소드를 설계해 나갈 수 있는 것입니다. 다음 절에서는 리턴값을 사용하여 정보를 건네는 메소드의 설계 방법을 배웁니다.

Lesson 8

8.6 메소드의 리턴값

 리턴값의 원리 이해하기

인수의 사용 방법을 이해하였나요? 메소드에는 인수와는 반대로

메소드 본체로 하여금 메소드를 호출한 곳에 정보를 돌려 주도록

지시할 수 있는 기능이 있습니다.

메소드가 반환하는 정보를 **리턴값**(return value)이라고 부릅니다. 인수는 2개 이상 전달할 수 있었지만, 리턴값은 단 하나만 호출한 곳에 돌려 줄 수 있습니다.

8.4절에서 소개했던 메소드 정의를 다시 한번 확인해 봅시다. 값을 돌려 주기 위해서 먼저 리턴값의 '형'을 메소드 선언부에 적습니다(❶). 그리고 메소드 블록 안에서 **return**이라는 문장을 통해 실제로 값이 반환됩니다(❷).

구문 **메소드의 정의**

```
리턴값의 형 메소드명 (인수 목록)
{
    문장;
    ...
    return 식;
}
```

❶ 리턴값의 형을 지정합니다

❷ 식의 결괏값을 호출한 곳에 돌려 줍니다

이 구문에서는 블록 마지막 부분에 return문을 적었습니다. 그러나 이 문장은 블록의 중간에 적을 수도 있습니다. 단, 블록 중간에 적은 return문이 실행되면 코드의 실행이 종료됩니다. {} 블록이 끝나는 지점까지 코드가 실행되지 않아도 말입니다. return문을 적을 위치는 신중하게 선택해야 합니다.

리턴값이 있는 메소드의 실제 코드를 살펴봅시다. 다음 코드는 숫자 값을 돌려 주는 getNum( ) 메소드입니다.

```
int getNum()            ❶ int형의 값을 돌려 줄 것입니다
{
    System.out.println("차량 번호를 조사했습니다.")
    return num;
}                       ❷ 이 값을 호출한 곳에 돌려 줍니다
```

이 메소드는 필드 num의 값을 돌려 주고 있습니다(❷). num이 int형이므로 반환형 또한 int형입니다(❶). 그러면 이 메소드를 사용해 볼까요?

Sample6.java ▶ 리턴값을 가지는 메소드

```
//자동차 클래스
class Car
{
    int num;
    double gas;

    int getNum()            int형의 값을 돌려 주는 메소드입니다
    {
        System.out.println("차량 번호를 조사했습니다.");
        return num;         호출한 곳에 값을 반환합니다
    }
    double getGas()
    {
        System.out.println("연료량을 조사했습니다.");
        return gas;
    }
    void setNumGas(int n, double g)
    {
        num = n;
        gas = g;
        System.out.println("차량 번호를 " + num + "로, 연료량을 " +
            gas + "로 바꾸었습니다.");
```

Lesson 8

```
    }
    void show()
    {
        System.out.println("차량 번호는 " + num + "입니다.");
        System.out.println("연료량은 " + gas + "입니다.");
    }
}

class Sample6
{
    public static void main(String[] args)
    {
        Car car1 = new Car();

        car1.setNumGas(1234, 20.5);

        int number = car1.getNum();
        double gasoline = car1.getGas();

        System.out.println("샘플 자동차를 조사한 결과");
        System.out.println("차량 번호는 " + number + ", 연료량은 " +
            gasoline + "이었습니다.");
    }
}
```

리턴값이 있는 메소드를 호출합니다

리턴값을 변수 number에 대입합니다

리턴받은 값을 출력하고 있습니다

Sample6의 실행 화면

```
차량 번호를 1234로, 연료량을 20.5로 바꾸었습니다.
차량 번호를 조사했습니다.
연료량을 조사했습니다.
샘플 자동차를 조사한 결과
차량 번호는 1234, 연료량은 20.5이었습니다.
```

리턴받은 값을 출력했습니다

이 예제에서는 메소드의 리턴값을 메소드를 호출한 number 변수에 대입하고 있습니다. 리턴값을 이용하려면 메소드에서 대입 연산자를 사용하여 변수에 전달합니다.

```
int number = car1.getNum();
```
리턴값을 변수 number에 대입합니다

메소드를 호출한 곳에서 이 변수 num의 값을 출력하고 있습니다. 이처럼, 메소드의 리턴값을 변수에 대입하여 호출한 곳에서 사용할 수 있습니다. 또한, 메소드를 호출한 곳에서 리턴값을 반드시 사용할 필요는 없습니다. 리턴값을 사용하지 않는다면

```
car1.getNum();
```
리턴받은 값은 버려도 됩니다

라고 작성합니다.

리턴값을 사용하면 호출자에게 정보를 돌려 줄 수 있다.

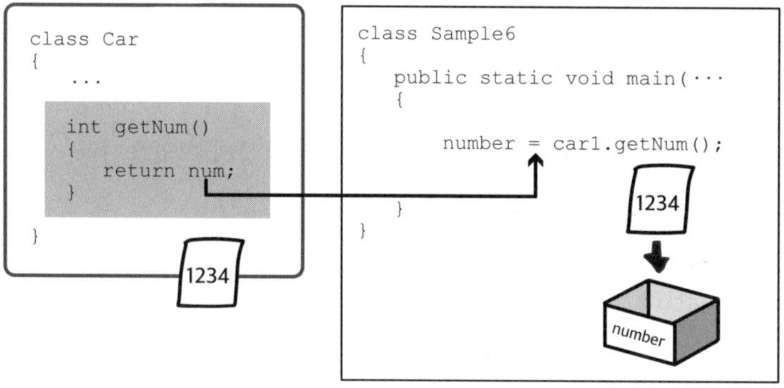

그림 8-17 리턴값 사용하기
메소드를 호출한 곳에서는 메소드의 리턴값을 사용해서 작업할 수 있습니다.

 리턴값이 없는 메소드 사용하기

인수 없는 메소드를 정의할 수 있는 것처럼 리턴값이 없는 메소드도 정의할 수 있습니다. 예를 들어, 8.5절의 setNumGas( ) 메소드는 값을 반환하지 않는 메소드입니다.

```
void setNumGas(int n, double g)
{
    num = n;
    gas = g;
    System.out.println("차량 번호를 " + num + "로, 연료량을 " +
        gas + "로 바꾸었습니다.");
}
```

리턴값을 가지지 않는 메소드에는 void라고 적습니다

메소드가 값을 반환하지 않음을 표현하기 위해서 리턴값의 형으로 **void**형을 지정합니다. void란 '형이 없음'이라는 뜻입니다.

리턴값이 없는 메소드가 호출되면 { } 블록의 끝까지 코드가 실행됩니다. 혹은 아무것도 붙이지 않은 return문을 만날 때 종료됩니다. 그리고 메소드를 실행시킨 곳으로 되돌아갑니다.

구문 **return문**

return;
메소드를 실행시킨 곳으로 돌아갑니다

위의 setNumGas( ) 메소드를 return문을 사용하여 작성해 보았습니다. 그러나 이같이 간단한 메소드에 return문은 필요 없습니다.

```
void setNumGas(int n, double g)
{
    num = n;
    gas = g;
    System.out.println("차량 번호를 " + num + "로, 연료량을 " +
        gas + "로 바꾸었습니다.");

    return;
}
```

메소드를 실행시킨 곳으로 돌아갑니다

중요

리턴값이 없는 메소드의 형은 void로 한다.

8.7 강의 요약

이 장에서는 다음과 같은 것을 배웠습니다.

- 클래스는 필드와 메소드를 멤버로 가집니다.
- 클래스의 선언을 바탕으로 객체를 생성할 수 있습니다.
- 객체를 생성하여 멤버에 접근할 수 있습니다.
- 클래스에 변수를 선언하고 필드로 만들 수 있습니다.
- 코드를 한 곳에 모아서 메소드로 만들 수 있습니다.
- 메소드에 인수를 전달해서 실행할 수 있습니다.
- 메소드의 호출자는 리턴값을 받을 수 있습니다.

이 장에서는 클래스의 설계와 간단한 이용 방법을 배웠습니다. 클래스에 필드와 메소드를 선언하고 객체를 만드는 순서가 이해되었나요? 인수와 리턴값을 사용하는 메소드도 설계해 보았습니다. 다음 장에서는 클래스의 강력한 기능에 대해 알아보겠습니다. 이 장에서 배운 클래스의 기본 개념을 숙지하기 바랍니다.

연습문제

1. 다음 항목에 대해 ○ 또는 ×로 답하십시오.

   ① 객체를 생성할 때는 new를 사용한다.

   ② 클래스는 필드와 메소드를 멤버로 가질 수 있다.

   ③ 메소드는 두 개 이상의 리턴값을 가질 수 있다.

2. 다음은 setNumGas( ) 메소드에 대한 설명입니다. ○ 또는 ×로 답하십시오.

   ① 이 메소드는 2개의 인수를 받는다.

   ② 이 메소드는 2개의 값을 돌려 준다.

   ③ 이 메소드는 2개의 필드에 값을 저장한다.

```
class Car
{
    int num;
    double gas;

    void setNumGas(int n, double g)
    {
        num = n;
        gas = g;
        System.out.println("차량 번호를 " + num + "로, 연료량을 " +
            gas + "로 바꾸었습니다.");
    }
}
```

3. 다음 코드는 어디가 잘못되었습니까? 틀린 곳이 있으면 고치십시오.

```
//자동차 클래스
class Car
{
   int num;
   double gas;

   void setNumGas(int n, double g)
   {
      num = n;
      gas = g;
      System.out.println("차량 번호를 " + num + "로, 연료량을 " +
         gas + "로 바꾸었습니다.");
   }
   void show()
   {
      System.out.println("차량 번호는 " + num + "입니다.");
      System.out.println("연료량은 " + gas + "입니다.");
   }
}

class SampleP3
{
   public static void main(String[] args)
   {
      Car car1 = new Car();
      setNumGas(1234, 20.5);
      car1.show();
   }
}
```

Lesson 8

4. 'int형 리턴값을 가지며 double형의 인수를 1개 가지는 메소드'를 고르십시오.

가) void setNumGas(double g);

나) int setNumGas(double g);

다) double setNumGas(int n);

5. 다음과 같이 정숫값 좌표를 나타내는 MyPoint 클래스를 작성하십시오.

필드

int x; (X좌표)

int y; (Y좌표)

메소드

void setX(int px); (X좌표를 저장)

void setY(int py); (Y좌표를 저장)

int getX( ); (X좌표를 취득)

int getY( ); (Y좌표를 취득)

Lesson 9

클래스의 기능

8장에서는 클래스의 기본에 대해 학습했습니다. 그러나 클래스의 강력한 기능은 이뿐만이 아닙니다. 견고한 프로그램을 만들기 위하여 클래스에는 다양한 기능이 준비되어 있습니다. 이 장에서는 객체 지향에 바탕을 둔 클래스의 강력한 기능에 대해 알아보겠습니다.

Check Point!

- private 멤버
- public 멤버
- 오버로딩
- 생성자
- this( )
- 인스턴스 변수
- 인스턴스 메소드
- 클래스 변수
- 클래스 메소드

9.1 멤버에 대한 접근 제한

 멤버에 대한 접근 제한하기

8장에서는 클래스를 선언하고 객체를 생성하는 방법을 배웠습니다. 이 장에서는 클래스가 가진 강력한 기능을 더 자세하게 살펴봅시다. 먼저 클래스의 멤버(필드와 메소드)부터 살펴보도록 하겠습니다. 다음 코드를 보세요. 이 코드는 8장에서 처음 봤던 코드입니다.

Sample1.java ▶ 클래스 외부에서 내부의 멤버에 접근하기

```
//자동차 클래스
class Car
{
   int num;        ← 필드입니다
   double gas;

   void show()
   {
      System.out.println("차량 번호는 " + num + "입니다.");
      System.out.println("연료량은 " + gas + "입니다.");
   }                ← 메소드의 정의입니다
}

class Sample1
{
   public static void main(String[] args)
   {
      Car car1 = new Car();
```

```
        car1.num = 1234;
        car1.gas = 20.5;

        car1.show();
    }
}
```

차량 번호와 연료의 양을 설정합니다

Sample1의 실행 화면

```
차량 번호는 1234입니다.
연료량은 20.5입니다.
```

Sample1에서는 필드에 차량 번호와 연료량의 값을 대입하고 있습니다. 이를 통해 마치

실제 자동차에 차량 번호를 부여하고 연료량을 설정

하듯 코드로 표현할 수 있었습니다. 실제 자동차에 차량 번호 1234를 부여하고, 연료량을 20.5로 설정한 것입니다.

그런데 이러한 표현은 문제가 발생할 소지가 있습니다. 예를 들어, Sample1의 main( ) 메소드에서 다음처럼 표현되는 경우가 있습니다.

```
class Sample1
{
    public static void main(String[] args)
    {
        Car car1 = new Car();

        car1.num = 1234;
        car1.gas = -10.0;

        car1.show();
    }
}
```

잘못된 연료의 양을 대입하고 있습니다

이 코드는 무엇을 의미하고 있나요? 이 코드는 지금까지 해 왔던 것처럼

변수 car1이 가리키는 자동차의 연료량을 -10으로 바꾸는 작업

을 표현하고 있습니다. 그러나 곰곰이 생각해 보면 앞뒤가 맞지 않는 이야기임을 알 수 있습니다. 실제 자동차의 '연료량을 마이너스로 만들기'가 과연 가능한 일일까요? 클래스는 '사물'에 보다 근접한 코드를 만들기 위해 설계되었습니다. 그러므로 프로그램 안에서 발생할 수 있는, **사물에 대한 부자연스러운 조작을 막을 필요가 있습니다.** 부자연스러운 조작은 복잡한 프로그램을 작성할 때 버그를 발생시킬 소지가 크기 때문입니다.

따라서 일반적으로 클래스를 설계할 때부터 이러한 문제가 발생하지 않도록 다양한 메커니즘을 동원합니다. 이제부터 그 메커니즘을 하나씩 살펴보겠습니다.

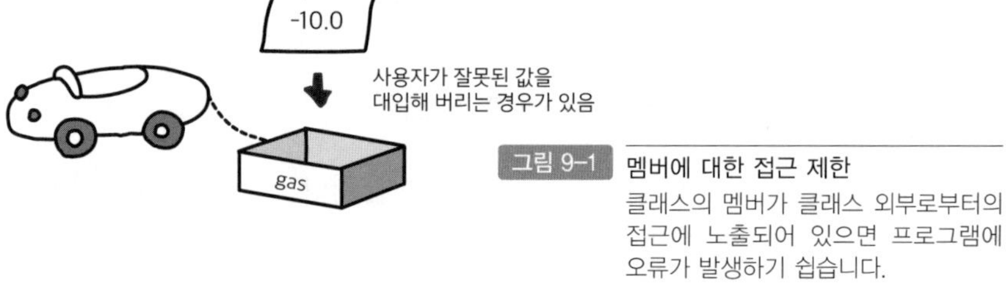
-10.0
사용자가 잘못된 값을
대입해 버리는 경우가 있음
gas

그림 9-1 멤버에 대한 접근 제한
클래스의 멤버가 클래스 외부로부터의 접근에 노출되어 있으면 프로그램에 오류가 발생하기 쉽습니다.

private 멤버 만들기

그러면 Sample1에서 연료의 양이 마이너스가 되어 버린 원인은 어디에 있을까요? 그 원인은

멤버에 아무런 제약 없이 접근하여, 있을 수 없는 값(여기에서는 -10)을 대입해 버린 점

에 있다고 할 수 있습니다. Java에는 이런 실수를 하지 않도록

클래스 외부에서 마음대로 접근할 수 없는 멤버를 만드는

기능을 지원합니다. 이러한 멤버를 **private 멤버**라고 부릅니다. 그러면 이제 차량 번호와 가솔린 양을 private 멤버로 바꾸어 봅시다.

```
class Car
{
   private int num;
   private double gas;
   ...
}
```

필드를 private 멤버로 바꾸었습니다

이 코드에서는 멤버에 **private**이라는 제한자를 붙였습니다. 이렇게 하면 Car 클래스의 외부(main( ) 메소드)에서 필드에 접근할 수 없습니다.

```
class Sample1
{
   public static void main(String[] args)
   {
      ...
      //이러한 접근이 불가능합니다.
      //car1.num = 1234;
      //car1.gas = -10.0;
   }
}
```

클래스 외부에서 private 멤버에 접근할 수 없습니다

이제 자동차 연료량으로 마이너스값이 대입될 수 없는 상태가 되었습니다.

```
class Car
{
  private int num;      ✕ ←
  private double gas;   ✕ ←
  ...
}
```

```
class Sample1
{
   public static void main(String[] args)
   {
      ...
      //car1.num = 1234;
      //car1.gas = -10.0;
      ...
   }
}
```

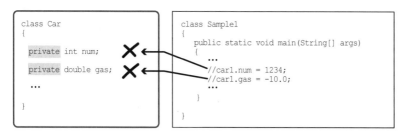

그림 9-2 private 멤버

private 멤버로 만들면 클래스 외부에서 마음대로 접근할 수 없습니다.

private 멤버로 만들면 클래스 외부에서 접근할 수 없다.

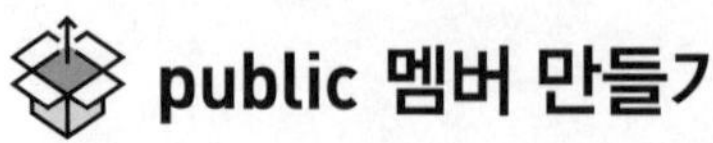

public 멤버 만들기

지금 보았듯 필드를 private 멤버로 만들면 클래스 외부에서 마음대로 접근할 수 없게 됩니다. 그러나 이렇게 만들면 정말로 main( ) 메소드에서 차량 번호와 연료량을 설정할 수 없게 될까요?

사실 private 멤버에 접근하여 설정할 수 있는 방법이 있습니다. 다음 코드를 입력해 보세요. Sample1을 개량한 코드입니다.

Sample2.java ▶ 멤버에 대한 접근 제한하기

```
class Car
{
   private int num;
   private double gas;

   public void setNumGas(int n, double g)
   {
      if(g > 0 && g < 1000){
         num = n;
         gas = g;
         System.out.println("차량 번호를 " + num + "로, 연료량을 " +
            gas + "로 바꾸었습니다.");
      }
      else{
         System.out.println(g + "는 올바른 연료량이 아닙니다.");
         System.out.println("연료량을 바꿀 수 없습니다.");
      }
   }
   public void show()
   {
      System.out.println("차량 번호는 " + num + "입니다.");
      System.out.println("연료량은 " + gas + "입니다.");
   }
}
```

- 필드를 private 멤버로 만들었습니다
- 메소드는 public 멤버로 만들었습니다
- 전달된 값을 조사해서…
- 올바른 값이면 저장합니다
- 잘못된 값을 저장할 수 없도록 막고 있습니다

```
class Sample2
{
    public static void main(String[] args)
    {
        Car car1 = new Car();

        //이러한 접근은 불가능합니다.
        //car1.num = 1234;
        //car1.gas = -10.0;

        car1.setNumGas(1234, 20.5);
        car1.show();

        System.out.println("잘못된 연료량(-10.0)을 저장하겠습니다…");

        car1.setNumGas(1234, -10.0);
        car1.show();
    }
}
```

private 멤버에는 접근할 수 없습니다
반드시 public 멤버를 호출하여 값을 저장해야 합니다
잘못된 값을 저장하려 할지라도…

Sample2의 실행 화면

```
차량 번호를 1234로, 연료량을 20.5로 바꾸었습니다.
차량 번호는 1234입니다.
연료량은 20.5입니다.
잘못된 연료량(-10.0)을 저장하겠습니다…
-10.0는 올바른 연료량이 아닙니다.
연료량을 바꿀 수 없습니다.
차량 번호는 1234입니다.
연료량은 20.5입니다.
```

잘못된 값은 저장되지 않습니다

이 예제에서는 차량 번호와 연료량을 저장하기 위해 setNumGas( )라는 메소드를 새롭게 추가했습니다. 특히 가솔린 양이 올바른지 점검한 다음, 필드에 값을 저장한다는 점에 유의하세요.

Car 클래스 외부에서는 차량 번호와 연료량을 직접 설정할 수 없습니다. 그러나 대신에 setNumGas( ) 메소드를 사용하면 차량 번호와 연료량을 수정할 수 있습니다. 이 메소드를 사용하면 올바른 값인지 진위 여부를 반드시 확인한 다음에 연료량을 저장합니다. 즉, 잘못된 연료량이 저장될 가능성이 사라지는 것입니다.

setNumGas( ) 메소드 앞에는 **public**이라는 제한자가 붙어 있습니다. 이러한 멤버를 **public 멤버**라고 부릅니다. public을 붙인 멤버는 클래스 외부에서 사용할 수 있습니다. **이렇게 private과 public을 구분하여 사용하면 올바른 차량 번호와 연료량을 저장할 수 있습니다.**

public 멤버는 클래스 외부에서 접근할 수 있다.

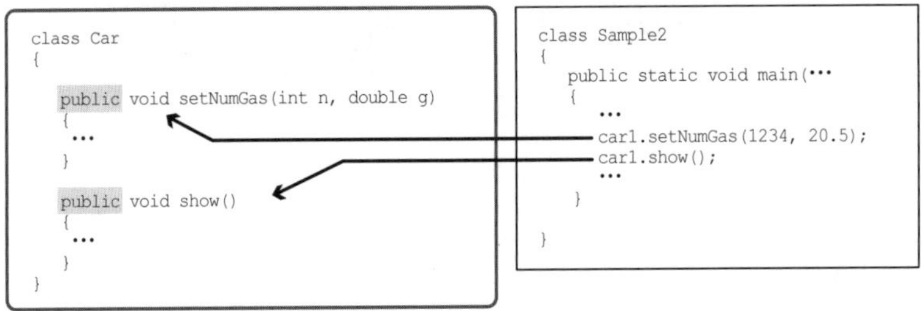

class Car
{
public void setNumGas(int n, double g)
{
•••
}
public void show()
{
•••
}
}
class Sample2
{
public static void main(•••
{
•••
car1.setNumGas(1234, 20.5);
car1.show();
•••
}
}

그림 9-3 public 멤버
public 멤버로 만들면 클래스 외부에서 접근할 수 있습니다.

 캡슐화의 원리 이해하기

Sample2의 Car 클래스는 연료량이 올바른지 여부를 스스로 확인하는 기능을 갖추게 되었습니다. 이러한 메커니즘을 도입하면, 실수로라도 잘못된 값이 저장되지 않는 클래스를 설계할 수 있습니다.

8장에서도 설명했듯 클래스를 다루는 프로그램은 클래스의 선언부와 클래스를 이용하는 부분(main( ) 메소드와 같은 부분)이 각각 다른 사람에 의해 작성될 수 있습니다. 클래스를 설계하는 사람이 멤버를 적절히 private 멤버와 public 멤버로 분류해 두면 나중에 다른 사람이 그 클래스를 이용하여 견고한 프로그램을 만들 수 있어 매우 편리합니다.

이처럼 **클래스에 데이터(필드)와 기능(메소드)을 한 곳에 모은 다음, 보호하고 싶은 멤버에 private을 붙여 접근을 제한하는 기능**을 **캡슐화**(encapsulation)라고 부릅니다. 일반적으로 Sample2처럼

필드 ⟶ private 멤버
메소드 ⟶ public 멤버

로 지정합니다. 캡슐화는 클래스의 중요한 기능 중 하나입니다.

클래스의 데이터와 기능을 하나로 묶어 구성원을 보호하는 기능을 일컬어 캡슐화라고 부른다.

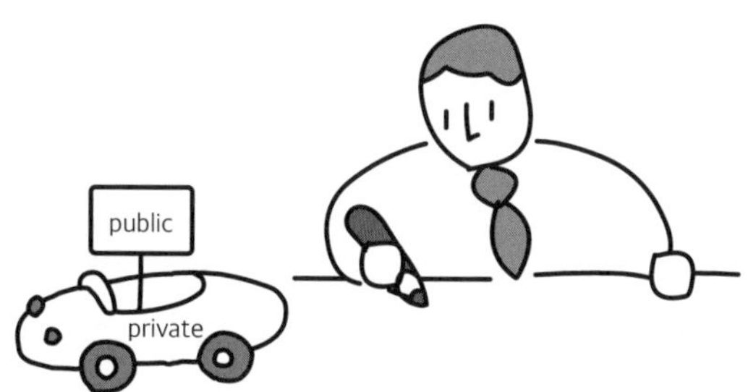

그림 9-4 **캡슐화**
클래스에 캡슐화 기능을 탑재하면 견고한 프로그램을 만들 수 있습니다.

private과 public을 생략하면 어떻게 되나요?

private과 public은 **제한자**(modifier)의 일종입니다. 제한자는 생략할 수 있습니다. 실제로 지금까지 등장한 코드에서는 멤버에 어떠한 제한자도 붙이지 않았지요. 제한자가 생략된 멤버들은 '같은 패키지', 즉 같은 폴더 안의 클래스라면 마음껏 접근할 수 있습니다.
특히 지금까지 등장한 예제들처럼 어떠한 제한자도 사용하지 않은 상태로 동일한 파일에 작성한 클래스들은 모두 '같은 패키지'에 포함됩니다. 그래서 Sample× 클래스에서 Car 클래스의 멤버에 아무런 제약 없이 접근할 수 있었던 것입니다. '패키지'의 메커니즘에 대해서는 13장에서 자세히 알아보겠습니다.

9.2 메소드의 오버로딩

오버로딩의 원리 이해하기

이전 절에서는 클래스의 '캡슐화' 기능에 대해 배웠습니다. 다음으로 클래스의 또 다른 중요한 기능을 배워 봅시다. 클래스는

같은 이름의 메소드를 2개 이상 정의할 수 있는 기능

을 제공합니다. 다음 클래스를 볼까요?

```
//자동차 클래스
class Car
{
    ...
    public void setCar(int n)
    {
        num = n;
        System.out.println("차량 번호를 " + num + "로 바꾸었습니다.");
    }
    public void setCar(double g)
    {
        gas = g;
        System.out.println("연료량을 " + gas + "로 바꾸었습니다.");
    }
    public void setCar(int n, double g)
    {
        num = n;
        gas = g;
```

int형 인수를 가지는 setCar( ) 메소드입니다

double형 인수를 가지는 setCar( ) 메소드입니다

2개의 인수를 가지는 setCar( ) 메소드입니다

```
        System.out.println("차량 번호를 " + num + "로, 연료량을 " + gas +
            "로 바꾸었습니다.");
    }
    ...
}
```

이 클래스에는 'setCar( ) 메소드'가 3개 있습니다. 이처럼

같은 이름을 가지는 메소드 여러 개를 같은 클래스에 정의

할 수 있습니다. 이러한 기능을 **메소드의 오버로딩**(overloading, 중복 정의)이라고 부릅니다.

단, 메소드를 오버로딩 할 때에는 **메소드 인수의 형과 개수를 다르게 만들어야 합니다.** 즉, 이름이 같은 메소드들은 아래와 같이 인수가 달라야 합니다.

```
setCar(int n)
setCar(double g)
setCar(int n, double g)
```

setCar( ) 메소드를 여러 개 정의할 수 있습니다

그러면 오버로딩 기능을 사용해서 메소드를 만들어 볼까요? 다음 코드를 입력해 보세요.

Sample3.java ▶ 메소드 오버로딩하기

```
//자동차 클래스
class Car
{
    private int num;
    private double gas;

    public void setCar(int n)
    {
        num = n;
        System.out.println("차량 번호를 " + num + "로 바꾸었습니다.");
    }
```

int형 인수를 가지는 메소드입니다

```
    public void setCar(double g)
    {                                          // double형 인수를 가지는 메소드입니다
        gas = g;
        System.out.println("연료량을 " + gas + "로 바꾸었습니다.");
    }
    public void setCar(int n, double g)
    {                                          // 2개의 인수를 가지는 메소드입니다
        num = n;
        gas = g;
        System.out.println("차량 번호를 " + num + "로, 연료량을 " + gas +
            "로 바꾸었습니다.");
    }
    public void show()
    {
        System.out.println("차량 번호는 " + num + "입니다.");
        System.out.println("연료량은 " + gas + "입니다.");
    }
}

class Sample3
{
    public static void main(String[] args)
    {
        Car car1 = new Car();

        car1.setCar(1234, 20.5);    // 2개의 인수를 가지는 메소드가 호출되었습니다
        car1.show();

        System.out.println("차량 번호만 변경되었습니다.");
        car1.setCar(2345);          // int형 인수를 가지는 메소드가 호출되었습니다
        car1.show();

        System.out.println("연료량만 변경되었습니다.");
        car1.setCar(30.5);          // double형 인수를 가지는 메소드가 호출되었습니다
        car1.show();
```

```
    }
}
```

Sample3의 실행 화면

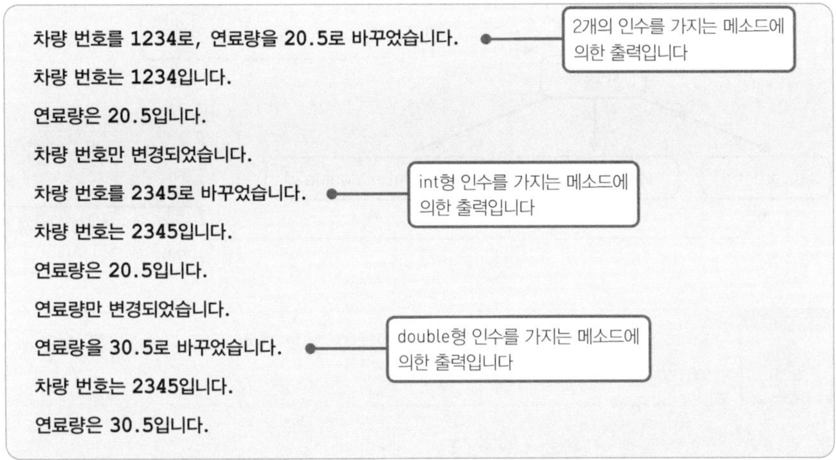

차량 번호를 1234로, 연료량을 20.5로 바꾸었습니다.
차량 번호는 1234입니다.
연료량은 20.5입니다.
차량 번호만 변경되었습니다.
차량 번호를 2345로 바꾸었습니다.
차량 번호는 2345입니다.
연료량은 20.5입니다.
연료량만 변경되었습니다.
연료량을 30.5로 바꾸었습니다.
차량 번호는 2345입니다.
연료량은 30.5입니다.
2개의 인수를 가지는 메소드에 의한 출력입니다
int형 인수를 가지는 메소드에 의한 출력입니다
double형 인수를 가지는 메소드에 의한 출력입니다

이 코드에서는 총 3종류의 setCar( ) 메소드를 호출했습니다. 그 결과,

- 첫 번째로 인수가 2개인 메소드
- 두 번째로 인수가 int형인 메소드
- 세 번째로 인수가 double형인 메소드

인 setCar( ) 메소드들이 정상적으로 호출되었습니다. 즉,

여러 개의 비슷한 메소드를 같은 이름으로 오버로딩(중복 정의)해 두면 그 이름과 일치하는 메소드 중 인수의 형과 개수가 일치하는 메소드가 자동적으로 호출

되는 것입니다. 이러한 클래스를 설계해 두면 매우 편리합니다. **유사한 처리에 대해 동일한 메소드 이름을 사용할 수 있기 때문입니다.** 자동차를 설정할 때 어떤 상황에서도 setCar( )라는 메소드를 이용할 수 있을 것입니다. 알기 쉽고 사용하기 편리한 코드를 작성하는 데 도움을 줍니다.

'setCar'와 같은 하나의 이름이 상황에 맞추어 다른 기능을 가지는 것을 **다형성**(polymorphism)이라고 합니다. '다형성'은 Java의 클래스가 가지는 중요한 기능 중 하나입니다.

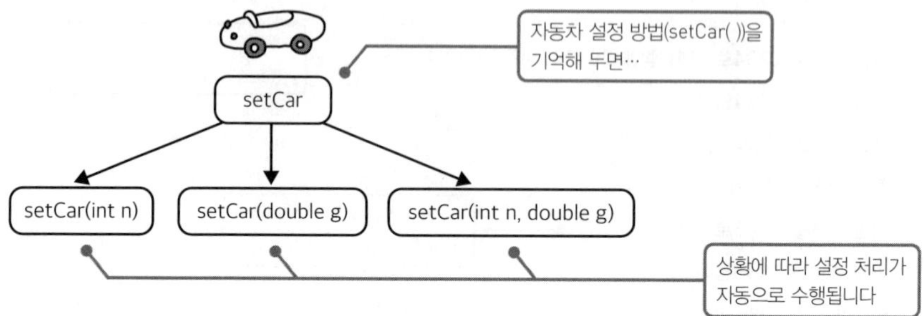

자동차 설정 방법(setCar( ))을 기억해 두면…
setCar
setCar(int n)
setCar(double g)
setCar(int n, double g)
상황에 따라 설정 처리가 자동으로 수행됩니다

중요

같은 클래스 안에서 이름이 같지만, 인수의 형과 개수가 다른 메소드를 선언할 수 있다.

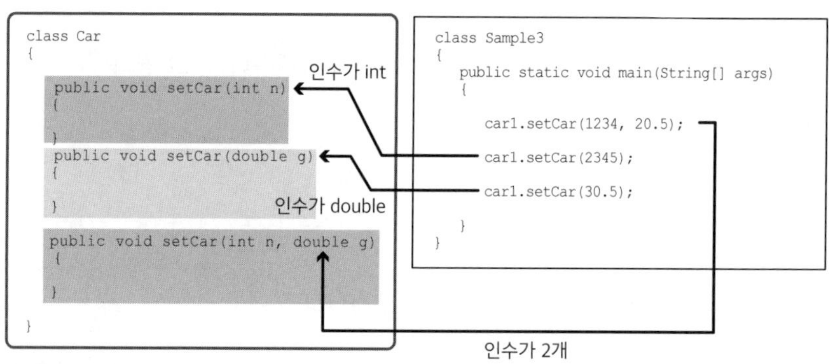

class Car
{
public void setCar(int n)
{
}
public void setCar(double g)
{
}
public void setCar(int n, double g)
{
}
}
인수가 int
인수가 double
class Sample3
{
public static void main(String[] args)
{
car1.setCar(1234, 20.5);
car1.setCar(2345);
car1.setCar(30.5);
}
}
인수가 2개

그림 9-5 메소드 오버로딩
메소드를 오버로딩하면 호출할 때 전달되는 인수의 형과 개수가 일치하는 메소드가 호출됩니다.

오버로딩 사용 시 주의점

그런데 처음에 설명했듯 **오버로딩(중복 정의)하는 메소드는 그 인수의 형과 수가 기존에 선언된 메소드와 달라야 합니다.**

만약, 인수의 형과 개수가 동일하며 리턴값만 다른 두 개의 메소드가 오버로딩 된다면 어떻게 될까요?

int setCar(int n)
void setCar(int n)
이 두 메소드는 리턴값의 형만 다릅니다

그러면 컴퓨터의 입장에서는 다음과 같은 호출 명령이 내려지더라도 둘 중 어느 메소드를 호출해야 할지 판단할 수 없을 것입니다.

```
setCar(1234);
```

어느 메소드를 호출해야 할지 판단할 수 없습니다

즉, 메소드를 오버로딩할 때에는 각 메소드의 인수의 형과 개수를 다르게 해야 합니다.

Lesson 9

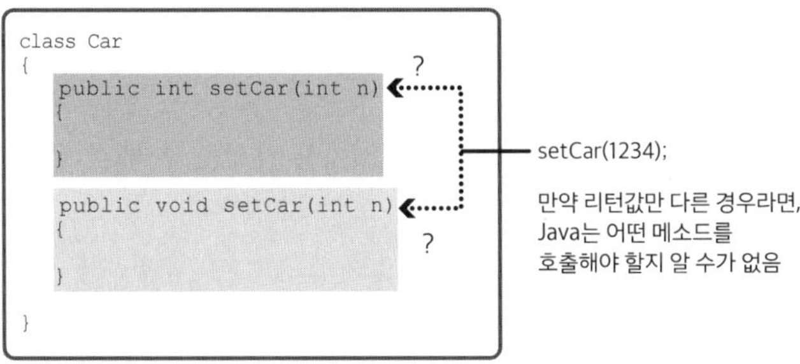
class Car
{
public int setCar(int n)
{
}
public void setCar(int n)
{
}
}
?
?
setCar(1234);
만약 리턴값만 다른 경우라면,
Java는 어떤 메소드를
호출해야 할지 알 수가 없음

그림 9-6 오버로딩 사용 시 주의점
인수의 형 또는 개수가 다른 메소드만 오버로딩할 수 있습니다.

중요

오버로딩하는 메소드는 이미 선언된 메소드와 비교하여 인수의 형 또는 개수를 다르게 한다.

9.3 생성자의 기본

생성자의 원리 이해하기

이 절에서는 클래스에서 빠뜨릴 수 없는 중요한 메커니즘을 또 하나 소개하겠습니다. 클래스 안에는 필드와 메소드 외에도 **생성자**(constructor)라 불리는 것을 작성할 수 있습니다. 생성자의 형태를 눈으로 익혀 보세요.

구문 **생성자의 선언**

```
제한자 클래스명 (인수 목록)
{
    문장;
    ...
}
```

예를 들어 '자동차' 클래스의 경우, 다음과 같은 생성자를 작성할 수 있습니다.

```
public Car()
{
    num = 0;
    gas = 0.0;
    System.out.println("자동차가 만들어졌습니다.");
}
```

생성자는 리턴값이 없습니다
클래스의 이름이 생성자의 이름입니다

생성자는 메소드와 매우 비슷합니다. 그러나 **생성자의 이름은 반드시 클래스의 이름과 같아야 하며 메소드와 다르게 리턴값이 없습니다.**

생성자의 역할 이해하기

메소드를 호출하면 메소드 안의 코드가 실행되었던 것을 기억하나요? 그에 비하여 생성자는

그 클래스의 객체가 생성될 때, 생성자 안의 코드가 자동으로 실행

됩니다. 메소드의 경우와 다르게, 생성자는 자유로이 호출할 수 없습니다. 이러한 이유로 생성자는

객체의 멤버에 자동으로 초깃값을 설정하는

용도로 사용하는 것이 일반적입니다. 예를 들어, Car 클래스의 생성자라면

차량 번호와 연료량의 초깃값으로 0을 대입

하는 처리를 맡길 수 있겠군요. 앞서 작성한 생성자는 차량 번호와 연료량을 0으로 설정하고 있습니다. 그러면 실제 생성자의 동작을 살펴볼까요?

Lesson 9

Sample4.java ▶ 생성자 호출하기

```
//자동차 클래스
class Car
{
    private int num;
    private double gas;

    public Car()
    {
        num = 0;
        gas = 0.0;
        System.out.println("자동차가 만들어졌습니다.");
    }
    public void show()
    {
```

생성자의 정의입니다

```
        System.out.println("차량 번호는 " + num + "입니다.");
        System.out.println("연료량은" + gas + "입니다.");
    }
}

class Sample4
{
    public static void main(String[] args)
    {
        Car car1 = new Car();    // 객체가 생성되면 생성자가 호출됩니다

        car1.show();
    }
}
```

Sample4의 실행 화면

```
자동차가 만들어졌습니다.    // 생성자 안의 코드가 실행되었습니다
차량 번호는 0입니다.
연료량은 0.0입니다.
```

main( ) 메소드 안에서 객체가 생성되면 자동으로 생성자가 호출됩니다. 때문에 생성자 안의 '자동차가 만들어졌습니다.'라는 문구가 출력된 것입니다. 차량 번호와 연료량도 0으로 설정되었군요.

생성자란, 프로그램 부품의 초기 설정을 자동으로 하기 위한 장치인 것입니다.

객체를 초기화하기 위해 생성자를 정의할 수 있다.

```
class Car
{
  ...
  public Car()
  {
   ...
  }
  ...                    생성 시에 호출됨

}
```

```
class Sample4
{
   public static void main(String[] args)
   {

      Car car1 = new Car();
      ...
   }
}
```

그림 9-7 생성자
생성자를 정의해 두면 객체가 생성될 때 자동으로 그 코드가 실행됩니다.

필드의 초깃값

이 예제에서는 생성자를 정의하여 필드를 초기화했습니다. 그러나 필드에 값을 대입하지 않아도 각각의 형에 따라 기본값이 다음과 같이 정의되어 있습니다.

형	초깃값
boolean	false
문자형	'₩u0000'
정수형	0
부동 소수점형	0.0
참조형	null

즉, Car 클래스의 경우, 값을 대입하지 않더라도 필드 num은 0, gas는 0.0으로 초기화됩니다. 참조형 필드에 대해서는 10장에서 살펴보겠습니다.

9.4 생성자 오버로딩

생성자 오버로딩하기

9.2절에서 인수의 개수와 형이 다르다면 같은 이름의 메소드를 여러 개 중복해서 정의할 수 있다는 사실을 배웠습니다. 이 기법을 '오버로딩'이라 부릅니다. 생성자 또한 인수의 개수와 형이 다르면 오버로딩이 가능합니다. 즉,

여러 개의 생성자를 정의

할 수 있습니다. 예를 들어, Car 클래스의 생성자로 다음의 2개 생성자를 정의(오버로딩)해 볼까요?

```
public Car()
{
   num = 0;
   gas = 0.0;
   System.out.println("자동차가 만들어졌습니다.");
}
public Car(int n, double g)
{
   num = n;
   gas = g;
   System.out.println("차량 번호가 " + num + "이며, 연료량이 " +
      gas + "인 자동차가 만들어졌습니다.");
}
```

인수 없는 생성자입니다

인수를 2개 가지는 생성자입니다

이는,

```
Car()
Car(int n, double g)
```

생성자가 2개입니다

인수가 다른 2개의 생성자가 정의된 것입니다. 이 2개의 생성자가 사용되는 코드를 만들어 보겠습니다.

Sample5.java ▶ 생성자 오버로딩하기

```
//자동차 클래스
class Car
{
   private int num;
   private double gas;

   public Car()
   {
      num = 0;
      gas = 0.0;
      System.out.println("자동차가 만들어졌습니다.");
   }
   public Car(int n, double g)
   {
      num = n;
      gas = g;
      System.out.println("차량 번호가 " + num + "이며, 연료량이 " +
         gas + "인 자동차가 만들어졌습니다.");
   }
   public void show()
   {
      System.out.println("차량 번호는 " + num + "입니다.");
      System.out.println("연료량은 " + gas + "입니다.");
   }
}
```

인수 없는 생성자입니다

인수를 2개 가지는 생성자입니다

Lesson 9

```
class Sample5
{
    public static void main(String[] args)
    {
        Car car1 = new Car();         // 인수 없는 생성자가 호출됩니다
        car1.show();

        Car car2 = new Car(1234, 20.5);   // 2개의 인수를 가지는 생성자가 호출됩니다
        car2.show();
    }
}
```

Sample5의 실행 화면

```
자동차가 만들어졌습니다.      ← 인수 없는 생성자가 출력한 문구입니다
차량 번호는 0입니다.
연료량은 0.0입니다.
차량 번호가 1234이며, 연료량이 20.5인 자동차가 만들어졌습니다.   ← 2개의 인수를 가지는 생성자가 출력한 문구입니다
차량 번호는 1234입니다.
연료량은 20.5입니다.
```

이 코드는 2개의 객체를 생성하고 있습니다. 첫 번째 객체를 생성할 때에는 지금까지와 마찬가지로 오른쪽 ( ) 안에 어떠한 인수도 전달하지 않았습니다.

```
car1 = new Car();    // 인수 없는 생성자가 호출됩니다
```

반면에 두 번째 객체를 생성할 때에는 2개의 인수를 전달했습니다.

```
car2 = new Car(1234, 20.5);    // 2개의 인수를 가지는 생성자가 호출됩니다
```

결과적으로 각각의 생성자가 자동으로 호출되었습니다.

- 첫 번째 객체 ⟶ 인수 없는 생성자
- 두 번째 객체 ⟶ 2개의 인수를 가지는 생성자

첫 번째 자동차는 차량 번호와 연료량을 0으로, 두 번째 자동차는 차량 번호를 1234, 연료량을 20.5로 만들 수 있었습니다.

즉, 생성자를 여러 개 정의하면 다양한 인수를 전달하여 객체 생성에 유연하게 활용할 수 있으며, **다양한 초기 설정 처리가 가능해집니다.**

생성자를 오버로딩할 수 있다.

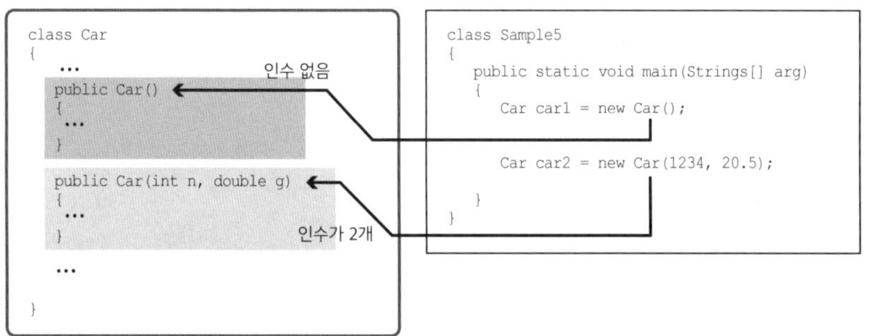

class Car
{
...
public Car()
{
...
}
인수 없음
public Car(int n, double g)
{
...
}
인수가 2개
...
}
class Sample5
{
public static void main(Strings[] arg)
{
Car car1 = new Car();
Car car2 = new Car(1234, 20.5);
}
}

그림 9-8 생성자 오버로딩
생성자를 오버로딩하면 전달된 인수에 걸맞은 생성자가 호출됩니다.

Lesson 9

 다른 생성자 호출하기

이번에는 생성자 안에서만 사용할 수 있는 편리한 코드 작성법을 소개하겠습니다. 다음 코드를 보세요.

Sample6.java ▶ 다른 생성자 호출하기

```
//자동차 클래스
class Car
{
   private int num;
   private double gas;
```

```
    public Car()
    {
        num = 0;
        gas = 0.0;
        System.out.println("자동차가 만들어졌습니다.");
    }
    public Car(int n, double g)
    {
        this();     // 2개의 인수를 가지는 생성자의 시작 부분에서, 인수 없는 생성자를 호출합니다
        num = n;
        gas = g;
        System.out.println("차량 번호를 " + num + "로, 연료량을 " +
            gas + "로 바꾸었습니다.");
    }
    public void show()
    {
        System.out.println("차량 번호는 " + num + "입니다.");
        System.out.println("연료량은 " + gas + "입니다.");
    }
}

class Sample6
{
    public static void main(String[] args)
    {
        Car car1 = new Car();
        car1.show();

        Car car2 = new Car(1234, 20.5);
        car2.show();
    }
}
```

Sample6의 실행 화면

```
자동차가 만들어졌습니다.
차량 번호는 0입니다.
연료량은 0.0입니다.
자동차가 만들어졌습니다.
차량 번호를 1234로, 연료량을 20.5로 바꾸었습니다.
차량 번호는 1234입니다.
연료량은 20.5입니다.
```

this( )의 호출에 따른 결과입니다

2개의 인수를 가지는 생성자가 출력한 결과입니다

이 코드는 2개의 인수를 가지는 생성자의 시작 부분에서 'this( );'라는 명령을 내리고 있습니다. 이처럼 코드를 작성하면,

한 생성자 안에서 특별히 다른 생성자를 호출

할 수 있습니다. 예를 들어, 이 코드의 'this( );' 부분의 코드가 실행되면 인수 없는 생성자가 호출됩니다. 즉,

인수 없는 생성자의 코드에 덧붙여서, 2개의 인수를 가지는 생성자를 정의할 수 있는 것

입니다. this( )를 사용하면 생성자 코드를 작성할 때 수고를 덜 수 있습니다.

또한, 만약 인수가 2개인 생성자를 다른 생성자에서 호출하고 싶다면 인수를 this( )에 전달하면서 호출하면 됩니다.

```
this(1234, 20.5);
```

2개의 인수를 가지는 생성자가 호출됩니다

단, **this( )는 반드시 생성자 안에서 가장 먼저 호출되어야 합니다.**

생성자 안에서 this( )를 사용하면 다른 생성자를 호출할 수 있다.
this( )는 생성자 안에서 가장 먼저 호출한다.

생성자를 생략하면 어떻게 되나요?

그런데 앞 장에서 다루었던 클래스에는 생성자가 없었지요? 클래스에 생성자를 하나도 정의하지 않은 경우, 객체가 생성될 때 다음과 같은 생성자가 준비되어 자동으로 호출됩니다.

```
Car()
{
    ...
}
```

생성자를 정의하지 않았다면, 인수 없는 생성자가 호출됩니다

이 인수 없는 생성자를 **기본 생성자**(default constructor)라고 부릅니다. 따라서 지금까지의 코드는 ( ) 안에 인수를 전달하지 않고도 객체를 만들 수 있었습니다.

```
Car car1 = new Car();
```

생성자를 정의하지 않으면, 인수 없는 생성자가 호출됩니다

생성자에 접근 제한자 붙이기

생성자에는 메소드와 마찬가지로 public 또는 private과 같은 제한자를 붙일 수 있습니다. 지금까지 등장한 생성자에는 public이 붙어 있었는데, 이를 **private으로 설정하면 클래스 외부에서 이 생성자를 호출하여 객체를 만들 수 없습니다.**

```
//자동차 클래스
class Car
{
    ...
    private Car()
    {
        num = 0;
        gas = 0.0;
        System.out.println("자동차가 만들어졌습니다.");
```

private한 생성자입니다

```
    }
    public Car(int n, double g)
    {                                                   public한 생성자입니다
        this();
        num = n;
        gas = g;
        System.out.println("차량 번호를 " + num + "로, 연료량을 " + gas +
            "로 바꾸었습니다.");
    }
    ...
}

class Sample
{
    public static void main(String[] args)
    {
        //Car car1 = new Car();
        //car1.show();                        private한 생성자의 호출을 통해서
                                              객체를 생성할 수 없습니다

        Car car2 = new Car(1234, 20.5);
        car2.show();                          public한 생성자가 호출됩니다
    }
}
```

이 코드에서는 인수 없는 생성자에 private을 붙였습니다. 그 결과, 'new Car( )'라는 방법으로는 객체를 생성할 수 없게 되었습니다.

```
//Car car1 = new Car();        인수 없는 생성자는 private이므로,
                               이 방법으로는 객체를 생성할 수 없습니다
```

즉, 이 클래스의 객체를 생성하기 위해서는 반드시 인수 2개를 가지는 생성자가 호출되어야 합니다.

```
Car car2 = new Car(1234, 20.5);        반드시 인수를 2개 받는 public한
                                       생성자를 호출해야 합니다
```

Lesson 9

이제, 이 클래스의 인수 없는 생성자는 인수 2개를 가지는 생성자 내부 처리의 일부분으로만 존재하게 되었습니다.

차량 번호와 연료량을 모두 설정하여 '자동차' 객체를 생성하도록 강제하고 싶은 경우에는 편리한 방법입니다. 생성자를 private으로 만들어 객체의 생성 방법을 제한하는 것입니다.

생성자 설계하기

이 절에서는 다양한 생성자에 대해 배웠습니다. 다양한 생성자를 정의하여 객체의 초기 설정을 상세하게 설정할 수 있습니다. 생성자를 자유롭게 다룰 수 있으면, 객체의 사용이 편리해집니다.

9.5 클래스 변수, 클래스 메소드

인스턴스 변수의 원리 이해하기

지금까지 우리는 클래스 안에서 다음과 같은 도구를 활용할 수 있음을 배웠습니다.

- 필드
- 메소드
- 생성자

Lesson 9

필드와 메소드는 8장에서, 생성자는 9장에서 배운 지식입니다. 이 절에서는 필드와 메소드를 보다 자세히 정리해 보도록 하겠습니다.

지금까지 만든 코드를 되돌아봅시다. 클래스의 멤버(필드와 메소드)는 객체가 생성되고 나서 비로소 값을 저장하거나 호출할 수 있었습니다.

그 예로 Car 클래스를 사용하여 객체 2개를 만드는 코드를 함께 보겠습니다.

Sample7.java ▶ 인스턴스 변수와 인스턴스 메소드 작성하기

```
//자동차 클래스
class Car
{
   private int num;
   private double gas;

   public Car()
   {
```

이 필드들은 인스턴스 변수입니다

```
        num = 0;
        gas = 0.0;
        System.out.println("자동차가 만들어졌습니다.");
    }
    public void setCar(int n, double g)
    {
        num = n;
        gas = g;
        System.out.println("차량 번호를 " + num + "로, 연료량을 " +
            gas + "로 바꾸었습니다.");
    }
    public void show()
    {
        System.out.println("차량 번호는 " + num + "입니다.");
        System.out.println("연료량은 " + gas + "입니다.");
    }
}

class Sample7
{
    public static void main(String[] args)
    {
        Car car1 = new Car();
        car1.setCar(1234, 20.5);
        car1.show();

        Car car2 = new Car();
        car2.setCar(4567, 30.5);
        car2.show();
    }
}
```

이 두 메소드는 인스턴스 메소드입니다

생성된 객체의 메소드를 각각 호출합니다

Sample7의 실행 화면

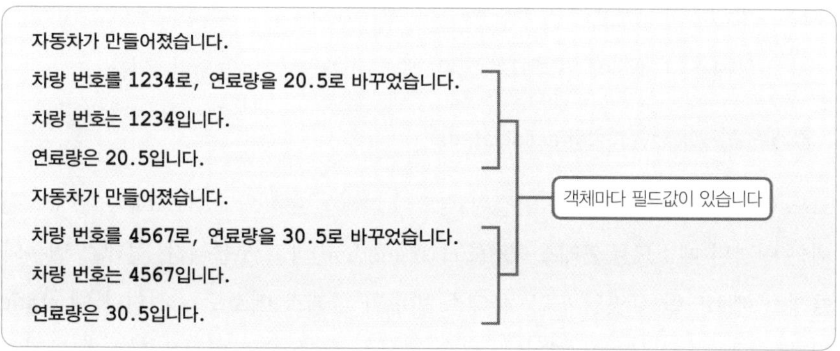

```
자동차가 만들어졌습니다.
차량 번호를 1234로, 연료량을 20.5로 바꾸었습니다.
차량 번호는 1234입니다.
연료량은 20.5입니다.
자동차가 만들어졌습니다.
차량 번호를 4567로, 연료량을 30.5로 바꾸었습니다.
차량 번호는 4567입니다.
연료량은 30.5입니다.
```

객체마다 필드값이 있습니다

객체를 생성해야 각 객체의 num 필드와 gas 필드에 값을 대입하거나 출력할 수 있음을 다시 한번 확인했습니다. 차량 번호와 연료의 양과 같은 값이 각 차량에 존재하듯, **각각의 객체는 필드값을 가질 수 있었습니다.** 이러한 관계를 일컬어 필드 num과 gas는

객체에 연결되었다

고 부르기도 합니다.

show( ) 메소드 또한, 객체를 생성하고 나서 비로소 호출할 수 있었습니다. 이 메소드도 객체와 연결되어 있습니다. 이처럼 각 객체와 연결된 필드를 가리켜 **인스턴스 변수**(instance variable), 각 객체에 연결된 메소드를 가리켜 **인스턴스 메소드**(instance method)라고 부릅니다.

중요

객체와 연결된 필드를 인스턴스 변수라고 부른다.
객체와 연결된 메소드를 인스턴스 메소드라고 부른다.

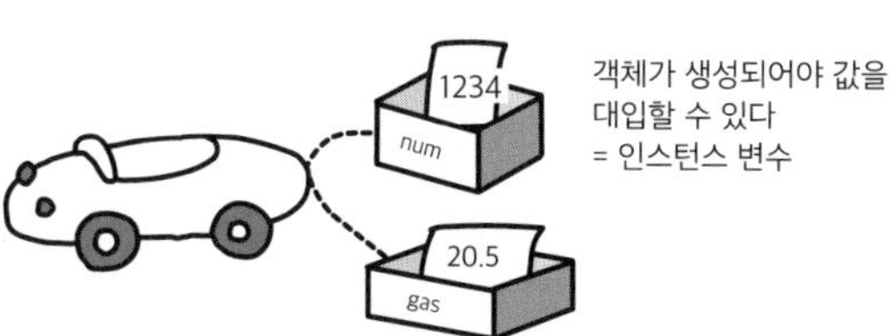
1234
num
20.5
gas
객체가 생성되어야 값을
대입할 수 있다
= 인스턴스 변수

그림 9-9 인스턴스 변수와 인스턴스 메소드
인스턴스 변수와 인스턴스 메소드는 객체를 만들어야 비로소 접근 가능합니다.

클래스 변수와 클래스 메소드

사실 클래스는 객체에 연결되지 않은 멤버를 가질 수 있습니다. 이를,

클래스 전체에 연결되었다(associated)

고도 합니다. 클래스 전체와 연결된 필드를 **클래스 변수**(class variable), 클래스 전체와 연결된 메소드를 **클래스 메소드**(class method)라고 부릅니다. 클래스 변수와 클래스 메소드란 무엇일까요? 클래스 변수와 클래스 메소드는 선언할 때 **static**이라는 제한자를 붙여야 합니다. 다음 구문을 통해 작성 방법을 확인해 보겠습니다.

구문 클래스 변수의 선언

```
class 클래스명
{
    static 형명 클래스 변수명;
    ...
}
```

클래스 변수에는 static을 붙입니다

구문 클래스 메소드의 정의

```
static 리턴값의 형 메소드명 (인수 목록)
{
    문장;
    ...
}
```

클래스 메소드에는 static을 붙입니다

클래스 변수와 클래스 메소드를 실제로 코드를 입력하며 배워 봅시다. 다음 코드를 보십시오.

Sample8.java ▶ 클래스 변수와 클래스 메소드 작성하기

```
//자동차 클래스
class Car
{
    public static int sum = 0;  ●── 클래스 변수입니다

    private int num;
    private double gas;

    public Car()
    {
        num = 0;
        gas = 0.0;
        sum++;  ●── 생성자가 호출될 때, 클래스 변수 sum의 값을 1 증가시킵니다
        System.out.println("자동차가 만들어졌습니다.");
    }
    public void setCar(int n, double g)
    {
        num = n;
        gas = g;
        System.out.println("차량 번호를 " + num + "로, 연료량을 " +
            gas + "로 바꾸었습니다.");
    }
    public static void showSum()  ●── 클래스 메소드입니다
    {
        System.out.println("자동차는 총 " + sum + "대 있습니다.");
    }
    public void show()
    {
        System.out.println("차량 번호는 " + num + "입니다.");
        System.out.println("연료량은 " + gas + "입니다.");
    }
}
```

```
class Sample8
{
   public static void main(String[] args)
   {
      Car.showSum();          // 클래스 메소드를 호출합니다

      Car car1 = new Car();   // 객체를 생성합니다
      car1.setCar(1234, 20.5);

      Car.showSum();          // 다시 클래스 메소드를 호출합니다

      Car car2 = new Car();
      car2.setCar(4567, 30.5);

      Car.showSum();
   }
}
```

Sample8의 실행 화면

```
자동차는 총 0대 있습니다.      ← 클래스 메소드는 0대라고 출력했습니다
자동차가 만들어졌습니다.        ← 객체가 생성되면…
차량 번호를 1234로, 연료량을 20.5로 바꾸었습니다.
자동차는 총 1대 있습니다.      ← 클래스 메소드는 1대라고 출력했습니다
자동차가 만들어졌습니다.
차량 번호를 4567로, 연료량을 30.5로 바꾸었습니다.
자동차는 총 2대 있습니다.
```

이 예제에서는 필드 sum에 static을 붙여 클래스 변수로 만들었습니다.

```
public static int sum = 0;    // 클래스 변수는 static을 붙입니다
```

이 클래스 변수는 0으로 초기화되어 있습니다. 그리고 '자동차' 객체가 하나 생성될 때마다 생성자 안에서 'sum++;'라는 문장이 실행되어, 그 결과, 값이 1씩 증가했습니다. 결과적으로 변수 sum은

Car 클래스를 통해 몇 대의 자동차가 만들어졌는지(객체의 개수가 몇 개인지)

를 저장하는 필드가 된 것입니다. 이처럼 **클래스 전체에서 다루는 데이터를 저장하는 필드**가 클래스 변수입니다. 클래스 변수는 각 객체에서 공유되는 필드입니다.

다음 순서로 클래스 메소드인 showSum( ) 메소드의 정의를 살펴보겠습니다.

```
public static void showSum()
{
    System.out.println("자동차는 총 " + sum +"대 있습니다.");
}
```

클래스 메소드의 앞에는 static을 붙입니다

클래스 메소드는

그 클래스에서 객체를 생성하지 않더라도 호출할 수 있는

기능을 가지고 있습니다. 인스턴스 메소드처럼 객체에 연결된(associated) 메소드가 아닙니다.

클래스 메소드는 클래스 변수를 출력해야 하거나 클래스의 객체 전체와 연결된 처리를 해야 할 때 사용하는 메소드입니다. 클래스 메소드는 객체가 생성되지 않아도 호출할 수 있어야 합니다. 따라서 호출 방법이 조금 다릅니다.

Lesson 9

구문
클래스 메소드의 호출
클래스명.클래스 메소드(인수 목록);

위 코드에서는 다음과 같이 클래스 메소드를 호출합니다.

```
Car.showSum();
```

클래스명을 붙여서 호출합니다

이 클래스 메소드는 클래스 변수 sum의 값을 출력합니다. 변수 sum의 값이 처음에는 0이지만, 객체를 1개 생성한 후에 다시 호출해 보면 1이 되어 있음을 확인할 수 있습니다.

클래스 변수와 클래스 메소드를 사용하여 Car 클래스를 통틀어 몇 대의 차가 있는지 관리할 수 있게 되었습니다.

클래스 전체와 연결된 필드를 클래스 변수라 부른다.
클래스 전체와 연결된 메소드를 클래스 메소드라 부른다.

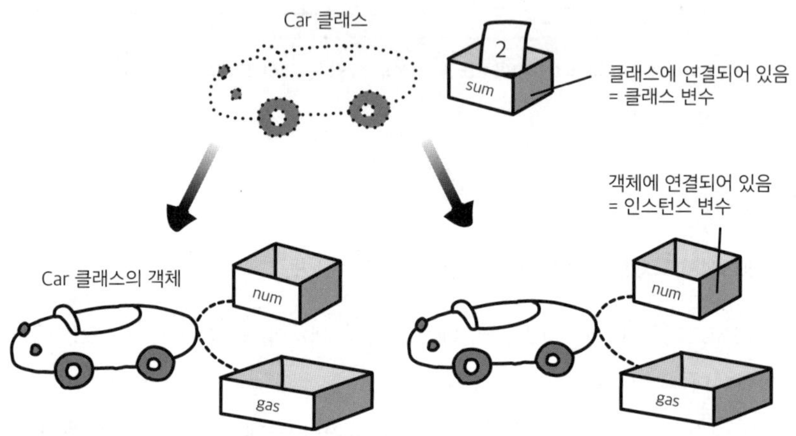

그림 9-10 클래스 변수와 클래스 메소드
클래스 변수와 클래스 메소드는 클래스에 연결된 멤버입니다.

클래스에 연결된 멤버

일반적인 멤버와 마찬가지로, 멤버가 객체에 연결되도록 만들면 프로그램의 독립된 부품으로써 활약하는 클래스를 설계할 수 있습니다. 그러나 자동차 객체의 수를 관리하는 케이스를 보면 알 수 있듯이, 이러한 메커니즘만으로는 불편할 때가 있습니다. 클래스와 연결된 멤버는, 객체 사이의 데이터와 기능을 공유하는 데 도움이 되는 메커니즘을 제공합니다. 이러한 대표적인 클래스 메소드에는 main( ) 메소드가 있습니다.

2장에서 소개한 것처럼, 프로그램의 처리는 **main( ) 메소드**부터 시작됩니다. 이 main( ) 메소드가 static이 붙은 클래스 메소드라 할 수 있습니다.

 클래스 메소드 사용 시 주의점

8장에서 '클래스 안에서는 멤버에 'this.'라는 키워드를 붙일 수 있다'고 설명했습니다.

```
public void show()
{
    System.out.println("차량 번호는 " + this.num + "입니다.");
    System.out.println("연료량은 " + this.gas + "입니다.");
}
```

인스턴스 메소드 안에서는…

this.를 사용할 수 있습니다

사실, 'this.'는 인스턴스 메소드 안에서만 붙일 수 있습니다. 클래스 메소드는 특정 객체와 연결되지 않았기 때문에, 특정 객체 스스로를 가리키는 'this.'라는 키워드를 사용할 수 없습니다. 즉, 다음 코드는 잘못된 것입니다.

```
public static void showSum()
{
    //잘못된 코드
    //System.out.println("자동차는 총 " + this.sum + "대 있습니다.");
}
```

클래스 메소드 안에서는…

this.를 사용할 수 없습니다

또한, 클래스 메소드 안에서는 인스턴스 변수와 인스턴스 메소드에 접근할 수 없습니다. 클래스 메소드는 특정한 객체와 연결된 것이 아니기 때문입니다.

클래스 메소드는 객체가 생성되지 않은 상태에서도 호출할 수 있어야 합니다. 따라서 클래스 메소드가 특정 객체와 연결된 인스턴스 변수와 인스턴스 메소드에 접근할 수 없는 것입니다. 즉, 다음 코드는 잘못된 것입니다.

```
public static void showSum()
{
    //잘못된 코드
    //System.out.println("차량 번호는 " + num + "입니다.");
}
```

클래스 메소드 안에서는…

인스턴스 변수에 접근할 수 없습니다

지역 변수

이 장에서 학습한 인스턴스 변수와 클래스 변수와 대조적으로, 7장까지 메소드 안에서 선언한 변수들을 가리켜 **지역 변수**(local variable)라고 부릅니다. 메소드 안에서 사용하는 가인수 또한 일종의 지역 변수입니다.

인스턴스 변수와 클래스 변수의 이름은 변수의 설명을 넣어 길게 작성하는 경우가 많습니다. 이에 비해 지역 변수의 이름은 내용을 간결하게 나타내도록 짧게 작성하는 경우가 많습니다.

```
class Car
{
    int num;                  ● 인스턴스 변수
    static int sum;           ● 클래스 변수
    void setCar(int n)        ● 지역 변수(가인수)
    {
        int a;                ● 지역 변수
        ...
    }
}
```

지역 변수는 선언된 메소드 안에서만 사용할 수 있습니다. 지역 변숫값은 지역 변수가 선언된 메소드의 처리가 끝날 때까지만 유효합니다. 지역 변수는 메소드가 호출될 때마다 초기화됩니다.

9.6 강의 요약

이 장에서는 다음과 같은 것을 배웠습니다.

- private 멤버는 클래스 외부에서 접근할 수 없습니다.
- public 멤버는 클래스 외부에서 접근할 수 있습니다.
- 객체를 캡슐화하면 견고한 프로그램을 만들 수 있습니다.
- 이름이 같지만, 인수의 형과 개수가 다른 메소드를 중복해서 선언할 수 있습니다(메소드 오버로딩).
- 생성자는 객체가 생성될 때 호출됩니다.
- 인수의 형과 개수가 다른 생성자를 중복해서 선언할 수 있습니다(생성자 오버로딩).
- 각각의 객체와 연결된 멤버를 인스턴스 변수, 인스턴스 메소드라고 부릅니다.
- 클래스와 연결된 멤버를 클래스 변수, 클래스 메소드라고 부릅니다.

클래스에는 다양한 기능이 있습니다. public 멤버와 private 멤버를 적절히 사용하면 캡슐화 메커니즘을 구현할 수 있습니다. 생성자 선언 또한 클래스에서 빼놓을 수 없는 요소입니다. 클래스 변수와 클래스 메소드의 특징 또한 기억하도록 합시다.

연습문제

1. 다음 항목에 대해 O 또는 ×로 답하십시오.

① 클래스 외부에서 public 멤버에 접근할 수 있다.

② 클래스 외부에서 private 멤버에 접근할 수 없다.

③ 객체가 생성되어 있지 않을 경우 클래스 변수에 접근할 수 없다.

④ 객체가 생성되어 있지 않아도 인스턴스 변수에 접근할 수 있다.

2. 다음 코드는 어디가 잘못되었습니까? 틀린 곳이 있으면 고치십시오.

```
class Car
{
    public static int sum = 0;

    private int num;
    private double gas;

    public Car()
    {
        num = 0;
        gas = 0.0;
        sum++;
        System.out.println("자동차가 만들어졌습니다.");
    }
    public void setCar(int n, double g)
    {
        num = n;
        gas = g;
        System.out.println("차량 번호를 " + num + "로, 연료량을 " +
            gas + "로 바꾸었습니다.");
    }
    public static void showSum()
    {
```

```
        System.out.println("자동차는 총 " + sum + "대 있습니다.");
        show();
    }
    public void show()
    {
        System.out.println("차량 번호는 " + num + "입니다.");
        System.out.println("연료량은 " + gas + "입니다.");
    }
}
```

3. 다음 설명에 대해 ○ 또는 ×로 답하십시오.

① 클래스 A 밖에서 필드 a에 접근할 수 없다.

② 클래스 A 밖에서 필드 b에 접근할 수 없다.

③ 클래스 A 밖에서 메소드 d에 접근할 수 있다.


```
class A
{
    public static int a = 0;

    private int b;

    public A()
    {
        ...
    }
    public void d(int n)
    {
        b = n;
        ...
    }
}
```

4. 다음 코드의 실행 결과에 맞는 숫자를 ①~③에 넣으십시오.

```
class A
{
    A()
    {
        System.out.println("인수 0의 생성자입니다.");
    }
    A(int a)
    {
        this();
        System.out.println("인수 1의 생성자입니다.");
    }
}

class SampleP4
{
    public static void main(String[] args)
    {
        A a1 = new A();
        A a2 = new A(10);
    }
}
```

```
인수 【①】의 생성자입니다.
인수 【②】의 생성자입니다.
인수 【③】의 생성자입니다.
```

5. 다음과 같이 정숫값 좌표를 표현하는 MyPoint 클래스를 작성하십시오. 좌표축의 범위는 0~100 사이가 되어야 합니다.

필드

private int x; (X좌표)

private int y; (Y좌표)

메소드

public void setX(int px); (X좌표를 저장)

public void setY(int py); (Y좌표를 저장)

public int getX( ); (X좌표를 취득)

public int getY( ); (Y좌표를 취득)

생성자

public MyPoint( ); (초기 좌표를 (0,0)으로 한다)

public MyPoint(int px,int py); (초기 좌표를 지정)

Lesson **10**

클래스의 이용

지금까지는 클래스와 그 강력한 기능을 확인하였습니다. 이 장에서는 클래스를 실제로 활용하는 방법을 학습하겠습니다. 클래스를 활용하면 실용적인 프로그램을 만들 수 있습니다. 이 장에서는 다양하게 변화하는 프로그램을 만들어 봅니다.

Check Point!

- 클래스 라이브러리
- 문자열을 다루는 클래스
- 클래스 메소드를 가진 클래스
- 클래스형 변수
- 객체 배열

10.1 클래스 라이브러리

클래스 라이브러리의 원리 이해하기

8장과 9장에서는 클래스의 기본에 대해 학습했습니다. 지금까지 클래스를 사용하는 프로그램을 만들 때 다음과 같은 단계를 거쳐 왔음을 상기해 주세요.

❶ 클래스를 설계하는 코드를 작성한다

→ 클래스를 선언한다

❷ 클래스를 이용하는 코드를 작성한다

→ 객체를 생성해서 인스턴스 변수와 인스턴스 메소드를 사용한다

혹은

→ 클래스 변수와 클래스 메소드를 사용한다

그러나 항상 우리가 직접 이러한 코드를 작성해야 하는 것은 아닙니다.

예를 들어, 누군가가 이미 '자동차'에 관련된 클래스를 설계했다고 가정해 봅시다. 그렇다면 우리가 **차를 관리하는 프로그램을 작성한다고 했을 때, ❷단계부터 작성**할 수 있을 것입니다.

Java의 표준 개발 환경인 JDK에는 **클래스 라이브러리**(class library)라 불리는 클래스가 다수 포함되어 있습니다. 자주 사용되는 기능을 정리한 클래스들입니다. ❷단계부터 코드를 작성할 수 있도록 이미 설계된 클래스가 준비되어 있는 것입니다. 이 장에서는 이 표준 '클래스 라이브러리'를 하나하나 살펴보겠습니다.

그림 10-1 클래스 라이브러리의 이용
클래스 라이브러리를 사용하면 고급 프로그램을 쉽게 만들 수 있습니다.

 지금까지 사용한 클래스 이해하기

사실 지금까지 우리는 클래스 라이브러리의 클래스를 많이 사용해 왔습니다. 키보드를 통해 입력을 받는 다음 코드를 예로 들어 보겠습니다.

```
import java.io.*;

class Sample
{
   public static void main(String[] args) throws IOException
   {
      System.out.println("정수를 입력하십시오.");

      BufferedReader br =
         new BufferedReader(new InputStreamReader(System.in));

      String str = br.readLine();
      int num = Integer.parseInt(str);
      System.out.println(num + "가 입력되었습니다.");
   }
}
```

클래스 라이브러리 안의 클래스를 사용하고 있습니다

이 코드 안에서 사용하고 있는

IOException

BufferedReader

InputStreamReader

System

String

Integer

등이 클래스 라이브러리에서 제공되는 클래스입니다. 상당히 많은 클래스를 사용하고 있군요. 위의 코드에서는 이 클래스에서 다음과 같은 변수를 선언하여 사용하고 있습니다.

br ⟶ BufferedReader 클래스의 변수

str ⟶ String 클래스의 변수

또한 다음과 같은 메소드를 호출해서 클래스의 기능을 사용했습니다.

br.readLine( ); ⟶ BufferedReader 클래스의 인스턴스 메소드를 호출

Integer.parseInt(str); ⟶ Integer 클래스의 클래스 메소드를 호출

결론적으로

이들 클래스의 사양(클래스 선언)을 작성하지 않았음에도, 클래스의 기능을 이용

할 수 있는 것입니다. 우리는 이미 다양한 클래스를 프로그램의 부품으로써 활용하고 있습니다. 클래스 라이브러리는 매우 유용합니다.

10.2 문자열 처리 클래스

문자열 처리 클래스

그렇다면 클래스 라이브러리의 몇몇 클래스를 사용해 보도록 합시다. JDK가 제대로 설치되어 있다면 기본 클래스는 즉시 사용할 수 있어야 정상입니다. 그러면 먼저 문자열 처리를 위해 설계된 **String 클래스**를 사용해 보기로 합니다.

String 클래스는 **문자열**(string)의 개념을 클래스로 구현한 것입니다. "Hello"나 "안녕하세요"와 같은 문자열은 String 클래스로 생성한 객체입니다.

'문자열'의 개념 ⟶ **클래스**
"Hello" "안녕하세요"… ⟶ **객체**

String 클래스는 지금껏 키보드로 입력을 받는 코드에서 사용하고 있었습니다. 이 클래스에는 표 10-1과 같은 메소드가 정의되어 있습니다. 이 메소드들을 호출하면 문자열을 쉽게 다룰 수 있습니다. String 클래스의 내부에서 어떠한 일들이 일어나고 있는지 모름에도 말이지요.

Lesson 10

표 10-1 : String 클래스의 주요 메소드

메소드명	기능
char charAt(int index)	문자열에서 index의 위치에 있는 문자를 반환
boolean endsWith(String suffix)	비교 대상 문자열이 suffix로 끝나는지의 여부를 반환
boolean equals(Object anObject)	비교 대상 문자열이 anObject와 같은 문자열인지의 여부를 반환
boolean equalsIgnoreCase(String anotherString)	비교 대상 문자열이 대소문자 구별없이 anotherString과 같은 문자열인지의 여부를 반환
int indexOf(int ch)	비교 대상 문자열에서 ch가 최초로 출현하는 위치를 반환
int indexOf(String str)	비교 대상 문자열에서 str이 최초로 출현하는 위치를 반환

메소드명	기능
int lastIndexOf(int ch)	비교 대상 문자열에서 ch가 마지막으로 출현하는 위치를 반환
int lastIndexOf(String str)	비교 대상 문자열에서 str이 마지막으로 출현하는 위치를 반환
int length( )	문자열의 길이를 반환
String substring(int beginIndex)	beginIndex 위치부터 마지막까지의 문자열을 추출하여 반환
String substring(int beginIndex, int endIndex)	beginIndex부터 endIndex까지의 문자열을 추출하여 반환
boolean startsWith(String prefix)	비교 대상 문자열이 prefix로 시작하는지 여부를 반환
String toLowerCase( )	문자열을 소문자로 변환한 후 반환
String toUpperCase( )	문자열을 대문자로 변환한 후 반환

문자열의 길이 알아내고 문자열에서 문자 추출하기

그러면 String 클래스를 이용하는 코드를 입력해 볼까요? 표 10-1의 charAt( ) 메소드와 length( ) 메소드를 호출해 보겠습니다.

Sample1.java ▶ 문자열의 길이 알아내고 문자열에서 문자 추출하기

```
class Sample1
{
   public static void main(String[] args)
   {
      String str = "Hello";

      char ch1 = str.charAt(0);      // 첫 번째 문자를 추출합니다
      char ch2 = str.charAt(1);      // 두 번째 문자를 추출합니다

      int len = str.length();        // 문자열의 길이를 반환합니다

      System.out.println(str + "의 첫 번째 문자는 " + ch1 + "입니다.");
      System.out.println(str + "의 두 번째 문자는 " + ch2 + "입니다.");
      System.out.println(str + "의 길이는 " + len + "입니다.");
```

```
    }
}
```

Sample1의 실행 화면

```
Hello의 첫 번째 문자는 H입니다.
Hello의 두 번째 문자는 e입니다.
Hello의 길이는 5입니다.
```

charAt( ) 메소드는

인수가 지정하는 위치에 있는 문자를 반환

하는 메소드입니다. 만약 인수로 0을 전달하면 문자열의 첫 번째 문자를 반환합니다. 그 후, 이 값을 ch1이라는 변수에 저장하고 출력합니다. 그런데 첫 번째 문자를 '0번째', 두 번째 문자를 '1번째'로 부르는 것을 눈치챘나요? 문자열의 순서는 0부터 시작하므로 주의가 필요합니다.

또한 length( ) 메소드는

문자열의 길이를 반환

하는 메소드입니다. 이 메소드로 문자열 안의 문자 수를 알아낼 수 있습니다.

String 클래스의 charAt( ) 메소드는 문자열에서 지정된 위치의 문자를 반환한다.
String 클래스의 length( ) 메소드는 문자열의 길이를 반환한다.

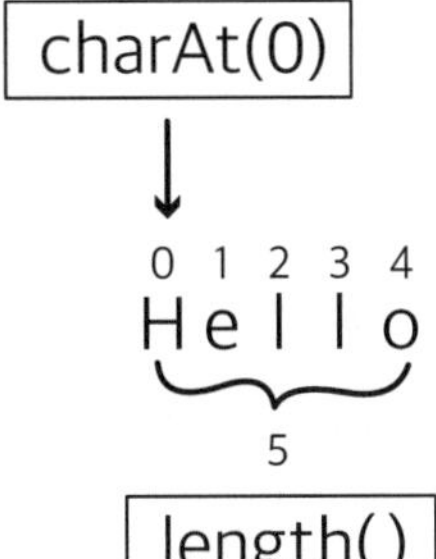

그림 10-2 문자열 조사하기
String 클래스의 charAt( ) 메소드는 문자열에서 지정된 위치의 문자를 반환한다. length( ) 메소드는 문자열의 길이를 반환한다.

문자열 객체를 생성할 때의 주의점

8장에서는 분명 객체를 만들 때 'new'라는 연산자를 사용하여 만들도록 배웠습니다. 그러나 String 클래스의 객체는 매우 자주 사용하므로 new를 사용하지 않고도 만들 수 있습니다.

Sample1에서도 new 대신에 문자열을 " "로 둘러싸기만 했는데, 객체가 생성됨을 확인할 수 있습니다(" "로 둘러싼 문자열을 가리켜 문자열 리터럴이라고 합니다).

```
String str = "Hello";
```

String 클래스의 객체를 가리킬 수 있습니다

지금까지 배운 객체 생성 방법을 활용하면 다음처럼 표현할 수 있습니다.

```
String str = new String("Hello");
```

이러한 표현도 나쁘지 않지만, 첫 번째 생성법이 더 간단하고 효율적입니다.

대문자와 소문자 변환하기

String 클래스를 이용하는 또 다른 코드를 작성해 볼까요? 이번에는 문자열을 대문자 혹은 소문자로 변환하는 두 개의 메소드를 호출해 보겠습니다.

Sample2.java ▶ 대문자와 소문자 변환하기

```
import java.io.*;

class Sample2
{
   public static void main(String[] args) throws IOException
   {
```

```
        System.out.println("영문자를 입력하십시오.");

        BufferedReader br =
           new BufferedReader(new InputStreamReader(System.in));

        String str = br.readLine();

        String stru = str.toUpperCase();   ← 대문자로 변환합니다
        String strl = str.toLowerCase();   ← 소문자로 변환합니다

        System.out.println("대문자로 변환하면 " + stru + "입니다.");
        System.out.println("소문자로 변환하면 " + strl + "입니다.");
    }
}
```

Sample2의 실행 화면

```
영문자를 입력하십시오.
Hello
대문자로 변환하면 HELLO입니다.
소문자로 변환하면 hello입니다.
```

Lesson 10

String 클래스의 **toUpperCase( )** 메소드와 **toLowerCase( )** 메소드는 각각 문자열을 대문자와 소문자로 변환합니다. 입력한 "Hello"라는 문자열이 대문자와 소문자로 변환됨을 알 수 있습니다.

String 클래스의 toUpperCase( ) 메소드는 문자열을 대문자로 변환한다.
String 클래스의 toLowerCase( ) 메소드는 문자열을 소문자로 변환한다.

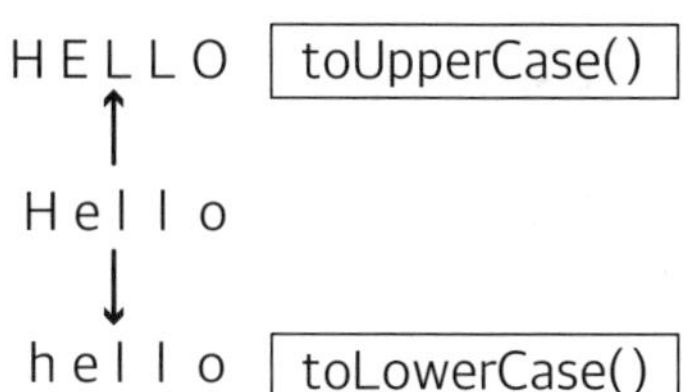

그림 10-3 대문자와 소문자 변환하기
String 클래스의 toUpperCase( ) 메소드와 toLowerCase( ) 메소드는 각각 문자열을 대문자와 소문자로 변환합니다.

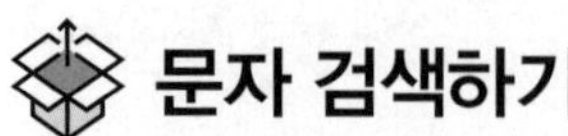

문자 검색하기

마지막으로, 문자열 안에서 지정한 문자를 검색하는 코드를 작성해 봅시다. 이번에는 indexOf( ) 메소드를 사용합니다. 다음 코드를 통해 확인해 보겠습니다.

Sample3.java ▶ 문자 검색하기

```
import java.io.*;

class Sample3
{
   public static void main(String[] args) throws IOException
   {
      System.out.println("문자열을 입력하십시오.");

      BufferedReader br =
         new BufferedReader(new InputStreamReader(System.in));

      String str1 = br.readLine();   // 검색할 문자열을 입력받습니다

      System.out.println("검색어를 입력하십시오.");

      String str2 = br.readLine();   // 검색할 문자를 입력받습니다
      char ch = str2.charAt(0);

      int num = str1.indexOf(ch);   // 문자를 검색합니다

      if(num != -1)
         System.out.println(str1 + "의 " + (num+1) +
            "번째에서 '" + ch + "'을(를) 발견했습니다.");   // 발견된 문자의 위치를 출력합니다
      else
         System.out.println(str1 + "에서 '" + ch +
            "'을(를) 찾을 수 없었습니다.");   // 문자를 찾지 못했을 때의 처리입니다
   }
}
```

Sample3의 실행 화면

```
문자열을 입력하십시오.
안녕하세요 ↵
검색어를 입력하십시오.
하 ↵
안녕하세요의 3번째에서 '하'을(를) 발견했습니다.
```

String 클래스의 **indexOf( ) 메소드**는 문자열에서 문자를 검색하고 첫 번째로 발견한 위치를 반환합니다. 그러나 Java의 문자열에서 첫 번째 문자는 0번째입니다. 따라서 이 코드에서는 'num + 1'번째의 숫자를 출력했습니다.

또한 검색 결과, 문자를 찾지 못한 경우 '-1'을 반환합니다. 따라서 조건 판단문을 사용하여 문자를 찾지 못한 경우의 처리도 작성했습니다.

String 클래스의 indexOf( ) 메소드는 문자열에서 문자를 검색하고 첫 번째로 발견한 위치를 반환한다.

indexOf()

⟶

안녕하세요

그림 10-4 문자열의 검색

String 클래스의 indexOf( ) 메소드는 문자열에서 문자를 검색하고 첫 번째로 발견한 위치를 반환합니다.

문자열 추가하기

클래스 라이브러리에는 String 클래스 이외에도 문자열을 다루는 클래스가 준비되어 있습니다. String 클래스는 일단 생성된 객체의 내용(문자열)을 변경할 수 없다는 제약이 있습니다. 그래서 문자열의 문자를 변경하는 경우, **StringBuffer 클래스**를 사용합니다. 함께 확인해 보겠습니다.

Sample4.java ▶ 문자열 추가하기

```
import java.io.*;

class Sample4
{
   public static void main(String[] args) throws IOException
   {
      System.out.println("문자열을 입력하십시오.");

      BufferedReader br =
         new BufferedReader(new InputStreamReader(System.in));

      String str1 = br.readLine();  ● 문자열을 입력받습니다

      System.out.println("추가할 문자열을 입력하십시오.");

      String str2 = br.readLine();  ● 추가할 문자열을 읽어 들입니다

      StringBuffer sb = new StringBuffer(str1);
      sb.append(str2);  ● 문자열을 추가합니다

      System.out.println(str1 + "에 "+ str2 + "을(를) 추가하면" +
         sb + "입니다.");
   }
}
```

Sample4의 실행 화면

```
문자열을 입력하십시오.
안녕하세요 ↵
추가할 문자열을 입력하십시오.
안녕히가세요 ↵
안녕하세요에 안녕히가세요을(를) 추가하면 안녕하세요안녕히가세요입니다.
```

StringBuffer 클래스의 객체는 문자열을 인수로 전달해서 생성할 수 있습니다. 이 클래스에는 문자열을 추가하는 **append( ) 메소드**가 있습니다. 추가하고 싶은 문자열을 인수로 전달해 보면 문자열이 추가되었음을 확인할 수 있습니다.

StringBuffer 클래스에는 그 외에도 표 10-2과 같은 편리한 메소드가 준비되어 있습니다.

String 클래스는 문자열의 내용을 변경할 수 없다.
StringBuffer 클래스는 문자열의 내용을 변경할 수 있다.

표 10-2 : StringBuffer 클래스의 주요 메소드

메소드명	기능
StringBuffer append(char c)	문자를 현재 문자열 끝에 추가
StringBuffer append(String str)	문자열을 현재 문자열 끝에 추가
StringBuffer deleteCharAt(int index)	index 위치의 문자를 삭제
StringBuffer insert(int offset, char c)	offset이 가리키는 위치에 문자를 추가
StringBuffer insert(int offset, String str)	offset이 가리키는 위치에 문자열을 추가
int length( )	문자열 내의 문자 개수를 반환
StringBuffer replace(int start, int end, String str)	start에서 end의 문자열을 str 문자열로 대체하여 반환
StringBuffer reverse( )	문자열의 역순으로 된 문자열을 반환
void setCharAt(int index, char ch)	index 위치의 문자를 인수로 전달된 문자로 설정
String toString( )	String 클래스 객체를 반환

Lesson 10

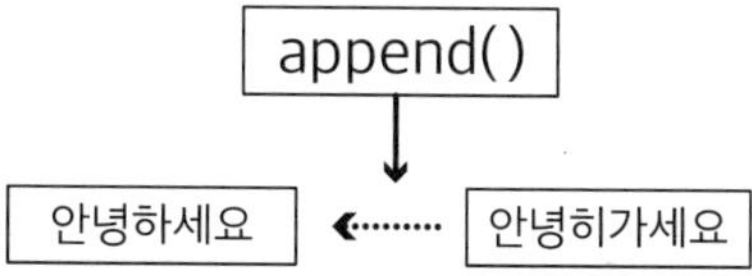

그림 10-5 StringBuffer 클래스
StringBuffer 클래스의 append( ) 메소드를 사용하면 문자열을 추가할 수 있습니다.

10.3 기타 클래스

 Integer 클래스 사용하기

이번에는 문자열 클래스 이외의 클래스를 살펴볼까요? 키보드로 정수를 입력할 때 사용했던 Integer 클래스를 소개합니다.

Integer 클래스는 3장에서 설명했던 'int형'에 관한 다양한 기능을 제공하는 클래스입니다. 기본형을 다루는 클래스는 **래퍼 클래스**(wrapper class)라고도 불립니다. 랩(wrap)이란 '무언가를 감싼다'라는 뜻입니다. 래퍼 클래스는 기본형을 감싸고 그에 관련된 기능을 제공하는 클래스로, Integer 클래스 이외에도 다음과 같은 클래스가 제공됩니다.

표 10-3 : 래퍼 클래스

래퍼 클래스	다루는 기본형
Byte	byte
Character	char
Short	short
Integer	int
Long	long
Float	float
Double	double

래퍼 클래스는 9장에서 설명했던 **클래스 메소드**를 가지고 있습니다. 다음 코드를 확인해 주세요. 이 코드는 키보드 입력을 정수로 변환하는 코드입니다. 지금까지 이러한 스타일의 코드를 자주 사용하고 있었지요.

```
...
String str = br.readLine();
int num = Integer.parseInt(str);
System.out.println(num + "가 입력되었습니다.");
...
```

전달된 문자열을 정수로 변환하는 클래스 메소드입니다

parseInt( ) 메소드는 Integer 클래스의 클래스 메소드입니다. 즉, Integer 클래스의 객체를 생성하지 않고서 'Integer.parseInt( );'와 같이 클래스 이름 뒤에 마침표(.)와 메소드 이름을 붙여 호출할 수 있는 메소드입니다.

이 메소드는 String 클래스의 객체를 인수로 전달받아 int형의 값을 반환합니다. 따라서 키보드로 입력한 문자열을 정수로 변환할 때 이 메소드를 사용했습니다.

표 10-4 : Integer 클래스의 주요 클래스 메소드

메소드명	기능
static int parseInt(String s)	문자열을 정수로 변환해서 반환
static Integer valueOf(String s)	인수로 전달된 문자열의 값으로 초기화된 Integer 객체를 반환

 Math 클래스 사용하기

Integer 클래스 외에 클래스 메소드를 가진 클래스를 나열해 보겠습니다. 한 예로, 수학적인 계산 기능을 구현한 **Math 클래스**가 있습니다. Math 클래스는 다수의 클래스 메소드를 가지고 있습니다.

표 10-2 : Math 클래스의 주요 클래스 메소드

메소드명	기능
static double abs(double a)	double형 인수의 절댓값을 반환
static int abs(int a)	int형 인수의 절댓값을 반환
static double ceil(double a)	double형 인수의 올림값을 반환. 숫자의 올림값은 이 숫자보다 크거나 같은 가장 가까운 double형의 값

메소드명	기능
static double floor(double a)	double형 인수의 내림값을 반환. 숫자의 내림값은 이 숫자보다 크거나 같은 가장 가까운 double형의 값
static double max(double a, double b)	2개의 double형 인수 중, 큰 값을 반환
static int max(int a, int b)	2개의 int형 인수 중, 큰 값을 반환
static double min(double a, double b)	2개의 double형 인수 중, 작은 값을 반환
static int min(int a, int b)	2개의 int형 인수 중, 작은 값을 반환
static double pow(double a, double b)	첫 번째 인수를 두 번째 인수로 거듭제곱한 결과를 반환
static double random( )	0.0~1.0 미만의 난수를 반환
static double rint(double a)	double형의 인수에 가장 가까운 정숫값을 반환
static double sin(double a)	double형 인수의 사인값을 반환
static double cos(double a)	double형 인수의 코사인값을 반환
static double sqrt(double a)	double형 인수의 제곱근을 반환
static double tan(double a)	double형 인수의 탄젠트값을 반환

max( ) 메소드를 사용하는 예제를 작성해 봅시다. 다음 코드를 입력합니다.

Sample5.java ▶ 최댓값 조사하기

```
import java.io.*;

class Sample5
{
   public static void main(String[] args) throws IOException
   {
      System.out.println("정수를 2개 입력하십시오.");

      BufferedReader br =
         new BufferedReader(new InputStreamReader(System.in));

      String str1 = br.readLine();
      String str2 = br.readLine();
```

```
        int num1 = Integer.parseInt(str1);   ┐
                                              ├─ 정수를 2개 준비합니다
        int num2 = Integer.parseInt(str2);   ┘

        int ans = Math.max(num1, num2);  ●── 최댓값을 조사합니다

        System.out.println(num1 + "와(과) " + num2 + " 중 큰 쪽은 " +
            ans + "입니다.");
    }
}
```

Sample5의 실행 화면

```
정수를 2개 입력하십시오.
5 ↵
10 ↵
5와(과) 10 중 큰 쪽은 10입니다.
```

max( ) 메소드는 인수로 전달된 두 숫자의 값 중 큰 값을 반환합니다. 이 예제에서는 int형 인수를 2개 받는 max( ) 메소드를 호출했습니다.

표에서 알 수 있듯이 Math 클래스의 max( ) 메소드에는 여러 종류가 있습니다. 즉, 이 메소드가 오버로딩되었음을 알 수 있습니다. 호출할 때 전달되는 인수가 int형인지 double형인지에 따라 적절한 max( ) 메소드가 호출되는 메커니즘이 갖추어져 있는 것입니다.

```
Math.max(5, 10);       ┐
                        ├─ 각각 적절한 max( ) 메소드가 호출됩니다
Math.max(12.5, 20.5);  ┘
```

또한, Math( ) 클래스의 **random( ) 메소드**를 사용하면 **난수**(random number)라는 임의의 숫자값을 구할 수 있어 편리합니다. 하지만 random( ) 메소드는 0.0~1.0 미만의 값을 반환합니다. 따라서 필요한 숫자값을 구할 때에는 난수값에 추가로 덧셈을 하거나 곱셈을 해야 합니다.

예를 들어, 주사위처럼 1~6 사이의 정숫값을 구하는 코드는 다음과 같습니다.

```
int num = (int) (Math.random()*6)+1;
```

1~6 사이의 정숫값을 구합니다

표준 클래스 라이브러리 안의 클래스

표준 클래스 라이브러리에는 이밖에도 다양한 클래스가 마련되어 있습니다. 클래스 라이브러리에 익숙해지면, 복잡하고 정교한 처리를 하는 프로그램을 쉽게 만들 수 있습니다. 이들 클래스에 대한 설명은 클래스 라이브러리 레퍼런스에서 확인할 수 있습니다. 학습할 때, 레퍼런스를 함께 참조하면 도움이 될 것입니다.

- Java 표준 클래스 라이브러리(Java 20)
https://docs.oracle.com/javase/20/docs/api/

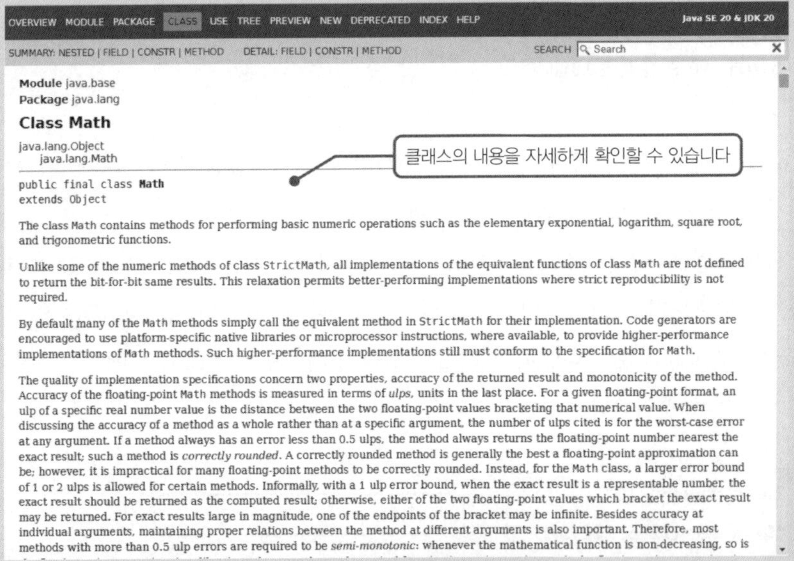

OVERVIEW MODULE PACKAGE CLASS USE TREE PREVIEW NEW DEPRECATED INDEX HELP — Java SE 20 & JDK 20

SUMMARY: NESTED | FIELD | CONSTR | METHOD DETAIL: FIELD | CONSTR | METHOD SEARCH

Module java.base
Package java.lang

Class Math

java.lang.Object
java.lang.Math

public final class **Math**
extends Object

The class Math contains methods for performing basic numeric operations such as the elementary exponential, logarithm, square root, and trigonometric functions.

Unlike some of the numeric methods of class StrictMath, all implementations of the equivalent functions of class Math are not defined to return the bit-for-bit same results. This relaxation permits better-performing implementations where strict reproducibility is not required.

By default many of the Math methods simply call the equivalent method in StrictMath for their implementation. Code generators are encouraged to use platform-specific native libraries or microprocessor instructions, where available, to provide higher-performance implementations of Math methods. Such higher-performance implementations still must conform to the specification for Math.

The quality of implementation specifications concern two properties, accuracy of the returned result and monotonicity of the method. Accuracy of the floating-point Math methods is measured in terms of *ulps*, units in the last place. For a given floating-point format, an ulp of a specific real number value is the distance between the two floating-point values bracketing that numerical value. When discussing the accuracy of a method as a whole rather than at a specific argument, the number of ulps cited is for the worst-case error at any argument. If a method always has an error less than 0.5 ulps, the method always returns the floating-point number nearest the exact result; such a method is *correctly rounded*. A correctly rounded method is generally the best a floating-point approximation can be; however, it is impractical for many floating-point methods to be correctly rounded. Instead, for the Math class, a larger error bound of 1 or 2 ulps is allowed for certain methods. Informally, with a 1 ulp error bound, when the exact result is a representable number, the exact result should be returned as the computed result; otherwise, either of the two floating-point values which bracket the exact result may be returned. For exact results large in magnitude, one of the endpoints of the bracket may be infinite. Besides accuracy at individual arguments, maintaining proper relations between the method at different arguments is also important. Therefore, most methods with more than 0.5 ulp errors are required to be *semi-monotonic*: whenever the mathematical function is non-decreasing, so is

그러나 지금까지 설명한 기본적인 클래스와 다른 클래스를 사용하는 경우에는, '임포트'라는 작업을 병행해야 합니다. 이 방법은 13장에서 설명하도록 하겠습니다.

10.4 클래스형 변수

 클래스형 변수에 대입하기

클래스 라이브러리에 익숙해졌나요? 이 절부터는 '클래스형 변수'의 메커니즘을 자세히 알아보도록 하겠습니다. 클래스 라이브러리의 String 클래스를 사용하게 되므로, 지금까지의 설명을 참고하길 바랍니다.

8장에서는 다음과 같이 객체를 생성했었군요.

```
Car car1;        // Car형 변수 Car1입니다
car1 = new Car();
```

car1처럼 객체를 가리키는 변수를 **Car형 변수**라고 했습니다. 또한, new를 사용해서 객체를 생성하고 클래스형 변수에 '대입'하고 있습니다.

사실 **클래스형 변수에는 객체가 생성될 때 이외에도 '대입'을 할 수 있습니다.** 다음 코드를 입력해 보세요.

Sample6.java ▶ 클래스형 변수에 대입하기

```
//자동차 클래스
class Car
{
   private int num;
   private double gas;

   public Car()
   {
```

```
        num = 0;
        gas = 0.0;
        System.out.println("자동차가 만들어졌습니다.");
    }
    public void setCar(int n, double g)
    {
        num = n;
        gas = g;
        System.out.println("차량 번호를 " + num + "로, 연료량을 " +
            gas + "로 바꾸었습니다.");
    }
    public void show()
    {
        System.out.println("차량 번호는 " + num + "입니다.");
        System.out.println("연료량은 " + gas + "입니다.");
    }
}

class Sample6
{
    public static void main(String[] args)
    {
        Car car1;    // car1을 선언했습니다
        System.out.println("car1을 선언했습니다.");
        car1 = new Car();    // 객체를 1개 생성해서 변수 car1에 대입했습니다
        car1.setCar(1234, 20.5);

        Car car2;    // car2를 선언했습니다
        System.out.println("car2를 선언했습니다.");

        car2 = car1;    // car2에 car1을 대입했습니다
        System.out.println("car2에 car1을 대입했습니다.");

        System.out.print("car1이 가리키는 ");
        car1.show();
```

```
        System.out.print("car2가 가리키는 ");
        car2.show();
    }
}
```

Sample6의 실행 화면

```
car1을 선언했습니다.
자동차가 만들어졌습니다.
차량 번호를 1234로, 연료량을 20.5로 바꾸었습니다.
car2를 선언했습니다.
car2에 car1을 대입했습니다.
car1이 가리키는 차량 번호는 1234입니다.
연료량은 20.5입니다.
car2가 가리키는 차량 번호는 1234입니다.
연료량은 20.5입니다.
```

car2와 car1이 같은 결과를 출력합니다

위 예제에서는 객체를 1개 생성하여 Car형 변수 car1에 대입하고 있습니다. 여기까지는 지금까지 등장한 예제와 동일하군요.

그다음, 또 다른 Car형 변수 car2를 선언했습니다. 그리고 'car2 = car1;'이라고 대입하고 있습니다. 즉 클래스형 변수에는,

같은 클래스형 변수를 대입

하는 것이 가능합니다.

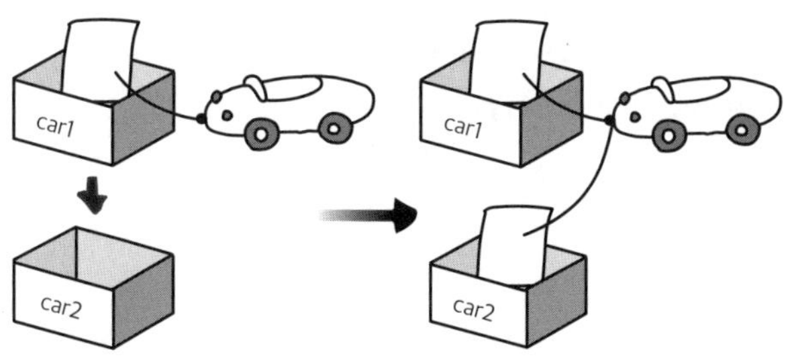

그림 10-6 클래스형 변수에 대입
클래스형 변수를 선언하고 같은 클래스형 변수를 대입할 수 있습니다.

그런데 실행 화면을 보면 car1과 car2가 같은 문구를 출력하고 있습니다. 마치 동일한 '자동차' 객체가 2개 존재하는 듯 보이네요. 그러나 이것이 같은 객체가 2개 존재함을 나타내는 것은 아닙니다. 그러면 증명해 볼까요?

Sample7.java ▶ 객체 변경하기

```
//자동차 클래스
class Car
{
   private int num;
   private double gas;

   public Car()
   {
      num = 0;
      gas = 0.0;
      System.out.println("자동차가 만들어졌습니다.");
   }
   public void setCar(int n, double g)
   {
      num = n;
      gas = g;
      System.out.println("차량 번호를 " + num + "로, 연료량을 " +
         gas + "로 바꾸었습니다.");
   }
   public void show()
   {
      System.out.println("차량 번호는 " + num + "입니다.");
      System.out.println("연료량은 " + gas + "입니다.");
   }
}

class Sample7
{
   public static void main(String[] args)
   {
```

```
        Car car1;
        System.out.println("car1을 선언했습니다.");
        car1 = new Car();
        car1.setCar(1234, 20.5);

        Car car2;
        System.out.println("car2를 선언했습니다.");

        car2 = car1;
        System.out.println("car2에 car1을 대입했습니다.");

        System.out.print("car1이 가리키는 ");
        car1.show();
        System.out.print("car2가 가리키는 ");
        car2.show();

        System.out.println("car1이 가리키는 차량을 변경합니다.");
        car1.setCar(2345, 30.5);  ●—— 'car1'을 사용하여 객체를 변경했습니다

        System.out.print("car1이 가리키는 ");
        car1.show();
        System.out.print("car2가 가리키는 ");
        car2.show();
    }
}
```

Lesson 10

Sample7의 실행 화면

```
car1을 선언했습니다.
자동차가 만들어졌습니다.
차량 번호를 1234로, 연료량을 20.5로 바꾸었습니다.
car2를 선언했습니다.
car2에 car1을 대입했습니다.
car1이 가리키는 차량 번호는 1234입니다.
연료량은 20.5입니다.
car2가 가리키는 차량 번호는 1234입니다.
```

```
연료량은 20.5입니다.
car1이 가리키는 차량을 변경합니다.
차량 번호를 2345로, 연료량을 30.5로 바꾸었습니다.
car1이 가리키는 차량 번호는 2345입니다.
연료량은 30.5입니다.
car2가 가리키는 차량 번호는 2345입니다.
연료량은 30.5입니다.
```

car1이 출력하는 문구가 변경됩니다

car2의 출력 문구도 변경되었습니다

변수 car1을 사용하여 '자동차' 객체의 차량 번호와 연료량을 변경했습니다. 그 다음 car1과 car2의 차량 번호와 연료량을 출력해 보면, 두 객체 모두 같은 값으로 변경되었음을 알 수 있습니다. 즉,

변수 car1과 car2가 서로 다른 객체가 아니라, 동일한 객체를 가리키고 있는

것입니다. 클래스형 변수에 대입한다는 것은

대입받은 변수가 대입하는 변수를 가리키도록 하겠다

는 뜻입니다. 이 메커니즘을 숙지하기 바랍니다.

두 개 이상의 변수로 하여금 1개의 객체를 가리키게 할 수 있다.

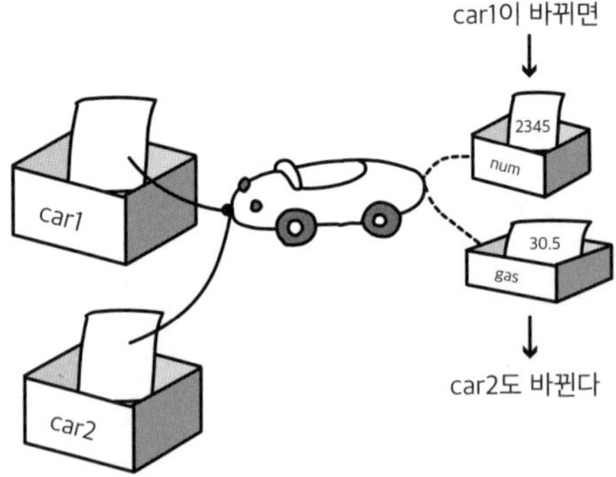

그림 10-7 객체의 변경

클래스형 변수에 대입하면 대입된 변수(좌변)는 대입한 변수(우변)가 가리키는 객체를 가리키게 됩니다. 그러한 상태에서 두 변수 중 하나를 변경하면 다른 쪽 변수에도 변화가 생깁니다.

null의 원리 이해하기

클래스형 변수에 대해 알아 두어야 할 또 다른 중요한 사실이 있습니다. 이 변수에 **null값**을 대입하면 그 변수는 객체를 가리키지 못하게 됩니다.

```
class Sample
{
    public static void main(String[] args)
    {
        Car car1;
        car1 = new Car();

        car1 = null;   // null을 대입했습니다
        ...
    }
}
```

null을 대입하면 변수 car1은 **어떠한 객체도 가리킬 수 없게 됩니다.** 만약 그 객체를 어떤 변수에서도 참조하지 않으면 Java의 판단에 따라 객체는 소멸되고 메모리는 객체를 생성하기 전의 상태로 돌아갑니다. 이 메커니즘을 가리켜 **가비지 컬렉션**(garbage collection)이라고 합니다.

null을 대입하면 변수가 객체를 가리킬 수 없게 된다.

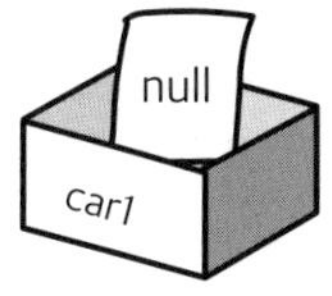

그림 10-8 null
null을 대입하면 변수가 객체를 가리킬 수 없게 됩니다.

그러나 두 개의 변수가 같은 객체를 가리킬 경우에는 한쪽 변수에 null을 대입한다고 해서 객체가 소멸되지는 않습니다.

```
class Sample
{
   public static void main(String[] args)
   {
      Car car1;
      car1 = new Car();

      Car car2;
      car2 = car1;        // car1과 car2는 같은 객체를 가리킵니다

      car1 = null;        // car1에 null을 대입해도 여전히 car2는 객체를 가리키고 있습니다
      ...
   }
}
```

finalize( ) 메소드

객체가 생성될 때, 생성자 메소드가 자동으로 호출되었음을 기억하고 있나요? 그와 반대로, 객체가 소멸될 때에는'finalize( )'라는 메소드가 자동으로 호출됩니다. 다양한 컴퓨터 자원을 사용하는 프로그램의 경우 이 메소드를 선언해서 올바른 종료 처리를 꾀합니다.

그러나 가비지 컬렉션을 수행하는 타이밍은 전적으로 Java의 판단에 달려 있기 때문에, finalize( ) 메소드를 선언하더라도 finalize( ) 메소드가 호출되는 타이밍까지 관리할 수는 없습니다.

 메소드의 인수로 사용하기

클래스형 변수는 다양한 곳에서 사용됩니다. 예를 들어, 클래스형 변수를 클래스 선언 시에 필드로 사용할 수 있습니다. 다음 클래스 선언을 함께 볼까요?

```
class Car
{
```

```
    private int num;              ]── 기본형 변수를 사용한 필드입니다
    private double gas;           ]
    private String name;  ●── 클래스형 변수를 사용한 필드입니다
    ...
}
```

이 클래스 선언에서는 String형 변수 name을 필드로 삼았습니다. 클래스형 변수는 기본 변수처럼 필드로 만들 수 있습니다. 또한 메소드와 생성자의 인수로 클래스형 변수를 사용할 수도 있습니다. 다음 코드를 입력해 볼까요?

Sample8.java ▶ 인수로 클래스형 변수 사용하기

```
//자동차 클래스
class Car
{
    private int num;
    private double gas;
    private String name;  ●── 클래스형 변수를 사용한 필드입니다

    public Car()
    {
        num = 0;
        gas = 0.0;
        name = "이름 없음";
        System.out.println("자동차가 만들어졌습니다.");
    }
    public void setCar(int n, double g)
    {
        num = n;
        gas = g;
        System.out.println("차량 번호를 " + num + "로, 연료량을 " +
            gas + "로 바꾸었습니다.");
    }
    public void setName(String nm)
    {                 └── 클래스형 변수를 가인수로 받는 메소드입니다
```

Lesson 10

```
        name = nm;
        System.out.println("차량 이름을 " + name + "로 바꾸었습니다.");
    }
    public void show()
    {
        System.out.println("차량 번호는 " + num + "입니다.");
        System.out.println("연료량은 " + gas + "입니다.");
        System.out.println("이름은 " + name + "입니다.");
    }
}

class Sample8
{
    public static void main(String[] args)
    {
        Car car1;
        car1 = new Car();

        car1.show();

        int number = 1234;
        double gasoline = 20.5;
        String str = "1호차";

        car1.setCar(number, gasoline);
        car1.setName(str);    // 문자열 객체를 가리키는 변수를 실인수로 지정합니다

        car1.show();
    }
}
```

Sample8의 실행 화면

```
자동차가 만들어졌습니다.
차량 번호는 0입니다.
연료량은 0.0입니다.
이름은 이름 없음입니다.
차량 번호를 1234로, 연료량을 20.5로 바꾸었습니다.
차량 이름을 1호차로 바꾸었습니다.
차량 번호는 1234입니다.
연료량은 20.5입니다.
이름은 1호차입니다.
```

메소드 안에서 문자열 객체가 처리되고 있습니다

이 예제에서는 String형 변수를 메소드의 인수로 사용했습니다. 따라서 메소드에 차의 이름을 담은 문자열을 전달할 수 있었습니다. 실인수 str이 가인수 nm에 대입될 수 있게 전달된 것입니다. 그 결과, 메소드 안에서 차량의 이름이 화면에 출력되는 것을 확인할 수 있었습니다.

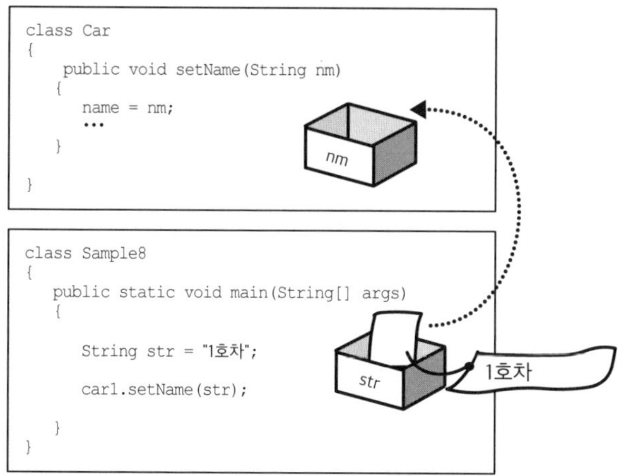
class Car
{
public void setName(String nm)
{
name = nm;
...
}
}
nm
class Sample8
{
public static void main(String[] args)
{
String str = "1호차";
car1.setName(str);
}
}
str
1호차

그림 10-9 클래스형 변수를 사용한 인수
클래스형 변수를 인수로 갖는 메소드를 선언할 수 있습니다.

Lesson 10

값의 전달과 참조의 전달

단, 메소드의 인수로 클래스형 변수를 사용할 경우와 기본형 변수를 사용할 경우의 차이점에 주의해야 합니다. 그림 10-10(왼쪽)을 함께 볼까요? setName( ) 메소드의 경우처럼, **클래스형 변수를 인수로 전달하면 실인수 str과 가인수 nm은 같은 객체를 가리키게 됩니다.**

이 절의 도입부에서 설명했듯이, 클래스형 변수에 대입하면 대입된 변수는 대입한 변수와 같은 객체를 가리키게 되기 때문입니다. 이때, 객체가 복사되어 2개로 늘어나는 일은 생기지 않습니다.

한편, setCar( ) 메소드처럼 **기본형 변수를 인수로 전달한 경우, 호출된 쪽의 가인수와 호출한 쪽의 실인수는 각각 다른 것이 됩니다.** 그림 10-10(오른쪽)과 같이 가인수와 실인수에는 각각 기본형의 값이 복사되어 수신자에게 전달되기 때문입니다.

이와 같은 인수 전달 방법을 각각

객체는 참조가 전달된다

기본형은 값이 전달된다

라고 부릅니다. 매우 중요한 메커니즘이므로 숙지하기 바랍니다.

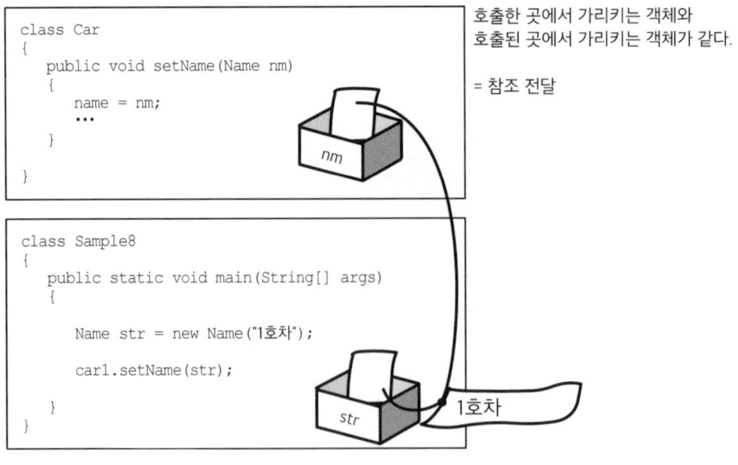
class Car
{
public void setName(Name nm)
{
name = nm;
•••
}
}
nm
class Sample8
{
public static void main(String[] args)
{
Name str = new Name("1호차");
car1.setName(str);
}
}
str
1호차
호출한 곳에서 가리키는 객체와
호출된 곳에서 가리키는 객체가 같다.
= 참조 전달

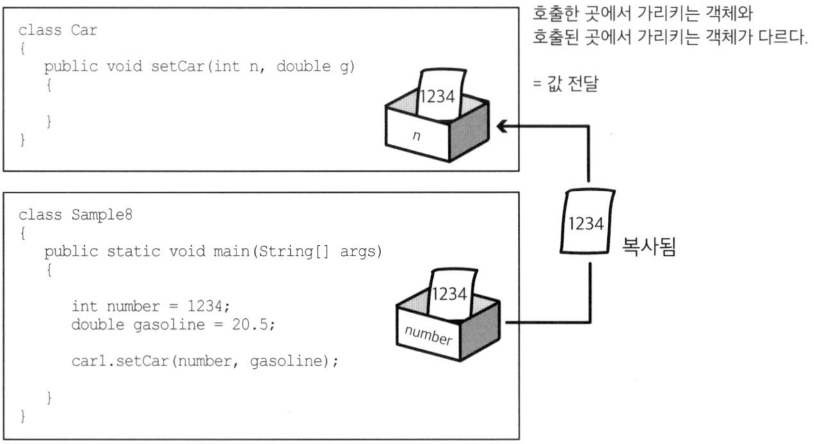

```
class Car
{
   public void setCar(int n, double g)
   {

   }
}
```

```
class Sample8
{
   public static void main(String[] args)
   {

      int number = 1234;
      double gasoline = 20.5;

      car1.setCar(number, gasoline);

   }
}
```

호출한 곳에서 가리키는 객체와
호출된 곳에서 가리키는 객체가 다르다.

= 값 전달

1234 n

1234 복사됨

1234 number

그림 10-10 값의 전달과 참조의 전달

객체의 경우, 참조가 전달되어 호출된 쪽의 가인수와 호출한 쪽의 실인수가 같은 것이 됩니다. 기본형의 경우, 값이 전달되어 호출된 쪽의 가인수와 호출한 쪽의 실인수가 각각 다른 것이 됩니다.

10.5 객체 배열

 객체 배열 다루기

이 절에서는 마지막으로 지금까지 배운 내용을 응용해 보겠습니다. 여러 객체를 함께 취급하는 방법을 학습해 볼까요? 7장에서는 다음과 같이 int형의 값을 저장하는 배열을 다루었지요?

```
int[] test;
test = new int[5];

test[0] = 80;
test[1] = 60;
...
```

이와 같이,

객체를 모아 한번에 다루는 배열

을 표현할 수 있습니다. 다음 코드를 입력하십시오.

Sample9.java ▶ 객체 배열 다루기

```
class Car
{
   private int num;
   private double gas;
```

```
    public Car()
    {
        num = 0;
        gas = 0.0;
        System.out.println("자동차가 만들어졌습니다.");
    }
    public void setCar(int n, double g)
    {
        num = n;
        gas = g;
        System.out.println("차량 번호를 " + num + "로, 연료량을 " +
            gas + "로 바꾸었습니다.");
    }
    public void show()
    {
        System.out.println("차량 번호는 " + num + "입니다.");
        System.out.println("연료량은 " + gas + "입니다.");
    }
}

class Sample9
{
    public static void main(String[] args)
    {
        Car[] cars;              ┐
        cars = new Car[3];       ┘── 배열을 준비합니다

        for(int i=0; i<cars.length; i++){
            cars[i] = new Car(); ●── 객체를 3개 생성하여 배열 요소에 대입합니다
        }

        cars[0].setCar(1234, 20.5);
        cars[1].setCar(2345, 30.5);
        cars[2].setCar(3456, 40.5);
```

```
        for(int i=0; i<cars.length; i++){
            cars[i].show();
        }
    }
}
```

Sample9의 실행 화면

```
자동차가 만들어졌습니다.
자동차가 만들어졌습니다.
자동차가 만들어졌습니다.
차량 번호를 1234로, 연료량을 20.5로 바꾸었습니다.
차량 번호를 2345로, 연료량을 30.5로 바꾸었습니다.
차량 번호를 3456로, 연료량을 40.5로 바꾸었습니다.
차량 번호는 1234입니다.
연료량은 20.5입니다.
차량 번호는 2345입니다.
연료량은 30.5입니다.
차량 번호는 3456입니다.
연료량은 40.5입니다.
```

자동차 3대의 정보를 출력하고 있습니다

객체를 배열로 취급하려면 먼저 배열을 준비해야 합니다.

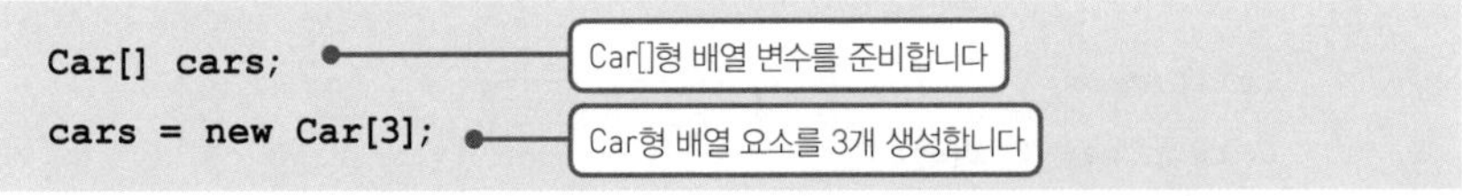
```
Car[] cars;
cars = new Car[3];
```
Car[]형 배열 변수를 준비합니다
Car형 배열 요소를 3개 생성합니다

int형 배열을 준비하는 방법을 기억하나요? 'int'라고 적었던 부분에 'Car'라는 클래스명을 적었군요. 객체를 배열로 다루는 방법도 기본형 배열을 다루는 방법과 크게 다르지 않습니다.

그러나 객체를 배열로 다루려면 준비 과정이 한 단계 더 필요합니다.

실제 객체를 생성하고, 배열 요소가 그 객체를 가리키도록 대입

하는 작업입니다. 객체를 1개씩 생성하여 배열 요소에 대입함으로써 배열 요소를 사용하여 객체를 다룰 수 있게 되었습니다.

```
for(int i=0; i<cars.length; i++){
    cars[i] = new Car();   // Car 클래스의 객체를 3개 생성합니다
}
```

위 코드에서는 반복문으로 표현했습니다만, 이는

```
cars[0] = new Car();
cars[1] = new Car();
cars[2] = new Car();
```

와 동일한 작업을 합니다. 이 예제에서는 이처럼 여러 객체를 배열에 담아 자동차 3대의 차량 번호와 연료의 양을 출력한 것입니다. 객체를 배열로 다룰 때에는 여기에서 했던 두 가지 작업을 꼭 기억하길 바랍니다. 즉,

❶ **배열을 준비한다**

❷ **객체를 만들고 배열 요소가 그들을 가리키도록 대입한다**

라는 두 가지 작업입니다. 두 작업 모두에서 new가 사용됩니다. 실수하지 않도록 주의합니다.

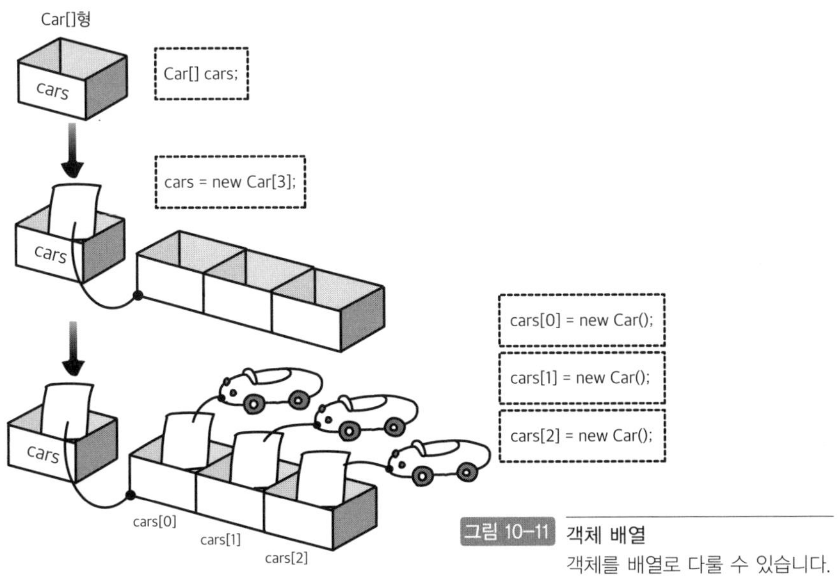

그림 10-11 객체 배열
객체를 배열로 다룰 수 있습니다.

컬렉션

배열은 객체를 한 곳에 담아서 다뤄야 할 경우 편리한 기능입니다. 그러나 배열은 생성하는 시점에 객체의 수를 미리 정해 두어야 한다는 제약사항이 있습니다. 따라서 객체를 모아서 다뤄야 할 때 배열보다 강력한 기능을 가진 **컬렉션 클래스**가 클래스 라이브러리에 마련되어 있습니다. 대표적인 컬렉션 클래스의 종류는 다음과 같습니다.

- 리스트 … 순서가 정해진 요소들을 다룸
- 셋 … 순서가 없는 요소들을 다룸
- 맵 … 키값을 사용하여 요소들을 다룸

컬렉션 클래스를 사용하면 객체 모음에 객체를 추가하거나 제거하는 작업이 보다 수월해집니다.

10.6 강의 요약

이 장에서는 다음과 같은 것을 배웠습니다.

- 클래스 라이브러리 안의 클래스를 사용하면 코드를 보다 간단하게 작성할 수 있습니다.
- 클래스형 변수에는 같은 클래스형 변수를 대입할 수 있습니다.
- 클래스형 변수에 null값을 대입하면 그 변수는 객체를 가리키지 못하게 됩니다.
- 필드로 클래스형 변수를 사용할 수 있습니다.
- 메소드의 가인수로 클래스형 변수를 사용할 수 있습니다.
- 객체를 배열로 다룰 수 있습니다.

이 장에서는 클래스의 응용 방법을 배웠습니다. 클래스 라이브러리의 클래스를 사용하면 복잡한 기능을 보다 간단하게 구현할 수 있습니다. 또한 클래스형 변수의 메커니즘과 객체 배열은 클래스를 다루는 코드를 작성할 때 반드시 알아두어야 할 지식이니 꼭 기억하기 바랍니다.

연습문제

1. 다음 항목에 대해 ○ 또는 ×로 답하십시오.

   ① 2개 이상의 변수가 동시에 동일한 객체를 가리킬 수 없다.

   ② 객체를 가리키는 변수에 null을 대입할 수 있다.

2. StringBuffer 클래스의 reverse( ) 메소드를 사용하여 다음과 같이 출력되는 코드를 작성하십시오.

```
문자열을 입력하십시오.
Hello ↵
Hello(을)를 뒤집으면 olleH입니다.
```

3. StringBuffer 클래스의 메소드를 사용하여 다음과 같이 출력되는 코드를 작성하십시오.

```
문자열을 입력하십시오.
Hello ↵
a가 들어갈 위치를 정수로 입력하십시오.
2 ↵
Heallo(이)가 되었습니다.
```

4. Math 클래스의 메소드를 사용하여 다음과 같이 출력되는 코드를 작성하십시오.

```
정수를 2개 입력하십시오.
5 ↵
10 ↵
5와(과) 10 중 작은 쪽은 5입니다.
```

Lesson 11

새로운 클래스

8장부터 10장에 걸쳐 클래스의 다양한 기능을 학습했습니다. Java는 이미 설계된 클래스를 활용하여 새로운 클래스를 효율적으로 만들 수 있도록 지원합니다. 기존의 클래스를 이용하여 프로그램을 효율적으로 만들 수 있다는 것은 Java의 큰 장점입니다. 이 장에서는 새로운 클래스를 만드는 방법을 배워 보겠습니다.

Check Point!

- 상속
- 슈퍼 클래스
- 서브 클래스
- super( )
- protected 멤버
- 오버라이딩
- final
- Object 클래스

11.1 상속

상속의 원리 이해하기

지금까지는 '자동차'의 기능을 정리한 클래스를 사용하여 프로그램을 작성했습니다. 이 장에서는 보다 새로운 프로그램을 만들어 보도록 하겠습니다.

이번 장부터는

경기용 레이싱 카

처럼 특수한 자동차를 다루는 프로그램을 만들어 보겠습니다. 경기용 레이싱 카의 특징을 같이 떠올려 볼까요? 경기용 레이싱 카는 자동차의 일종이므로 자동차와 레이싱 카에는 많은 공통점이 있습니다.

프로그램을 개발할 때에는 이미 만들어진 코드를 확장하며 개발해 나가야 할 때가 있습니다. **Java는 이미 설계된 클래스를 바탕으로 새로운 클래스를 만들 수 있도록 지원합니다.** 따라서 지금까지 자동차를 표현했던 'Car 클래스'를 바탕으로 레이싱 카를 표현하는 'RacingCar 클래스'를 만들 수 있을 것입니다.

이처럼 새로운 클래스를 만드는 행위를 가리켜

클래스를 확장한다(extends)

고 합니다.

상속받은 새로운 클래스는 기존 클래스의 멤버를 '물려받아' 동작하게끔 되어 있습니다. 기존 클래스에 새롭게 필요한 성질이나 기능(멤버)을 추가해서 코드를 작성할 수 있습니다. 이는 프로그램 개발 속도의 향상으로 이어집니다.

다음 설명을 확인해 주세요. 새로운 '레이싱 카' 클래스를 대략 이렇게 표현할 수 있을 것입니다.

```
class 자동차          ← 바탕이 되는 클래스입니다
{
    차량 번호;
    연료량;
    차량 번호와 남은 연료의 양을 표시하는 기능...
}

class 레이싱 카 상속받는다 자동차     ← 새로운 클래스입니다
{
    경기용 코스;                      ┐ 추가되는 성질과 기능을
    경기용 코스를 표시하는 기능...    ┘ 정리해서 표현합니다
}
```

'차' 클래스 뒤에 '레이싱 카' 클래스를 정리해 보았습니다. 레이싱 카 클래스는 자동차 클래스의 멤버를 상속받습니다. 따라서 자동차 클래스에 이미 존재하는 멤버를 코드로 다시 작성할 필요가 없습니다. 레이싱 카 고유의 기능만 표현해 주면 됩니다.

이처럼 새로 확장된 클래스가 기존 클래스의 멤버를 물려받는 것을 가리켜 **상속**(inheritance)이라고 하며, 이때 바탕이 되는 클래스는 **슈퍼 클래스**(superclass), 새로운 클래스는 **서브 클래스**(subclass)라고 부릅니다. 즉 여기에서는

'자동차' 클래스 ⟶ 슈퍼 클래스
'레이싱 카' 클래스 ⟶ 서브 클래스

인 셈입니다.

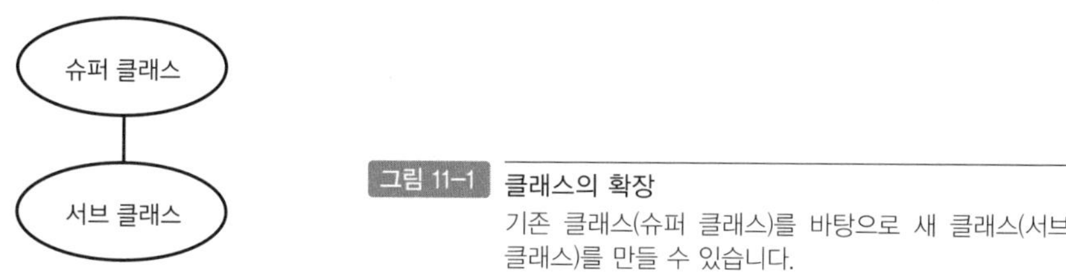

그림 11-1 클래스의 확장
기존 클래스(슈퍼 클래스)를 바탕으로 새 클래스(서브 클래스)를 만들 수 있습니다.

클래스 확장하기

그러면 코드를 통하여 클래스의 확장 구문을 외워 봅시다. 서브 클래스를 선언할 때에는 extends 키워드 뒤에 슈퍼 클래스의 이름을 적습니다.

구문 **서브 클래스 선언**

```
class 서브 클래스명 extends 슈퍼 클래스명
{
    서브 클래스에 추가하는 멤버..
    서브 클래스의 생성자(인수 목록)
    {
        ...
    }
}
```

실제 코드로 표현한 서브 클래스를 함께 볼까요?

Sample1.java 전반부 ▶ 클래스 확장하기

```
//자동차 클래스
class Car          // 슈퍼 클래스를 선언합니다
{
    private int num;
    private double gas;

    public Car()
    {
        num = 0;
        gas = 0.0;
        System.out.println("자동차가 만들어졌습니다.");
    }
    public void setCar(int n, double g)
    {
```

```
        num = n;
        gas = g;
        System.out.println("차량 번호를 " + num + "로, 연료량을 " +
            gas + "로 바꾸었습니다.");
    }
    public void show()
    {
        System.out.println("차량 번호는 " + num + "입니다.");
        System.out.println("연료량은 " + gas + "입니다.");
    }
}
//레이싱 카 클래스
class RacingCar extends Car
{
    private int course;

    public RacingCar()
    {
        course = 0;
        System.out.println("레이싱 카가 만들어졌습니다.");
    }
    public void setCourse(int c)
    {
        course = c;
        System.out.println("코스 번호를 " + course + "로 했습니다.");
    }
}
...(후반부로 이어집니다)
```

서브 클래스를 선언합니다

추가되는 필드입니다

서브 클래스의 생성자입니다

추가되는 메소드입니다

슈퍼 클래스 Car와 서브 클래스 RacingCar를 선언했습니다. RacingCar 클래스는 Car 클래스의 멤버를 물려받기 때문에, RacingCar 클래스 안에서는 물려받은 멤버를 따로 작성할 필요가 없습니다. Car 클래스에 없는 고유의 멤버만 표현하면 됩니다. 따라서 course 필드와 setCourse( ) 메소드가 추가되었습니다.

슈퍼 클래스를 확장해서 서브 클래스를 선언할 수 있다.

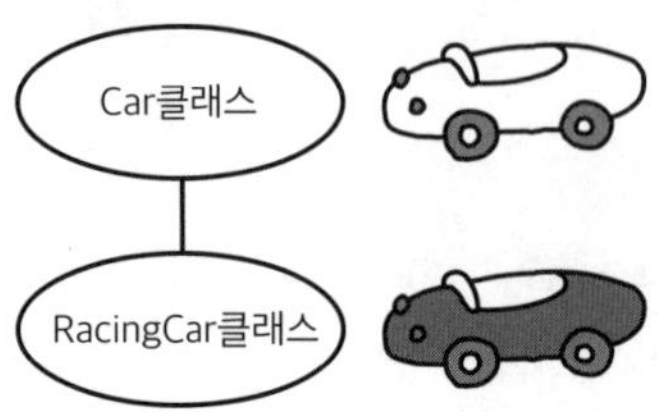

그림 11-2 Car 클래스와 RacingCar 클래스
슈퍼 클래스 Car를 확장하여 서브 클래스 RacingCar를 선언할 수 있습니다.

서브 클래스의 객체 생성하기

그러면 Sample1 전반부에 이어서 서브 클래스의 객체를 생성하는 코드를 작성해 봅시다. 객체를 생성하는 방법은 지금까지 방법과 마찬가지로 new를 사용해서 작성하면 됩니다.

Sample1.java 후반부 ▶ 서브 클래스의 객체 생성하기

```
... (전반부에서 이어짐)
class Sample1
{
   public static void main(String[] args)
   {
      RacingCar rccar1;
      rccar1 = new RacingCar();            // 서브 클래스의 객체를 생성합니다

      rccar1.setCar(1234, 20.5);           // ❶ 상속받은 메소드를 호출하고 있습니다
      rccar1.setCourse(5);                 // ❷ 추가된 메소드를 호출하고 있습니다
   }
}
```

Sample1의 실행 화면

```
자동차가 만들어졌습니다.
레이싱 카가 만들어졌습니다.
차량 번호를 1234로, 연료량을 20.5로 바꾸었습니다.
코스 번호를 5로 했습니다.
```

상속받은 메소드와 추가된 메소드의 호출 방법이 동일함을 확인할 수 있습니다.

Sample1에서는 객체 생성 후, 다음처럼 메소드를 호출하고 있군요.

```
rccar1.setCar(1234, 20.5);
rccar1.setCourse(5);
```

❶ 상속받은 메소드를 호출하고 있습니다

❷ 추가된 메소드를 호출하고 있습니다

setCar( ) 메소드(❶)는 슈퍼 클래스에 정의된 메소드입니다. 이 멤버는 슈퍼 클래스에게서 물려받은 것입니다. 따라서 여타 메소드와 마찬가지로 객체에서 호출할 수 있습니다.

또한, 서브 클래스에 새로 추가된 setCourse( ) 메소드(❷) 또한 호출 방법이 똑같습니다.

서브 클래스에서는 상속받은 멤버와 추가된 멤버를 모두 같은 방법으로 호출할 수 있습니다. 이처럼 클래스를 확장하면 이미 설계된 클래스를 바탕으로 새로운 클래스를 효율적으로 만들 수 있습니다. 결과적으로 전체 프로그램의 작성 능률을 높이는 효과를 볼 수 있습니다.

서브 클래스는 슈퍼 클래스의 멤버를 상속받는다.

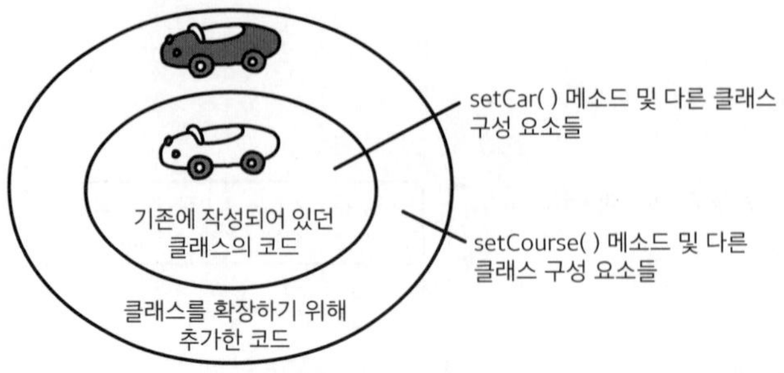
setCar( ) 메소드 및 다른 클래스 구성 요소들
기존에 작성되어 있던 클래스의 코드
setCourse( ) 메소드 및 다른 클래스 구성 요소들
클래스를 확장하기 위해 추가한 코드

그림 11-3 클래스의 확장
클래스를 확장하면 보다 효율적으로 프로그램을 작성할 수 있습니다.

클래스의 기능

이 절에서 설명한 **상속**과 9장에서 설명한 **캡슐화, 다형성**. 이 3가지 기능은 Java의 클래스가 가진 강점입니다. 이러한 기능에 의해 클래스는 안전하고 독립성을 가진 프로그램의 부품으로 조합되어 활용됩니다. 클래스를 활용함으로써 오류가 적은 프로그램을 효율적으로 만들어 나갈 수 있는 것입니다. 3가지 기능은 객체 지향의 원칙이기도 하고 Java에서 빼놓을 수 없는 기능입니다.

슈퍼 클래스의 생성자 호출하기

Sample1의 실행 결과를 주의깊게 살펴보세요.

Sample1의 실행 화면

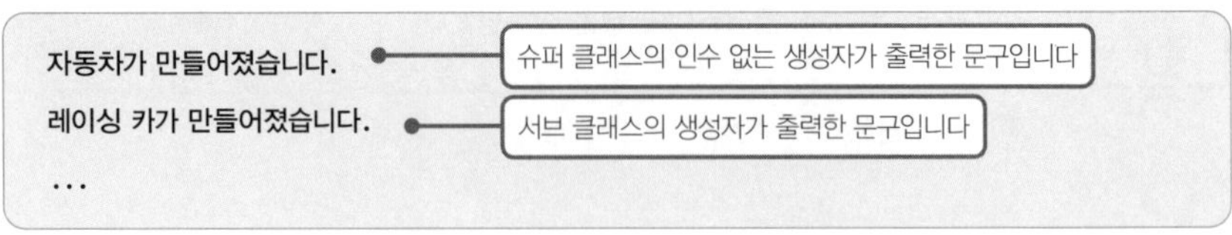
자동차가 만들어졌습니다.
슈퍼 클래스의 인수 없는 생성자가 출력한 문구입니다
레이싱 카가 만들어졌습니다.
서브 클래스의 생성자가 출력한 문구입니다
...

가장 먼저 '자동차가 만들어졌습니다.'라는 문구가 출력된 것을 통하여 서브 클래스의 객체가 생성될 때, 슈퍼 클래스의 생성자가 먼저 실행됨을 알 수 있습니다. 이처럼 별다른 가공 없이, 서브 클래스의 객체를 생성할 경우

서브 클래스의 생성자 호출에 앞서, 슈퍼 클래스의 인수 없는 생성자가 호출되는 것이 기본입니다. 슈퍼 클래스의 생성자는 서브 클래스에게 상속되지 않습니다. 그 대신, 슈퍼 클래스의 인수 없는 생성자가 자동으로 호출됩니다. 이렇게 슈퍼 클래스로부터 상속받은 멤버가 성공적으로 초기화되는 메커니즘을 갖추고 있습니다.

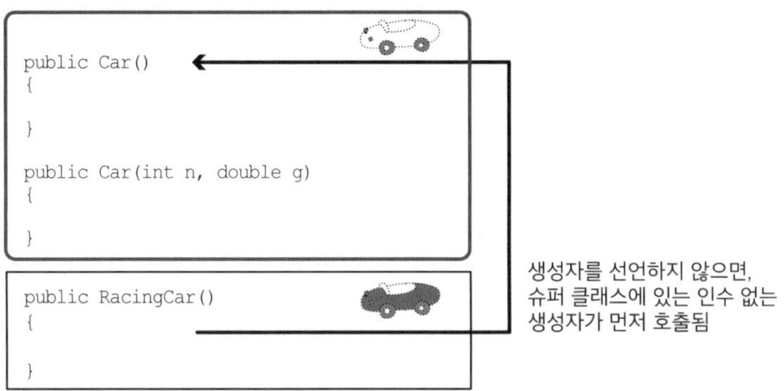

그림 11-4 생성자를 별도로 선언하지 않은 경우
서브 클래스의 생성자 호출에 앞서, 슈퍼 클래스의 인수 없는 생성자가 호출됩니다.

 슈퍼 클래스의 생성자 지정하기

생성자를 별도로 지정하지 않을 경우, 서브 클래스의 생성자 호출에 앞서 슈퍼 클래스의 인수 없는 생성자가 호출된다는 사실을 확인했습니다.

그러나 슈퍼 클래스의 생성자가 여러 개 존재한다면 호출되는 생성자를 명시적으로 지정해야 할 수도 있을 것입니다.

이럴 때 서브 클래스의 생성자 선언부의 시작 부분에서 `super()`를 호출할 수 있습니다. 다음 코드를 볼까요?

Sample2.java ▶ super( ) 호출하기

```
//자동차 클래스
class Car
{
```

```
    private int num;
    private double gas;

    public Car()
    {
       num = 0;
       gas = 0.0;
       System.out.println("자동차가 만들어졌습니다.");
    }
    public Car(int n, double g)
    {
       num = n;
       gas = g;
       System.out.println("차량 번호가 " + num + "이며, 연료량이 " +
          gas + "인 자동차가 만들어졌습니다.");
    }
    public void setCar(int n, double g)
    {
       num = n;
       gas = g;
       System.out.println("차량 번호를 " + num + "로, 연료량을 " +
          gas + "로 바꾸었습니다.");
    }
    public void show()
    {
       System.out.println("차량 번호는 " + num + "입니다.");
       System.out.println("연료량은 " + gas + "입니다.");
    }
}
//레이싱 카 클래스
class RacingCar extends Car
{
    private int course;

    public RacingCar()
    {
```

```
        course = 0;
        System.out.println("레이싱 카가 만들어졌습니다.");
    }
    public RacingCar(int n, double g, int c)
    {
        super(n, g);
        course = c;
        System.out.println("코스 번호가 " + course +
            "인 레이싱 카가 만들어졌습니다.");
    }
    public void setCourse(int c)
    {
        course = c;
        System.out.println("코스 번호를 " + course + "로 했습니다.");
    }
}

class Sample2
{
    public static void main(String[] args)
    {
        RacingCar rccar1 = new RacingCar(1234, 20.5, 5);
    }
}
```

슈퍼 클래스에 존재하는 2개의 인수를 받는 생성자가 호출되도록 합니다

서브 클래스에 존재하는 3개의 인수를 받는 생성자가 호출되도록 합니다

Lesson 11

Sample2의 실행 화면

```
차량 번호가 1234이며, 연료량이 20.5인 자동차가 만들어졌습니다.
코스 번호가 5인 레이싱 카가 만들어졌습니다.
```

2개의 인수를 가지는 슈퍼 클래스의 생성자가 출력한 결과입니다

이 예제에서는 서브 클래스의 인수 3개를 가지는 생성자 선언부의 시작 부분에 다음과 같은 문장을 적었군요.

```
super(n, g);
```

슈퍼 클래스에 존재하는 2개의 인수를 받는 생성자가 호출되도록 합니다

그러자 이번에는 '인수가 없는 생성자' 대신에 '인수 2개를 가지는 생성자'가 먼저 호출된 것을 확인할 수 있습니다. 즉,

super( )를 사용하면 슈퍼 클래스의 생성자를 골라서 호출할 수 있다

는 사실을 알 수 있습니다.

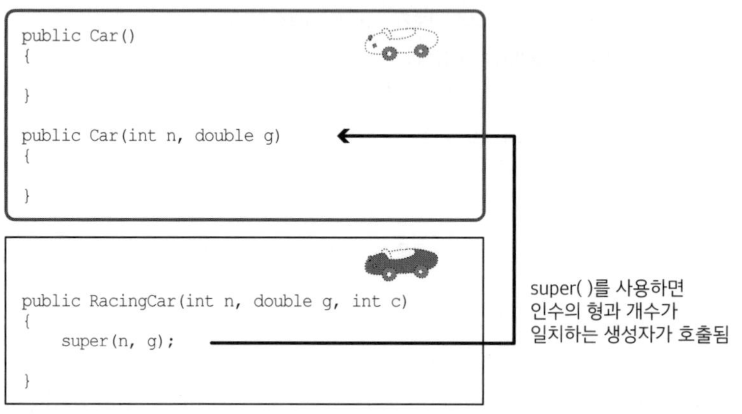
public Car()
{
}
public Car(int n, double g)
{
}
public RacingCar(int n, double g, int c)
{
super(n, g);
}
super( )를 사용하면
인수의 형과 개수가
일치하는 생성자가 호출됨

그림 11-5 super( )
서브 클래스의 생성자에서 슈퍼 클래스의 생성자를 호출하고 싶은 경우 super( )를 사용합니다.

this( )와 super( )

9장에서 우리는 생성자 안에서 this( )를 사용하여 같은 클래스의 다른 생성자를 호출할 수 있다는 사실을 배웠습니다. 즉, 생성자 안에서는 다음과 같이 super( )와 this( )를 사용할 수 있다고 정리할 수 있겠군요.

this( ): 그 클래스의 다른 생성자를 호출
super( ): 그 클래스의 슈퍼 클래스 생성자를 호출

두 메소드 모두 생성자의 가장 윗부분에 위치해야 하므로 주의해 주세요. 그러한 이유로 this( )와 super( )를 같은 생성자에서 동시에 사용할 수 없습니다.
또한, 오버로딩된 생성자를 선택해야 하는 경우에는 this( ) 또는 super( )에 호출하길 원하는 생성자의 인수를 대입하면 됩니다.

11.2 멤버에 접근하기

서브 클래스 안에서 접근하기

9장에서는 private과 public을 사용하여 멤버에 대한 접근을 제어하는 방법을 배웠습니다. 이 메커니즘을 활용하면 견고한 프로그램을 만들 수 있습니다.

이 장에서는 서브 클래스와 슈퍼 클래스처럼 매우 밀접한 관계에 있는 클래스에서 접근 제한 메커니즘이 어떻게 동작하는지 탐구해 봅니다. 클래스를 상속받았을 때, 캡슐화가 어떻게 구현되는지도 학습해 보도록 하겠습니다.

먼저, 11.1절의 예제를 확인해 주세요. 11.1절의 예제에서는 슈퍼 클래스 필드를 private 멤버로 지정했습니다.

그러나 클래스 외부에서는 private 멤버에 접근할 수 없습니다. **슈퍼 클래스의 private 멤버는 상속자인 서브 클래스조차 접근할 수 없습니다.**

즉, Car 클래스의 서브 클래스인 RacingCar 클래스에 newShow( )와 같은 메소드를 정의할지언정, Car 클래스의 private 멤버인 num과 gas에 접근할 수 없다는 이야기입니다.

```
//자동차 클래스
class Car
{
   private int num;
   private double gas;
   ...
}
//레이싱 카 클래스
```

슈퍼 클래스의 private 멤버입니다

Lesson 11

```
class RacingCar extends Car
{
   private int course;
   ...
   public void newShow()
   {
      //이러한 표현은 잘못되었습니다.
      //System.out.println("레이싱 카의 차량 번호는 " + num +
         "입니다.");
      //System.out.println("연료량은 " + gas + "입니다.");
      System.out.println("코스 번호는 " + course + "입니다.");
   }
}
```

슈퍼 클래스의 private 멤버에는 접근할 수 없습니다

```
class Car
{
   private int num;
   private double gas;
   ...
}
```

```
class RacingCar extends Car
{
   ...
   public void newShow()
   {
      //System.out.println("레이싱 카의 차량 번호는" + num + "입니다.");
      //System.out.println("연료량은" + gas + "입니다.");
   }
}
```

그림 11-6 private 멤버
슈퍼 클래스의 private 멤버는 상속자인 서브 클래스조차 접근할 수 없습니다.

그러나 서브 클래스와 슈퍼 클래스는 매우 밀접한 관계를 가지고 있기 때문에 이러한 제약이 불편한 경우가 있습니다.

그러한 경우, 슈퍼 클래스에서 **protected**라는 제한자를 사용할 수 있습니다. 다음 코드를 볼까요? Sample1에 등장한 Car 클래스의 필드 앞에 적혀 있는 private을 **protected 멤버**로 바꾸면 RacingCar 클래스에서 접근이 가능합니다.

Sample3.java ▶ protected 멤버에 접근하기

```
//자동차 클래스
class Car
{
   protected int num;
   protected double gas;

   public Car()
   {
      num = 0;
      gas = 0.0;
      System.out.println("자동차가 만들어졌습니다.");
   }
   public void setCar(int n, double g)
   {
      num = n;
      gas = g;
      System.out.println("차량 번호를 " + num + "로, 연료량을 " +
         gas + "로 바꾸었습니다.");
   }
   public void show()
   {
      System.out.println("차량 번호는 " + num + "입니다.");
      System.out.println("연료량은 " + gas + "입니다.");
   }
}
//레이싱 카 클래스
class RacingCar extends Car
{
   private int course;

   public RacingCar()
   {
      course = 0;
      System.out.println("레이싱 카가 만들어졌습니다.");
   }
```

슈퍼 클래스 멤버의 접근 제한자를 protected로 변경했습니다

Lesson 11

```
    public void setCourse(int c)
    {
        course = c;
        System.out.println("코스 번호를 " + course + "로 했습니다.");
    }
    public void newShow()
    {
        System.out.println("레이싱 카의 차량 번호는 " + num + "입니다.");
        System.out.println("연료량은 " + gas + "입니다.");
        System.out.println("코스 번호는 " + course + "입니다.");
    }
}

class Sample3
{
    public static void main(String[] args)
    {
        RacingCar rccar1;
        rccar1 = new RacingCar();

        rccar1.newShow();
    }
}
```

슈퍼 클래스의 protected 멤버에 접근할 수 있습니다

Sample3의 실행 화면

```
자동차가 만들어졌습니다.
레이싱 카가 만들어졌습니다.
레이싱 카의 차량 번호는 0입니다.
연료량은 0.0입니다.
코스 번호는 0입니다.
```

슈퍼 클래스에서 protected를 지정한 멤버는 private 멤버와 달리

서브 클래스가 접근할 수 있음

을 보장합니다. 이처럼 protected 멤버를 사용하면, 에러가 발생하기 어려운 프로그램을 작성하면서도 슈퍼 클래스와 서브 클래스 사이에서 유연하게 동작하는 프로그램을 쉽게 작성할 수 있습니다.

슈퍼 클래스의 protected 멤버는 서브 클래스에서 접근할 수 있다.

```
class Car
{
   protected int num;
   protected double gas;
   ...
}
```

```
class RacingCar extends Car
{
   ...
   public void newShow()
   {
      System.out.println("레이싱 카의 차량 번호는" + num + "입니다.");
      System.out.println("연료량은" + gas + "입니다.");
   }
}
```

그림 11-7 protected 멤버
서브 클래스는 슈퍼 클래스의 protected 멤버에 접근할 수 있습니다.

protected에 접근하기

Java에서 멤버를 protected로 지정할 경우, 이 절에서 소개한 서브 클래스를 포함하여 동일한 패키지에 속하는 클래스에서도 접근할 수 있습니다. 패키지에 대해서는 13장에서 소개합니다.

11.3 오버라이딩

 메소드 오버라이딩하기

이 장에서는 새로운 멤버를 추가할 목적으로 서브 클래스를 확장해 왔습니다. 그런데 서브 클래스에서 새로운 메소드를 선언할 때,

슈퍼 클래스와 완전히 동일한 메소드를 선언할 수 있는 기능

이 있습니다. 메소드 이름과 인수의 개수와 형까지 말이지요. 우리가 설계한 Car 클래스로 예를 들자면, 이 클래스는 이미 멤버로 show( )라는 메소드를 가지고 있습니다. 그러나 **Car 클래스의 서브 클래스인 RacingCar 클래스에도 동일한 메소드 이름과 인수의 개수·형을 가진 show( ) 메소드를 정의할 수 있습니다.** 다음 코드에서 확인해 봅시다.

```
//자동차 클래스
class Car
{
    ...
    public void show()   ●── 슈퍼 클래스의 show( ) 메소드입니다
    {
        System.out.println("차량 번호는 " + num + "입니다.");
        System.out.println("연료량은 " + gas + "입니다.");
    }
}
//레이싱 카 클래스
class RacingCar extends Car
```

```
{
    ...
    public void show()  ●── 서브 클래스의 show( ) 메소드입니다
    {
        System.out.println("레이싱 카의 차량 번호는 " + num + "입니다.");
        System.out.println("연료량은 " + gas + "입니다.");
        System.out.println("코스 번호는 " + course + "입니다.");
    }
}...
```

두 클래스에 존재하는 각각의 show( ) 메소드는 그 이름 및 인수의 개수, 형이 완전히 동일하군요.

그런데 서브 클래스는 슈퍼 클래스의 멤버를 상속한다고 배웠습니다. 그러면 이렇게 표현된 경우에는 어떤 show( ) 메소드가 호출될까요? 다음 코드에서 확인해 봅시다.

Sample4.java ▶ 메소드 오버라이딩하기

```
//자동차 클래스
class Car
{
    protected int num;
    protected double gas;

    public Car()
    {
        num = 0;
        gas = 0.0;
        System.out.println("자동차가 만들어졌습니다.");
    }
    public void setCar(int n, double g)
    {
        num = n;
        gas = g;
```

Lesson 11

```
        System.out.println("차량 번호를 " + num + "로, 연료량을 " +
            gas + "로 바꾸었습니다.");
    }
    public void show()         슈퍼 클래스의 show( ) 메소드입니다
    {
        System.out.println("차량 번호는 " + num + "입니다.");
        System.out.println("연료량은 " + gas + "입니다.");
    }
}
//레이싱 카 클래스
class RacingCar extends Car
{
    private int course;

    public RacingCar()
    {
        course = 0;
        System.out.println("레이싱 카가 만들어졌습니다.");
    }
    public void setCourse(int c)
    {
        course = c;
        System.out.println("코스 번호를 " + course + "로 했습니다.");
    }
    public void show()         서브 클래스의 show( ) 메소드입니다
    {
        System.out.println("레이싱 카의 차량 번호는 " + num + "입니다.");
        System.out.println("연료량은 " + gas + "입니다.");
        System.out.println("코스 번호는 " + course + "입니다.");
    }
}

class Sample4
{
    public static void main(String[] args)
    {
```

```
        RacingCar rccar1;
        rccar1 = new RacingCar();

        rccar1.setCar(1234, 20.5);
        rccar1.setCourse(5);

        rccar1.show();
    }
}
```

show( ) 메소드를 호출하면…

Sample4의 실행 화면

```
자동차가 만들어졌습니다.
레이싱 카가 만들어졌습니다.
차량 번호를 1234로, 연료량을 20.5로 바꾸었습니다.
코스 번호를 5로 했습니다.
레이싱 카의 차량 번호는 1234입니다.
연료량은 20.5입니다.
코스 번호는 5입니다.
```

서브 클래스의 show( ) 메소드가 호출되었습니다

서브 클래스의 객체를 생성하고, show( ) 메소드를 호출해 보았습니다. 그러자 **서브 클래스의 show( ) 메소드가 호출되었음을 확인**할 수 있었습니다.

메소드의 이름과 인수의 개수 및 형이 완전히 같은 메소드가 서브 클래스와 슈퍼 클래스에 모두 정의되어 있는 경우, **서브 클래스에서 새롭게 정의한 메소드가 호출되는 것입니다.**

이처럼 서브 클래스의 메소드가 슈퍼 클래스의 메소드를 대신하는 기능을 **오버라이딩**(overriding)이라고 부릅니다.

서브 클래스의 메소드로 슈퍼 클래스의 메소드를 대신하는 기능을 일컬어 오버라이딩이라고 부른다.

Lesson 11

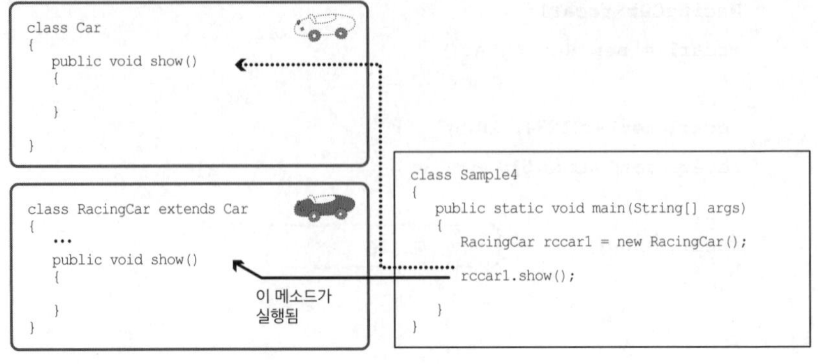
class Car
{
public void show()
{
}
}
class RacingCar extends Car
{
...
public void show()
{
}
}
이 메소드가
실행됨
class Sample4
{
public static void main(String[] args)
{
RacingCar rccar1 = new RacingCar();
rccar1.show();
}
}

그림 11-8 오버라이딩
오버라이딩은 서브 클래스의 메소드가 슈퍼 클래스의 메소드를 대신하는 기능을 뜻합니다.

슈퍼 클래스의 변수로 객체 다루기

이 장에서 우리는 서브 클래스형 변수를 준비했고 그것으로 객체를 가리키도록 표현했습니다.

```
RacingCar rccar1;        서브 클래스 변수로 객체를 다루고 있습니다
rccar1 = new RacingCar();
```

그런데

서브 클래스 객체는 슈퍼 클래스의 변수로도 다룰 수 있습니다.

즉, 다음과 같은 코드를 작성할 수 있습니다.

```
Car car1;        슈퍼 클래스 변수로 다룰 수 있습니다
car1 = new RacingCar();
```

이는, 서브 클래스 객체가 슈퍼 클래스의 객체이기도 하기 때문입니다. 레이싱카는 자동차의 기능을 상속받았기 때문에, 자동차의 일종이라고 할 수 있습니다. 때문에 서브 클래스의 객체를 슈퍼 클래스의 변수로 다룰 수 있습니다.

그래서 이번에는 서브 클래스의 객체를 가리키는 슈퍼 클래스의 변수로 show( ) 메소드를 호출하는 코드를 작성해 보려고 합니다. 과연 이번엔 어떤 show( ) 메소드가 호출될까요? 다음 코드를 입력하세요. Car 클래스와 RacingCar 클래스의 선언부는 Sample4에 등장한 것을 그대로 사용하겠습니다.

Sample5.java ▶ 슈퍼 클래스 변수 사용하기

```
...
class Sample5
{
   public static void main(String[] args)
   {
      Car car1;
      car1 = new RacingCar();

      car1.setCar(1234, 20.5);

      car1.show();
   }
}
```

슈퍼 클래스의 변수로 서브 클래스 객체를 다루고 있습니다 (Car car1;)

show( ) 메소드를 호출하면… (car1.show();)

Sample5의 실행 화면

```
자동차가 만들어졌습니다.
레이싱 카가 만들어졌습니다.
차량 번호를 1234로, 연료량을 20.5로 바꾸었습니다.
레이싱 카의 차량 번호는 1234입니다.
연료량은 20.5입니다.
코스 번호는 0입니다.
```

이번에도 서브 클래스의 show( ) 메소드가 호출되었습니다

실행 화면의 마지막 부분을 통하여 show( ) 메소드가 오버라이딩되었음을 확인할 수 있습니다. 즉, Java는

객체를 가리키는 변수의 클래스에 관계없이 객체 자신의 클래스에 따라 적절한 메소드가 호출

되는 메커니즘을 가지고 있습니다. 레이싱 카는 '자동차'로 다루어지는 경우에도 '레이싱 카'로써의 표시 기능이 호출되는 것입니다. 단, 슈퍼 클래스 변수로 서브 클래스를 다루게 되면 setCourse( ) 메소드처럼 서브 클래스에서 새로 정의한 메소드를 호출할 수 없습니다. 즉, 레이싱 카 고유의 기능을 호출할 수 없습니다.

슈퍼 클래스 변수를 사용해서 서브 클래스 객체를 다룰 수 있다.

그림 11-9 슈퍼 클래스 변수
서브 클래스 객체는 슈퍼 클래스의 변수로 다룰 수 있습니다.

 오버라이딩의 중요성 이해하기

이제 오버라이딩의 중요성에 대해 이해하는 시간을 가져 봅시다. 코드 안에서는 다양한 클래스의 객체를 관리해야 하는 경우가 있습니다. 이때, 다음과 같이 슈퍼 클래스의 배열 변수를 준비하여 객체를 다룰 수 있습니다. Car 클래스와 RacingCar 클래스의 선언부는 Sample4에 등장한 것을 그대로 사용하겠습니다.

Sample6.java ▶ 슈퍼 클래스 배열 이용하기

```
...
class Sample6
{
   public static void main(String[] args)
   {
      Car[] cars;
      cars = new Car[2];
```

슈퍼 클래스 배열을 준비합니다

```java
        cars[0] = new Car();
        cars[0].setCar(1234, 20.5);

        cars[1] = new RacingCar();
        cars[1].setCar(4567, 30.5);

        for(int i=0; i<cars.length; i++){
            cars[i].show();
        }
    }
}
```

슈퍼 클래스 객체를 생성합니다

서브 클래스 객체를 생성합니다

모두 동일한 슈퍼 클래스 배열로 다룰 수 있습니다

Sample6의 실행 화면

```
자동차가 만들어졌습니다.
차량 번호를 1234로, 연료량을 20.5로 바꾸었습니다.
자동차가 만들어졌습니다.
레이싱 카가 만들어졌습니다.
차량 번호를 4567으로, 연료량을 30.5로 바꾸었습니다.
차량 번호는 1234입니다.
연료량은 20.5입니다.
레이싱 카의 차량 번호는 4567입니다.
연료량은 30.5입니다.
코스 번호는 0입니다.
```

슈퍼 클래스의 show( ) 메소드가 호출되었습니다

서브 클래스의 show( ) 메소드가 호출되었습니다

이 예제는 슈퍼 클래스 배열 변수에 슈퍼 클래스 객체와 서브 클래스 객체를 함께 담아 다룰 수 있음을 보여 주고 있습니다.

이들 클래스에서는 '표시하기'라는 일반적인 기능이 show( ) 메소드로 정의된 상태입니다. 그 결과, 배열 안에 담긴 객체가 어떠한 클래스의 객체이더라도

```java
cars[i].show();
```

를 호출하는 것만으로 **그 객체의 클래스에 대응하는 처리가 적절하게 수행됩니다.** 즉, 자

동차는 자동차로서의 기능이 동작하게 되고, 레이싱 카는 레이싱 카로서의 기능이 동작하게 됩니다. 객체의 종류에 따라 코드를 분기 처리해야 하는 수고도, 수많은 메소드 이름을 외워야 하는 수고도 필요하지 않습니다. 이처럼 오버라이딩을 통해 객체를 함께 다룰 수 있습니다.

이와 같이 **오버라이딩 기능이 동작하면 슈퍼 클래스 객체와 서브 클래스 객체를 함께 다룰 수 있습니다.** 자동차와 레이싱 카를 함께 다룰 수 있는 셈입니다. 9장에서 설명했듯이 하나의 메소드 이름이 상황에 맞춰 다른 기능을 가지는 것을 일컬어 **다형성**(polymorphism)이라고 부릅니다. 오버라이딩은 이해하기 쉬운 프로그램을 작성할 때, 빼놓을 수 없는 다형성 메커니즘 중 하나입니다.

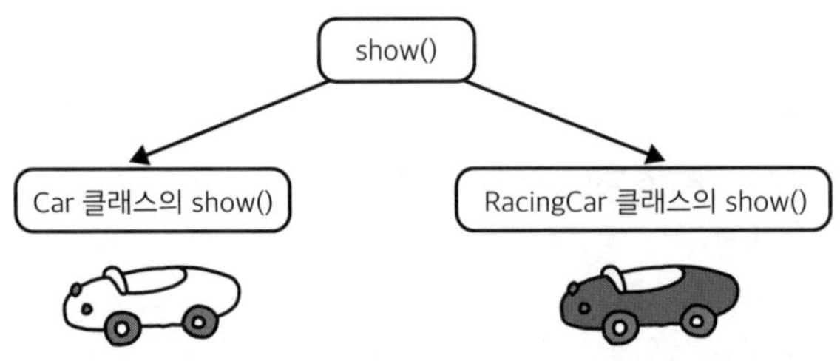

그림 11-10 오버라이딩으로 얻을 수 있는 이점
하나의 메소드 이름으로 각각의 객체가 지니는 기능을 적절하게 실행할 수 있습니다.

오버라이딩과 오버로딩

이 책에서 우리는 다형성을 구현하는 기능으로 '오버라이딩'과 '오버로딩'을 배웠습니다. 9장에서 학습한 오버로딩은

메소드 이름이 같지만 인수의 형과 개수가 다른 메소드를 정의하는 것

이었습니다. 반면에, 이 장에서 배운 오버라이딩은

서브 클래스에서 이름은 물론이거니와 인수의 형과 개수까지 슈퍼 클래스의 메소드와 동일한 메소드를 정의하는 기능

입니다. 혼동하기 쉬우니 주의하기 바랍니다.

슈퍼 클래스와 같은 이름의 멤버 사용하기

슈퍼 클래스의 확장 시, 오버라이딩은 매우 자주 이용되는 메커니즘입니다. 오버라이딩하는 함수 안에서, 슈퍼 클래스 본래의 메소드를 호출함으로써 코드를 작성하는 수고를 덜 수 있습니다. 다음 코드에서 확인해 봅시다.

```
class RacingCar extends Car
{
    ...
    public void show()
    {
        super.show();   ● 슈퍼 클래스의 show( ) 메소드가 호출되었습니다
        System.out.println("코스 번호는 " + course + "입니다.");
    }
}
```

서브 클래스 안에서 메소드 이름 앞에 super.를 붙이고 호출하면 슈퍼 클래스의 메소드를 호출할 수 있습니다. 이렇게 하면, 슈퍼 클래스의 메소드 정의를 사용하여 서브 클래스의 메소드를 작성할 수 있습니다. 서브 클래스에서 해야 할 일만 덧붙여 표현하면 되므로 매우 편리해집니다.

또한 'super.'는 필드 이름 앞에도 붙일 수 있습니다. 슈퍼 클래스와 서브 클래스에 같은 이름의 필드가 있을 경우, 슈퍼 클래스의 필드에 접근하려면 변수명 앞에 'super.'를 붙이면 됩니다.

```
class Car
{
    int x;   ● 슈퍼 클래스에 x가 있습니다
    ...
}
class RacingCar extends Car
{
```

Lesson 11

```
    int x;      // 서브 클래스에도 x가 있습니다
    ...
    public void show()
    {
        x = 10;         // 서브 클래스의 필드입니다
        super.x = 20;   // 슈퍼 클래스의 필드입니다
    }
}
```

이처럼 서브 클래스가 보유한 멤버(메소드 및 필드)와 동일한 이름을 가진 슈퍼 클래스의 멤버에 접근하려면 멤버 이름 앞에 'super.'를 붙입니다.

서브 클래스가 보유한 멤버와 동일한 이름을 가진 슈퍼 클래스의 멤버에 접근하려면 멤버 이름 앞에 'super.'를 붙인다.

this.와 super.

지금까지 슈퍼 클래스와 서브 클래스의 필드 이름이 중복되는 경우, 'super.'를 붙여 슈퍼 클래스의 필드를 사용할 수 있음을 설명했습니다. 만약 클래스 안에서 인스턴스 변수와 지역 변수의 이름이 중복된다면 8장에서 학습한 'this.'라는 키워드를 사용해서 구별할 수 있습니다.

```
class Car
{
    int x;                  // 인스턴스 변수 x가 있습니다
    public void show(int x) // 지역 변수(인수) x가 있습니다
    {
        this.x = x;         // this.x: 인스턴스 변수 x입니다 / x: 지역 변수 x입니다
    }
}
```

메소드 안에서 this.를 붙이면 인스턴스 변수, 붙이지 않으면 지역 변수를 뜻합니다.

final 붙이기

이 절에서는 오버라이딩의 중요성에 대해 설명했습니다. 그러나 슈퍼 클래스의 메소드 중에서는 서브 클래스에서 결코 오버라이딩되면 안 되는 메소드가 있을 수 있습니다. 이런 경우, 슈퍼 클래스의 **메소드 이름 앞에 final을 붙이면** 오버라이딩되지 않도록 막을 수 있습니다. 다음 코드에서 확인해 봅시다.

```
//자동차 클래스
class Car
{
    public final void show()    ← final을 메소드 앞에 붙이면…
    {
        ...
    }
}
//레이싱 카 클래스
class RacingCar extends Car
{
    //public final void show()  ┐
    //{                          │ 서브 클래스에서 show( ) 메소드를
    // ...                       │ 정의할 수 없습니다
    //}                          ┘
}
```

final을 붙이면 서브 클래스에서 그 메소드를 오버라이딩할 수 없게 됩니다.

또한 오버라이딩할 수 없는 메소드뿐만 아니라 서브 클래스 자체를 만들 수 없는 클래스를 설계해야 하는 경우도 있습니다. 이럴 때, **클래스 앞에 final을 붙일 수 있습니다.**

```
//자동차 클래스
final class Car    ← final을 클래스 앞에 붙이면…
{
    ...
}
```

Lesson 11

```
//레이싱 카 클래스
//class RacingCar extends Car
//{
//    ...
//}
```

서브 클래스를 선언할 수 없습니다

final을 붙인 클래스는 서브 클래스를 만들 수 없습니다. 이처럼 final은 '더 이상 수정할 수 없음'을 나타내는 제한자입니다. 마지막으로 **final을 필드 앞에 붙인 경우를 살펴봅시다.**

```
//자동차 클래스
class Car
{
    static final int NUM_TIRE = 4;
    ...
}
```

final를 필드 앞에 붙이면…

값을 변경할 수 없습니다

필드 이름 앞에 final을 붙이면 '이 필드의 값을 변경할 수 없음'이라는 뜻이 됩니다. 이 필드는 선언할 때 반드시 초기화해야 합니다. 이처럼 고정된 수를 나타내는 필드를 가리켜 **상수**(constant)라고 부릅니다.

즉, 위와 같은 클래스를 선언했다면 'Car.NUM_TIRE'라고 적어서 '4'라는 고정 값을 얻을 수 있습니다.

메소드 앞에 final을 붙이면 서브 클래스에서 그 메소드를 오버라이딩할 수 없게 된다.
필드에 final을 붙이면 그 값을 변경할 수 없다.
클래스에 final을 붙이면 그 서브 클래스를 만들 수 없다.

final을 사용한 클래스의 예

이 절에서는 final로 클래스 메소드를 설계하는 방법을 소개했습니다. 이러한 클래스의 예로, 10장에서 소개한 수학 관련 계산에 사용하는 Math 클래스 등을 들 수 있습니다. Math 클래스에는 final이 붙어 있으므로, 확장할 수 없습니다. 또한 Math 클래스의 필드에는 상수로 정의된 원주율 'PI'가 있습니다.

11.4 Object 클래스의 상속

 클래스의 계층 구조 만들기

지금까지 이 장에서는 클래스를 확장하는 방법을 살펴보았습니다. Java에서는 다양한 형태의 클래스를 확장해 나갈 수 있습니다. 이 절에서는 모든 클래스의 근원이 되는 클래스에 대해 소개하도록 하겠습니다.

우선 Java에서는, **하나의 슈퍼 클래스를 확장해서 여러 개의 서브 클래스를 선언할 수 있습니다.** 이때, 클래스 간의 관계는 아래의 그림과 같습니다.

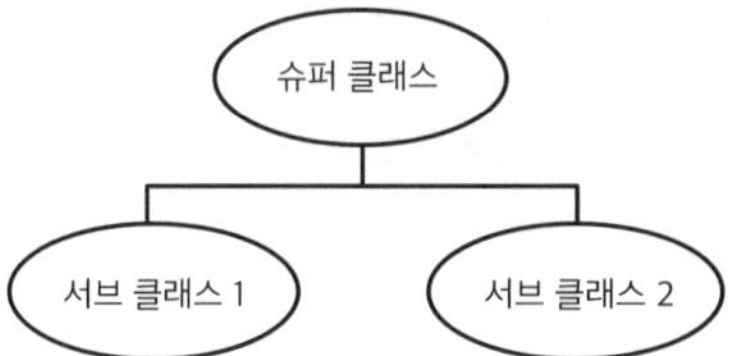

Lesson 11

또한 **서브 클래스를 더욱 확장해서 새로운 서브 클래스를 생성하는 것**도 가능합니다. 첫 번째 서브 클래스는 이를 상속받은 서브 클래스의 입장에서 볼 때 슈퍼 클래스가 됩니다. 그리고 서브 클래스 1-1과 1-2는 서브 클래스 1의 멤버로서 최상위 슈퍼 클래스의 멤버 또한 상속됩니다.

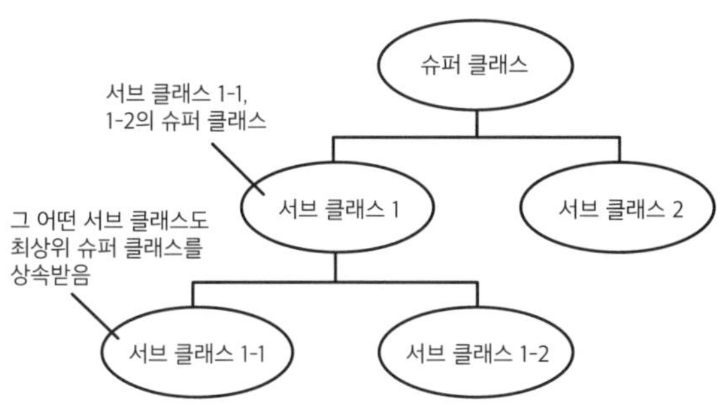

그러나 Java에서는 **하나의 서브 클래스가 여러 개의 슈퍼 클래스로부터 상속받을 수 없습니다.** 즉, 아래 그림과 같은 상속이 불가능합니다.

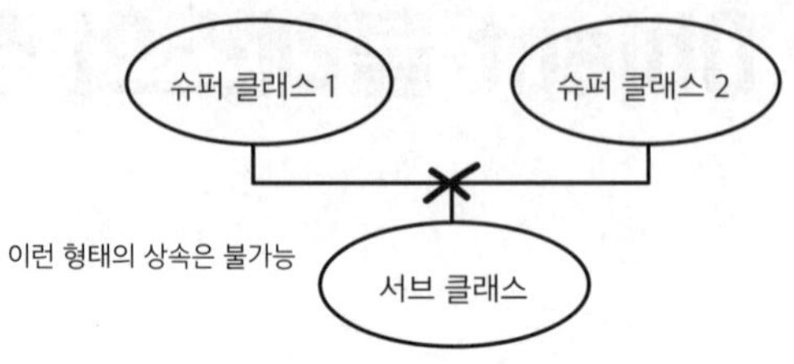

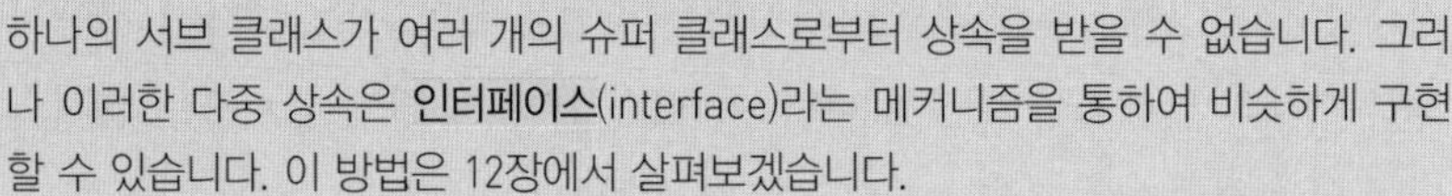

2개 이상의 슈퍼 클래스로부터 상속 받기

하나의 서브 클래스가 여러 개의 슈퍼 클래스로부터 상속을 받을 수 없습니다. 그러나 이러한 다중 상속은 **인터페이스**(interface)라는 메커니즘을 통하여 비슷하게 구현할 수 있습니다. 이 방법은 12장에서 살펴보겠습니다.

 Object 클래스의 원리 이해하기

지금까지는 슈퍼 클래스가 없는 클래스를 선언하고 있었지요? Java에서는 클래스를 만들 때, 슈퍼 클래스를 지정하지 않으면

그 클래스는 Object 클래스를 상속받는다

는 약속이 있습니다. 즉, 아래와 같은 클래스는 Object 클래스의 서브 클래스였던 것입니다.

```
class Car
{
    ...
}
```

아무것도 상속받지 않으면 Object 클래스를 상속받는 서브 클래스가 됩니다

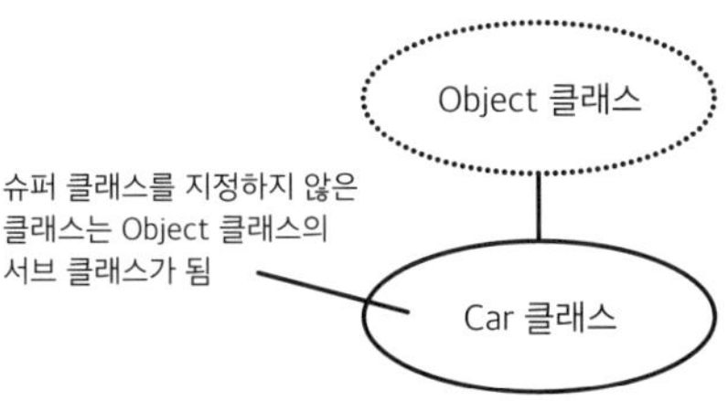

따라서, Java의 클래스 모두 Object 클래스의 멤버를 상속받게 됩니다.

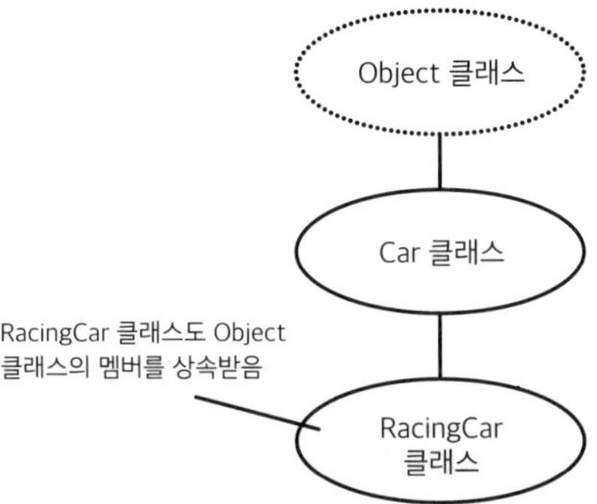

그러면 Object 클래스는 어떤 멤버를 가지는 클래스일까요? Object 클래스의 메소드를 표 11-1에 정리해 두었습니다.

표 11-1 : Object 클래스의 주요 메소드

메소드명	기능
boolean equals(Object obj)	해당 객체가 인수로 전달된 객체와 동일한지 여부를 반환
Class getClass( )	해당 객체의 클래스를 반환
String toString( )	객체를 나타내는 문자열을 반환

그러면 이 표에 등장하는 메소드를 살펴보도록 하겠습니다.

슈퍼 클래스를 별도로 지정하지 않은 클래스는 Object 클래스를 상속받는다.

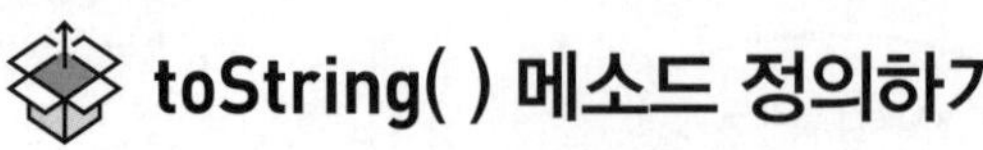

toString( ) 메소드 정의하기

먼저 Object 클래스의 **toString( ) 메소드**부터 살펴보도록 합시다. 이 메소드는

객체를 나타내는 문자열을 반환

하도록 정의되어 있습니다. 객체의 내용을 출력해야 할 때, 이 메소드가 호출되도록 약속이 되어 있습니다.

```
System.out.println(car1);
```

car1이 출력될 때, toString( ) 메소드가 호출됩니다

만약 별도의 수정 없이 위의 메소드를 호출하면, Object 클래스로부터 상속받은 toString( ) 메소드가 호출되고, toString( ) 메소드가 반환한 문자열이 'Car@숫자'와 같은 형식으로 화면에 출력됩니다.

그런데 **toString( ) 메소드는 스스로 설계한 클래스에 오버라이딩**(재정의)해 두면 더욱 편리합니다. toString( ) 메소드의 기본 리턴값 형식인 'Car@숫자'보다 알기 쉬운 문자열을 반환하도록 할 수 있기 때문입니다. 다음 코드에서 같이 확인해 보겠습니다.

Sample7.java ▶ toString() 메소드 오버라이딩하기

```
//자동차 클래스
class Car
{
   protected int num;
   protected double gas;

   public Car()
   {
      num = 0;
      gas = 0.0;
      System.out.println("자동차가 만들어졌습니다.");
   }
```

```
    public void setCar(int n, double g)
    {
        num = n;
        gas = g;
        System.out.println("차량 번호를 " + num + "로, 연료량을 " +
            gas + "로 바꾸었습니다.");
    }
    public String toString()          ← toString( ) 메소드를 정의합니다
    {
        String str = "차량 번호: " + num + " 연료량: " + gas;
        return str;                   ← 이 문자열을 반환합니다
    }
}

class Sample7
{
    public static void main(String[] args)
    {
        Car car1 = new Car();
        car1.setCar(1234, 20.5);

        System.out.println(car1);     ← toString( ) 메소드의 리턴값이 사용됩니다
    }
}
```

Sample7의 실행 화면

```
자동차가 만들어졌습니다.
차량 번호를 1234로, 연료량을 20.5로 바꾸었습니다.
차량 번호: 1234 연료량: 20.5       ← 새로 정의한 리턴값이 출력됩니다
```

이 코드에서는 차량 번호와 연료량을 반환하도록 toString( ) 메소드를 새로 정의했습니다. 객체를 가리키는 변수를 출력해 보면 새로 정의한 반환 형식대로 출력되는 것을 확인할 수 있습니다.

이처럼 **toString( ) 메소드를 오버라이딩하면 객체를 나타내는 문자열을 변경할 수 있습니다.** 객체를 빈번히 출력해야 하는 경우에 오버라이딩을 해 주면 편리합니다.

Object 클래스의 toString( ) 메소드를 오버라이딩하면 객체를 나타내는 문자열을 변경할 수 있다.

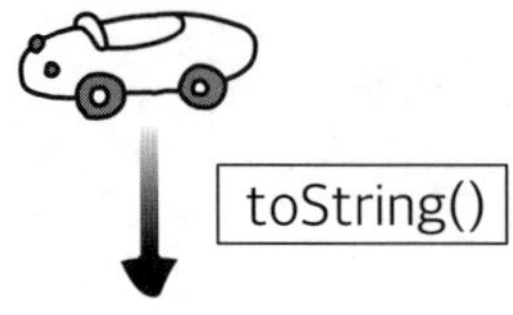

그림 11-11 toString( ) 메소드
Object 클래스의 toString( ) 메소드를 오버라이딩하면 객체를 나타내는 문자열을 변경할 수 있습니다.

equals( ) 메소드 사용하기

이번에는 equals( ) 메소드를 확인해 보도록 합시다. 이 메소드는

두 변수가 가리키는 객체가 동일한 경우 true를 반환

합니다. 두 변수가 가리키는 객체가 서로 다른 경우 false를 반환합니다. 다음 코드를 볼까요?

Sample8.java ▶ equals() 메소드 사용하기

```
class Car
{
   protected int num;
   protected double gas;

   public Car()
   {
      num = 0;
      gas = 0.0;
```

```
        System.out.println("자동차가 만들어졌습니다.");
    }
}

class Sample8
{
    public static void main(String[] args)
    {
        Car car1 = new Car();
        Car car2 = new Car();

        Car car3;
        car3 = car1;

        boolean bl1 = car1.equals(car2);
        boolean bl2 = car1.equals(car3);

        System.out.println("car1과 car2가 같은지 조사한 결과, " + bl1 +
            "였습니다.");
        System.out.println("car1과 car3이 같은지 조사한 결과, " + bl2 +
            "였습니다.");
    }
}
```

car1과 car2는 서로 다른 객체를 가리킵니다

car1과 car3는 같은 객체를 가리킵니다

Sample8의 실행 화면

```
자동차가 만들어졌습니다.
자동차가 만들어졌습니다.
car1과 car2가 같은지 조사한 결과, false였습니다.
car1과 car3이 같은지 조사한 결과, true였습니다.
```

equals( ) 메소드의 리턴값이 출력되었습니다

이 예제에서는 Car 클래스의 객체를 2개 작성한 다음, 각각 변수 car1과 car2에 담아 다루고 있습니다. 한편, 변수 car3에는 car1을 대입하여 car1과 같은 객체를 가리키도록 했습니다.

equals( ) 메소드의 호출 결과, 전달된 변수가 car1과 같은 오브젝트를 가리킬 경우 true, 다를 경우 false를 반환함을 확인할 수 있습니다. **여러 변수가 동일한 객체를 가리키는지 확인해야 할 경우 유용하게 사용할 수 있습니다.**

Java의 모든 클래스는 Object 클래스를 상속받기 때문에, equals( ) 메소드를 작성하지 않았음에도 Object 클래스에 선언된 equals( ) 메소드가 호출 가능한 것입니다.

Object 클래스의 equals( ) 메소드를 사용하면 변수들이 같은 객체를 가리키는지 확인할 수 있다.

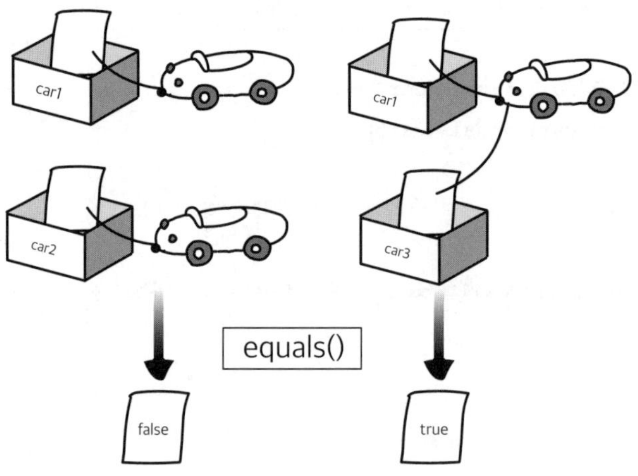

그림 11-12 equals( ) 메소드
Object 클래스의 equals( ) 메소드에는 변수들이 같은 객체를 가리키는지를 조사하는 기능이 구현되어 있습니다.

String 클래스의 equals( ) 메소드

equals( ) 메소드는 해당 클래스에 적합한 내용으로 오버라이딩(재정의)되는 경우가 있습니다. 예를 들어, 클래스 라이브러리의 String 클래스에서 equals( ) 메소드는 '두 변수가 동일한 객체를 가리키는지'를 조사하는 것이 아니라, '두 변수가 가리키는 문자열이 동일한지'를 조사하도록 재정의되어 있습니다. 다음 그림에서 알 수 있듯이, 2개의 객체가 서로 다른 것이더라도 각각 가리키는 문자열이 동일하다면 '두 객체는 같다'고 판단합니다.

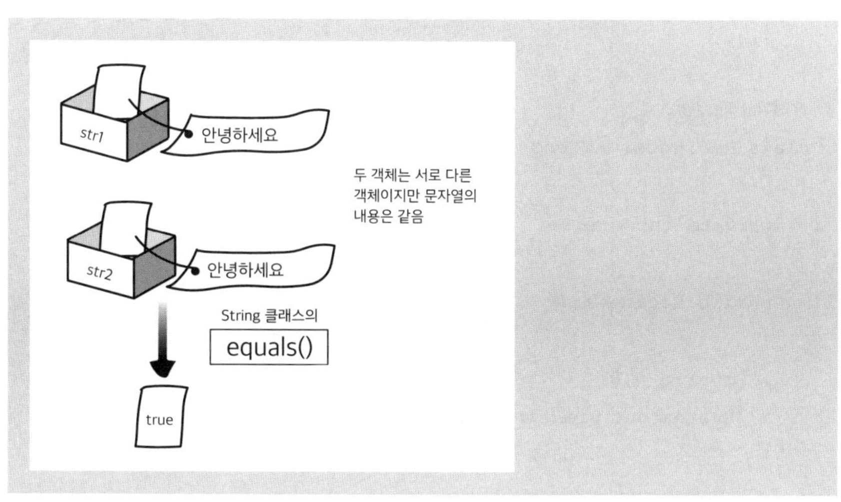

 getClass( ) 메소드 사용하기

마지막으로 소개하는 메소드는 getClass( )입니다. 이 메소드는

객체가 속한 클래스의 정보를 반환

합니다. 다음 코드를 통해 함께 확인합시다.

Lesson 11

Sample9.java ▶ getClass( ) 메소드 사용하기

```
//자동차 클래스
class Car
{
   protected int num;
   protected double gas;

   public Car()
   {
      num = 0;
      gas = 0.0;
      System.out.println("자동차가 만들어졌습니다.");
```

```
    }
}
//레이싱 카 클래스
class RacingCar extends Car
{
    private int course;

    public RacingCar()
    {
        course = 0;
        System.out.println("레이싱 카가 만들어졌습니다.");
    }
}

class Sample9
{
    public static void main(String[] args)
    {
        Car[] cars;
        cars = new Car[2];

        cars[0] = new Car();                      // 첫 번째 객체는 Car 클래스입니다
        cars[1] = new RacingCar();                // 두 번째 객체는 RacingCar 클래스입니다

        for(int i=0; i<cars.length; i++){
            Class cl = cars[i].getClass();        // getClass( ) 메소드는 Class 객체를 반환합니다
            System.out.println((i+1) + "번째 객체의 클래스는 " +
                cl + "입니다.");
        }
    }
}
```

Sample9의 실행 화면

```
자동차가 만들어졌습니다.
자동차가 만들어졌습니다.
레이싱 카가 만들어졌습니다.
1번째 객체의 클래스는 class Car입니다.
2번째 객체의 클래스는 class RacingCar입니다.
```

객체의 클래스에 대한 정보를 확인할 수 있습니다

getClass( ) 메소드는 그 객체가 속한 클래스에 대한 요약 정보를 가지고 있는

Class 클래스의 객체

를 반환하도록 구현되어 있습니다. 그래서 Class형 변수 cl에 그 결과를 대입한 다음, 출력하고 있습니다. 객체가 속한 클래스에 대한 정보를 조사할 때 유용한 방법입니다.

Object 클래스의 getClass( ) 메소드로 객체가 속한 클래스 정보를 알 수 있다.

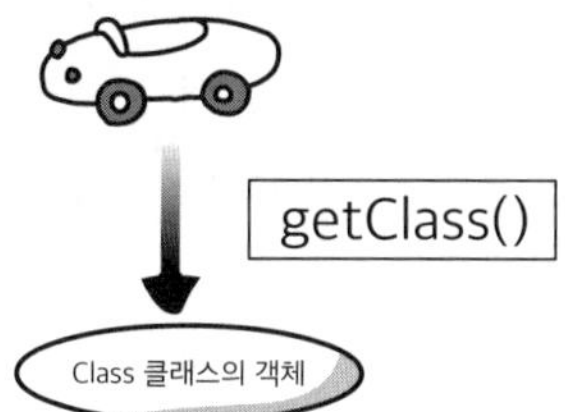

그림 11-13 getClass( ) 메소드
Object 클래스의 getClass( ) 메소드는 객체가 속한 클래스의 정보를 Class 클래스 객체로 반환합니다.

11.5 강의 요약

이 장에서는 다음과 같은 것을 배웠습니다.

- 슈퍼 클래스를 바탕으로 서브 클래스를 확장할 수 있습니다.
- 서브 클래스는 슈퍼 클래스의 멤버를 상속받습니다.
- 서브 클래스는 슈퍼 클래스의 protected 멤버에 접근할 수 있습니다.
- 서브 클래스에서 이름은 물론이거니와 인수의 형과 개수까지 슈퍼 클래스의 메소드와 동일한 메소드를 오버라이딩할 수 있습니다.
- 슈퍼 클래스를 지정하지 않은 클래스는 Object 클래스를 상속받습니다.

이 장에서는 기존 클래스를 바탕으로 새로운 클래스를 만드는 방법을 배웠습니다. 이미 설계된 클래스를 상속받으면 보다 효율적으로 프로그램을 작성할 수 있습니다. 마치 기존 코드에 살을 덧붙이듯 새로운 코드를 써 나갈 수 있기 때문입니다. '상속'은 클래스의 강력한 기능 중 하나입니다.

연습문제

1. 다음 항목에 대해 ○ 또는 ×로 답하십시오.

① 슈퍼 클래스에서 확장할 수 있는 클래스의 개수는 한정되어 있다.

② 2개 이상의 슈퍼 클래스를 상속받는 서브 클래스를 선언할 수 있다.

③ 서브 클래스에서는 슈퍼 클래스와 같은 이름을 가지는 메소드를 정의할 수 있다.

④ 슈퍼 클래스 변수로 서브 클래스 객체를 다룰 수 있다.

2. 다음 코드를 설명하는 항목에 대해 ○ 또는 ×로 답하십시오.

① 클래스 A는 클래스 B의 입장에서 볼 때 슈퍼 클래스다.

② 클래스 B에 c라는 이름을 가지는 필드가 정의되어 있어야 한다.

③ 클래스 B에 d라는 이름을 가지는 메소드는 정의되어 있을 필요가 없다.

```
class A extends B
{
   private int c;

   public void d()
   {
      ...
   }
}
```

3. 다음 코드의 실행 결과인 ①~⑧에 올바른 알파벳이나 숫자를 넣으십시오.

```
class A
{
   A()
   {
```

Lesson 11

```
        System.out.println("A의 인수 0의 생성자입니다.");
    }
    A(int a)
    {
        System.out.println("A의 인수 1의 생성자입니다.");
    }
}
class B extends A
{
    B()
    {
        System.out.println("B의 인수 0의 생성자입니다.");
    }
    B(int b)
    {
        super(b);
        System.out.println("B의 인수 1의 생성자입니다.");
    }
}

class SampleP3
{
    public static void main(String[] args)
    {
        B b1 = new B();
        B b2 = new B(10);
    }
}
```

【①】의 인수 【②】의 생성자입니다.
【③】의 인수 【④】의 생성자입니다.
【⑤】의 인수 【⑥】의 생성자입니다.
【⑦】의 인수 【⑧】의 생성자입니다.

4. Car 클래스의 객체가 '차량 번호 ● 연료량 ○인 자동차'라는 문구로 표현되도록 만들고, 다음과 같이 출력하는 코드를 작성하십시오.

```
자동차가 만들어졌습니다.
차량 번호를 1234로, 연료량을 20.5로 바꾸었습니다.
차량 번호 1234 연료량 20.5인 자동차입니다.
```

Lesson 12

인터페이스

이 장에서는 특수한 클래스에 대해 배워 보겠습니다. 이 장에서 배운 지식을 활용하면 수많은 클래스를 활용한 일관된 프로그래밍이 가능해집니다. 이 장에서는 '추상 클래스'와 '인터페이스'라는 새로운 지식을 배웁니다.

Check Point!

- 추상 클래스
- instanceof 연산자
- 인터페이스
- 다중 상속
- 슈퍼 인터페이스
- 서브 인터페이스

12.1 추상 클래스

 추상 클래스의 원리 이해하기

이 절에서는 조금 특별한 클래스에 대해 배웁니다. 다음 클래스를 보세요.

```
abstract class Vehicle        ●── 클래스 이름 앞에 abstract를 붙인 추상 클래스입니다
{
   protected int speed;
   public void setSpeed(int s)
   {
      speed = s;
      System.out.println("속도를 " + speed + "로 변경했습니다.");
   }
   abstract void show();        ●── 이 메소드에는 몸체{}가 없습니다
}
```

이 클래스는 '탈 것(Vehicle)'이라는 사물을 표현한 클래스입니다. 클래스 이름 앞에 **abstract**라는 키워드(제한자)가 붙어 있음에 주목하세요. 이 키워드가 붙은 클래스를 **추상 클래스**(abstract class)라고 부릅니다.

추상 클래스는

객체를 생성할 수 없다

는 특징을 가지고 있습니다. 즉, 추상 클래스 Vehicle로는 다음처럼 new 연산자를 사용하여 객체를 만들 수 없습니다.

```
public static void main(String[] args)
{
    ...
    Vehicle vc;
    //vc = new Vehicle();   ● 추상 클래스로는 객체를 만들 수 없습니다
    ...
}
```

Vehicle 클래스의 선언부를 다시 살펴볼까요? Vehicle 클래스의 show( ) 메소드에는 몸체{ }가 없지요? 이처럼 추상 클래스는

몸체가 없는 메소드를 가질 수 있다

는 특징이 있습니다. 이렇게 몸체 없는 메소드의 시작 부분에 **abstract**라는 키워드를 붙이면 **추상 메소드**(abstract method)가 됩니다.

```
abstract class Vehicle
{
    ...
    abstract void show();   ● 추상 클래스는 추상 메소드를 가집니다
}
```

결과적으로, 일반적인 추상 클래스는 다음과 같은 모습이 됩니다. 추상 클래스의 모습을 눈으로 익혀 두기 바랍니다.

Lesson 12

구문 **추상 클래스 선언**

```
abstract class 클래스명
{
    필드 선언;
    abstract 리턴값의 형 메소드명(인수 목록);
    ...
}
```

추상 클래스는 몸체가 없는 메소드를 가진다.
추상 클래스로는 객체를 생성할 수 없다.

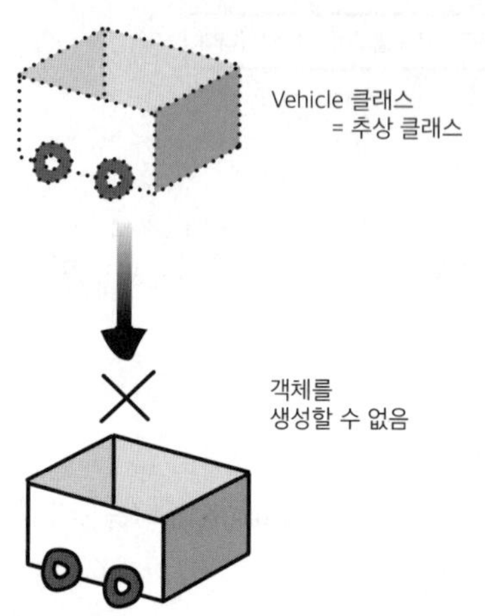

그림 12-1 추상 클래스
추상 클래스로는 객체를 생성할 수 없습니다.

 추상 클래스 사용하기

그런데 추상 클래스는 왜 필요한 것일까요? 그 이유를 차근차근 따져 봅시다.

우선, 추상 클래스 Vehicle은 서브 클래스를 만들 수 있습니다. 지금까지 학습했던 클래스들과 마찬가지로군요. 그러나 추상 클래스를 상속받은 서브 클래스에서 객체를 생성하기 위해서는

추상 클래스에서 상속받은 추상 메소드의 몸체를 서브 클래스에서 오버라이딩해서 구현

하는 작업이 반드시 필요합니다. 추상 클래스로는 객체를 생성할 수 없습니다. 그러나 추상 클래스를 상속받은 서브 클래스는 객체를 생성할 수 있습니다. 단, 추상 클래스로부터 상속받은 몸체 없는 메소드에 몸체를 만들어 주어야만 합니다.

그러면 추상 클래스를 사용한 코드를 함께 볼까요?

Sample1.java ▶ 추상 클래스 사용하기

```
//탈 것 클래스
abstract class Vehicle          추상 클래스입니다
{
   protected int speed;
   public void setSpeed(int s)
   {
      speed = s;
      System.out.println("속도를 " + speed + "(으)로 변경했습니다.");
   }
   abstract void show();          추상 메소드 show( )입니다
}
//자동차 클래스
class Car extends Vehicle
{                                 추상 클래스를 확장했습니다
   private int num;
   private double gas;

   public Car(int n, double g)
   {
      num = n;
      gas = g;
      System.out.println("차량 번호가 " + num + "이며, 연료량이 " +
         gas + "인 자동차가 만들어졌습니다.");
   }
   public void show()
   {
      System.out.println("차량 번호는 " + num + "입니다.");
      System.out.println("연료량은 " + gas + "입니다.");
      System.out.println("속도는 " + speed + "입니다.");
   }                                  show( ) 메소드의 몸체를
}                                     만들었습니다
//비행기 클래스
class Plane extends Vehicle
{                                 추상 클래스를 확장했습니다
   private int flight;
```

```
    public Plane(int f)
    {
        flight = f;
        System.out.println("비행기 번호가 " + flight +
            "인 비행기가 만들어졌습니다.");
    }
    public void show()
    {
        System.out.println("비행기 번호는 " + flight + "입니다.");
        System.out.println("속도는 " + speed + "입니다.");
    }
}

class Sample1
{
    public static void main(String[] args)
    {
        Vehicle[] vc;
        vc = new Vehicle[2];

        vc[0] = new Car(1234, 20.5);
        vc[0].setSpeed(60);

        vc[1] = new Plane(232);
        vc[1].setSpeed(500);

        for(int i=0; i<vc.length; i++){
            vc[i].show();
        }
    }
}
```

show( ) 메소드의 몸체를 만들었습니다

추상 클래스 배열을 준비합니다

첫 번째 객체는 Car 클래스입니다

두 번째 객체는 Plane 클래스입니다

show( ) 메소드를 호출하면…

Sample1의 실행 화면

```
차량 번호가 1234이며, 연료량이 20.5인 자동차가 만들어졌습니다.
속도를 60(으)로 변경했습니다.
```

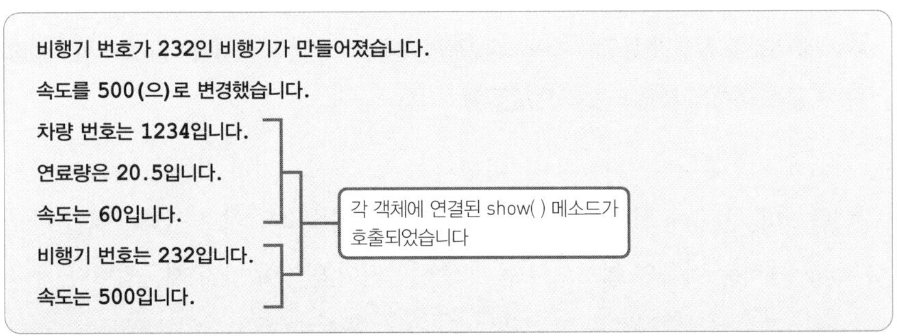
비행기 번호가 232인 비행기가 만들어졌습니다.
속도를 500(으)로 변경했습니다.
차량 번호는 1234입니다.
연료량은 20.5입니다.
속도는 60입니다.
비행기 번호는 232입니다.
속도는 500입니다.

추상 클래스 '탈 것(Vehicle)'으로부터 2개의 서브 클래스 '자동차(Car)', '비행기(Plane)'를 확장했습니다. 그리고 서브 클래스로 객체를 생성할 수 있도록 각각의 서브 클래스에는 적합한 show( ) 메소드 몸체를 만들어 주었습니다.

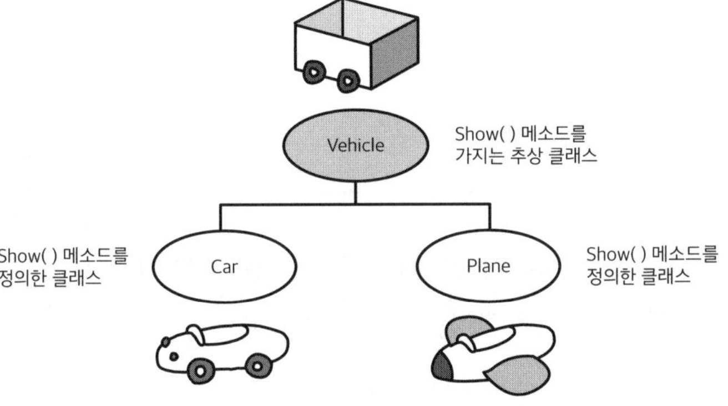

이제 main( ) 메소드에는 추상 클래스 '탈 것(Vehicle)'의 배열이 준비되었습니다. 추상 클래스로 객체를 만들 수는 없지만, 그 클래스의 변수나 배열에 서브 클래스의 객체를 담을 수 있게 되었습니다.

그리고 이 예제에서는 추상 클래스 배열을 사용하여 자동차와 비행기의 show( ) 메소드를 호출하고 있습니다. 추상 클래스의 메소드는 반드시 하위 클래스에서 오버라이딩되기 때문에, 각 객체의 클래스에 적합한 show( ) 메소드가 호출되고 있음을 알 수 있습 니다. 자동차는 자동차로서, 비행기는 비행기로서 동작하고 있는 것입니다.

자동차와 비행기의 객체를 한 곳에 모아서 제어하는 시스템이 구현되어 있습니다. 이러한 표현이 가능한 이유는

추상 클래스를 상속받은 모든 서브 클래스는 추상 메소드(이 예제에서는 show( ) 메소드)와 같은 이름의 메소드를 가지고 있다

는 사실에 기인합니다. '자동차'와 '비행기'는 '탈 것'으로써의 기능을 반드시 가지고 있습니다. 처음에 설명했듯이 추상 클래스를 상속받은 서브 클래스에는 반드시 'show( )'라는 이름의 메소드의 몸체가 선언되어 있어야 하기 때문입니다.

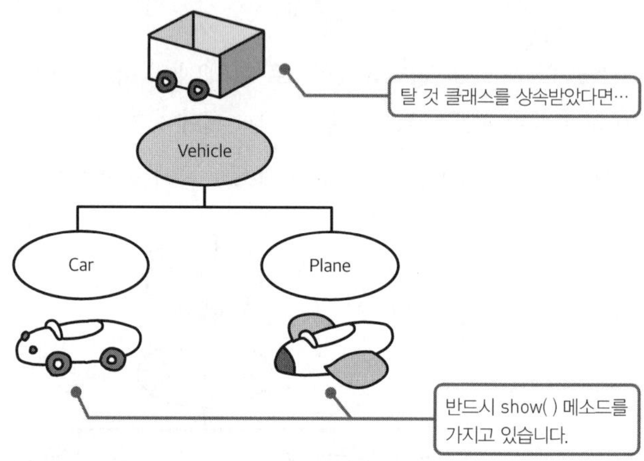

즉, **추상 클래스를 사용하면 서브 클래스 관리가 용이해집니다.** 추상 클래스를 사용하면 이해하기 쉬운 코드를 작성할 수 있습니다.

추상 클래스의 서브 클래스에서는 추상 메소드의 몸체를 작성한다.
추상 클래스를 사용하면 이해하기 쉬운 코드를 작성할 수 있다.

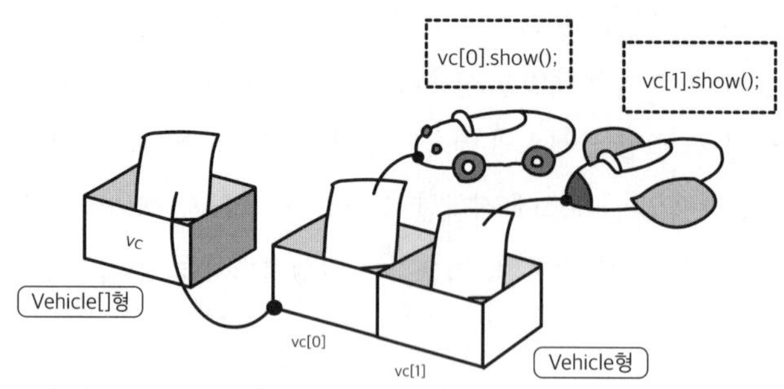

그림 12-2 추상 클래스의 사용법
추상 클래스와 그를 상속받은 서브 클래스를 사용하면 이해하기 쉬운 코드를 작성할 수 있습니다.

instanceof 연산자

이렇게 추상 클래스를 사용하는 코드를 작성하다 보면 많은 양의 서브 클래스를 다루어야 할 경우가 생깁니다. 이때 편리하게 사용할 수 있는 **instanceof 연산자**(instanceof operator)를 소개하고자 합니다. 이 연산자를 사용하면

객체의 클래스를 알아내기

가 가능합니다. 다음 코드를 통해 확인해 봅시다. 앞부분의 클래스 선언부는 Sample1과 같습니다.

Sample2.java ▶ instanceof 연산자 사용하기

```
...
class Sample2
{
    public static void main(String[] args)
    {
        Vehicle[] vc;
        vc = new Vehicle[2];

        vc[0] = new Car(1234, 20.5);
        vc[1] = new Plane(232);

        for(int i=0; i<vc.length; i++){
            if(vc[i] instanceof Car)
                System.out.println((i+1) + "번째 객체는 Car 클래스입니다.");
            else
                System.out.println((i+1) + "번째 객체는 Car 클래스가 아닙니다.");
        }
    }
}
```

- `vc[0] = new Car(1234, 20.5);` — 첫 번째 객체는 Car 클래스입니다
- `vc[1] = new Plane(232);` — 두 번째 객체는 Plane 클래스입니다
- `if(vc[i] instanceof Car)` — 객체가 Car 클래스인지 그 진위를 확인합니다
- 첫 번째 `System.out.println(...)` — 조건이 참(true)일 때 실행됩니다
- 두 번째 `System.out.println(...)` — 조건이 거짓(false)일 때 실행됩니다

Sample2의 실행 화면

```
차량 번호가 1234이며, 연료량이 20.5인 자동차가 만들어졌습니다.
비행기 번호가 232인 비행기가 만들어졌습니다.
1번째 객체는 Car 클래스입니다.
2번째 객체는 Car 클래스가 아닙니다.
```

객체의 클래스를 알아낼 수 있습니다

instanceof 연산자를 사용하면 좌변의 변수가 가리키는 객체의 클래스가 오른쪽과 같은 클래스인지 여부를 확인할 수 있습니다. 즉, 객체의 종류를 알아낼 수 있습니다. 특정 클래스의 객체에만 별도의 처리를 해야 하는 경우, 이 연산자를 사용하면 편리합니다. 자동차와 비행기를 함께 제어해야 한다면 자동차에만 특정한 작업을 수행시킬 수 있을 것입니다.

```
vc[i] instanceof Car
```

좌변의 변수가 우변에 위치한 클래스(여기에서는 Car)의 객체를 가리키고 있는지 조사합니다

instanceof 연산자를 사용하여 어떤 클래스의 객체인지 알아낼 수 있다.

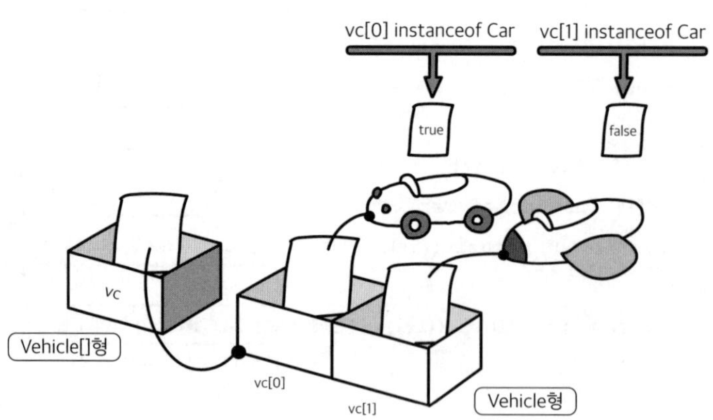

그림 12-3 instanceof 연산자
instanceof 연산자를 사용하면 해당 변수가 어떤 클래스의 객체를 가리키는지 알아낼 수 있습니다.

12.2 인터페이스

 인터페이스의 원리 이해하기

Java에서는 추상 클래스와 거의 비슷한 메커니즘을 **인터페이스**(interface)라는 기능을 사용해서 표현할 수 있습니다. 인터페이스를 코드로 표현하면 다음과 같은 모습이 됩니다.

```
interface iVehicle        ← 인터페이스의 선언부입니다
{
    void show();          ← 추상 메소드를 가집니다
}
```

이것을 **인터페이스의 선언**(declaration)이라고 부릅니다. 인터페이스를 선언하는 방법은 클래스를 선언하는 방법과 매우 닮았습니다. 'class' 대신에 '**interface**'를 사용하는 것이 큰 차이점이로군요.

Lesson 12

구문 **인터페이스의 선언**

```
interface 인터페이스명
{
    형명 필드명 = 식;              ← 필드는 반드시 초기화합니다
    리턴값의 형 메소드명 ();       ← 메소드 몸체는 만들지 않습니다
}
```

인터페이스는 필드와 메소드를 가질 수 있습니다. 단, 생성자를 가질 수 없습니다.

일반적으로 인터페이스의 멤버에는 어떠한 제한자(modifier)도 붙이지 않습니다. 그러나 필드에는 **public, static, final**, 메소드에는 **abstract** 제한자를 붙인 것이나 마찬가지입니다. 즉, 인터페이스의 필드는 **상수**(11장에서 소개됨)이고 메소드는 **추상 메소드**(12장에서 소개됨)인 셈입니다. 정리하자면, 인터페이스에서 필드를 변경할 수 없으며, 메소드의 몸체 또한 만들 수 없습니다.

또한, 인터페이스의 생김새는 클래스와 유사하지만 객체를 만들 수 없습니다. 즉, new 연산자를 사용하여 객체를 만들 수 없다는 뜻입니다.

```
public static void main(String[] args)
{
    ...
    iVehicle ivc;              ● 인터페이스형 변수를 선언할 수는 있지만…
    //ivc = new iVehicle();    ● 객체를 만들 수는 없습니다
    ...
}
```

그러나 인터페이스형 변수와 배열은 선언할 수 있습니다. 위 코드에 등장한 변수 ivc가 iVehicle 인터페이스형 변수입니다.

 인터페이스 구현하기

그러면 인터페이스의 사용 방법을 살펴볼까요? 인터페이스는 클래스와 조합해서 사용해야 합니다. 인터페이스를 클래스와 조합해서 사용하는 행위를 일컬어 **인터페이스를 구현**(implementation)한다고 합니다.

다음 코드에서 확인해 봅시다.

```
class Car implements iVehicle    ● 인터페이스를 구현한 Car 클래스입니다
{
```

```
    ...
}
```

이렇게 표현하면 Car 클래스로 iVehicle 인터페이스를 구현합니다. 그러면 Car 클래스는 iVehicle 인터페이스가 가지고 있는 필드(상수)와 메소드 이름을 물려 받게 됩니다.

구문 인터페이스의 구현

```
class 클래스명 implements 인터페이스명
{
    ...
}
```

이러한 Car 클래스의 객체를 생성하기 위해서는

인터페이스의 메소드를 모두 정의

해야 합니다. 즉, {} 몸체를 만들어 주어야 합니다. 그러면 인터페이스를 선언하고 구현하는 코드를 작성해 볼까요?

Sample3.java ▶ 인터페이스 구현하기

```
//탈 것 인터페이스
interface iVehicle          ← 인터페이스를 선언합니다
{
    void show();            ← 추상 메소드입니다
}
//자동차 클래스
class Car implements iVehicle          ← 인터페이스를 구현합니다
{
    private int num;
    private double gas;
    public Car(int n, double g)
    {
```

```
        num = n;
        gas = g;
        System.out.println("차량 번호가 " + num + "이며, 연료량이 " + gas +
            "인 자동차가 만들어졌습니다.");
    }
    public void show()
    {
        System.out.println("차량 번호는 " + num + "입니다.");
        System.out.println("연료량은 " + gas + "입니다.");
    }
}
//비행기 클래스
class Plane implements iVehicle
{
    private int flight;

    public Plane(int f)
    {
        flight = f;
        System.out.println("비행기 번호가 " + flight +
            "인 비행기가 만들어졌습니다.");
    }
    public void show()
    {
        System.out.println("비행기 번호는 " + flight + "입니다.");
    }
}

class Sample3
{
    public static void main(String[] args)
    {
        iVehicle[] ivc;
        ivc = new iVehicle[2];
```

추상 메소드의 몸체를 만들었습니다

추상 메소드의 몸체를 만들었습니다

인터페이스 배열을 준비합니다

```
        ivc[0] = new Car(1234, 20.5);        // 첫 번째 객체는 Car 클래스입니다

        ivc[1] = new Plane(232);        // 두 번째 객체는 Plane 클래스입니다

        for(int i=0; i<ivc.length; i++){
            ivc[i].show();
        }
    }
}
```

Sample3의 실행 화면

```
차량 번호가 1234이며, 연료량이 20.5인 자동차가 만들어졌습니다.
비행기 번호가 232인 비행기가 만들어졌습니다.
차량 번호는 1234입니다.
연료량은 20.5입니다.
비행기 번호는 232입니다.
```

인터페이스형 배열은 그 인터페이스를 구현하는 서브 클래스의 객체를 가리킬 수 있습니다.

그래서 서브 클래스의 객체를 생성하고 show( ) 메소드를 호출해 보았습니다. 그러자 각각의 서브 클래스가 가지는 show( ) 메소드가 호출되었음을 확인할 수 있었습니다. 인터페이스와 이를 구현한 클래스를 사용해서 이해하기 쉬운 코드를 작성할 수 있었습니다.

추상 클래스 배열에 서브 클래스의 객체를 담아 한꺼번에 처리했던 예제가 기억나나요? **인터페이스 또한 추상 클래스와 동일한 처리가 가능함**을 확인할 수 있었습니다.

단, 인터페이스의 모든 필드는 상수이며, 모든 메소드는 추상 메소드입니다. 12.1절에 등장한 추상 클래스(Vehicle)처럼 값을 변경할 수 있는 필드 speed나 몸체가 있는 setSpeed( ) 메소드와 같은 멤버를 가질 수 없으니 주의하기 바랍니다.

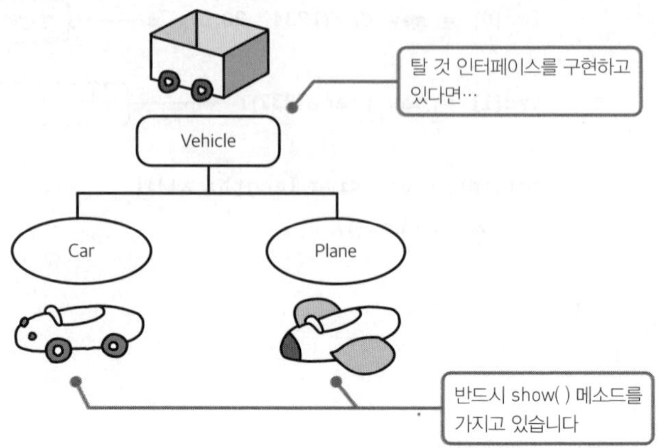

인터페이스를 클래스로 구현할 수 있다.

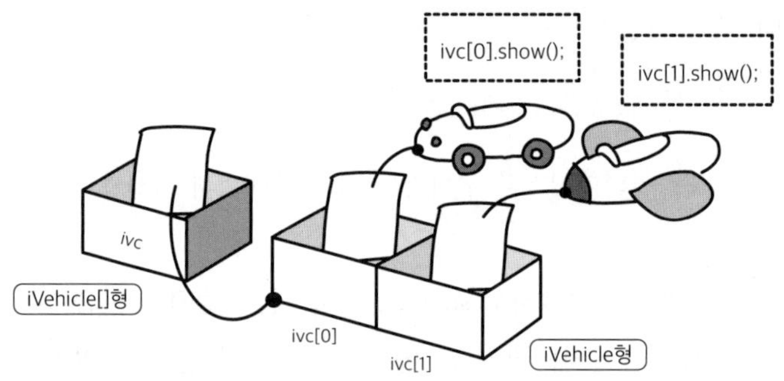

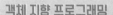

그림 12-4 인터페이스
인터페이스와 그를 구현한 클래스를 사용하면 이해하기 쉬운 코드를 작성할 수 있습니다.

객체 지향 프로그래밍

지금까지 소개한 바와 같이, 슈퍼 클래스와 추상 클래스, 인터페이스 변수를 사용하면, 그 기능을 상속받는 서브 클래스의 객체를 다룰 수 있습니다. 예를 들어, '탈 것'과 같은 추상적인 사물을 표현한 클래스를 설계해 둠으로써, 이 기능을 상속받은 '자동차' '비행기' 같은 구체적인 클래스의 객체를 '탈 것'으로 함께 처리할 수 있습니다. 자동차와 비행기는 탈 것의 일종이므로, 현실 세계에서도 탈 것으로 정리해 파악할 수 있습니다. 즉, 이러한 프로그램은 실제의 '사물'과 비슷하므로 직관적으로 이해할 수 있는 것입니다.
이처럼 Java는 객체 지향에 따른 상속과 다형성의 메커니즘에 의해 실제 '사물'에 대응하는, 인간의 사고에 가까운 프로그래밍을 할 수 있게 되어 있습니다.

12.3 클래스 계층

 다중 상속의 원리 이해하기

지금까지 살펴본 바와 같이, 프로그램을 만들어 나갈 때에는 다수의 클래스와 인터페이스를 조합해야 하는 상황이 발생합니다. 이 절에서는 이렇게 클래스와 인터페이스를 조합할 때의 주의점에 대해 배워 보도록 하겠습니다.

프로그램을 만들다 보면 두 개 이상의 클래스를 상속받은 서브 클래스를 사용하고 싶은 경우가 있습니다. 이러한 상속을 일컬어 **다중 상속**(multiple inheritance)이라고 부릅니다. 이런 경우에는 어떻게 클래스를 조합하면 좋을까요?

11장에서도 설명했듯이, Java에서는 두 개 이상의 클래스를 상속받을 수 없습니다. 예를 들어, 다음과 같은 서브 클래스 선언은 불가능합니다.

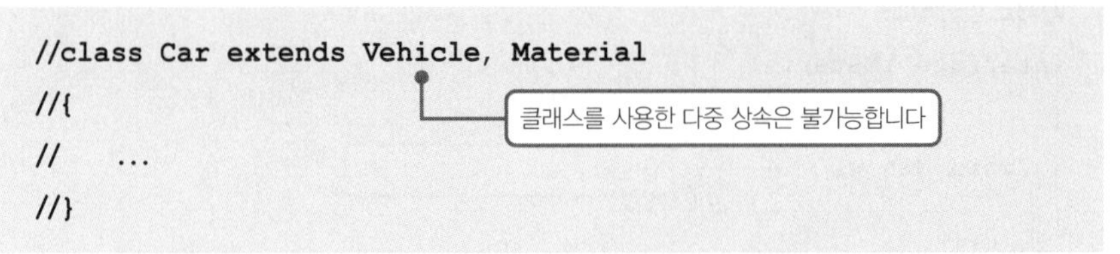

```
//class Car extends Vehicle, Material
//{
//    ...
//}
```


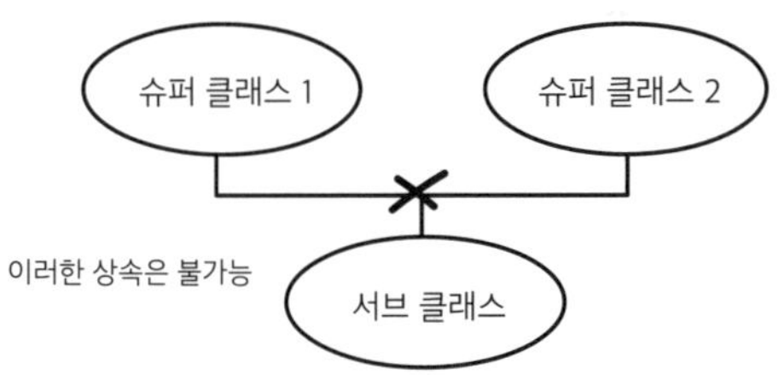

단, 인터페이스를 사용하면 다중 상속 메커니즘을 일부 구현할 수 있습니다.

2개 이상의 인터페이스 구현하기

클래스는 2개 이상의 인터페이스를 구현할 수 있습니다. 다음 구문을 참조하세요.

구문 인터페이스를 2개 이상 구현하기

```
class 클래스명 implements 인터페이스명 1, 인터페이스명 2
{
    ...
}
```

2개 이상의 인터페이스를 구현할 수 있습니다

그러면 2개 이상의 인터페이스를 구현하는 코드를 작성해 봅시다.

Sample4.java ▶ 2개 이상의 인터페이스 구현하기

```
//탈 것 인터페이스
interface iVehicle
{
    void vShow();
}
//재료 인터페이스
interface iMaterial
{
    void mShow();
}
//자동차 클래스
class Car implements iVehicle, iMaterial
{
    private int num;
    private double gas;

    public Car(int n, double g)
    {
        num = n;
        gas = g;
```

- iVehicle의 추상 메소드입니다
- iMaterial의 추상 메소드입니다
- 2개 이상의 인터페이스를 구현할 수 있습니다

```
        System.out.println("차량 번호가 " + num + "이며, 연료량이 " + gas +
            "인 자동차가 만들어졌습니다.");
    }
    public void vShow()
    {
        System.out.println("차량 번호는 " + num + "입니다.");
        System.out.println("연료량은 " + gas + "입니다.");
    }
    public void mShow()
    {
        System.out.println("자동차의 재질은 철입니다.");
    }
}

class Sample4
{
    public static void main(String[] args)
    {
        Car car1 = new Car(1234, 20.5);
        car1.vShow();
        car1.mShow();
    }
}
```

iVehicle 메소드를 정의합니다

iMaterial 메소드를 정의합니다

Sample4의 실행 화면

```
차량 번호가 1234이며, 연료량이 20.5인 자동차가 만들어졌습니다.
차량 번호는 1234입니다.
연료량은 20.5입니다.
자동차의 재질은 철입니다.
```

Car 클래스는 2개의 인터페이스를 구현하고 있습니다. 따라서 Car 클래스는 두 인터페이스의 메소드 몸체 또한 정의해야 합니다.

Java에서 클래스의 다중 상속은 불가능하지만 둘 이상의 인터페이스를 구현함으로써 메소드의 이름을 다중 상속할 수 있습니다.

2개 이상의 인터페이스를 구현하는 클래스를 선언할 수 있다.

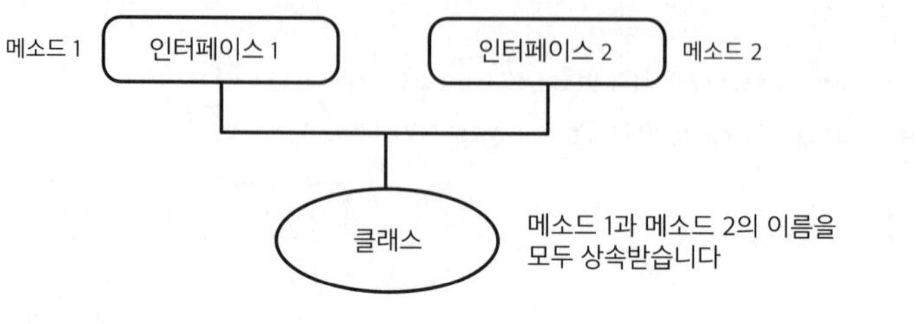

그림 12-5 인터페이스와 다중 상속
2개 이상의 인터페이스를 구현하면 다중 상속이 가능합니다.

 인터페이스 확장하기

마지막으로, 인터페이스의 응용 방법을 소개하겠습니다. 인터페이스는 클래스와 마찬가지로, 확장해서 새로운 인터페이스를 선언할 수 있습니다. 확장되는 인터페이스를 **슈퍼 인터페이스**(super interface), 확장하는 인터페이스를 **서브 인터페이스**(sub interface)라고 부릅니다. 인터페이스를 확장할 때에는 다음과 같이 `extends` 키워드를 사용합니다.

구문 인터페이스의 확장

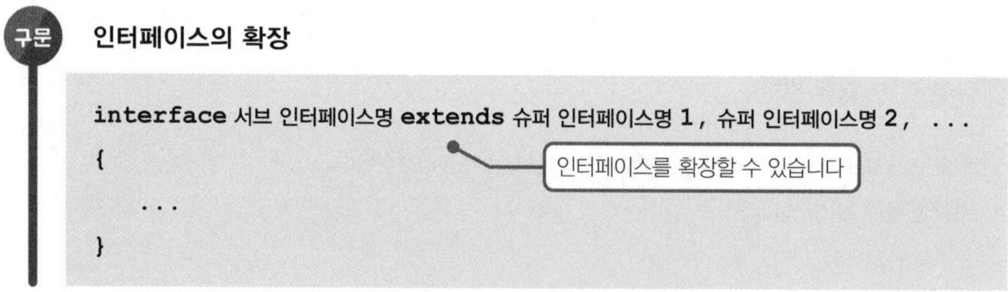

```
interface 서브 인터페이스명 extends 슈퍼 인터페이스명 1, 슈퍼 인터페이스명 2, ...
{
    ...
}
```


예를 들어, iMovable 인터페이스를 확장한 iVehicle 인터페이스를 선언할 경우 다음과 같이 표현할 수 있습니다.

```
//움직이는 것 인터페이스
interface iMovable
```
슈퍼 인터페이스입니다

```
{
    ...
}
//탈 것 인터페이스
interface iVehicle extends iMovable
{
    ...
}
//자동차 클래스
class Car implements iVehicle
{
    ...
}
```

서브 인터페이스입니다

서브 인터페이스를 구현한 클래스입니다

슈퍼 인터페이스를 확장해서 서브 인터페이스를 선언할 수 있다.

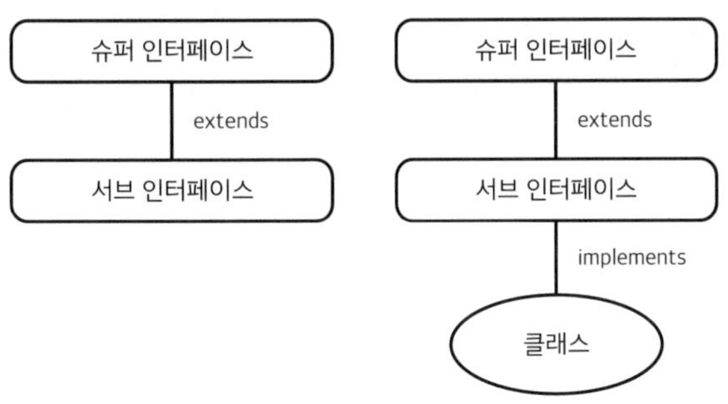

그림 12-6 인터페이스의 확장
인터페이스를 확장해서 서브 인터페이스를 선언할 수 있습니다.

또한 인터페이스를 확장할 때에는 'extends'를 사용하지만, 이러한 인터페이스를 클래스로 구현할 경우에는 'implements'를 사용합니다. 만약 iVehicle 인터페이스가 iMovable 인터페이스를 확장한 서브 인터페이스라면, iVehicle 인터페이스를 구현하는 Car 클래스에서는 iMovable 인터페이스의 메소드 또한 구현해야 합니다.

클래스의 계층 구조 설계하기

이 장에서 배운 추상 클래스와 인터페이스는 특히 대규모 프로그램을 만들 때 도움이 됩니다. 소개한 바와 같이 **추상 클래스와 인터페이스를 사용하면 많은 클래스를 한꺼번에 제어할 수 있기 때문입니다.**

예를 들어 '탈 것' 인터페이스를 설계해 두면 '자동차' 클래스와 '비행기' 클래스 같은 서브 클래스 객체를 한 곳에 모아 제어할 수 있을 것입니다. '탈 것' 인터페이스에 대한 프로그램을 작성하면, '자동차' 클래스도 '비행기' 클래스도 '탈 것'으로 간주하여 제어할 수 있는 셈입니다. 같은 '탈 것'인 '자전거' 클래스 등을 추가하거나 교체하는 작업도 쉬워집니다. **추상 클래스와 인터페이스를 조합한 클래스 계층 구조를 설계하면 대규모 프로그램을 작성할 때 큰 도움이 될 것입니다.**

또한, 이 절에서 소개한 바와 같이 인터페이스로 다중 상속을 표현할 수 있습니다. 추상 클래스만으로 클래스의 계층 구조를 표현할 수 없는 경우에 이용하면 편리합니다.

추상 클래스와 인터페이스는 대규모 프로그램 작성 시에 사용된다.

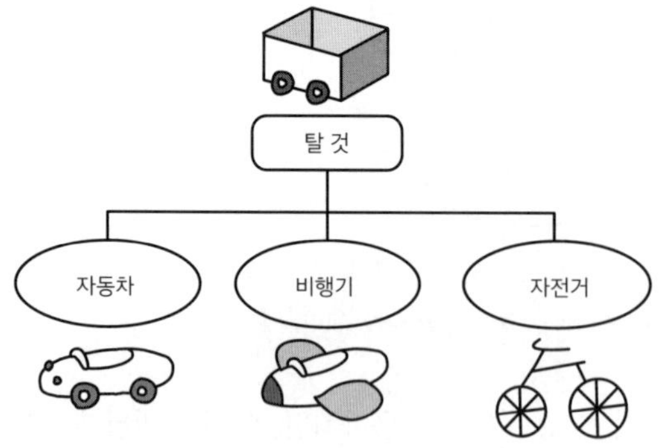

그림 12-7 클래스의 계층 구조를 설계하기
대규모 프로그램을 작성하려면 클래스의 계층 구조 설계가 필요합니다.

우리는 이렇게 클래스와 인터페이스를 조합해 나갑니다. 대규모 프로그램에서 클래스와 인터페이스의 활용법은 참으로 다양합니다. 이 책에서 소개한 클래스와 인터페이스의 특성을 숙지해서, 실전에서 활용하기 위한 기초를 익히기를 바랍니다.

다양한 클래스 계층 구조

표준 클래스 라이브러리의 클래스 또한 계층 구조를 가지고 있습니다. 클래스 라이브러리의 계층 관계는 10장에서 소개한 클래스 라이브러리 참조에서 확인할 수 있습니다. 클래스를 사용할 때 '어떤 클래스를 상속받았는가', '어떤 인터페이스를 구현하였는가'를 조사해 보면 도움이 될 것입니다.

Lesson 12

12.4 강의 요약

이 장에서는 다음과 같은 것을 배웠습니다.

- 추상 클래스를 선언할 수 있습니다.
- 추상 클래스는 몸체가 없는 메소드를 가집니다.
- 추상 클래스로는 객체를 생성할 수 없습니다.
- 인터페이스를 선언해서 클래스로 구현할 수 있습니다.
- 인터페이스에 선언된 필드는 상수가 됩니다.
- 인터페이스의 메소드는 몸체 없는 추상 메소드입니다.
- 슈퍼 인터페이스를 확장해서 서브 인터페이스를 선언할 수 있습니다.

이 장에서는 추상 클래스와 인터페이스에 대해 배웠습니다. 이러한 Java의 다형성을 활용하면 이해하기 쉬운 코드를 작성할 수 있습니다. Java는 다수의 클래스와 인터페이스의 조합을 활용한 대규모 프로그램 작성을 지원하도록 만들어졌습니다.

연습문제

1. 다음 항목에 대해 ○ 또는 ×로 답하십시오.

   ① 추상 클래스 변수는 선언할 수 없다.

   ② 추상 클래스 객체는 생성할 수 없다.

   ③ 인터페이스형 변수는 선언할 수 있다.

   ④ 인터페이스가 인터페이스를 상속받을 때에는 implements 키워드를 사용한다.

2. 다음 항목에 대해 ○ 또는 ×로 답하십시오.

   ① 클래스 A는 클래스 B를 확장한 서브 클래스이다.

   ② 클래스 A는 인터페이스 C를 구현하고 있다.

   ③ 인터페이스 C는 클래스 D를 확장한 서브 인터페이스이다.

```
interface C extends D
{
   ...
}
...
class A extends B implements C
{
   ...
}
```

3. 다음 클래스 B의 객체를 생성하기 위해서【 】에 넣어야 할 알파벳을 답하십시오.

```
interface A
{
   void a();
}
```

Lesson 12

```
class B implements A
{
    void[ ]()
    {
        ...
    }
    void b()
    {
        ...
    }
}
```

4. 다음 코드는 어디가 잘못되었습니까? 틀린 곳이 있으면 고치십시오.

```
abstract class Vehicle
{
    protected int speed;
    public void setSpeed(int s)
    {
        speed = s;
        System.out.println("속도를 " + speed + "로 변경했습니다.");
    }
    abstract void show();
}

class SampleP4
{
    public static void main(String[] args)
    {
        Vehicle vc;
        vc = new Vehicle();
        vc.setSpeed(500);
        vc.show();
    }
}
```

Lesson 13

대규모 프로그램의 작성

지금까지 우리는 소규모 프로그램을 여러 개 만들었습니다. 그러나 프로그램의 규모가 커지면 커질수록 코드에서는 더 많은 클래스를 다루어야 할 것입니다. 이 장에서는 대규모 프로그램의 개발에 필요한 지식을 배웁니다.

Check Point!

- 파일 분할
- 패키지
- 네임스페이스
- 서브 패키지
- 임포트

13.1 파일 분할

 파일 분할하기

대규모 프로그램을 작성할 때에는 여러 사람이 분담하여 프로그램을 작성하는 것이 일반적입니다. 또한, 이미 작성한 클래스를 이용하여 보다 큰 새로운 프로그램을 만들어야 할 때도 있습니다. 이럴 때 지금까지 해 왔던 것처럼 여러 클래스를 파일 하나에 작성하면 매우 불편하겠지요. 수많은 클래스를, 수많은 개발자가 여러 개의 파일로 작업해야 할 것입니다. 그래서 이 장에서는

클래스를 여러 개의 다른 파일에 나누어 작성하는 방법

을 배워 보도록 하겠습니다. 다음 두 개의 소스 파일을 만드는 것부터 시작하겠습니다.

Car.java ▶ 파일 분할하기

```
//자동차 클래스
class Car
{
   private int num;
   private double gas;

   public Car()
   {
      num = 0;
      gas = 0.0;
      System.out.println("자동차가 만들어졌습니다.");
```

```
    }
    public void setCar(int n, double g)
    {
        num = n;
        gas = g;
        System.out.println("차량 번호를 " + num + "로, 연료량을 " + gas +
            "로 바꾸었습니다.");
    }
    public void show()
    {
        System.out.println("차량 번호는 " + num + "입니다.");
        System.out.println("연료량은 " + gas + "입니다.");
    }
}
```

Sample1.java

```
class Sample1
{
    public static void main(String[] args)
    {
        Car car1 = new Car();
        car1.show();
    }
}
```

Lesson 13

Sample1은 지금까지 작성한 Car 클래스와 거의 동일합니다. 그러나 지금까지 파일 하나에 작성했던 두 클래스를 각각 다른 파일로 나누었다는 점이 다릅니다.

Car.java ⟶ Car 클래스

Sample1.java ⟶ main( ) 메소드를 가지는 Sample1 클래스

이 두 파일의 컴파일 방법은 지금까지 사용해 왔던 방법과 동일합니다.

Sample1의 컴파일 방법

```
javac Sample1.java ↵
```

지금까지 사용한 컴파일 방법과 동일합니다

그 결과 Sample1.class와 Car.class 2개의 파일이 생성되었습니다. 프로그램을 실행할 때에는 생성된 2개의 클래스 파일을 같은 폴더에 위치시키고 다음과 같이 입력하십시오.

Sample1의 실행 방법

```
java Sample1 ↵
```

Sample1의 실행 화면

```
자동차가 만들어졌습니다.
차량 번호는 0입니다.
연료량은 0.0입니다.
```

파일을 나누었지만 예전과 똑같은 방법으로 실행할 수 있음을 확인했습니다.

이처럼 파일을 분할하면 규모가 큰 프로그램을 작성할 때 여러 사람이 작업을 분담할 수 있습니다. 수많은 클래스를 다루어야 하는 큰 프로그램을 작성한다면 파일을 분할하는 작업이 필수입니다.

여러 개의 클래스는 각자 다른 파일에 작성할 수 있다.

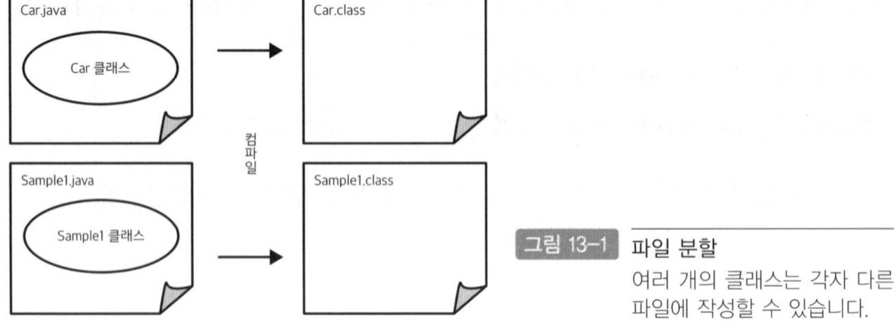

그림 13-1 **파일 분할**
여러 개의 클래스는 각자 다른 파일에 작성할 수 있습니다.

13.2 패키지의 기본

패키지의 원리 이해하기

대규모 프로그램을 작성할 때에는 다른 사람들이 설계한 다양한 클래스를 이용해야 하는 경우가 있습니다. 때로는 여러 사람이 작성한 같은 이름의 클래스를 프로그램에 도입해야 하는 경우가 생길 수도 있을 것입니다. 이때 Java에서는 **패키지**(package)라고 하는 메커니즘을 사용하여 클래스 이름을 구분하고 클래스 이름이 충돌하는 것을 방지합니다.

클래스를 패키지에 포함

하는 작업을 하면 이름이 같은 클래스도 구별할 수 있게 됩니다. Java에서는 클래스 이름 앞에 패키지 이름을 붙이는 방법을 사용합니다.

그러면 우선 클래스를 패키지에 포함시키는 방법부터 살펴봅시다. 이를 위해서는 소스 파일의 맨 윗부분에 다음과 같은 내용을 적어야 합니다.

패키지

```
package 패키지명;
```

소스 파일에 존재하는 클래스를 이 패키지에 포함시킵니다

같이 확인해 보도록 하겠습니다. 다음 코드를 입력합니다.

Sample2.java ▶ 패키지에 클래스 포함시키기

```
package pa;
//자동차 클래스
```

패키지에 포함시킵니다

```
class Car  ●──── 이 클래스는 패키지 pa에 포함됩니다
{
   private int num;
   private double gas;

   public Car()
   {
      num = 0;
      gas = 0.0;
      System.out.println("자동차가 만들어졌습니다.");
   }
   public void setCar(int n, double g)
   {
      num = n;
      gas = g;
      System.out.println("차량 번호를 " + num + "로, 연료량을 " + gas +
         "로 바꾸었습니다.");
   }
   public void show()
   {
      System.out.println("차량 번호는 " + num + "입니다.");
      System.out.println("연료량은 " + gas + "입니다.");
   }
}

class Sample2  ●──── 이 클래스는 패키지 pa에 포함됩니다
{
   public static void main(String[] args)
   {
      Car car1 = new Car();
      car1.show();
   }
}
```

이 프로그램을 컴파일하려면, 먼저 **작업 폴더에 패키지 이름과 같은 'pa'라는 이름의 폴더를 만듭니다.** 그리고 'pa' 폴더에 위에서 작성한 Sample2.java를 저장합니다.

예를 들어, 'C 드라이브 아래의 YJSample 폴더, 그 안의 13 폴더'에서 프로그램을 작성하고 있다고 했을 때, '13' 폴더를 '작업 폴더'라고 부르겠습니다. 이때 다음처럼 작업 폴더 '13' 안에 'pa' 폴더를 만들고 그 안에 Sample2.java를 저장하는 것입니다.

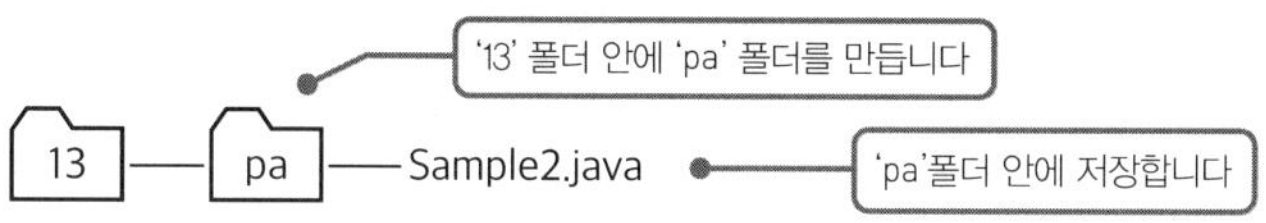

저장 후, 작업 폴더인 13에서 다음과 같이 컴파일합니다.

Sample2의 컴파일 방법

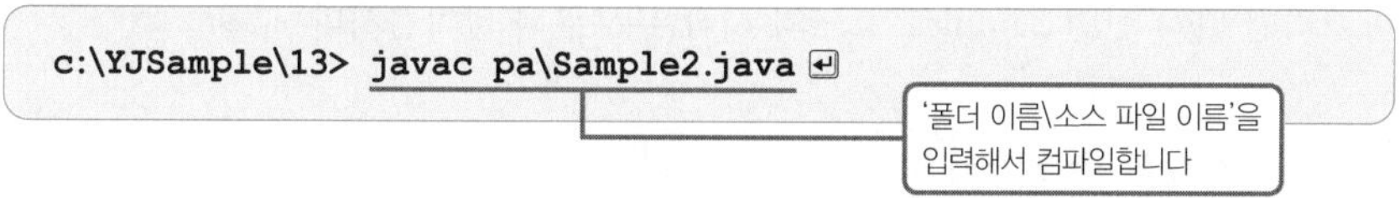

```
c:\YJSample\13> javac pa\Sample2.java ↵
```


그러면 pa 폴더 안에 2개의 클래스 파일이 생성될 것입니다.

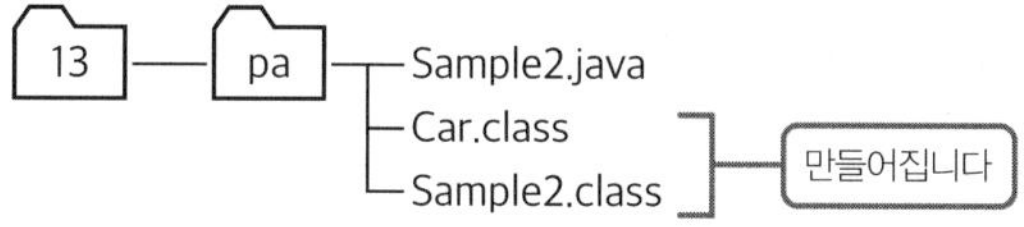

이후, 작업 폴더에서 다음과 같이 입력하면 프로그램을 실행할 수 있습니다.

Sample2의 실행 방법

```
c:\YJSample\13> java pa.Sample2 ↵
```


지금까지 등장한 컴파일 및 실행 방법보다 조금 복잡하므로 주의깊게 살펴보기 바랍니다.

그러면 클래스의 패키징 순서를 다시 정리해 볼까요?

❶ 패키지 이름과 같은 폴더를 작업 폴더 아래에 만들고 그 곳에 소스 파일을 저장한다

❷ 작업 중인 폴더에서 'javac 폴더 이름\소스 파일 이름' 명령을 사용하여 컴파일한다

❸ 작업 중인 폴더에서 'java 패키지명.클래스명'을 입력해서 실행한다

 같은 패키지 안의 클래스 사용하기

그러면 다시 한번 Sample2 코드의 시작 부분부터 살펴봅시다.

```
package pa;
```

패키지에 포함시킵니다

이것은

파일에 작성한 두 클래스를 'pa'라는 패키지에 포함시켜라

라는 문장입니다. 패키지에 클래스를 포함시킬 때에는 이 한 줄을 적어 주면 됩니다. 이처럼 같은 패키지에 포함된 클래스는 패키지를 특별히 의식하지 않고 서로를 사용할 수 있습니다. 여기서는 패키지의 사용법만 머릿속에 넣어 두도록 합시다.

여러 개의 클래스를 패키지에 포함시킬 수 있다.

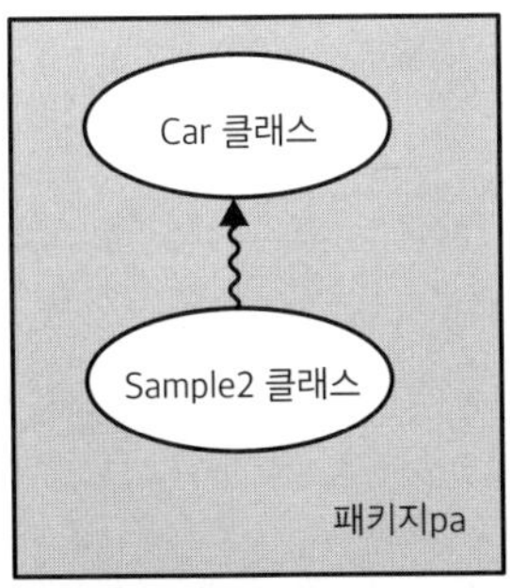

그림 13-2 **패키지**
같은 패키지에 여러 개의 클래스를 포함시킬 수 있습니다.

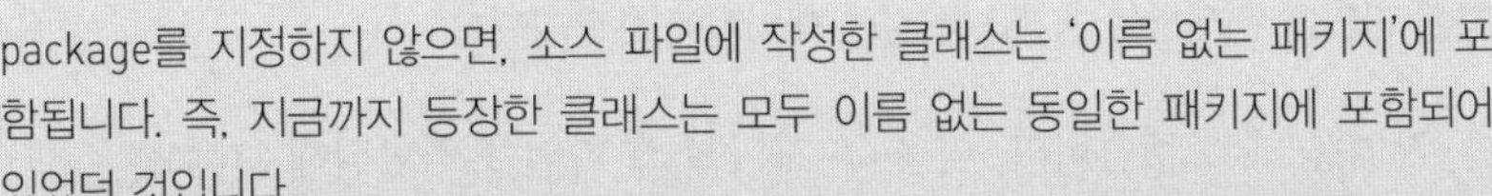

package를 지정하지 않으면 어떻게 되나요?

package를 지정하지 않으면, 소스 파일에 작성한 클래스는 '이름 없는 패키지'에 포함됩니다. 즉, 지금까지 등장한 클래스는 모두 이름 없는 동일한 패키지에 포함되어 있었던 것입니다.
이 장에서 설명했듯이 같은 패키지에 포함된 클래스는 패키지를 특별히 염두에 둘 필요가 없습니다. 그래서 지금껏 패키지에 대해 언급하지 않았던 것입니다.

13.3 패키지의 사용

 같은 패키지에 포함시키기

그러면 패키지를 다루는 방법을 좀 더 자세히 살펴볼까요? 이번에는

다른 파일에 존재하는 클래스를 같은 패키지에 포함시키기

라는 작업을 해 보겠습니다. 다음 두 개의 소스 파일을 컴파일해 보세요.

Car.java ▶ 같은 패키지에 포함시키기

```
package pa;   // Car 클래스를 pa 패키지에 포함시킵니다

//자동차 클래스
class Car
{
   private int num;
   private double gas;

   public Car()
   {
      num = 0;
      gas = 0.0;
      System.out.println("자동차가 만들어졌습니다.");
   }
   public void setCar(int n, double g)
   {
      num = n;
      gas = g;
```

```
        System.out.println("차량 번호를 " + num + "로, 연료량을 " +
            gas + "로 바꾸었습니다.");
    }
    public void show()
    {
        System.out.println("차량 번호는 " + num + "입니다.");
        System.out.println("연료량은 " + gas + "입니다.");
    }
}
```

Sample3.java

```
package pa;   // Sample3 클래스를 pa 패키지에 포함시킵니다

class Sample3
{
    public static void main(String[] args)
    {
        Car car1 = new Car();
        car1.show();
    }
}
```

이번에 등장한 두 개의 클래스는 각각 다른 파일에 작성되었습니다. 이 두 개의 클래스를 pa 패키지에 포함시켜 보았습니다. 두 개의 파일을 'pa' 폴더에 저장하고 작업 폴더에서 컴파일한 다음, 실행합니다.

Lesson 13

Sample3의 컴파일 방법

```
c:\YJSample\13> javac pa\Sample3.java ↵
```

Sample3의 실행 방법

```
c:\YJSample\13> java pa.Sample3 ↵
```

Sample3의 실행 화면

```
자동차가 만들어졌습니다.
차량 번호는 0입니다.
연료량은 0.0입니다.
```

이처럼 서로 다른 파일에 작성된 클래스도 동일한 패키지에 포함시킬 수 있습니다. 같은 패키지에 포함된 클래스들은 서로를 사용할 때 패키지 이름을 클래스 앞에 적을 필요가 없다고 했습니다. 따라서 이 예제 또한 패키지를 지정한 부분을 제외하고는 지금까지 등장했던 예제와 동일하게 작성할 수 있었습니다.

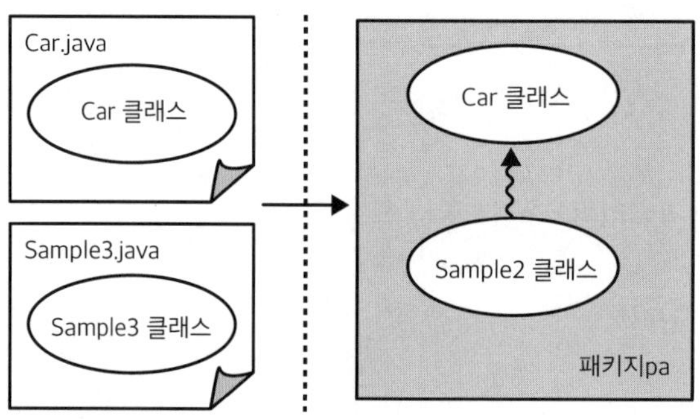

그림 13-3 같은 패키지에 포함시키기
다른 파일에 작성된 클래스들을 같은 패키지에 포함할 수 있습니다.

 다른 패키지로 나누기

다른 파일에 작성된 클래스를 다른 패키지에 포함하는 것도 가능합니다. 이번에는 Sample4 클래스만 패키지 pb에 포함시켜 보도록 하겠습니다.

Sample4.java ▶ 다른 패키지로 나누기

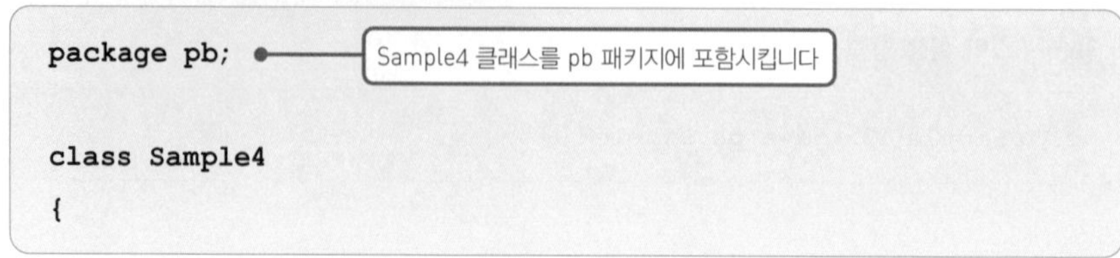

```
package pb;

class Sample4
{
```

```
    public static void main(String[] args)
    {
        Car car1 = new Car();
        car1.show();
    }
}
```

Sample4의 컴파일 방법

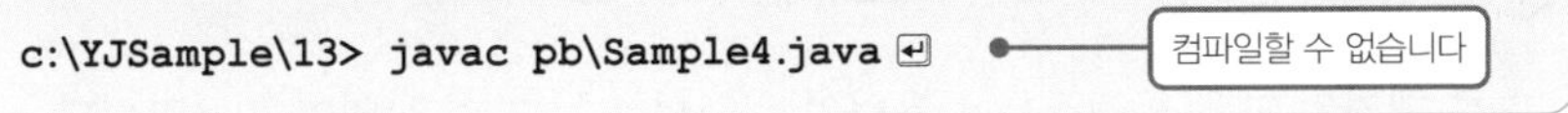

```
c:\YJSample\13> javac pb\Sample4.java
```

컴파일할 수 없습니다

이 예제는 'Car 클래스 → 패키지 pa', 'Sample4 클래스 → 패키지 pb'에 포함시키려 하고 있습니다. 그런데 이 코드를 컴파일할 수 없습니다. 무엇 때문일까요?

그 이유는 Sample4 클래스에서 'Car'라는 클래스를 이용하고 있기 때문입니다. Sample4 클래스 안에서 단순히 'Car'라고 쓰면 '같은 패키지의 Car 클래스'를 가리키라는 뜻이 됩니다. 따라서 Java의 입장에서는 Sample4 클래스와 같은 패키지에서 'Car 클래스'를 찾을 수 있어야 합니다. 그러나 두 개의 클래스는 각각 다른 패키지에 속해 있습니다. 그래서 Java는 Car 클래스를 찾을 수 없었고, 결과적으로 코드를 올바르게 컴파일할 수 없었던 것입니다.

이번에는 다른 패키지에 속한 클래스를 다루는 프로그램을 올바르게 실행하는 방법을 배워 보도록 하겠습니다.

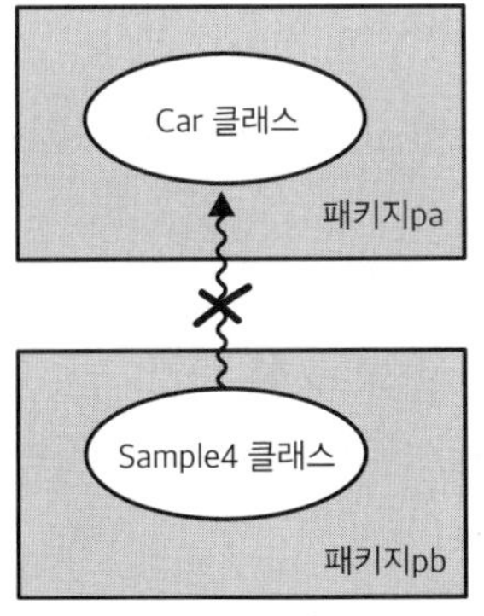

그림 13-4 다른 패키지에 포함
다른 패키지 안에 포함된 클래스는 그대로 사용할 수 없습니다.

다른 패키지

같은 소스 파일 안의 클래스를 다른 패키지로 나눌 수 없습니다. 하나의 소스 파일에는 하나의 package문만 적을 수 있기 때문입니다. 다른 패키지에 포함해야 하는 클래스들은 별도 파일에 작성하세요.

다른 패키지 안의 클래스 사용하기

다른 패키지 안의 클래스를 사용하기 위해서는 두 가지 작업이 필요합니다.

❶ 다른 패키지의 클래스에서 사용될 클래스의 이름 앞에 public 붙이기

❷ 다른 패키지의 클래스를 사용할 때 그 클래스의 이름 앞에 패키지 이름 붙이기

같이 확인해 볼까요? 다음 두 개의 소스 파일을 지금까지 해 왔던 방식으로 컴파일합니다.

Car.java ▶ 다른 패키지 안의 클래스 사용하기

```
package pc;    // Car 클래스를 pc 패키지에 포함시킵니다

//자동차 클래스
public class Car    // ❶ Car 클래스를 다른 패키지의 클래스에서 사용할 수 있게 만듭니다
{
   private int num;
   private double gas;

   public Car()
   {
      num = 0;
      gas = 0.0;
      System.out.println("자동차가 만들어졌습니다.");
   }
   public void setCar(int n, double g)
   {
```

```
        num = n;
        gas = g;
        System.out.println("차량 번호를 " + num + "로, 연료량을 " + 
           gas + "로 바꾸었습니다.");
    }
    public void show()
    {
        System.out.println("차량 번호는 " + num + "입니다.");
        System.out.println("연료량은 " + gas + "입니다.");
    }
}
```

Sample5.java

```
package pb;  ← Sample5 클래스를 pb 패키지에 포함시킵니다

class Sample5
{
    public static void main(String[] args)
    {
        pc.Car car1 = new pc.Car();  ← ❷ 클래스 이름 앞에 패키지 이름을 붙입니다
        car1.show();
    }
}
```

Sample5의 실행 방법

```
c:\YJSample\13> java pb.Sample5 ↵
```

이번에는 Car 클래스를 pc 패키지에 포함시켜 보았습니다. 단, 이 클래스 앞머리에는 public이라는 제한자가 붙어 있음에 주의하세요. 클래스 앞머리에 public을 붙이면

이 클래스를 다른 패키지에서 사용할 수 있도록 만들겠다

는 뜻이 됩니다(❶). 또한 Car 클래스를 이용하는 Sample5 클래스를 살펴보면 Car 클래스를 사용할 때 다음과 같이 클래스 이름 앞에 패키지 이름을 붙였습니다.

```
pc.Car
```

이는 '패키지 pc 안의 Car 클래스'라는 뜻입니다. 즉, 다른 패키지 안의 클래스를 사용하려면

이 클래스가 어느 패키지에 속해 있는지를 알려 주는 작업

이 필요합니다(❷). Sample4에서는 이러한 작업이 빠져 있었기 때문에 프로그램을 실행할 수 없었던 것입니다. 이 두 가지 작업을 기억하기 바랍니다.

클래스 앞머리에 public을 쓰면 다른 패키지에서 이용할 수 있다.
다른 패키지 안의 클래스를 사용하려면 '패키지명.클래스명'을 적어 준다.

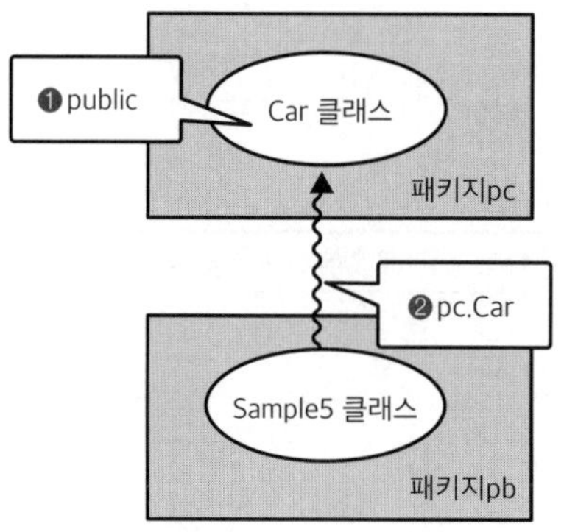

그림 13-5 다른 패키지 안의 클래스

다른 패키지 안의 클래스를 사용하려면 ❶ 사용할 클래스 앞머리에 public을 적어 주고 ❷ 사용할 때 '패키지명.클래스명'을 적습니다.

클래스에 붙이는 public

앞머리에 public이 붙은 클래스는,

다른 패키지의 클래스에서 사용할 수 있다

는 사실을 배웠습니다. 반대로 public을 생략하면

같은 패키지에 속한 클래스에서만 사용할 수 있는 클래스가 된다

는 사실도 꼭 기억하기 바랍니다. 또한 public을 붙인 클래스는 소스 파일 하나에 한 개만 작성할 수 있습니다. 그러한 경우 소스 파일의 이름은 public을 붙인 클래스 이름과 반드시 같아야 합니다.
지금까지 public, protected, private이라는 제한자가 여러 번 나왔는데, 이 제한자는 클래스나 멤버에 붙일 수 있습니다. 여기에 그 사용법을 정리해 둡니다.

클래스 및 인터페이스에 붙이는 제한자	의미
지정하지 않음	같은 패키지에서만 사용 가능
public	다른 패키지에서도 사용 가능

멤버 및 생성자에 붙이는 제한자	의미
private	같은 클래스 안에서만 접근 가능
지정하지 않음	같은 패키지에서만 접근 가능
protected	같은 패키지에 속한 클래스와 다른 패키지에 속한 서브 클래스만 접근 가능
public	모든 클래스가 접근 가능(단, 클래스가 public이 아닌 경우, 같은 패키지에서만 접근 가능)

Lesson 13

패키지 이름으로 클래스 구분하기

Sample3의 pa.Car 클래스와 Sample5의 pc.Car 클래스는 이름은 같지만 전혀 다른 클래스입니다. 패키지 이름이 다르면 이름이 같은 클래스도 다른 클래스로 간주되기 때문입니다.

많은 클래스를 다루어야 하는 대규모 프로그램을 작성하는 경우, 다른 설계자가 만든 같은 이름의 클래스가 여러 개 존재할 수 있습니다. 이럴 때 패키지 이름을 통해 클래스 이름을 구별하는 것의 중요함을 이해할 수 있을 것입니다. 패키지에 의해 나뉘어진 클래스 이름의 모임을 일컬어 **네임스페이스**(namespace)라고 부릅니다.

그림 13-6 **패키지 이름과 클래스**
클래스 이름이 같아도 다른 패키지에 속하면 다른 클래스로 간주됩니다. 같은 이름의 클래스가 다른 개발자에 의해 설계되어도 문제가 없습니다.

패키지 명명법

네임스페이스는 개발자가 속한 조직의 도메인을 사용할 것을 권장하고 있습니다. 예를 들어, 'xxx.co.kr'이라는 이름의 조직에 속해 있다면, 'kr.co.xxx.…'와 같이 거꾸로 쓴 이름을 패키지 이름으로 사용합니다.

13.4 임포트

 임포트의 원리 이해하기

이전 절에서 다른 패키지 안의 클래스를 사용하기 위해서는 클래스 이름 앞에 패키지 이름을 붙여야 한다는 것을 배웠습니다.

```
pc.Car car1 = new pc.Car();
```

패키지 이름을 붙여야 합니다

하지만 다른 패키지에 속한 클래스 이름 앞에 매번 패키지 이름을 붙이는 것은 상당히 번거로운 작업입니다. 그럴 때 파일의 앞머리에서 **임포트**(import)라는 작업을 할 수 있습니다.

구문
임포트
import 패키지명.클래스명;
다른 패키지에 속한 클래스를 가져옵니다

임포트 작업을 하면 다른 패키지 안의 클래스를 사용할 때 **클래스 이름만 적어 주면 됩니다.**

```
import pc.Car;
...
Car car1 = new Car();
```

패키지 이름을 생략했습니다

그러면 임포트 작업 후, 이전 절 Sample5에서 만든 pc.Car 클래스를 사용해 보겠습니다.

Sample6.java ▶ import문 사용하기

```
package pb;
import pc.Car;  // 임포트하면…

class Sample6
{
   public static void main(String[] args)
   {
      Car car1 = new Car();
      car1.show();  // 패키지 이름을 생략하고 사용할 수 있습니다
   }
}
```

파일 앞머리에서 pc.Car 클래스를 임포트했습니다. 그러자 패키지 이름을 생략하고 pc.Car 클래스를 사용할 수 있었습니다. 코드가 읽기 편해졌습니다. 매우 편리하군요.

임포트하면 클래스 이름 앞에 패키지 이름을 붙이지 않아도 된다.

 서브 패키지 만들기

패키지를 더욱 편리하게 사용하는 방법이 있습니다.

패키지 안에 패키지를 만드는

것입니다. 패키지로 계층 구조를 만들면 많은 클래스를 기능별로 분류할 수 있습니다. 패키지 안의 패키지를 일컬어 **서브 패키지**(sub package)라고 부릅니다.

그러면 서브 패키지를 만드는 연습을 해 봅시다. 먼저 자신의 컴퓨터 환경에서 'pa' 폴더 아래에 새로운 'sub' 폴더를 만들고 그 안에 Sample7.java를 저장합니다.

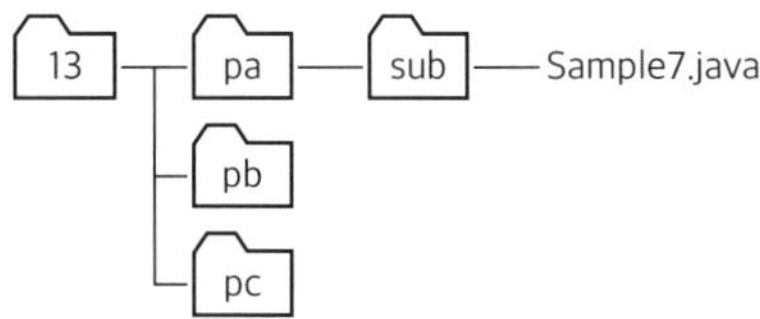

Sample7.java ▶ 서브 패키지 만들기

```
package pa.sub;   // 서브 패키지에 포함시킵니다
//자동차 클래스
class Car
{
   private int num;
   private double gas;

   public Car()
   {
      num = 0;
      gas = 0.0;
      System.out.println("자동차가 만들어졌습니다.");
   }
   public void setCar(int n, double g)
   {
      num = n;
      gas = g;
      System.out.println("차량 번호를 " + num + "로, 연료량을 " +
         gas + "로 바꾸었습니다.");
   }
   public void show()
   {
      System.out.println("차량 번호는 " + num + "입니다.");
      System.out.println("연료량은 " + gas + "입니다.");
   }
}

class Sample7
{
```

```
    public static void main(String[] args)
    {
        Car car1 = new Car();
        car1.show();
    }
}
```

Sample7의 컴파일 방법

```
c:\YJSample\13> javac pa\sub\Sample7.java ↵
```

Sample7의 실행 방법

```
c:\YJSample\13> java pa.sub.Sample7 ↵
```

클래스 파일명 앞에 서브 패키지명을 적어 줍니다

지금까지의 패키지 사용법과 거의 동일합니다. 단, 서브 패키지명 앞뒤에 마침표(.)를 찍어서 구분해 줍니다.

서브 패키지를 만들면 비슷한 역할을 담당하는 클래스를 종류별로 분류할 수 있습니다. 결과적으로 이해하기 쉬운 프로그램을 작성하는 데 도움을 줍니다.

단, Java는 패키지(pa)와 서브 패키지(pa.sub)를 완전히 다른 패키지로 간주하니 주의해야 합니다. 서브 패키지는 패키지의 이해를 돕기 위한 목적으로만 사용되어야 하는 것입니다.

패키지 안에 패키지를 만들 수 있다.

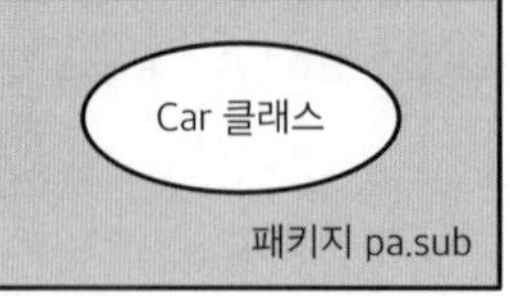

그림 13-7 서브 패키지
패키지 안에 서브 패키지를 만들 수 있습니다. 단, 상위 계층 패키지와 전혀 다른 패키지가 됩니다.

클래스 라이브러리의 패키지

10장에서 소개한 Java 클래스 라이브러리를 기억하나요? 클래스 라이브러리 또한 패키지로 분류되어 관리되고 있습니다. 클래스 라이브러리의 주요 패키지를 표 13-1에 정리해 보았습니다.

표 13-1 : 클래스 라이브러리의 패키지

패키지명	패키지에 포함된 클래스
java.lang	기본적인 클래스
java.io	입출력 관련 클래스
java.net	네트워크 관련 클래스
java.util	유틸리티 관련 클래스
java.math	숫자 연산 관련 클래스
java.text	숫자와 날짜 등의 국제화 관련 클래스
java.awt	윈도 컴포넌트 관련 클래스
java.awt.event	이벤트 관련 클래스
java.awt.Image	이미지 관련 클래스

클래스 라이브러리 안의 클래스를 사용할 때 긴 패키지 이름을 적어서 사용하기보다는 소스 파일 앞머리에 임포트하는 것이 일반적입니다. 예를 들어, 다음과 같이 사용합니다.

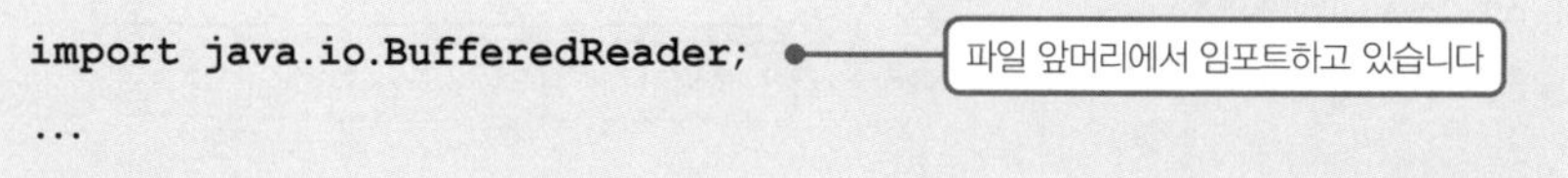

```
import java.io.BufferedReader;
...
```


단, java.lang 패키지만 예외적으로 임포트할 필요 없이 클래스 이름만 적어서 사용할 수 있습니다. 그 덕분에 이 패키지에 포함된 String 클래스를 별도의 임포트 작업 없이 사용할 수 있었던 것입니다.

여러 클래스 임포트하기

단, 같은 패키지에 속한 클래스를 여러 개 임포트해야 할 경우, 다음 예처럼 클래스별로 하나 하나 임포트해야 합니다.

```
import java.io.BufferedReader;
import java.io.IOException;    // 매우 귀찮습니다
...
```

그러나 같은 패키지 내의 클래스를 많이 사용해야 할 경우, 이는 매우 번거로운 작업입니다. 이럴 때

패키지 안에 포함된 클래스를 모두 임포트하라

고 표현할 수 있습니다. 다음과 같이 가져오려는 패키지 이름을 적고 마지막에 **별표(*)**를 붙여 주세요.

```
import java.io.*;    // 패키지 java.io 안에 있는 클래스를 모두 읽어 들입니다
```

그러면 그 패키지에 포함된 모든 클래스를 가져올 수 있습니다.

단, 이 표현은 서브 패키지의 클래스까지 읽어 들이지 않습니다. 서브 패키지의 클래스도 가져오려면 각각 별도의 import문을 써야 하니 주의합니다.

```
import java.awt.*;          // 서브 패키지의 클래스까지 읽어 들이지 않습니다
import java.awt.image.*;    // 서브 패키지는 별도로 임포트해야 합니다
```

패키지 안에 포함된 클래스를 모두 임포트할 때에는 * 기호를 사용한다.

모듈

Java 9 버전부터 패키지의 공개 범위를 설정하는 **모듈**(module)이라는 개념이 추가되었습니다.
모듈을 사용하려면 'module-info.java'라는 이름의 파일을 만들고, 그 파일에 모듈의 이름을 선언해야 합니다. 그리고 'module-info.java'에 해당 모듈이 속한 패키지 이름과 공개 범위, 모듈이 이용할 다른 모듈의 이름을 지정합니다. 클래스를 컴파일하거나 실행할 때에는, module-info.java를 컴파일하여 배치합니다.
참고로 버전 9 이후의 표준 클래스 라이브러리의 클래스는 java.base 등의 모듈에 포함되어 있습니다. 일반적인 표준 라이브러리의 모듈은 모듈 이름을 지정하지 않아도 사용할 수 있습니다. 하지만 실무에서 다른 모듈에 포함된 클래스를 이용할 때는 필요한 모듈 이름을 지정해야 하는 경우가 있으니 알아 두면 좋습니다.
또한, 이 책에 실린 코드처럼 모듈을 지정하지 않은 클래스는 이름 없는 모듈로 처리됩니다.

Lesson 13

13.5 강의 요약

이 장에서는 다음과 같은 것을 배웠습니다.

- 파일을 여러 개로 나누어 컴파일할 수 있습니다.
- 클래스를 패키지에 포함하려면 package문을 사용합니다.
- 클래스를 다른 패키지에서도 사용할 수 있게 만들려면 클래스 이름 앞에 public을 붙입니다.
- 다른 패키지 안의 클래스를 사용하려면 '패키지명.클래스명'을 적어 줍니다.
- 다른 패키지의 클래스를 import문을 사용하여 가져올 수 있습니다.
- 클래스 라이브러리도 패키지로 분류되어 관리됩니다.
- 패키지 안에 포함된 클래스를 모두 임포트할 때에는 import문 맨 뒤에 * 기호를 붙입니다.

이 장에서는 대규모 프로그램을 만들 때 필요한 지식을 학습했습니다. 패키지 메커니즘을 도입하면 보다 규모가 큰 프로그램을 만들 수 있습니다.

연습문제

1. 다음 항목에 대해 ○ 또는 ×로 답하십시오.

   ① 다른 파일에 존재하는 클래스를 같은 패키지에 포함시킬 수 있다.

   ② 같은 파일에 존재하는 클래스를 다른 패키지에 포함시킬 수 있다.

   ③ 서브 클래스는 슈퍼 클래스와 같은 패키지에 포함되지 않아도 된다.

   ④ public 메소드가 public 클래스의 멤버가 아니더라도 다른 패키지 안의 클래스에서 호출할 수 있다.

2. 다음 항목에 대해 ○ 또는 ×로 답하십시오.

   ① 클래스 A는 패키지 d에 포함된다.

   ② 클래스 B는 패키지 c에 포함된다.

   ③ 이 소스 파일의 이름은 B.java가 되어야 한다.

```
package d;
import c;
class A
{
   ...
}
public class B
{
   ...
}
```

3. 다음 패키지에 포함된 클래스가 있을 때, ①~③의 문장을 통해 임포트되는 클래스들을 모두 고르십시오.

패키지	클래스
ppp	A, B
ppp.sss	C, D

① import ppp.A;

② import ppp.*;

③ import ppp.sss.*;

4. 다음 SampleP4.java에서 잘못된 곳을 고르십시오.

```
package p;
class Car
{
   private int num;
   private double gas;

   public Car()
   {
      num = 0;
      gas = 0.0;
      System.out.println("자동차가 만들어졌습니다.");
   }
   public void setCar(int n, double g)
   {
      num = n;
      gas = g;
      System.out.println("차량 번호를 " + num + "로, 연료량을 " +
         gas + "로 바꾸었습니다.");
   }
```

```
    public void show()
    {
        System.out.println("차량 번호는 " + num + "입니다.");
        System.out.println("연료량은 " + gas + "입니다.");
    }
}

public class SampleP4
{
    public static void main(String[] args)
    {
        pc.Car car1 = new pc.Car();
        car1.show();
    }
}
```

Lesson 13

Lesson **14**

예외와 입출력 처리

프로그램 실행 시에는 다양한 오류가 발생할 수 있습니다. Java는 프로그램 실행 중에 발생하는 오류에 대응하기 위한 '예외 처리' 메커니즘을 제공합니다. 이 장에서는 이 예외 처리에 대해 배웁니다. 또한, 데이터의 읽기 및 쓰기를 위한 '입출력 처리'에 대해서도 학습해 보겠습니다.

Check Point!

- 예외
- 예외 처리
- 예외 던지기
- 입출력 처리
- 스트림
- 명령줄 인수

14.1 예외의 기본

 예외의 원리 이해하기

프로그램은 실행 시에 다양한 오류가 발생할 수 있습니다. 예를 들어, 프로그램을 작성하면서 다음과 같은 상황을 만날 수 있습니다.

- 파일을 처리하는 프로그램을 실행했지만 지정한 파일을 발견할 수 없었다.
- 사용자가 입력한 문자열을 정수로 변환하는 프로그램을 실행했지만 사용자가 정수 이외의 값을 입력했다.
- 배열을 처리하는 프로그램을 실행했지만 배열의 길이를 넘어서는 위치에 값을 대입시켰다.

이러한 오류는 코드를 컴파일할 때 찾을 수 없습니다. 프로그램을 실행하고 나서야 비로소 오류가 있음을 알 수 있습니다.

Java는 프로그램 실행 중 발생하는 오류에 대응하기 위한 '**예외**(exception)' 메커니즘을 제공합니다. 이 장에서는 '예외'에 대해 학습하도록 하겠습니다.

먼저, 예외란 무엇인지 살펴보기로 합시다. 다음 코드를 입력하세요.

Sample1.java ▶ 배열의 길이를 넘어서는 위치에 값 대입하기

```
class Sample1
{
   public static void main(String[] args)
   {
      int[] test;
      test = new int[5];
```

```
        System.out.println("test[10]에 값을 대입합니다.");

        test[10] = 80;
        System.out.println("test[10]에 80을 대입했습니다.");
        System.out.println("무사히 종료했습니다.");
    }
}
```

배열 요소의 개수를 초과하므로 예외가 발생합니다

이 코드는 실행되지 않습니다

Sample1의 실행 화면

```
test[10]에 값을 대입합니다.
Exception in thread "main"
    java.lang.ArrayIndexOutOfBoundsException: 10...
at Sample1.main(Sample1.java:10)
```

프로그램이 실행 도중 종료되었습니다

프로그램을 실행해 보면 메시지가 나타나고, 도중에 프로그램이 종료되어 버립니다. 배열의 첨자(test[10])가 배열의 길이를 넘어섰기 때문에 에러가 발생한 것입니다. 이 에러는 프로그램을 실행할 때가 아니면 알아낼 수 없습니다.

Java에서는 이러한 오류를 일컬어

ArrayIndexOutOfBoundsException이라는 종류의 예외가 발생했다

고 부릅니다. 이 '예외가 발생했다'는 문구를

예외가 던져졌다(throw)

라고 바꾸어서 부르기도 합니다.

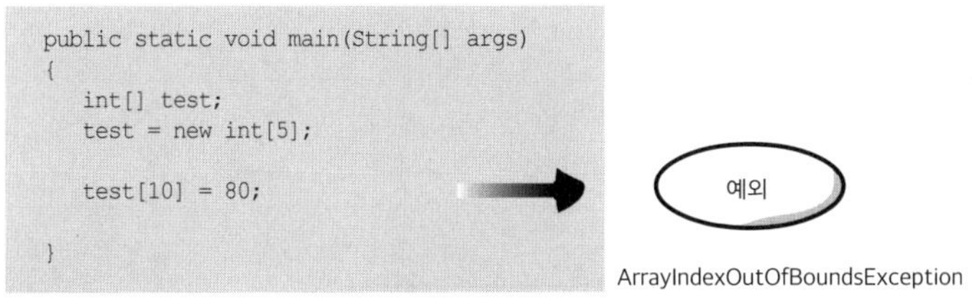
public static void main(String[] args)
{
int[] test;
test = new int[5];
test[10] = 80;
}
예외
ArrayIndexOutOfBoundsException

그림 14-1 예외
예외란 프로그램을 실행했을 때 발생하는 오류를 뜻합니다.

Lesson 14

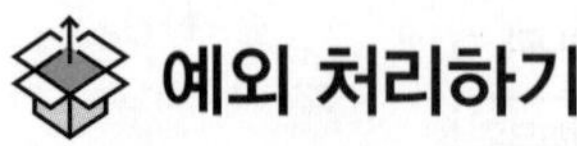

예외 처리하기

Sample1에서는 예외 발생에 대비하여 별다른 처리를 하지 않았습니다. 그러나 이러한 예외를 적절하게 처리하는 코드를 작성하면, **견고한 프로그램을 작성할 수 있습니다.** 이를 **예외 처리**(exception handling)라고 부릅니다. 그러면 Sample1 코드에서 예외 처리를 해 보겠습니다.

Sample2.java ▶ 예외 처리하기

```
class Sample2
{
   public static void main(String[] args)
   {
      try{                     // 여기에서부터 예외 발생을 조사합니다
         int[] test;
         test = new int[5];

         System.out.println("test[10]에 값을 대입합니다.");

         test[10] = 80;        // 배열의 길이를 넘어서는 예외가 발생하면…
         System.out.println("test[10]에 80을 대입했습니다.");
      }
      catch(ArrayIndexOutOfBoundsException e){
         System.out.println("배열 길이를 넘어섰습니다.");
      }                        // 이 블록 안의 코드가 실행됩니다
      System.out.println("무사히 종료했습니다.");
   }
}
```

Sample2의 실행 화면

```
test[10]에 값을 대입합니다.
배열 길이를 넘어섰습니다.     ← catch 블록 안의 코드가 실행됩니다
무사히 종료했습니다.
```

이 예제에서는 try, catch라는 두 블록을 추가했습니다. 예외를 처리할 때에는 이 두 개의 블록으로 감싸는 것이 기본입니다. 다음 구문을 통해 스타일을 확인해 봅시다.

구문 **예외 처리**

```
try{
    예외 발생을 조사할 문장;
    ...
}
catch(예외 클래스 변수명){
    예외가 발생했을 때 실행할 코드;
    ...
}
```

이 두 개의 블록을 추가하면 다음과 같은 순서로 예외가 처리됩니다.

❶ try 블록 안에서 예외가 발생하면 그 시점에 코드의 실행을 중단한다

❷ 발생된 예외의 종류가 catch 블록 ( ) 안에서 지정한 예외와 일치하면 그 안의 코드를 실행한다

❸ catch 블록 안의 코드가 모두 실행되면 try~catch 블록 다음에 등장하는 코드를 실행한다

다음 페이지에 등장하는 그림 14-2를 확인해 보세요. 이것이 예외 처리의 흐름입니다. 던져진(throw) 예외의 종류와 catch 블록 ( ) 안의 예외가 일치할 경우, catch 블록 안의 코드가 실행됩니다.

이를 일컬어,

catch 블록에서 예외를 받는다(catch)

고 부릅니다.

예외를 처리하게 되면 Sample1처럼 프로그램이 중간에 종료되지 않습니다. 예외가 발생할 경우 그 예외를 받고, catch 블록 안의 코드를 실행시켜서 '배열 길이를 넘어섰습니다.'라는 문구를 출력합니다. 그리고 프로그램이 마지막까지 무사히 실행되도록 처리되었습니다. 우리는 이 프로그램이 예외를 처리했음을 확인했습니다.

try 블록에서 발생한 예외를 catch 블록에서 처리할 수 있다.

```
public static void main(String[] args)
{
   try{

      int[] test;
      test = new int[5];

      test[10] = 80;


   }
   catch(ArrayIndexOutOfBoundsException e){
   ...
   }
}
```

예외

그림 14-2 예외 처리
try 블록에서 발생한 예외를 catch 블록에서 처리할 수 있습니다.

catch 블록

Java는 try 블록에서 발생한 예외를 받을 catch 블록을 발견하지 못했을 경우, 예외를 발생시킨 메소드로 거슬러 올라가 catch 블록을 찾게 되어 있습니다.
이 예제에서는 main( ) 메소드에서 예외가 발생하기 때문에 더 이상 거슬러 올라갈 수 없습니다. 따라서 Sample2에 catch 블록을 작성하지 않으면 프로그램이 도중에 종료됩니다.

finally 블록 추가하기

이 사실을 염두에 두고 finally 블록에 대하여 살펴보겠습니다. 이 블록을 붙인 예외 처리는 다음과 같은 모습을 갖추게 됩니다.

구문 **finally 블록**

```
try{
    예외 발생을 조사할 문장;
    ...
}
catch (예외 클래스 변수명) {
    예외가 발생했을 때 실행할 코드;
    ...
}
finally{
    마지막에 반드시 실행해야 하는 코드;
    ...
}
```

다음 코드를 통해 확인해 보겠습니다.

Sample3.java ▶ finally 블록 추가하기

```
class Sample3
{
    public static void main(String[] args)
    {
        try{
            int[] test;
            test = new int[5];

            System.out.println("test[10]에 값을 대입합니다.");
```

Lesson 14

```
            test[10] = 80;
            System.out.println("test[10]에 80을 대입했습니다.");
        }
        catch(ArrayIndexOutOfBoundsException e){
            System.out.println("배열 길이를 넘어섰습니다.");
        }
        finally{
            System.out.println("마지막에 반드시 이 코드가 실행됩니다.");
        }
        System.out.println("무사히 종료했습니다.");
    }
}
```

예외의 발생 유무에 관계없이 마지막에 실행됩니다

Sample3의 실행 화면

```
test[10]에 값을 대입합니다.
배열 길이를 넘어섰습니다.
마지막에 반드시 이 코드가 실행됩니다.
무사히 종료했습니다.
```

finally 블록 안의 코드가 실행되었습니다

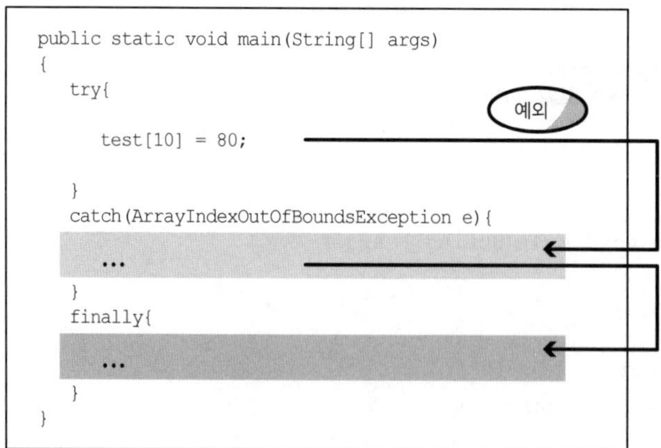

public static void main(String[] args)
{
try{
test[10] = 80;
}
catch(ArrayIndexOutOfBoundsException e){
...
}
finally{
...
}
}
예외

그림 14-3 finally 블록

finally 블록에는 예외 발생 유무에 관계없이 마지막에 실행할 코드를 작성합니다.

finally 블록은 예외 발생 유무와 관계없이 해당 메소드의 마지막에 반드시 실행됩니다. 만약 그 메소드 안에 예외를 받아 낼 catch 블록이 존재하지 않더라도 **finally 블록만큼은 반드시 실행됩니다.**

Java에서 'try~, catch~, finally~'는 예외 처리의 기본 요소입니다.

마지막으로 반드시 실행해야 하는 코드는 finally 블록에 작성한다.

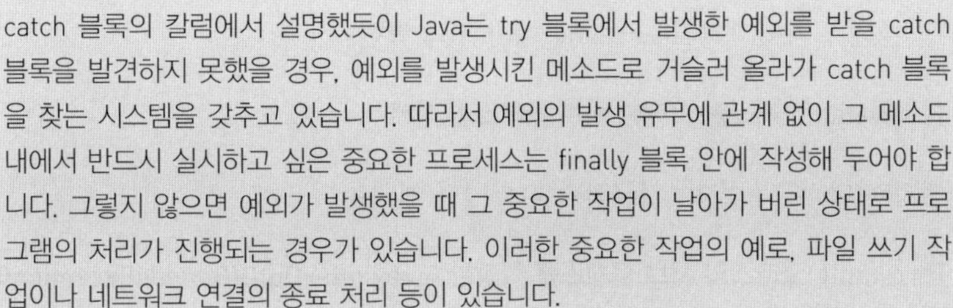

finally 블록

catch 블록의 칼럼에서 설명했듯이 Java는 try 블록에서 발생한 예외를 받을 catch 블록을 발견하지 못했을 경우, 예외를 발생시킨 메소드로 거슬러 올라가 catch 블록을 찾는 시스템을 갖추고 있습니다. 따라서 예외의 발생 유무에 관계 없이 그 메소드 내에서 반드시 실시하고 싶은 중요한 프로세스는 finally 블록 안에 작성해 두어야 합니다. 그렇지 않으면 예외가 발생했을 때 그 중요한 작업이 날아가 버린 상태로 프로그램의 처리가 진행되는 경우가 있습니다. 이러한 중요한 작업의 예로, 파일 쓰기 작업이나 네트워크 연결의 종료 처리 등이 있습니다.

14.2 예외와 클래스

 예외와 클래스의 원리 이해하기

이 절에서는 '예외'의 정체를 파헤쳐 보려고 합니다. 이 장에서 다루고 있는 '예외'란 클래스 라이브러리(java.lang 패키지)에 속한

Throwable 클래스를 확장한 서브 클래스의 객체

를 뜻합니다. 예를 들어, 지금까지 다루었던 예외는

Throwable 클래스의 서브 클래스를 확장한 ArrayIndexOutOfBoundsException이라는 클래스의 객체

입니다. catch 블록 ( ) 안의 변수는 이 클래스의 객체를 받아서 처리하기 위해 준비되어 있었던 것입니다.

```
catch(ArrayIndexOutOfBoundsException e){
    System.out.println("배열 길이를 넘어섰습니다.");
}
```

예외 클래스를 지정하고 있습니다

예외 객체를 받아내기 위한 변수입니다

catch 블록이 예외 객체를 받으면 ( ) 안의 변수 e가 그 예외 객체를 가리키게 됩니다. 또한, 받을 수 있는 예외 객체는 반드시 Throwable 클래스에서 확장된 서브 클래스여야 합니다.

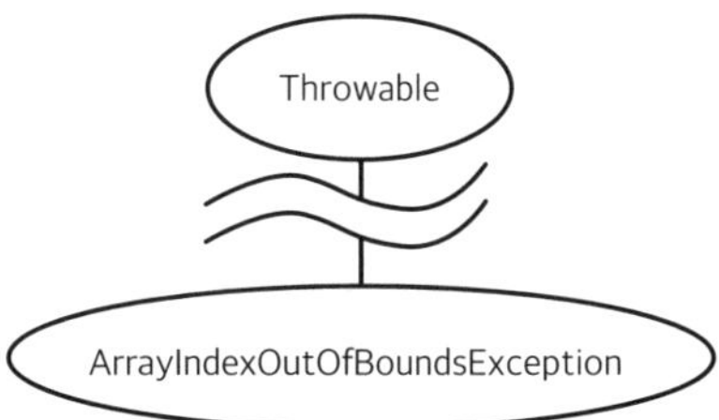

그림 14-4 예외와 클래스
catch 블록은 Throwable 클래스의 서브 클래스 객체(예외)만 받을 수 있습니다.

 예외 정보 출력하기

예외를 받은 변수를 활용하면 catch 블록 안에서 예외 정보를 출력할 수도 있습니다. 다음 코드를 볼까요?

Sample4.java ▶ 예외 정보 출력하기

```
class Sample4
{
    public static void main(String[] args)
    {
        try{
            int[] test;
            test = new int[5];

            System.out.println("test[10]에 값을 대입합니다.");

            test[10] = 80;
            System.out.println("test[10]에 80을 대입했습니다.");
        }
        catch(ArrayIndexOutOfBoundsException e){
            System.out.println("배열 길이를 넘어섰습니다.");
            System.out.println(e + "(이)라는 예외가 발생했습니다.");
        }
        System.out.println("무사히 종료했습니다.");
    }
}
```

예외를 받습니다

어떤 종류의 예외인지 출력합니다

Lesson 14

Sample4의 실행 화면

```
test[10]에 값을 대입합니다.
배열 길이를 넘어섰습니다.
java.lang.ArrayIndexOutOfBoundsException:10(이)라는 예외가 발생했습니다.
무사히 종료했습니다.
```

어떠한 종류의 예외인지 알 수 있습니다

catch 블록 안에서 예외를 가리키는 변수를 출력해 보았습니다. 그러자 받은 예외의 종류가 출력됨을 알 수 있습니다. 이 방법을 사용하면 어떠한 종류의 예외가 발생했는지 편리하게 출력할 수 있습니다.

```
public static void main(String[] args)
{
   try{
        test[10] = 80;
   }
   catch(ArrayIndexOutOfBoundsException e){
        System.out.println(e + •••);
   }
}
```

예외

그림 14-5 예외 정보 출력하기
catch 블록 안에서 예외 정보를 출력할 수 있습니다.

 예외의 종류 파악하기

Java에는 실로 다양한 종류의 예외 클래스가 존재합니다. 예외 클래스들의 부모 클래스인 Throwable 클래스와 그 서브 클래스는 다음과 같습니다.

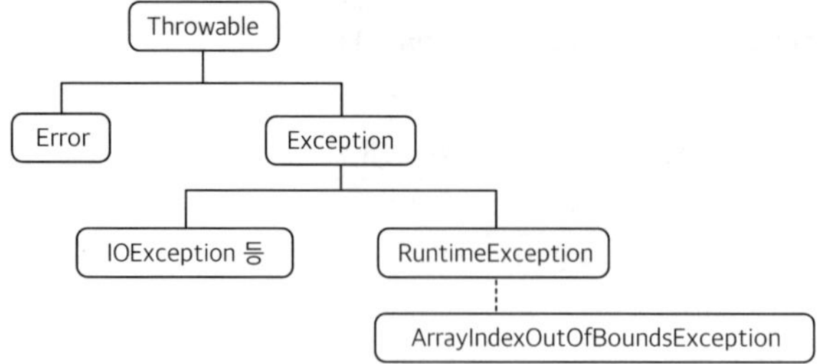

Throwable 클래스는 **Error 클래스**와 **Exception 클래스**의 슈퍼 클래스입니다. Error 클래스는 더 이상 프로그램을 실행시킬 수 없음을 나타냅니다. 따라서 예외 처리를 하지 않는 것이 일반적입니다.

예외 처리는 Exception 클래스와 그 파생 클래스에서 실시합니다. Exception 클래스 또한 **RuntimeException 클래스**의 슈퍼 클래스입니다. 배열의 길이를 넘어설 때 전달되는 ArrayIndexOutOfBoundsException은 RuntimeException 클래스의 서브 클래스입니다. 또한 키보드 입력 에러 발생 시 생기는 예외인 IOException은 Exception 클래스의 서브 클래스입니다. 이처럼 클래스 라이브러리에는 다양한 예외에 대응하기 위한 클래스가 마련되어 있습니다.

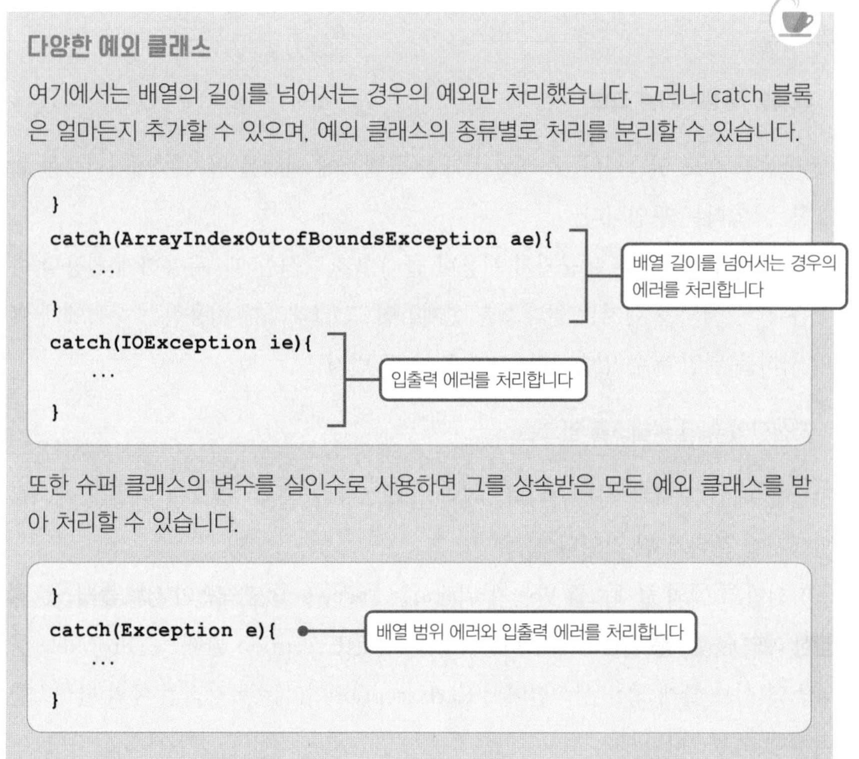

다양한 예외 클래스

여기에서는 배열의 길이를 넘어서는 경우의 예외만 처리했습니다. 그러나 catch 블록은 얼마든지 추가할 수 있으며, 예외 클래스의 종류별로 처리를 분리할 수 있습니다.

```
}
catch(ArrayIndexOutofBoundsException ae){
    ...
}
catch(IOException ie){
    ...
}
```

배열 길이를 넘어서는 경우의 에러를 처리합니다
입출력 에러를 처리합니다

또한 슈퍼 클래스의 변수를 실인수로 사용하면 그를 상속받은 모든 예외 클래스를 받아 처리할 수 있습니다.

```
}
catch(Exception e){
    ...
}
```

배열 범위 에러와 입출력 에러를 처리합니다

14.3 예외 던지기

 예외 클래스 선언하기

지금까지 이 장에서는 예외를 받아서 처리하는 코드를 작성했습니다. 이와는 반대로

예외를 발생시키는 코드

를 작성할 수도 있습니다. 스스로 설계한 클래스에 예외를 던지는 메커니즘을 탑재할 수 있다는 뜻입니다.

이 메커니즘은 다른 누군가가 사용할 클래스를 작성할 때, 유용하게 활용할 수 있습니다. 예외를 던지는 클래스를 설계하면 그 클래스를 이용하는 사람에게 예외 처리를 위임할 수 있습니다. 그를 위하여, 먼저

자신만의 예외 클래스를 만드는

방법을 배워 보도록 하겠습니다. 예외 클래스를 만들 수 있으면 다양한 예외를 발생시킬 준비가 된 것입니다.

자신만의 예외 클래스를 만들기 위해서는 **Throwable 클래스의 서브 클래스를 확장한 예외 클래스를 선언**해야 합니다. 예를 들어, Exception 클래스(Throwable 클래스의 서브 클래스)를 상속받아서 CarException이라는 독자적인 예외 클래스를 작성해 보겠습니다.

```
class CarException extends Exception
{
}
```

Exception 클래스를 상속받아서 독자적인 예외 클래스를 선언합니다

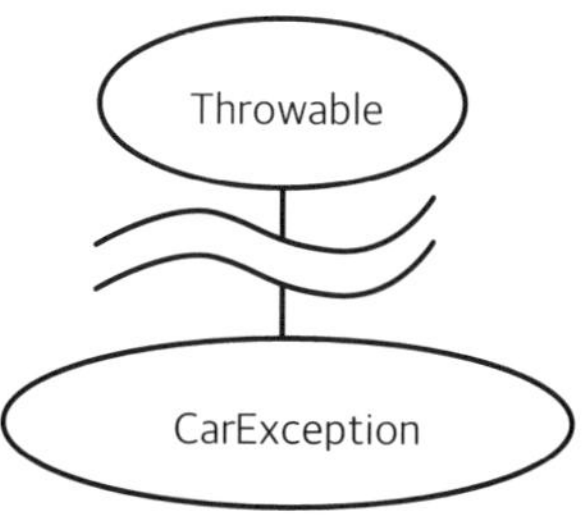

그림 14-6 독자적인 예외 클래스
Throwable 클래스의 서브 클래스를 확장하면 독자적인 예외 클래스를 선언할 수 있습니다.

이러한 CarException 클래스를 예외 발생 시 활용할 수 있습니다.

 예외 던지기

예외 클래스가 작성되었습니다. 그러면 예외를 던지는 방법도 학습해 봅시다. 예외를 던질 때에는 throw라는 문장을 사용합니다. 다음 코드를 통해 확인해 보겠습니다.

```
public void setCar(int n, double g) throws CarException
{
    if(g < 0){
        CarException e = new CarException();
        throw e;
    }
}
```

예외를 던지는 메소드임을 선언합니다

예외 객체를 생성합니다

생성된 예외 객체를 던집니다

이 메소드는 전달된 인수 g가 0 미만일 경우 CarException 예외 객체를 생성하고 예외를 던집니다. throw문의 사용법은 다음과 같습니다.

구문 **예외 던지기**

```
throw 예외 객체를 가리키는 변수;
```

Lesson 14

또한 메소드 이름의 뒷부분에도 주목해 주세요. 여기에는 **throws**라는 키워드가 붙어 있군요.

```
public void setCar(int n, double g) throws CarException
```

예외를 던지는 메소드임을 선언합니다

이는 setCar( ) 메소드가 CarException 클래스 예외를 던질 수 있음을 표현한 것입니다.

예외를 던지는 메소드

```
리턴값의 형 메소드명 (인수 목록) throws 예외 클래스
```

그러면 실제로 예외를 구현한 코드를 확인해 보겠습니다.

Sample5.java ▶ 예외 던지기

```
class CarException extends Exception
{
}

//자동차 클래스
class Car
{
   private int num;
   private double gas;

   public Car()
   {
      num = 0;
      gas = 0.0;
      System.out.println("자동차가 만들어졌습니다.");
   }
   public void setCar(int n, double g) throws CarException
   {
```

독자적인 예외 클래스를 선언합니다

예외를 던질 가능성이 있는 메소드임을 선언합니다

```
        if(g < 0){
            CarException e = new CarException();
            throw e;
        }
        else{
            num = n;
            gas = g;
            System.out.println("차량 번호를 " + num + "로, 연료량을 " +
                gas + "로 바꾸었습니다.");
        }
    }
    public void show()
    {
        System.out.println("차량 번호는 " + num + "입니다.");
        System.out.println("연료량은 " + gas + "입니다.");
    }
}

class Sample5
{
    public static void main(String[] args)
    {
        Car car1 = new Car();
        try{
            car1.setCar(1234, -10.0);
        }
        catch(CarException e){
            System.out.println(e + "(이)가 던져졌습니다.");
        }
        car1.show();
    }
}
```

특정 상황에서 예외를 던집니다

이 코드를 호출하면 예외가 던져집니다

Sample5의 실행 화면

```
자동차가 만들어졌습니다.
CarException(이)가 던져졌습니다.
차량 번호는 0입니다.
연료량은 0.0입니다.
```

예외가 처리되고 있습니다

Car 클래스를 이용하는 사람은 setCar( )를 호출하는 메소드 안에 예외를 처리하는 코드를 작성합니다. 따라서 이 예제에서는 setCar를 호출하는 main( ) 메소드에 예외 처리가 존재합니다.

예외는 throw문을 사용하여 던진다.

 예외를 받지 않으면 어떻게 되나요?

예외를 던지는 Car 클래스를 사용하는 코드에서 예외를 받지 않을 수도 있습니다. 다음 코드처럼 Sample5의 후반부를 고쳐서 실행시켜 볼까요?

```
...
class Sample5
{
    public static void main(String[] args)
       throws CarException
    {
       Car car1 = new Car();
       car1.setCar(1234, -10.0);
       car1.show();
    }
}
```

CarException 클래스가 던지는 예외를 처리하지 않을 수도 있습니다

그러나 이 때 예외가 발생하면…

변경 후 Sample5의 실행 화면

```
자동차가 만들어졌습니다.
Exception in thread "main" CarException
    at Car.setCar(Sample5.java:20)
    at Sample5.main(Sample5.java:42)
```

프로그램이 실행 도중에 종료되어 버립니다

예외가 발생할 가능성이 있는 경우 다음 두 작업 중 하나를 선택해서 구현할 수 있습니다.

❶ try~catch를 사용하여 해당 메소드에서 예외를 처리하기

또는

❷ 메소드 이름 뒤에 throws를 붙여서 그 메소드의 호출 메소드에 예외 처리를 위임하기

가 있습니다. Sample5에서는 먼저 ❶번 처리를 구현했습니다. 다시 작성한 예제에서는 ❷번 처리를 구현했습니다.

❶번 처리를 선택한 경우, 그 메소드에서 예외를 받아서 처리하기 때문에 별도의 코드를 작성할 필요가 없습니다. ❷번 처리를 선택한 경우, 메소드 뒤에 throws를 붙여서 그 메소드의 호출 메소드에 예외 처리를 위임하는 코드를 작성해야 합니다. 단, 이때 Sample5처럼 호출 메소드가 main( ) 메소드인 경우(거슬러 올라갈 메소드가 더 이상 없을 경우), 프로그램의 실행이 종료됩니다.

예외가 발생될 가능성이 있는 메소드는 원칙적으로
❶ 그 메소드 안에서 예외 처리하기
❷ throws를 통해 다른 메소드에 예외 처리를 위임하기
중 선택해서 구현한다.

Lesson 14

예외 처리가 필요 없는 클래스

이 장에서는 예외 발생 시 ❶, ❷ 중 하나를 선택해서 코드를 작성하는 방법을 설명했습니다. 만약, 예외가 Error 클래스의 서브 클래스이거나 RuntimeException 클래스의 서브 클래스인 경우는 ❶, ❷ 중 하나를 선택하지 않아도 됩니다. 즉, ❶의 경우처럼 try~catch를 사용하거나 ❷의 경우처럼 throws~를 사용할 필요가 없습니다. 왜냐하면 Error 클래스는 치명적인 에러를 나타내는 것이기에 예외 처리를 할 필요가 없기 때문입니다. 그리고 RuntimeException 클래스 또한 반드시 예외 처리를 할 필요가 없는 수준의 에러로 간주됩니다. 대표적인 예로 배열의 길이를 넘어서는 경우 발생하는 에러가 있습니다.

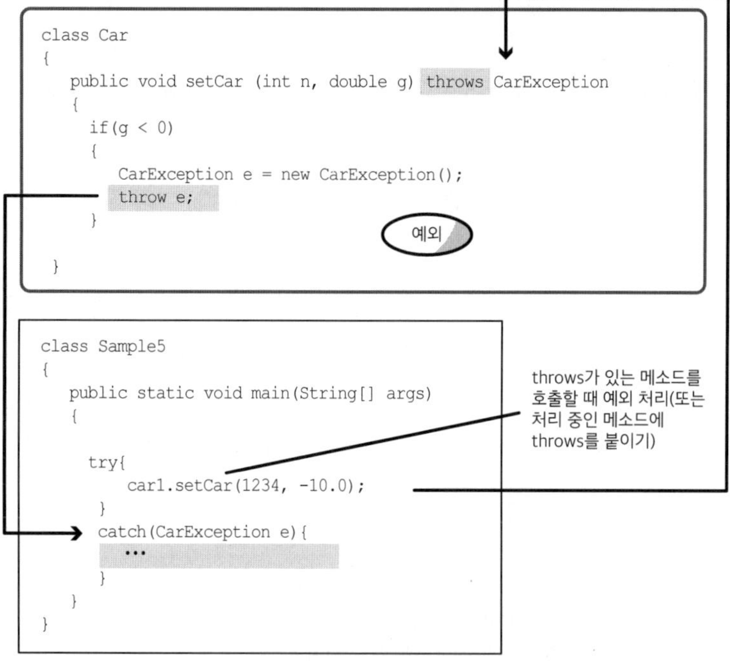

class Car
{
public void setCar (int n, double g) throws CarException
{
if(g < 0)
{
CarException e = new CarException();
throw e;
}
예외
}
class Sample5
{
public static void main(String[] args)
{
try{
car1.setCar(1234, -10.0);
}
catch(CarException e){
...
}
}
}
throws가 있는 메소드를 호출할 때 예외 처리(또는 처리 중인 메소드에 throws를 붙이기)

그림 14-7 예외 던지기
예외를 받아 처리하는 방법과 다른 메소드에 처리를 위임하는 방법 중 하나를 선택할 수 있습니다.

이처럼 예외가 발생할 가능성이 있는 메소드를 사용할 경우, ❶ 혹은 ❷를 선택해야 합니다.

사용하는 메소드가 예외를 발생시킬 가능성이 있는지 여부는 클래스 안의 메소드 이름 뒤에 붙은 throws~를 통해서 확인할 수 있습니다. 클래스 사용자가 throws가 붙은 메소드를 사용할 때에는 반드시 ❶ 혹은 ❷를 선택해야 합니다.

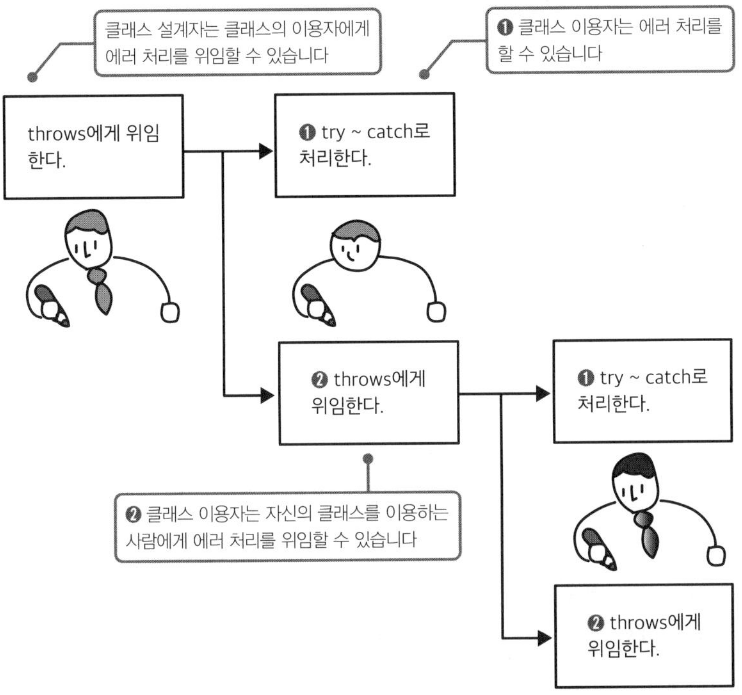

발생할 것으로 예상되는 모든 에러를 클래스 설계자가 직접 작성할 경우, 오히려 프로그램이 유연성을 잃을 수 있습니다. 따라서 Java는 클래스 사용자에게 에러 처리를 위임함으로써 오류에 대한 유연한 대응이 가능하도록 지원하고 있습니다.

Lesson 14

14.4 입출력의 기본

 스트림의 원리 이해하기

예외 처리까지 잘 따라왔습니다. 이 절에서는 더욱 실용적인 프로그램을 작성해 보려 합니다.

지금까지 작성한 프로그램 중에는 화면에 문자나 숫자를 출력하고 키보드로 정보를 입력하는 작업이 있었습니다. 입력과 출력의 주요 대상은 화면, 키보드 그리고 파일입니다. 이 장치들은 한눈에 보아도 전혀 다른 것이지만, Java에서는 이러한 다양한 장비에 대한 입출력을 일관된 방법으로 처리할 수 있습니다. 이 기능을 지원하기 위해 도입된 개념이 **스트림**(stream)입니다.

스트림이란 다양한 다른 장치를 동일하게 취급하기 위하여 도입된 추상적인 메커니즘입니다. 이 절에서는 다양한 입력과 출력을 수행하는 프로그램을 작성해 보겠습니다.

그림 14-8 스트림
입력과 출력은 스트림의 개념을 사용하여 이루어집니다.

스트림의 예 알아보기

먼저, 가장 기본적인 스트림의 처리 방법을 살펴보도록 하겠습니다. 이미 스트림은 지금까지 작성한 프로그램에서 자주 등장했습니다. 화면에 출력하는 코드나 키보드로 입력하는 코드로써 말이죠.

Sample6.java ▶ 키보드로 입력하고 화면에 출력하기

```
import java.io.*;

class Sample6
{
    public static void main(String[] args)
    {
        System.out.println("문자열을 입력하십시오.");

        try{
            BufferedReader br =
                new BufferedReader
                    (new InputStreamReader(System.in));

            String str = br.readLine();
            System.out.println(str + "(이)가 입력되었습니다.");
        }
        catch(IOException e){
            System.out.println("입출력 에러가 발생했습니다.");
        }
    }
}
```

❶ 표준 입력을 사용하여 문자 스트림을 작성합니다

❷ 버퍼를 경유하여 읽어 들입니다

❸ 한 줄을 읽어 들입니다

Sample6의 실행 화면

```
문자열을 입력하십시오.
Hello ↵
Hello(이)가 입력되었습니다.
```

Lesson 14

이 코드에서는 화면에 출력하기 위해 표준 출력(화면)을, 키보드를 통해 입력을 받기 위해 표준 입력(키보드)을 나타내는 객체를 사용했습니다.

System.out … 표준 출력

System.in … 표준 입력

우리는 다음과 같은 순서에 따라 키보드로 문자열을 입력해 왔던 것입니다.

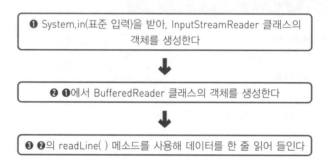

❶ System.in(표준 입력)을 받아, InputStreamReader 클래스의 객체를 생성한다

↓

❷ ❶에서 BufferedReader 클래스의 객체를 생성한다

↓

❸ ❷의 readLine( ) 메소드를 사용해 데이터를 한 줄 읽어 들인다

이 예제에서는 두 개의 클래스를 사용했습니다.

InputStreamReader 클래스 … 문자 스트림

BufferedReader 클래스 … 버퍼를 경유해 읽어 들이기 위한 문자 스트림

InputStreamReader 클래스(문자 스트림)는 문자나 문자열을 읽고 쓰기 위해 사용되는 스트림입니다. 여기에 BufferedReader 클래스를 추가해서 사용하면 읽기 및 쓰기 효율이 한층 좋아집니다. 이 BufferedReader 클래스는 '**버퍼**'라 불리우는 장소를 경유하여 데이터를 읽고 쓰는 기능을 갖추고 있습니다. 스트림은 입출력에 있어서 빼놓을 수 없는 메커니즘입니다.

또한 Sample6에는 지금까지 등장한 코드와 달리 예외 처리가 존재합니다. 주의깊게 살펴보기 바랍니다.

파일의 원리 이해하기

키보드로 데이터를 입력하거나 화면에 출력하는 프로그램은 매우 편리합니다. 그러나 데이터를 오랫동안 보존하거나 데이터를 대량으로 읽어 들이기 위해서는 파일을 사용하여 데이터를 관리해야 할 것입니다.

스트림을 이용하면 파일을 사용하여 데이터를 읽고 쓰는 코드 또한 지금까지 작성했던 입출력 코드와 거의 유사하게 만들 수 있습니다. 파일로 내보내는 행위를 **출력**, 파일을 읽어 들이는 행위를 **입력**이라고 부릅니다. 다음 순서로 파일을 사용한 입출력 조작을 배워 보겠습니다.

파일에 출력하기

파일을 사용하면 데이터를 저장하거나 읽어 들이는 실용적인 프로그램을 만들 수 있습니다. 실제로 데이터를 파일에 기록해 볼까요?

Sample7.java ▶ 파일에 출력하기

```
import java.io.*;

class Sample7
{
   public static void main(String[] args)
   {
      try{
         PrintWriter pw = new PrintWriter
            (new BufferedWriter(new FileWriter("test1.txt")));

         pw.println("Hello!");
         pw.println("GoodBye!");
         System.out.println("파일에 기록되었습니다.");

         pw.close();
```

❶ 파일 이름을 입력하여 파일로 출력할 문자 스트림을 생성합니다

❷ 버퍼를 경유하여 읽어 들입니다

❸ 한 줄씩 기록하기 위해 준비합니다

❹ 한 줄씩 기록합니다

❺ 파일을 닫습니다

Lesson 14

```
        }
        catch(IOException e){
            System.out.println("입출력 에러가 발생했습니다.");
        }
    }
}
```

test1.txt

```
Hello!
GoodBye!
```

이 예제에서는 파일에 기록하기 위해 3개의 클래스를 사용했습니다. 이 클래스들은 java.io 패키지 안의 Writer 클래스의 서브 클래스입니다.

FileWriter클래스 … 파일에 기록하기 위한 문자 스트림

BufferedWriter 클래스 … 버퍼를 경유해서 기록하기 위한 문자 스트림

PrintWriter 클래스 … 한 줄씩 기록하기 위한 문자 스트림

그리고 다음과 같은 순서에 따라 파일에 문자열을 기록하고 있습니다.

❶ 파일 이름을 지정하고 FileWriter 클래스의 객체를 생성한다
❷ ❶을 받아 BufferedWriter 클래스의 객체를 생성한다
❸ ❷를 받아 PrintWriter 클래스의 객체를 생성한다
❹ ❸에 println( ) 메소드를 사용하여 데이터를 한 줄씩 기록한다

그리고 파일을 다룰 때에는 마지막에 close( ) 메소드를 사용하여 '파일 닫기' 작업을 수행합니다(❺).

파일로 입력하기

그러면 이번에는 방금 작성한 파일에서 데이터를 읽어 들이는 코드를 작성해 보겠습니다. 방금 전에 작성한 test1.txt와 이 프로그램을 같은 디렉토리에 저장합니다. 이 파일의 내용을 화면에 출력해 보겠습니다.

Sample8.java ▶ 파일로 입력하기

```
import java.io.*;

class Sample8
{
   public static void main(String[] args)
   {
      try{
         BufferedReader br =
            new BufferedReader(new FileReader("test1.txt"));

         String str1 = br.readLine();
         String str2 = br.readLine();

         System.out.println("파일에 기록된 2개의 문자열은 ");
         System.out.println(str1 + " 입니다.");
         System.out.println(str2 + " 입니다.");

         br.close();
      }
      catch(IOException e){
         System.out.println("입출력 에러가 발생했습니다.");
      }
   }
}
```

❶ 파일 이름을 입력하여 파일에서 읽어 들일 문자 스트림을 생성합니다

❷ 버퍼를 경유하여 읽어 들입니다

❸ 한 줄씩 읽어 들입니다

Lesson 14

Sample8의 실행 화면

```
파일에 기록된 2개의 문자열은
Hello! 입니다.
GoodBye! 입니다.
```

이 예제는 파일에 기록된 2개의 문자열을 읽어 들인 다음 출력하고 있습니다. 사용하고 있는 것은 다음의 클래스입니다. 이 클래스들은 java.io 패키지에 속한 Reader 클래스의 서브 클래스입니다.

FileReader 클래스 … 파일을 읽어 들이기 위한 문자 스트림

BufferedReader 클래스 … 버퍼를 경유해 읽어 들이기 위한 문자 스트림

파일에서 데이터를 읽을 경우, 다음과 같은 순서를 따릅니다.

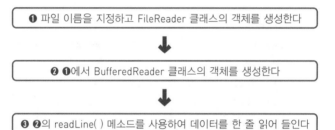

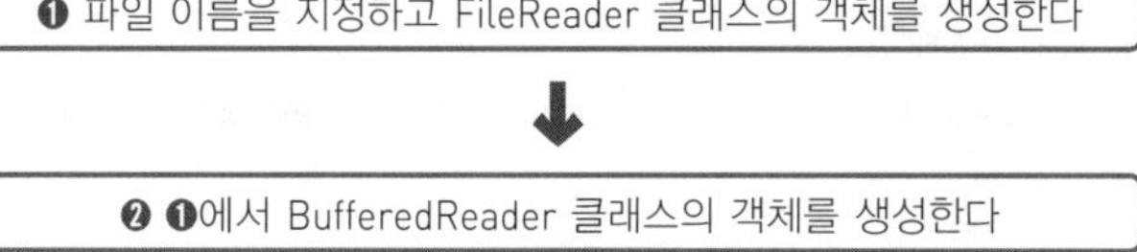

❶ 파일 이름을 지정하고 FileReader 클래스의 객체를 생성한다
❷ ❶에서 BufferedReader 클래스의 객체를 생성한다
❸ ❷의 readLine( ) 메소드를 사용하여 데이터를 한 줄 읽어 들인다

키보드로 문자열을 입력받을 때와 마찬가지로 readLine( ) 메소드를 사용하고 있습니다.

대량의 데이터 입력하기

파일에서 데이터를 입력하는 방법을 활용하면 텍스트 편집기로 만든 파일에서 많은 양의 데이터를 가져올 수 있습니다. 먼저 다음과 같은 파일을 텍스트 편집기로 작성합니다.

test2.txt

```
80
68    점수를 나타내는 데이터입니다
22
33
56
78
33
56
```

이는 학생 8명의 시험 점수를 나타낸 것입니다. 이렇게 많은 시험 데이터를 읽어 들여서 성적을 처리하는 코드를 작성해 봅시다.

Sample9.java ▶ 파일로 입력하기

```
import java.io.*;

class Sample9
{
   public static void main(String[] args)
   {
      try{
         BufferedReader br =
            new BufferedReader(new FileReader("test2.txt"));

         int[] test = new int[8];
         String str;

         for(int i=0; i<test.length; i++){
            str = br.readLine();
            test[i] = Integer.parseInt(str);
         }

         int max = test[0];
```

Lesson 14

```
            int min = test[0];
            for(int i=0; i<test.length; i++){
                if(max < test[i])
                    max = test[i];
                if(min > test[i])
                    min = test[i];
                System.out.println(test[i]);
            }

            System.out.println("최고 점수는 " + max + "입니다.");
            System.out.println("최저 점수는 " + min + "입니다.");

            br.close();
        }
        catch(IOException e){
            System.out.println("입출력 에러가 발생했습니다.");
        }
    }
}
```

Sample9의 실행 화면

```
80
68
22
33
56
78
33
56
최고 점수는 80입니다.
최저 점수는 22입니다.
```

이 코드는 미리 저장한 파일에 존재하는 8명의 데이터를 읽어 들여 최고 점수와 최저 점수를 출력하는 성적 관리를 실시합니다.

이렇게 파일을 사용하면 많은 양의 데이터를 한번에 입력할 수 있기 때문에, 다양한 데이터를 처리하는 프로그램을 만들 수 있게 됩니다.

데이터베이스

많은 양의 데이터를 처리해야 할 때에는 파일 외에도 데이터베이스를 사용할 수 있습니다.

 명령줄 인수 사용하기

지금까지 작성한 코드에서 읽고 쓰는 파일의 이름은 'test●.txt'처럼 미리 정해져 있었습니다. 그러나 프로그램을 실행할 때 사용자가 읽고 쓰는 파일 이름을 자유롭게 지정할 수 있다면 더 편리한 프로그램이 될 수 있을 것입니다.

이럴 때 **명령줄 인수**를 이용하면 편리합니다. 명령줄 인수란 프로그램이 실행될 때 사용자로부터 입력값을 받아 프로그램의 처리에 이용하는 기능입니다. 명령줄 인수는 다음과 같이 main( ) 메소드의 인수로 정의되어 있습니다.

 **명령줄 인수**

```
public static void main(String[] args)
{
    ...
}
```

(args: 입력한 문자열을 받습니다)

그러면 코드로 작성해 보겠습니다. 다음과 같은 내용의 텍스트가 입력되어 있는 test3.txt을 준비하세요.

test3.txt

```
A long time ago,
There was a little girl.
```

Sample10.java ▶ 명령줄 인수 사용하기

```
import java.io.*;

class Sample10
{
   public static void main(String[] args)
   {
      if(args.length != 1){
         System.out.println("올바른 파일 이름을 입력하십시오.");
         System.exit(1);
      }
      try{
         BufferedReader br =
            new BufferedReader(new FileReader(args[0]));

         String str;
         while((str = br.readLine()) != null){
            System.out.println(str);
         }
         br.close();
      }
      catch(IOException e){
         System.out.println("입출력 에러가 발생했습니다.");
      }
   }
}
```

입력한 문자열의 개수를 확인합니다

입력한 첫 번째 문자열(파일 이름)에서 문자 스트림을 만듭니다

Sample10의 실행 방법

```
java Sample10 test3.txt ↵
```

마지막으로 파일 이름을 지정합니다

Sample10의 실행 화면

```
A long time ago,
There was a little girl.
```

이 프로그램을 실행할 때에는 프로그램 이름 뒤에 한 칸을 띄우고 문자열을 입력합니다. 가져올 파일 이름(test3.txt)을 입력하고 있군요. 명령줄 인수를 사용하는 프로그램에서는 이 입력 문자열을 배열 args로 다루도록 되어 있습니다.

이 코드는 시작하자마자 7장에서 배운 .length를 사용하여 올바른 파일 이름이 인수로 입력되었는지 조사합니다. 사용자가 입력한 인수가 1개가 아닌 경우, 오류 메시지를 표시하고 프로그램을 종료합니다.

배열 args의 길이를 검사합니다

```
if(args.length != 1){
    System.out.println("올바른 파일 이름을 입력하십시오.");
    System.exit(1);
}
```

조건과 다를 경우 프로그램을 종료합니다

올바른 파일 이름이 입력되면 args[0]이라는 요소로 가리킬 수 있게 됩니다. 따라서 지금까지 등장한 예제와 마찬가지로 파일을 읽어 들일 준비를 합니다.

```
BufferedReader br =
    new BufferedReader(new FileReader(args[0]));
```

args[0]은 사용자가 지정한 파일 이름입니다

이러한 메커니즘을 활용하면 읽어 들일 파일 이름이 'test3.txt'가 아닌 경우에도 프로그램을 다시 작성하지 않고 다른 파일 이름을 지정할 수 있습니다.

또한, 이 코드는 while문의 조건식 안에서 readLine( ) 메소드를 사용하여 파일을 한 줄씩 읽어 들이고, 읽어 들인 그 한 줄을 str에 담고 있습니다. 그리고 그 후에 읽어 들인 str의 값이 null이 아닌지 조사하는 조건식을 작성했습니다.

```
while((str = br.readLine()) != null){
...
```

str로 읽어 들여…

값이 null이 아니라면 반복합니다

readLine( ) 메소드는 파일을 끝까지 읽을 경우 null값을 반환합니다. 따라서 값이 null이 아닌 경우는 while 문장이 반복되고, 결과적으로 파일을 한 줄씩 계속 읽어 들이게 됩니다. 그 결과, 파일 안의 데이터를 마지막 줄까지 읽어 들이게 되는 것입니다.

명령줄 인수를 사용하면 인수를 전달할 수 있다.

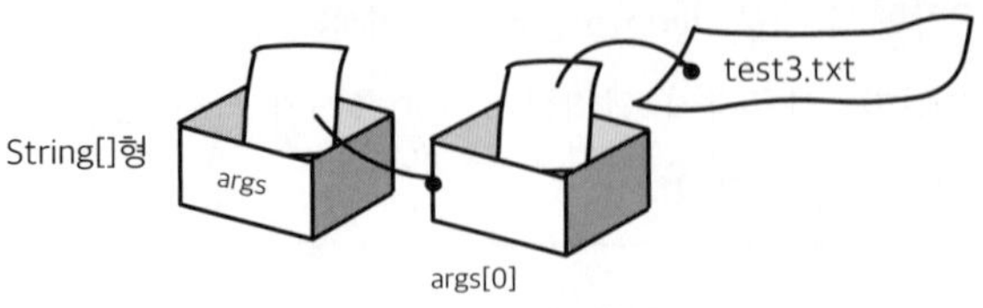

그림 14-9 명령줄 인수
명령줄 인수를 사용하면 프로그램에 문자열을 전달할 수 있습니다.

명령줄 인수

이 예제에서는 문자열 하나에 파일 이름을 담아서 main( ) 메소드에 전달했습니다. 만약 프로그램 실행 시 하나 이상의 문자열을 전달해야 한다면 여러 개의 문자열을 공백으로 구분해서 전달합니다.

args[0]에 전달됩니다
Sample10 test3.txt Hello GoodBye
args[1]에 전달됩니다
args[2]에 전달됩니다

명령줄 인수를 통해 다양한 데이터를 입력하고 프로그램의 처리에 이용하고자 하는 경우에 유용합니다. 전달된 문자열의 개수는 'args.length' 메소드를 사용해서 확인할 수 있습니다.

14.5 강의 요약

이 장에서는 다음과 같은 것을 배웠습니다.

- 예외는 try, catch, finally 블록을 사용하여 처리합니다.
- 자신만의 예외 클래스를 만들기 위해서는 Throwable 클래스의 서브 클래스를 확장합니다.
- 예외를 던질 때에는 throw문을 사용합니다.
- 예외를 던질 가능성이 있는 메소드에는 throws를 붙입니다.
- 입출력 처리를 하려면 스트림을 이용합니다.
- 명령줄 인수를 사용하면 프로그램에 인수를 전달할 수 있습니다.

이 장에서는 예외 처리와 입출력에 관련된 기능을 배웠습니다. 예외 처리는 오류에 유연하게 대응하는 프로그램을 만들기 위한 필수 지식입니다. 화면과 키보드, 파일을 사용한 입출력 또한 프로그램의 작성 시 빼놓을 수 없는 지식입니다. 파일을 다루는 법을 활용하면 실용적인 프로그램을 작성할 수 있을 것입니다.

연습문제

1. 다음 항목에 대해 ○ 또는 ×로 답하십시오.

   ① 예외가 전달되면 반드시 catch 블록 안의 코드가 실행된다.

   ② 예외가 전달되지 않더라도 finally 블록 안의 코드는 반드시 실행된다.

   ③ RuntimeException의 서브 클래스는 예외 처리를 하지 않아도 된다.

2. 다음의 문자열을 파일 test1.txt에 쓰는 코드를 작성하십시오.

```
A long time ago,
There was a little girl.
```

3. 문제 2의 소스 코드가 출력할 파일의 이름을 명령줄 인수를 통해 변경할 수 있도록 수정하십시오.

Lesson 15

스레드

지금까지 작성한 프로그램은 그 수행 과정을 하나의 흐름으로 보고 추적할 수 있었습니다. Java는 이러한 처리 흐름을 코드에서 여러 개 만들 수 있도록 지원합니다. 이 장에서는 처리의 흐름인 스레드를 여러 개 운영하는 방법을 배워 보겠습니다.

Check Point!

- 스레드
- Thread 클래스
- 스레드의 기동
- 스레드 일시 정지
- 스레드 종료 기다리기
- Runnable 인터페이스
- 동기화

15.1 스레드의 기본

 스레드의 원리 이해하기

지금까지 작성한 프로그램은 그 수행 과정을 하나의 흐름으로 보고 추적할 수 있었습니다. main( ) 메소드부터 시작해서 차례로 코드를 실행하고, 조건 판단문에서 분기하는 하나의 처리 흐름을 쫓으면서 코드를 학습해 왔던 것입니다.

Java는 하나의 코드가 이러한 처리 흐름을 여러 개 가질 수 있도록 지원합니다. 즉, 그림 15-1처럼 코드의 여러 부분이 동시에 실행되는 구조를 만들 수 있다는 것입니다. 이러한 각각의 처리 흐름을 **스레드**(thread)라고 부릅니다. 코드에서 처리 흐름(스레드)을 늘리는 행위를 일컬어

스레드를 기동한다

고 합니다.

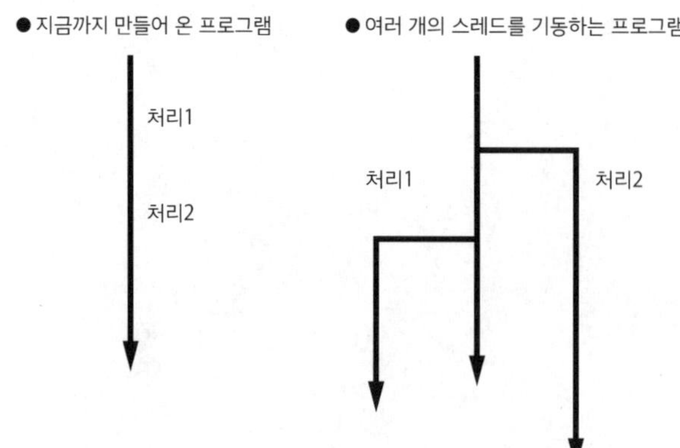

그림 15-1 스레드
스레드를 여러 개 기동하여 코드의 여러 부분이 동시에 실행되도록 만들 수 있습니다.

여러 개의 스레드를 기동하면 효율적인 처리를 꾀할 수 있습니다. 반복문으로 동작하는, 매우 오랜 시간이 걸리는 처리를 그 예로 들 수 있습니다. 상당한 시간이 소요되는 작업이 수행되는 중에 다른 스레드에 별도의 작업을 지시할 수 있는 것입니다. Java에서는 이러한 스레드를 쉽게 다룰 수 있는 방법을 제공합니다.

이 장에서는 스레드를 기동하는 방법을 배워 보도록 하겠습니다.

스레드 기동하기

스레드를 기동하기 위해서는, 먼저 클래스 라이브러리의 **Thread 클래스(java.lang 패키지)를 확장한 클래스**를 만들어야 합니다. 다음 클래스를 예로 들겠습니다.

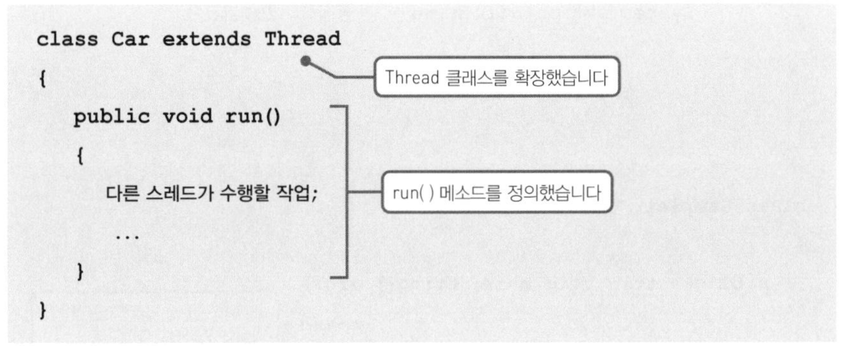

```
class Car extends Thread
{
    public void run()
    {
        다른 스레드가 수행할 작업;
          ...
    }
}
```


Thread 클래스를 확장한 클래스는 반드시 그 안에 **run( ) 메소드**를 정의해야 합니다. 이 메소드에 작성된 코드는 지금까지와는 다른 처리 흐름으로 동작합니다. run( ) 메소드가 그 시작점이 됩니다.

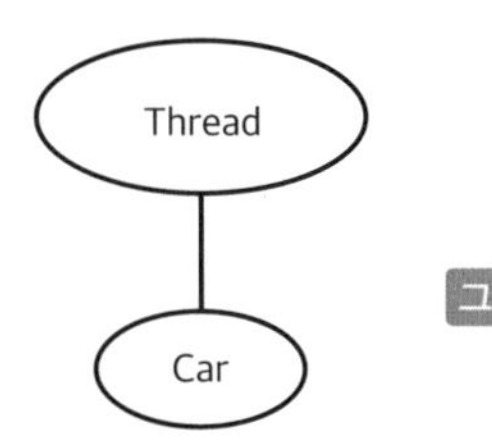

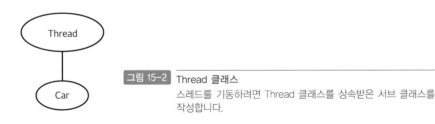

그림 15-2 Thread 클래스
스레드를 기동하려면 Thread 클래스를 상속받은 서브 클래스를 작성합니다.

Lesson 15

그러면 다음의 코드를 통해 스레드의 기동을 확인해 봅시다.

Sample1.java ▶ 스레드 기동하기

```
class Car extends Thread  ●── Thread 클래스를 확장합니다
{
    private String name;

    public Car(String nm)
    {
        name = nm;
    }
    public void run()
    {
        for(int i=0; i<5; i++){
            System.out.println(name + "가 동작하고 있습니다.");
        }
    }
}

class Sample1
{
    public static void main(String[] args)
    {
        Car car1 = new Car("1호차");  ●── Thread 클래스의 서브 클래스의 객체를 생성합니다
        car1.start();  ●── 새로운 스레드를 기동합니다

        for(int i=0; i<5; i++){
            System.out.println("main() 메소드 실행 중입니다.");
        }
    }
}
```

Sample1의 실행 화면

```
main() 메소드 실행 중입니다.
main() 메소드 실행 중입니다.
1호차가 동작하고 있습니다.
main() 메소드 실행 중입니다.
1호차가 동작하고 있습니다.
main() 메소드 실행 중입니다.
1호차가 동작하고 있습니다.
main() 메소드 실행 중입니다.
1호차가 동작하고 있습니다.
1호차가 동작하고 있습니다.
```

main( ) 메소드를 실행시키는 스레드입니다

run( ) 메소드를 실행시키는 스레드입니다

이 코드도 지금까지의 예제와 마찬가지로 main( ) 메소드부터 처리가 시작되고, main( ) 메소드 안에서 Thread 클래스를 상속받은 클래스의 객체를 생성하고 있습니다.

```
Car car1 = new Car("1호차");
```

Thread 클래스의 서브 클래스 객체를 생성합니다

그 다음, start( ) 메소드를 호출합니다.

```
car1.start();
```

새로운 스레드를 기동합니다

start( ) 메소드는 Car 클래스가 Thread 클래스로부터 상속받은 메소드입니다. 이 메소드를 호출하면,

새로운 스레드를 기동하고 그 스레드는 가장 먼저 run( ) 메소드를 실행할 것

이라는 메커니즘에 따라 작동하게 됩니다. 따라서 새로운 스레드가 기동하게 되고 이어서 run( ) 메소드의 처리가 시작됩니다. 그래서 '1호차가 동작하고 있습니다.'라는 문구가 반복해서 출력된 것입니다.

Lesson 15

한편, 새로운 스레드를 기동한 main( ) 메소드 또한 별도의 작업을 계속 수행합니다. 이 main( ) 메소드는 'main( ) 메소드 실행 중입니다.'라는 문구를 반복해서 출력합니다.

실행 결과를 확인해 보세요. 이 2개 처리의 실행 순서는 정해져 있지 않습니다. 2개의 처리는 각자 별도의 순서에 따라 실행되기 때문입니다. 이 책에 등장한 실행 결과에는 두 스레드의 출력 결과가 섞여 있습니다. 그러나 사용 환경에 따라 출력 순서는 달라질 수 있습니다. 반복 횟수(이 코드에서는 5번)를 바꿔 가며 확인해 보세요. 즉, 새로운 스레드를 기동하면

또 다른 처리 흐름을 만든다

는 메커니즘을 가지고 있는 것입니다. 또한, 새로 시작된 스레드는 run( ) 메소드의 종료와 함께 종료됩니다. 본래 시작점이었던 main( ) 스레드는 지금까지와 마찬가지로 main( ) 메소드 종료 시 함께 종료됩니다.

중요

스레드를 준비하려면 Thread 클래스를 확장한 다음 run( ) 메소드를 정의한다. start( ) 메소드를 호출하면 스레드가 동작한다.

● 지금까지 만들어 온 프로그램

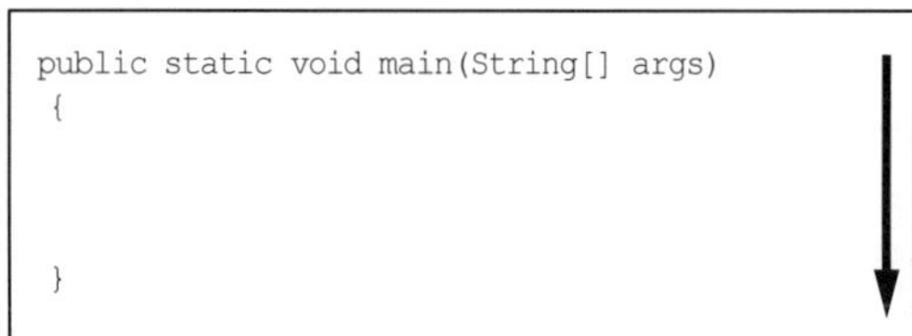

public static void main(String[] args)
{
}

● 스레드를 기동하는 프로그램

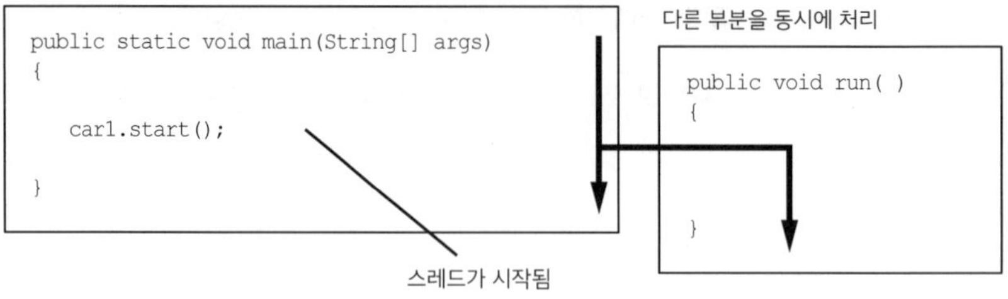

public static void main(String[] args)
{
carl.start();
}
다른 부분을 동시에 처리
public void run( )
{
}
스레드가 시작됨

그림 15-3 스레드의 기동
스레드를 기동하면 run( ) 메소드 안의 코드가 실행됩니다. 한편, 새로운 스레드를 기동한 main( ) 메소드 또한 별도의 작업을 계속 수행합니다.

여러 개의 스레드 기동하기

그러면 스레드의 개수를 늘리는 연습을 통해 스레드에 대한 이해의 폭을 넓혀 봅시다. 이 예제의 Car 클래스는 Sample1과 동일한 코드를 사용하도록 하겠습니다.

Sample2.java

```
...
class Sample2
{
   public static void main(String[] args)
   {
      Car car1 = new Car("1호차");
      car1.start();   ●── 스레드를 기동합니다

      Car car2 = new Car("2호차");
      car2.start();   ●── 또 다른 스레드를 기동합니다

      for(int i=0; i<5; i++){
         System.out.println("main() 메소드 실행 중입니다.");
      }
   }
}
```

Sample2의 실행 화면

```
main() 메소드 실행 중입니다.
main() 메소드 실행 중입니다.
1호차가 동작하고 있습니다.
2호차가 동작하고 있습니다.   ●── 새 스레드가 출력한 문구입니다
main() 메소드 실행 중입니다.
...
1호차가 동작하고 있습니다.
2호차가 동작하고 있습니다.
```

Lesson 15

이 예제에서는 새롭게 '2호차'라는 객체를 new를 사용하여 생성했습니다. 이 객체 또한 start( ) 메소드를 호출합니다. 그러면 새로운 스레드를 통해 이 객체 안의 run( ) 메소드가 실행됩니다. 2개였던 처리 흐름이 1개 증가하여 총 3개가 됨을 확인할 수 있었습니다. 이처럼 스레드는 여러 개 기동할 수 있습니다.

중요

여러 개의 스레드를 기동할 수 있다.

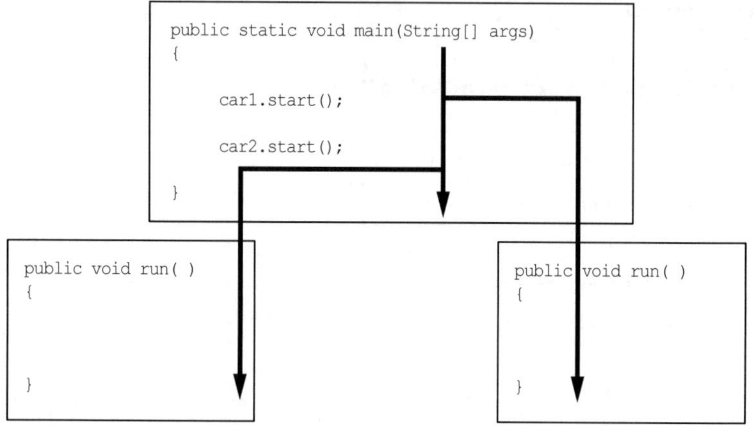
public static void main(String[] args)
{
car1.start();
car2.start();
}
public void run( )
{
}
public void run( )
{
}

그림 15-4 여러 개의 스레드
스레드의 개수는 늘릴 수 있습니다.

15.2 스레드의 조작

 스레드 일시 정지시키기

Thread 클래스로부터 상속받은 메소드를 사용하면 스레드를 조작할 수 있습니다. 그 예로, Thread 클래스의 **sleep( ) 메소드**를 사용해 봅시다. 이 메소드를 사용하면 이미 기동 중인 스레드를 일시적으로 정지시킬 수 있습니다. 다음 코드에서 확인해 봅시다.

Sample3.java ▶ 스레드를 일시 정지시키기

```
class Car extends Thread
{
   private String name;

   public Car(String nm)
   {
      name = nm;
   }
   public void run()
   {
      for(int i=0; i<5; i++){
         try{
            sleep(1000);
            System.out.println(name + "가 동작하고 있습니다.");
         }
         catch(InterruptedException e){}
      }
```

이 문장이 실행될 때마다 스레드가 1초간 일시 정지됩니다

sleep( ) 메소드로부터 전달받을 가능성이 있는 예외입니다

```
    }
}

class Sample3
{
    public static void main(String[] args)
    {
        Car car1 = new Car("1호차");
        car1.start();   // 스레드를 기동합니다

        for(int i=0; i<5; i++){
            System.out.println("main() 메소드 실행 중입니다.");
        }
    }
}
```

Sample3의 실행 화면

```
main() 메소드 실행 중입니다.
main() 메소드 실행 중입니다.
main() 메소드 실행 중입니다.
main() 메소드 실행 중입니다.
main() 메소드 실행 중입니다.
1호차가 동작하고 있습니다.
1호차가 동작하고 있습니다.
1호차가 동작하고 있습니다.   1초마다 출력됩니다
1호차가 동작하고 있습니다.
1호차가 동작하고 있습니다.
```

실행해 보면 '1호차가 동작하고 있습니다.'라는 문구가 1초의 간격을 두고 출력됨을 알 수 있습니다. 스레드가 sleep( ) 메소드를 실행하면 ( ) 안에 지정된 밀리세컨드 동안 스레드를 일시 정지시키기 때문입니다.

그러면 이번에는 다음과 같은 코드를 작성해 봅시다.

Sample4.java ▶ 다른 스레드를 일시 정지시키기

```
class Car extends Thread
{
   private String name;

   public Car(String nm)
   {
      name = nm;
   }
   public void run()
   {
      for(int i=0; i<5; i++){
         System.out.println(name + "가 동작하고 있습니다.");
      }
   }
}

class Sample4
{
   public static void main(String[] args)
   {
      Car car1 = new Car("1호차");
      car1.start();

      for(int i=0; i<5; i++){
         try{
            Thread.sleep(1000);
            System.out.println("main() 메소드 실행 중입니다.");
         }
         catch(InterruptedException e){}
      }
   }
}
```

이 문장이 실행될 때마다 스레드가 1초간 일시 정지됩니다

Sample4의 실행 화면

```
1호차가 동작하고 있습니다.
1호차가 동작하고 있습니다.
1호차가 동작하고 있습니다.
1호차가 동작하고 있습니다.
1호차가 동작하고 있습니다.
main() 메소드 실행 중입니다.
main() 메소드 실행 중입니다.
main() 메소드 실행 중입니다.
main() 메소드 실행 중입니다.
main() 메소드 실행 중입니다.
```

1초마다 출력됩니다

이번에는 main( ) 메소드의 문구가 1초 간격으로 출력됩니다. sleep( ) 메소드는 Thread 클래스의 클래스 메소드입니다. 따라서 'Thread.sleep(1000);'이라는 문장을 실행하면 스레드를 일시 정지시킬 수 있습니다.

스레드를 일시 정지시키려면 sleep( ) 메소드를 호출한다.

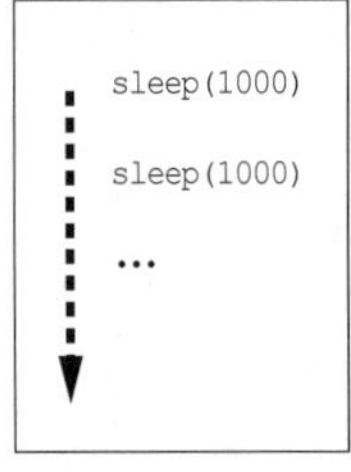

그림 15-5 스레드의 일시 정지

sleep( ) 메소드를 사용하면 이미 기동 중인 스레드를 일시적으로 정지시킬 수 있습니다.

 스레드 종료 기다리기

지금까지 등장한 예제에서 보았듯이 각각의 스레드는 전혀 다른 처리 흐름에서 동작했습니다. 그러나 다른 스레드의 종료를 기다렸다가 다시 동작하는 것도 가능합니다. 그러한 처리가 필요한 경우 **join( ) 메소드**를 사용합니다.

다음 코드를 통해 확인해 보도록 하겠습니다.

Sample5.java ▶ 스레드 종료 기다리기

```
class Car extends Thread
{
   private String name;

   public Car(String nm)
   {
      name = nm;
   }
   public void run()
   {
      for(int i=0; i<5; i++){
         System.out.println(name + "가 동작하고 있습니다.");
      }
   }
}

class Sample5
{
   public static void main(String[] args)
   {
      Car car1 = new Car("1호차");
      car1.start();

      try{
         car1.join();   // 이 스레드가 끝날 때까지 처리를 중지하고 기다립니다
      }
      catch(InterruptedException e){}   // join( ) 메소드에서 발생할 수 있는 예외입니다

      System.out.println("main()의 실행을 종료합니다.");
   }
}
```

Sample5의 실행 화면

```
1호차가 동작하고 있습니다.
1호차가 동작하고 있습니다.
1호차가 동작하고 있습니다.
1호차가 동작하고 있습니다.
1호차가 동작하고 있습니다.
main()의 실행을 종료합니다.
```

다른 스레드의 종료 후 출력됩니다

Thread 클래스 객체의 join( ) 메소드를 호출하면 그 스레드가 종료될 때까지 join( ) 메소드를 호출한 스레드가 기다립니다. 스레드가 종료되면 기다리고 있던 스레드가 다시 동작합니다.

즉, 이 예제에서는 join( ) 메소드 뒤에 등장한 'main( )의 실행을 종료합니다.'라는 문구가 반드시 마지막에 출력됩니다.

스레드 종료를 기다릴 때에는 join( ) 메소드를 호출한다.

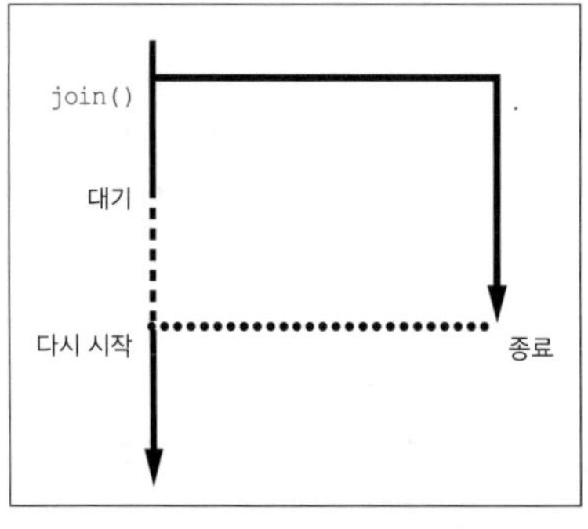

그림 15-6 스레드의 종료와 대기
Thread 클래스 객체의 join( ) 메소드를 호출하면 그 스레드가 종료될 때까지 join( ) 메소드를 호출한 스레드가 기다립니다.

스레드의 응용

매우 오랜 시간이 걸리는 처리를 수행해야 한다면 스레드 생성을 고려할 필요가 있습니다. 오랜 시간이 걸리는 처리 및 기타 처리를 다른 스레드로 만들면 프로그램의 사용성이 높아지기 때문입니다. 이러한 중요 작업의 예로 네트워크 통신 처리와 대용량 파일 처리, 데이터베이스 처리 등을 들 수 있습니다.

15.3 스레드의 생성 방법

 스레드를 생성하는 또 다른 방법 이해하기

지금까지는 스레드를 생성할 때 Thread 클래스를 확장한 클래스를 사용했습니다. 그런데 Thread 클래스를 상속받을 클래스가 이미 다른 클래스를 상속받았을 경우에는 어떻게 해야 할까요? 12장에서 살펴본 바와 같이,

Java는 두 개 이상의 클래스로부터 상속받을 수 없다(다중 상속 금지)

고 정해져 있습니다. 즉, Thread 클래스와 다른 두 개의 클래스를 슈퍼 클래스로 삼을 수 없습니다.

```
//class Car extends Vehicle, Material
//{
//    ...
//}
```

2개 이상의 클래스를 상속받을 수 없습니다

이럴 때 클래스 라이브러리의 **Runnable 인터페이스**(java.lang 패키지)를 사용하면 스레드를 실행하는 구조를 만들 수 있습니다. 즉, Thread 클래스를 확장하는 것이 아니라 **Runnable 인터페이스를 구현**하는 것입니다.

```
class Car extends Vehicle implements Runnable
{
    ...
}
```

동시에 다른 클래스를 상속받을 수도 있습니다

Runnable 인터페이스를 구현하면 스레드를 다룰 수 있습니다

즉, Java에서 스레드를 만드는 방법에는

- Thread 클래스 확장하기
- Runnable 인터페이스 구현하기

두 가지 방법이 있는 것입니다.

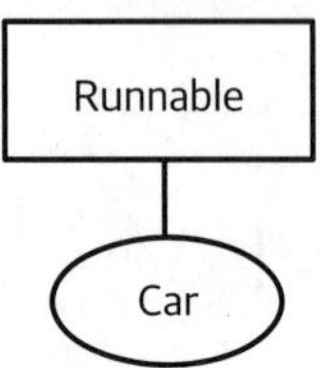

그림 15-7 Runnable 인터페이스의 구현
Runnable 인터페이스를 구현하면 스레드를 만들 수 있습니다.

그러면 실제 코드를 작성해 봅시다.

Sample6.java ▶ Runnable 인터페이스 구현하기

```
class Car implements Runnable
{
   private String name;

   public Car(String nm)
   {
      name = nm;
   }
   public void run()
   {
      for(int i=0; i<5; i++){
         System.out.println(name + "가 동작하고 있습니다.");
      }
   }
}

class Sample6
{
```

Runnable 인터페이스를 구현합니다

run( ) 메소드를 정의합니다

```
    public static void main(String[] args)
    {
        Car car1 = new Car("1호차");
        Thread th1 = new Thread(car1);   // Thread 클래스의 객체를 생성합니다
        th1.start();   // 스레드를 기동합니다

        for(int i=0; i<5; i++){
            System.out.println("main() 메소드 실행 중입니다.");
        }
    }
}
```

Sample6의 실행 화면

```
main() 메소드 실행 중입니다.
main() 메소드 실행 중입니다.
1호차가 동작하고 있습니다.
main() 메소드 실행 중입니다.
1호차가 동작하고 있습니다.
main() 메소드 실행 중입니다.
1호차가 동작하고 있습니다.
main() 메소드 실행 중입니다.
1호차가 동작하고 있습니다.
1호차가 동작하고 있습니다.
```

Sample6의 Car 클래스는 Runnable 인터페이스를 구현한 클래스입니다. Runnable 인터페이스를 구현한 클래스 또한 run( ) 메소드 안에 다른 스레드에서 수행할 작업을 정의할 수 있습니다.

그러나 이 경우에는 main( ) 메소드에서 Car 클래스의 객체를 생성한 다음 별도의 작업이 필요합니다. 그것은

Thread 클래스의 객체를 생성

하는 작업입니다. 다음 코드를 통해 확인합니다.

```
Car car1 = new Car();
Thread th = new Thread(car1);   // Thread 클래스의 객체를 생성합니다
th.start();   // 스레드를 기동합니다
```

Thread 클래스의 객체를 생성한 다음, start( ) 메소드를 호출하고 있습니다. Runnable 인터페이스를 구현한 클래스의 객체를 전달하여 Thread 객체를 생성합니다. 그 다음, start( ) 메소드를 호출해서 스레드를 기동합니다.

약간 손이 더 가는 방법이지만 실행 결과는 Sample1과 같습니다. 결과적으로 스레드를 사용한 유연한 프로그램을 만들 수 있습니다.

스레드는 Runnable 인터페이스를 구현해서 만들 수도 있다.

15.4 동기화

 동기화의 원리 이해하기

스레드는 매우 편리한 메커니즘이지만, 스레드를 여러 개 사용할 때에는 주의해야 할 점이 있습니다.

예를 들어, 다음과 같은 경우를 가정해 봅시다. 어떤 자동차 회사에는 운전 기사가 2명 있고 각각 돈을 법니다. 그래서 운전 기사를 Driver라는 클래스로 만들고 두 개의 스레드를 운영하는 프로그램을 설계했습니다. 2명이 번 돈은 Company라는 클래스에서 관리합니다.

Sample7.java ▶ 스레드가 만드는 모순

```
//회사 클래스
class Company
{
   private int sum = 0;
   public void add(int a)
   {
      int tmp = sum;
      System.out.println("현재 금액의 합은 " + tmp + "원입니다.");
      System.out.println(a + "원 벌었습니다.");
      tmp = tmp + a;
      System.out.println("금액의 합을 " + tmp + "원으로 만듭니다.");
      sum = tmp;
   }
}
```

송금합니다

Lesson 15

```
//운전 기사 클래스
class Driver extends Thread
{
   private Company comp;

   public Driver(Company c)
   {
      comp = c;
   }
   public void run()
   {
      for(int i=0; i<3; i++){
         comp.add(50);            // 송금합니다
      }
   }
}

class Sample7
{
   public static void main(String[] args)
   {
      Company cmp = new Company();          // 회사 객체를 생성합니다

      Driver drv1 = new Driver(cmp);        // 운전 기사 객체 1을 생성합니다
      drv1.start();

      Driver drv2 = new Driver(cmp);        // 운전 기사 객체 2를 생성합니다
      drv2.start();
   }
}
```

Sample7의 실행 화면

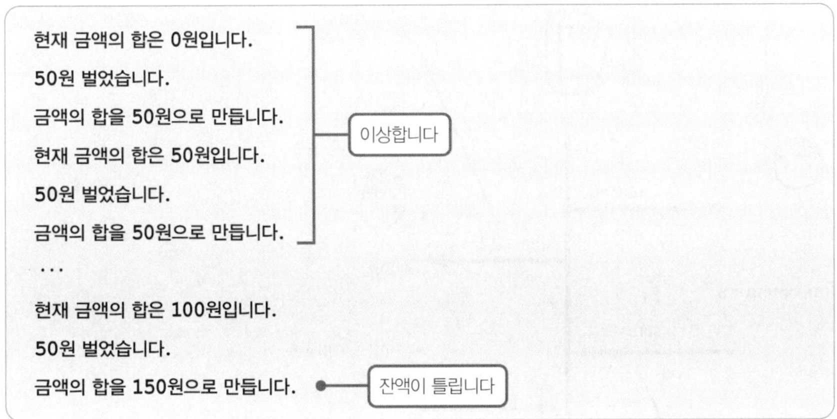

현재 금액의 합은 0원입니다.
50원 벌었습니다.
금액의 합을 50원으로 만듭니다.
현재 금액의 합은 50원입니다.
50원 벌었습니다.
금액의 합을 50원으로 만듭니다.
…
현재 금액의 합은 100원입니다.
50원 벌었습니다.
금액의 합을 150원으로 만듭니다.
이상합니다
잔액이 틀립니다

main( ) 메소드에서는

회사를 나타내는 Company 클래스의 객체를 하나,

운전자를 나타내는 Driver 클래스의 객체를 두 개

생성했습니다. Driver 객체의 start( ) 메소드를 호출하면 스레드가 시작됩니다.

Driver 클래스 객체는 Company 클래스 객체의 add( ) 메소드를 사용하여 벌어 들인 돈(1번에 50원)을 각각 3번씩 회사로 송금합니다. 즉, 마지막에는 2명×3회×50원=300원이 회사 측 잔액이어야 할 것입니다.

그런데 실행 결과가 이상합니다. 회사 측에는 예상과 다른 금액이 잔액으로 남았습니다.

그림 15-8을 보세요. 이렇게 이상한 결과가 나온 이유는, 1명의 운전 기사(하나의 스레드)가 송금(add( ) 메소드 호출)할 때 다른 운전 기사 또한 동시에 송금을 했기 때문입니다. 회사의 단일 계좌(필드)에 여러 스레드가 동시에 접근해 버린 결과, 충돌이 발생한 것입니다.

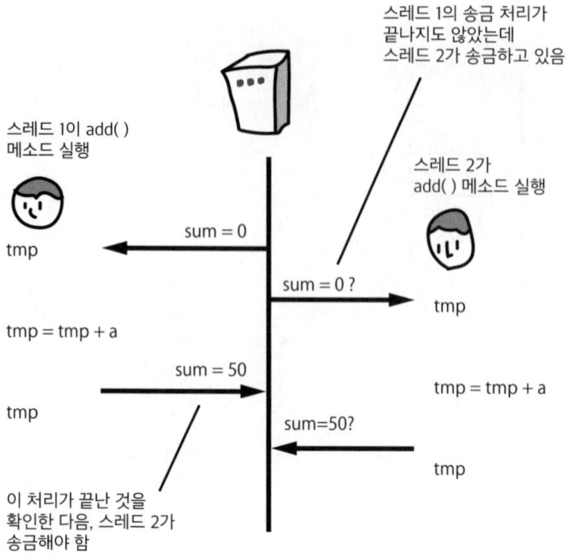
스레드 1의 송금 처리가
끝나지도 않았는데
스레드 2가 송금하고 있음
스레드 1이 add( )
메소드 실행
스레드 2가
add( ) 메소드 실행
sum = 0
tmp
sum = 0 ?
tmp
tmp = tmp + a
sum = 50
tmp = tmp + a
tmp
sum=50?
tmp
이 처리가 끝난 것을
확인한 다음, 스레드 2가
송금해야 함

그림 15-8 여러 개의 스레드가 발생시키는 모순
여러 개의 스레드가 공유하는 필드 등을 처리할 때 모순이 발생하는 경우가 있습니다.

이러한 문제를 피하기 위해서 한 스레드가 송금하는 동안 다른 스레드가 송금할 수 없도록 막아야 합니다. 이를 위해서는 송금을 담당하는 add( ) 메소드를 다시 작성해야 합니다. 다음 코드에서 확인해 봅시다.

```
public synchronized void add(int a)
{
    ...
}
```

synchronized를 붙입니다

메소드에 synchronized를 붙이면 이 메소드가 스레드에 의해 실행되는 동안, 다른 스레드는 이 메소드를 호출할 수 없습니다. 즉, 어떤 사람의 송금이 끝날 때까지 다른 사람은 기다리는 구조가 되는 것입니다. add( ) 메소드에 synchronized를 붙여 봅시다. 그 실행 결과는 다음과 같습니다.

변경 후, Sample7의 실행 화면

```
현재 금액의 합은 0원입니다.
50원 벌었습니다.
금액의 합을 50원으로 만듭니다.
...
현재 금액의 합은 250원입니다.
50원 벌었습니다.
금액의 합을 300원으로 만듭니다.
```

이번에는 제대로 처리되었습니다. 이처럼 스레드와 스레드 사이의 처리 타이밍 제어 메커니즘을 **동기화**(synchronization)라고 부릅니다. 여러 스레드가 하나의 필드(여기에서는 sum)에 접근해야 할 경우, 충돌이 발생하지 않도록 주의해야 합니다.

스레드끼리의 처리 타이밍 제어 메커니즘을 동기화(synchronization)라고 부른다.

동기화의 사용

이 장에서는 예금 처리를 예로 들어 동기화를 소개했습니다. 이처럼 컴퓨터에서는, 하나뿐인 자원을 여러 개의 스레드가 동시에 사용하려고 하는 경우가 있습니다. 이 때, 자원의 충돌이 일어나지 않도록 주의해야 합니다.
예를 들어, 데이터가 저장된 파일 혹은 데이터베이스를 여러 스레드에서 사용할 때에는, 각각의 스레드에서 접근함으로써 데이터의 충돌이 발생하지 않도록 해야 합니다. 이러한 동기화 기법은 실전에서 중요한 요소입니다.

15.5 강의 요약

이 장에서는 다음과 같은 것을 배웠습니다.

- 스레드는 여러 개 기동할 수 있습니다.
- 스레드를 기동하려면 Thread 클래스를 상속받은 서브 클래스를 작성하고 start( ) 메소드를 호출합니다.
- 스레드를 기동하면 가장 먼저 run( ) 메소드가 호출됩니다.
- 스레드를 일시 정지시키려면 sleep( ) 메소드를 호출합니다.
- 스레드 종료를 기다리려면 join( ) 메소드를 호출합니다.
- 여러 개의 스레드가 공유하는 필드 등을 처리하려면 그 공유 필드에 접근하는 메소드에 synchronized를 지정합니다.

이 장에서는 스레드를 기동하는 방법을 학습했습니다. 스레드를 기동하면 시간이 오래 걸리는 처리를 다른 스레드에 위임할 수 있고 결과적으로 작업을 효율적으로 수행하는 프로그램을 만들 수 있습니다.

연습문제

1. 다음 항목에 대해 ○ 또는 ×로 답하십시오.

   ① 스레드를 기동하려면, Thread 클래스를 상속받은 서브 클래스를 작성하고 start( ) 메소드를 호출한다.

   ② 스레드는 Runnable 인터페이스를 구현해서 만들 수도 있다.

   ③ 스레드를 일시 정지시키려면 stop( ) 메소드를 호출한다.

2. Sample2를 Runnable 인터페이스를 사용해서 고쳐 보십시오.

3. Sample3를 Runnable 인터페이스를 사용해서 고쳐 보십시오.

Lesson **16**

그래픽 애플리케이션

Java의 응용 분야는 다양합니다. Java를 사용하면 그래픽 윈도 애플리케이션과 스마트폰 애플리케이션을 만들 수 있습니다. 또한, Web 서버에서 실행되는 프로그램을 개발할 수도 있습니다. 이 장에서는 Java를 응용하는 방법을 소개하도록 하겠습니다.

Check Point!

- GUI 애플리케이션
- 컴포넌트
- 이벤트
- 스마트폰
- Web 애플리케이션

16.1 GUI 애플리케이션의 기본

 GUI의 구조 이해하기

마지막이 될 이 장에서는, Java의 응용에 대해 알아보겠습니다.

우리는 지금까지 키보드로 입력을 받아 동작하는 프로그램을 만들어 왔습니다. 그러나 우리가 평소에 사용하는 프로그램은 윈도에서 마우스 등으로 조작하는 애플리케이션입니다. 이러한 그래픽적인 외양을 가진 프로그램을

GUI(Graphical User Interface)

라고 부릅니다. Java에서 GUI 애플리케이션을 개발할 때에는, 다양한 클래스를 사용할 수 있습니다. 이 장에서는 가장 기본적인 GUI 애플리케이션을 만드는 방법을 소개하도록 하겠습니다.

그림 16-1 GUI 애플리케이션
Java로 그래픽 애플리케이션을 만들 수 있습니다.

윈도를 가진 애플리케이션 만들기

가장 기본적인 GUI 애플리케이션을 작성하는 방법으로는, 표준 Java 클래스 라이브러리에 포함되는 **AWT**(Abstract Window Toolkit)를 이용하는 방법이 있습니다. AWT는 윈도나 윈도에서 사용하는 다양한 부품을 다루기 위한 라이브러리입니다.

우선 윈도를 만드는 방법을 소개하겠습니다. 다음의 코드를 입력합니다.

Sample1.java ▶ 프레임 사용하기

```
import java.awt.*;
import java.awt.event.*;

public class Sample1 extends Frame
{
   public static void main(String[] args)
   {
      Sample1 sm = new Sample1();
   }

   public Sample1()
   {
      super("샘플");

      addWindowListener(new SampleWindowListener());

      setSize(250, 200);
      setVisible(true);
   }

   class SampleWindowListener extends WindowAdapter
   {
      public void windowClosing(WindowEvent e)
      {
```

❶ 프레임 클래스를 상속받습니다

❷ 상속받은 클래스에서 객체를 만듭니다

❸ 윈도의 제목을 설정합니다

❹ 윈도의 크기를 설정합니다

❺ 윈도가 표시되도록 만듭니다

윈도를 닫을 수 있도록 만듭니다

```
            System.exit(0);
        }
    }
}
```

Sample1의 실행 화면

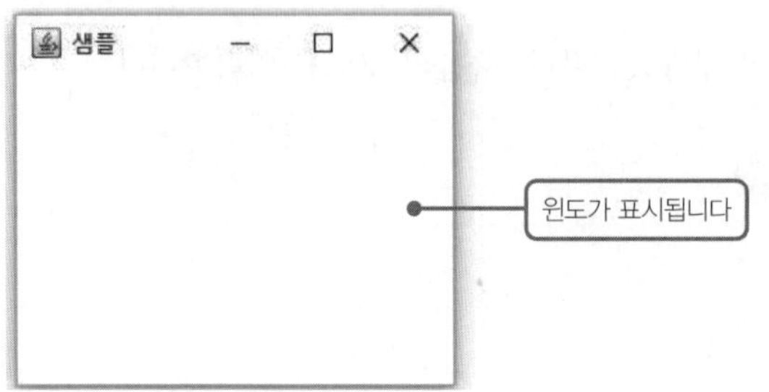

윈도를 만들 때에는, AWT의 **프레임**(Frame) 클래스를 이용합니다. java.awt 패키지의 Frame 클래스를 상속받은 클래스를 정의하는 것입니다(❶). 이 클래스의 서브 클래스 객체를 main( ) 메소드 안에 작성하면 윈도를 만들 수 있습니다(❷).

이 코드에서는 프레임 클래스의 생성자를 호출하여, 윈도의 제목을 설정합니다(❸). 또한 setSize( ) 메소드에서 윈도의 크기를 설정하고(❹), setVisible( ) 메소드로 윈도가 표시되도록 하고 있습니다(❺).

윈도 닫기

윈도의 오른쪽 위 모서리를 마우스로 클릭해서 닫는 기능을 추가하기 위해서는, 이 절의 마지막 부분에서 소개하는 이벤트 처리 방법이 필요합니다. 지금은 코드를 살펴보기 바랍니다.

컴포넌트의 구조 이해하기

AWT에는 윈도에 표시할 수 있는 다양한 윈도 부품이 마련되어 있습니다. 윈도 부품은 **컴포넌트**라고 부릅니다. 가장 기본적인 컴포넌트로, 문자를 표시하는 **레이블**(Label)이 있습니다. 레이블을 이용해 보겠습니다.

Sample2.java ▶ 컴포넌트 표시하기

```
import java.awt.*;
import java.awt.event.*;

public class Sample2 extends Frame
{
   private Label lb;

   public static void main(String[] args)
   {
      Sample2 sm = new Sample2();
   }
   public Sample2()
   {
      super("샘플");

      lb = new Label("환영합니다.");   ← ❶ 레이블을 만듭니다

      add(lb);   ← ❷ 레이블을 추가합니다

      lb.setForeground(Color.blue);   ← 글자 색을 설정합니다
      lb.setFont(new Font("Serif", Font.BOLD, 24));   ← 글꼴을 설정합니다

      addWindowListener(new SampleWindowListener());

      setSize(250, 200);
      setVisible(true);
   }
```

Lesson 16

```
class SampleWindowListener extends WindowAdapter
{
   public void windowClosing(WindowEvent e)
   {
      System.exit(0);
   }
}
}
```

Sample2의 실행 화면

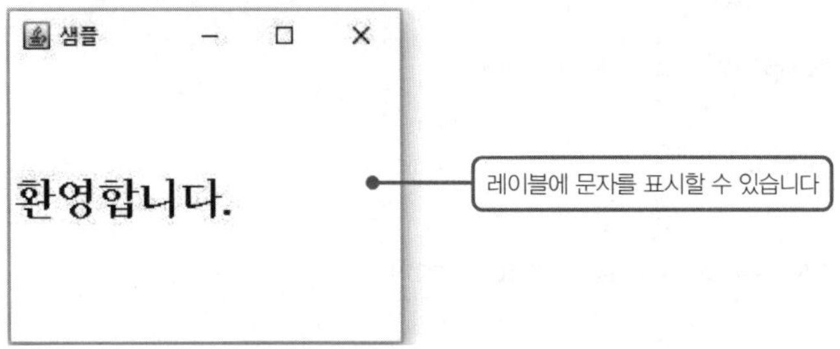
샘플
환영합니다.
레이블에 문자를 표시할 수 있습니다

Label 클래스의 객체를 생성하여 레이블에 문자를 표시했습니다(❶). 프레임 클래스로부터 상속받은 add( ) 메소드를 이용하여, 프레임에 컴포넌트를 붙일 수 있습니다(❷).

이 밖에도 AWT에는 다음의 표와 같은 다양한 그래픽 윈도 부품이 준비되어 있습니다. 사용해 보기를 바랍니다.

표 16-1 : AWT의 주요 구성 요소 및 클래스

구성 요소명	클래스명	
버튼	Button	버튼
체크 박스	Checkbox	
초이스	Choice	초이스
레이블	Label	라벨

구성 요소명	클래스명	
리스트	List	리스트 1 리스트 2 리스트 3
텍스트 필드(1줄)	TextField	텍스트 필드
텍스트 영역(다중)	TextArea	텍스트 에어리어
스크롤 막대	Scrollbar	
캔버스	Canvas	
패널	Panel	
대화창	Dialog	
파일 대화창	FileDialog	
프레임	Frame	

색상과 글꼴 설정하기

이 레이블을 사용한 애플리케이션에서는, 레이블의 문자, 색상, 글꼴을 지정하고 있습니다. 컴포넌트의 setForeGround( ) 메소드로 색상을 설정하고, setFont( ) 메소드로 글꼴을 표시했습니다.

```
lb.setForeground(Color.blue);
lb.setFont(new Font("Serif", Font.BOLD, 24));
```

색상을 파란색으로 설정합니다

글꼴 이름 = Serif, 글꼴 스타일 = 굵게, 글꼴 크기 = 24pt로 설정합니다

Lesson 16

자주 사용하는 색상과 글꼴의 목록은 다음과 같습니다. 테스트해 보기를 바랍니다.

표 16-2 : 색

색 이름	지정	색 이름	지정
흰색	Color.white	오렌지	Color.orange
라이트 그레이	Color.lightGray	노랑	Color.yellow
그레이	Color.gray	녹색	Color.green
다크 그레이	Color.darkGray	마젠타	Color.magenta
검정	Color.black	시안	Color.cyan
빨강	Color.red	파랑	Color.blue
핑크	Color.pink		

표 16-3 : 폰트

폰트 이름
Dialog
DialogInput
Monospaced
Serif
SansSerif
Symbol

표 16-4 : 폰트 스타일

폰트 스타일	상수
보통	Font.PLAIN
굵은	Font.BOLD
기울임	Font.ITALIC

GUI 애플리케이션용 라이브러리

AWT 이외에도, 고급 GUI 애플리케이션을 개발하는 클래스로 JavaFX와 Swing이라는 컴포넌트가 있습니다.

이벤트의 구조 이해하기

윈도 부품 중에는 마우스 등으로 조작하는 부품이 있습니다. GUI에서는 마우스에 반응하여 작동하는 메커니즘을 **이벤트 처리**(event handling)로 만듭니다. GUI는 마우스와 키보드 조작을

이벤트(event)

로 규정하고, 이벤트를 바탕으로 처리하는 구조를 가지고 있습니다.

먼저, 마우스 버튼을 누를 때 반응하는 애플리케이션부터 작성해 보도록 하겠습니다.

Sample3.java ▶ 버튼 추가하기

```
import java.awt.*;
import java.awt.event.*;

public class Sample3 extends Frame
{
   private Button bt;

   public static void main(String[] args)
   {
      Sample3 sm = new Sample3();
   }
   public Sample3()
   {
      super("샘플");

      bt = new Button("환영합니다.");   // 버튼을 만듭니다
      add(bt);   // 버튼을 추가합니다

      addWindowListener(new SampleWindowListener());
      bt.addActionListener(new SampleActionListener());   // ❷ 이벤트를 받을 수 있도록 만듭니다
```

```
        setSize(250, 200);
        setVisible(true);
    }

    class SampleWindowListener extends WindowAdapter
    {
        public void windowClosing(WindowEvent e)
        {
            System.exit(0);
        }
    }
    class SampleActionListener implements ActionListener
    {
        public void actionPerformed(ActionEvent e)
        {
            bt.setLabel("안녕하세요.");
        }
    }
}
```

❶ 이벤트를 처리하는 리스너입니다

❸ 이벤트가 발생했을 때 호출됩니다

Sample3의 실행 화면

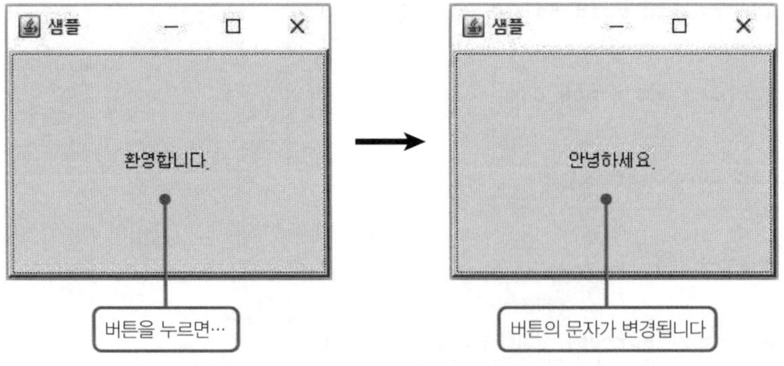

애플리케이션에 버튼을 배치했습니다. 버튼은 윈도 전체에 표시되어 있습니다. 이 버튼을 누를 때 버튼의 문자가 바뀌게 만듭니다.

버튼에 반응하도록 만들기 위해서는, 먼저 ActionListener 인터페이스를 구현한 클래스를 선언합니다. 이 인터페이스의 actionPerformed( ) 메소드를 정의하여, 어떤 작업을 할 것인지를 지정해야 합니다(❶).

또한 '이벤트'를 받는 윈도 부품(버튼)의 addActionListener( ) 메소드를 호출하여 이벤트를 처리하는 클래스의 객체를 함께 전달합니다. 이로써 '버튼을 눌렀다'라는 '이벤트'를 받기 위한 준비가 된 것입니다(❷).

그러면 애플리케이션에서 버튼을 눌렀을 때 정의해 둔 actionPerformed( ) 메소드가 호출되고, 이벤트가 전달되는 이벤트 처리를 수행하도록 되어 있는 것입니다(❸).

이벤트를 받는 윈도 부품을 **소스**, 이벤트를 처리하는 부품을 **리스너**라고 부릅니다. 소스의 클래스 리스너와 인터페이스의 조합은 AWT로 정해져 있습니다.

 고급 이벤트 처리하기

한층 더 고급 이벤트 처리를 해 보겠습니다. 이번에는 마우스의 상세한 움직임에 반응하도록 만들어 보겠습니다.

Sample4.java ▶ 마우스에 반응하도록 만들기

```
import java.awt.*;
import java.awt.event.*;

public class Sample4 extends Frame
{
```

Lesson 16

```
    private Button bt;

    public static void main(String[] args)
    {
       Sample4 sm = new Sample4();
    }
    public Sample4()
    {
       super("샘플");

       bt = new Button("환영합니다.");
       add(bt);

       addWindowListener(new SampleWindowListener());
       bt.addMouseListener(new SampleMouseListener());

       setSize(250, 200);
       setVisible(true);
    }

    class SampleWindowListener extends WindowAdapter
    {
       public void windowClosing(WindowEvent e)
       {
          System.exit(0);
       }
    }

    class SampleMouseListener implements MouseListener
    {
       public void mouseClicked(MouseEvent e){}
       public void mouseReleased(MouseEvent e){}
       public void mousePressed(MouseEvent e){}
       public void mouseEntered(MouseEvent e)
       {
```

MouseListener 인터페이스를 구현합니다

```
        bt.setLabel("어서오세요.");
    }
    public void mouseExited(MouseEvent e)
    {
        bt.setLabel("환영합니다.");
    }
  }
}
```

마우스가 들어갈 때 수행하는 작업입니다

마우스가 나왔을 때 수행되는 작업입니다

Sample4의 실행 화면

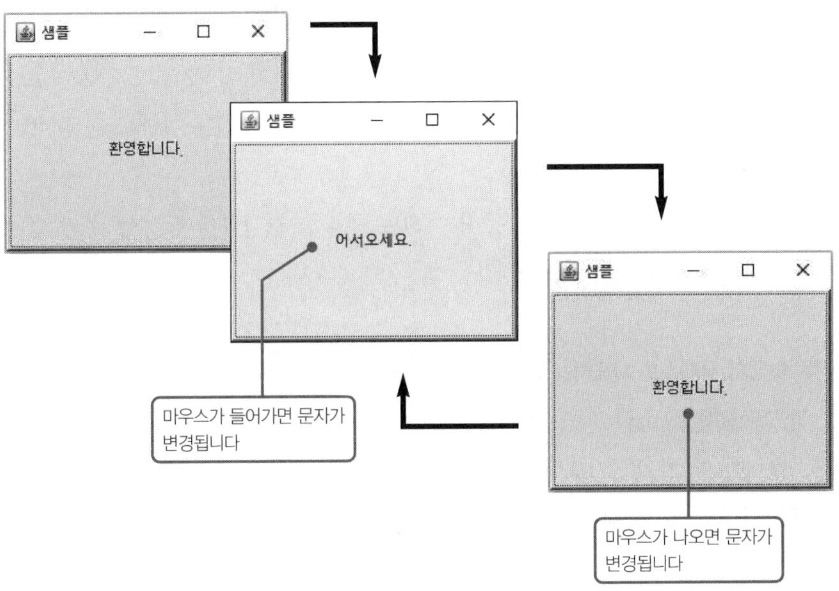
샘플
환영합니다.
샘플
어서오세요.
샘플
환영합니다.
마우스가 들어가면 문자가 변경됩니다
마우스가 나오면 문자가 변경됩니다

보다 상세하게 마우스의 움직임에 반응하는 애플리케이션을 만들기 위해서는, MouseListener 인터페이스를 구현하는 클래스를 선언합니다. 그리고 마우스가 움직일 때 호출되는 5개의 메소드를 정의해 둡니다.

이 예제에서는 이 중 mouseEntered( ) 메소드 안에 마우스가 들어오면 처리되는 문장을 작성하고, mouseExited( ) 메소드 안에 마우스가 나왔을 때에 처리되는 문장을 작성합니다.

이 이벤트 처리의 조합은 다음과 같습니다.

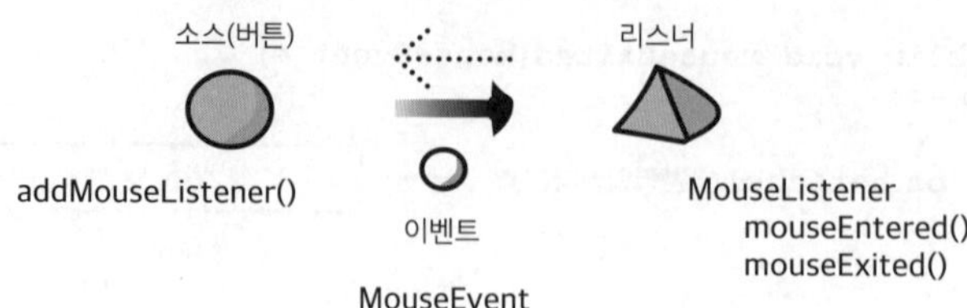

 이벤트 처리를 간결하게 작성하기

이 예제에서는 MouseListener 인터페이스를 구현하기 위해서는 5개의 메소드를 정의해 두어야만 합니다. 이 때문에 간단한 이벤트 처리를 함에도 불구하고, 코드가 많아 읽기가 어렵습니다.

이러한 경우, 다양한 방법을 통해 이벤트 처리를 간결하게 작성할 수 있습니다. 다음과 같은 방법이 있습니다.

- **어댑터 클래스를 사용하는 방법**

어댑터 클래스(adapter class)는 많은 메소드를 오버라이딩해야 하는 인터페이스를, 필요한 메소드만을 오버라이딩하는 클래스로 변환하는 역할(어댑터)을 하는 클래스입니다. 이 클래스를 사용하여 코드를 간결하게 작성할 수 있습니다.

```
bt.addMouseListener(new SampleMouseAdapter());
...
class SampleMouseAdapter extends MouseAdapter
{
   public void mousePressed(MouseEvent e)
   {
      ...
   }
}
```

어댑터 클래스를 사용하면…

필요한 메소드만 정의하면 됩니다

- **익명 클래스를 사용하는 방법**

익명 클래스(anonymous class)는 이름이 없는 클래스를 뜻합니다. 다른 클래스 안에 작성되는 내부 클래스(inner class)로 구현합니다. 상속받는 클래스의 이름은 지정하지만, 클래스 자신의 이름은 적지 않습니다. 리스너와 어댑터가 되는 클래스가 익명 클래스가 되는 것입니다. 익명 클래스를 사용하면 이벤트를 등록하는 메소드 안에 이벤트 처리를 작성할 수 있으므로 코드가 간결해집니다.

```
bt.addMouseListener(new MouseAdapter()      ● 익명 클래스를 사용하면…
{                  ● 이벤트 처리를 등록하는 메소드 안에…
    public void mousePressed(MouseEvent e)
    {
        …  ● 이벤트 처리를 작성할 수 있습니다
    }
});
```

- **람다 식을 사용하는 방법**

람다 식(lambda expression)은 비교적 최근의 Java 버전(Java 7 이상)부터 도입된 개념입니다. 처리를 작성하는 방법은 (메소드의 인수) -> {메소드의 처리}입니다. 메소드의 인수가 1개일 경우에는 ( )를 생략할 수 있으며, 메소드의 처리가 1문장일 경우에는 { }를 생략할 수 있습니다. 람다 식을 사용하면 코드를 보다 간결하게 작성할 수 있습니다.

```
bt.addMouseListener(new MouseAdapter(
    e ->  ● 람다 식을 사용하여 이벤트 처리를 작성할 수 있습니다
    {
        …
    }
);
```


이벤트 처리에는 이러한 간결한 표기법도 자주 사용되므로 알아 두면 편리합니다.

16.2 애플리케이션의 응용

 이미지 표시하기

이번에는 이미지를 처리하는 애플리케이션을 만들어 보겠습니다. 'Image.jpg'라는 이미지 파일을 준비합니다. 다음의 코드를 입력하고, 코드와 이미지를 같은 디렉토리 안에 저장합니다.

Sample5.java ▶ 이미지 표시하기

```
import java.awt.*;
import java.awt.event.*;

public class Sample5 extends Frame
{
   Image im;

   public static void main(String[] args)
   {
      Sample5 sm = new Sample5();
   }
   public Sample5()
   {
      super("샘플");

      Toolkit tk = getToolkit();            ❶ 툴킷을 가져오고…
      im = tk.getImage("Image.jpg");        이미지를 가져옵니다

      addWindowListener(new SampleWindowListener());
```

```
        setSize(250, 200);
        setVisible(true);
    }
    public void paint(Graphics g)
    {
        g.drawImage(im, 100, 100, this);
    }

    class SampleWindowListener extends WindowAdapter
    {
        public void windowClosing(WindowEvent e)
        {
            System.exit(0);
        }
    }
}
```

❷ paint( ) 메소드를 오버라이딩하고…

❸ 그림을 그리는 작업을 수행합니다

Sample5의 실행 화면

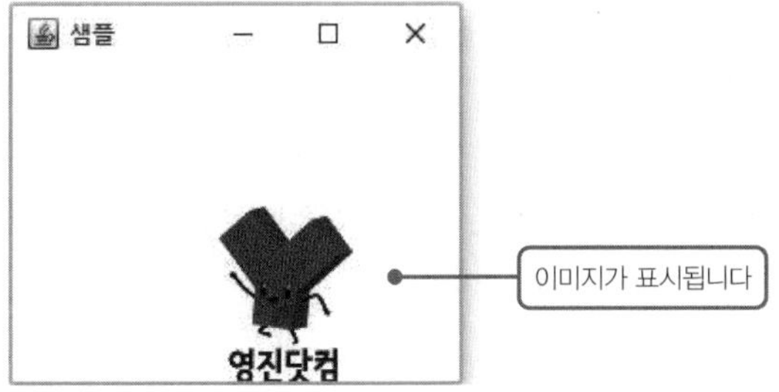

이 예제에서는 먼저 툴킷이라는 개념으로 취급되는 객체를 가져옵니다(❶). 이 getImage( ) 메소드를 호출해서 이미지를 로드해야 합니다. 또한, 프레임 클래스의 paint( ) 메소드를 오버라이딩합니다. 이 메소드는 프레임 화면이 그려질 때 호출되는 메소드입니다(❷).

paint( ) 메소드 안에서는 Graphics 클래스의 drawImage( ) 메소드를 호출하여 그림을 그립니다(❸). 이제 이미지를 표시할 수 있게 되었습니다.

또한, Graphics 클래스에는 이 외에도 다양한 그리기 메소드가 마련되어 있으니, 살펴보기 바랍니다.

표 16-5 : Graphics 클래스의 주요 메소드

메소드명	기능
void drawArc(int x, int y, int width, int height, int startAngle, int arcAngle)	원호를 그린다
Boolean drawImage(Image img, int x, int y, ImageObserver observer)	이미지를 그린다
void drawLine(int x1, int y1, int x2, int y2)	선을 그린다
void drawOval(int x, int y, int width, int height)	타원을 그린다
void drawPolygon(int[] xPoints, int[] yPoints, int nPoints)	다각형을 그린다
void drawRect(int x, int y, int width, int height)	사각형을 그린다
void drawString(String str, int x, int y)	문자열을 그린다
void fillArc(int x, int y, int width, int height, int startAngle, int arcAngle)	채워진 원호를 그린다
void fillOval(int x, int y, int width, int height)	채워진 타원을 그린다
void fillPolygon(int[] xPoints, int[] yPoints, int nPoints)	채워진 다각형을 그린다
void setColor(Color c)	색을 설정한다
void setFont(Font font)	폰트를 설정한다

마우스로 그리기

다음으로, 이미지 그리기와 이벤트 처리를 결합하여 마우스의 움직임에 따라 그림을 그리는 프로그램을 작성해 보도록 하겠습니다.

Sample6.java ▶ 마우스로 그리기

```
import java.awt.*;
import java.awt.event.*;

public class Sample6 extends Frame
{
   int x = 10;
   int y = 10;

   public static void main(String[] args)
```

```
    {
        Sample6 sm = new Sample6();
    }
    public Sample6()
    {
        super("샘플");

        addWindowListener(new SampleWindowListener());
        addMouseListener(new SampleMouseAdapter());

        setSize(250, 200);
        setVisible(true);
    }
    public void paint(Graphics g)          // paint( ) 메소드를 오버라이딩하고…
    {
        g.setColor(Color.RED);             // ❶ 도형을 그리는 작업을 수행합니다
        g.fillOval(x, y, 10, 10);
    }

    class SampleWindowListener extends WindowAdapter
    {
        public void windowClosing(WindowEvent e)
        {
            System.exit(0);
        }
    }
    class SampleMouseAdapter extends MouseAdapter
    {
        public void mousePressed(MouseEvent e)   // 마우스를 눌렀을 때…
        {
            x = e.getX();
            y = e.getY();                  // ❷ 누른 위치를 가져옵니다
            repaint();                     // ❸ 도형이 그려집니다
        }
    }
}
```

Lesson 16

Sample6의 실행 화면

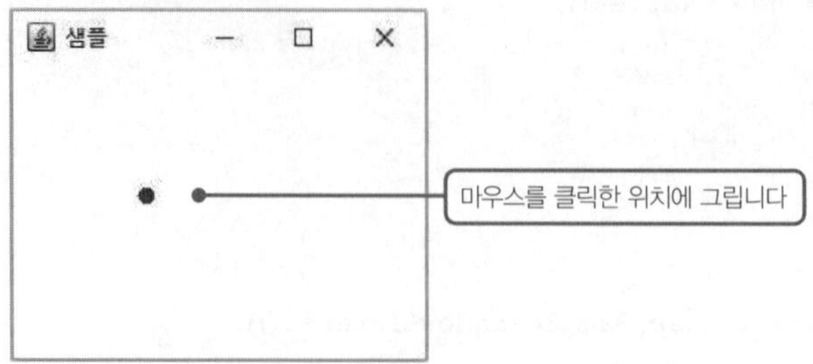

이 애플리케이션에서는 paint( ) 메소드를 오버라이딩합니다. 이번에는 그림을 그리는 과정을 설명하고 있습니다(❶). 또한 화면을 클릭했을 때 반응하는 이벤트 처리를 구현했습니다. 소스가 프레임(화면)이라는 점에 유의하세요.

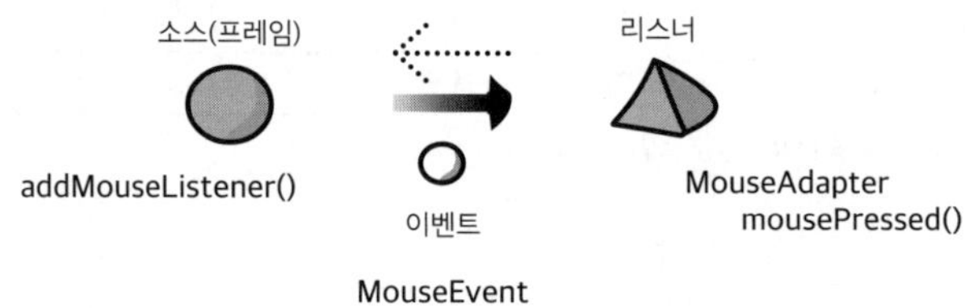

이벤트 처리 안에서는, 먼저 마우스를 클릭한 위치를 알아내는 처리부터 수행합니다. MouseEvent 클래스의 객체 안에서 마우스의 좌표를 가져올 수 있습니다(❷).

그리고 repaint( ) 메소드를 호출합니다(❸). 이 메소드가 프레임의 paint( ) 메소드를 호출합니다. 이 덕분에 마우스를 클릭한 위치에 도형을 그릴 수 있습니다.

애니메이션 만들기

마지막으로, 화면에 애니메이션을 만드는 방법을 소개하겠습니다. 애니메이션을 만들 때에는 15장에서 소개한 스레드를 사용합니다.

Sample7.java ▶ 애니메이션 만들기

```
import java.awt.*;
import java.awt.event.*;

public class Sample7 extends Frame implements Runnable
{
   int num;

   public static void main(String[] args)
   {
      Sample7 sm = new Sample7();
   }
   public Sample7()
   {
      super("샘플");

      addWindowListener(new SampleWindowListener());

      Thread th;
      th = new Thread(this);   ● 새로운 스레드를 시작합니다
      th.start();

      setSize(250, 200);
      setVisible(true);
   }
   public void run()   ● 스레드의 처리입니다
   {
      try{
         for(int i=0; i<10; i++){
            num = i;
            repaint();   ● ❶ 그림 그리기를…
            Thread.sleep(1000);   ● ❷ 1초마다 실행합니다
         }
      }catch(InterruptedException e){}
   }
```

```
    public void paint(Graphics g)
    {
       String str = num + "입니다.";
       g.drawString(str, 100, 100);   ← ❸ 문자가 그려지게 만듭니다
    }

    class SampleWindowListener extends WindowAdapter
    {
       public void windowClosing(WindowEvent e)
       {
          System.exit(0);
       }
    }
}
```

Sample7의 실행 화면

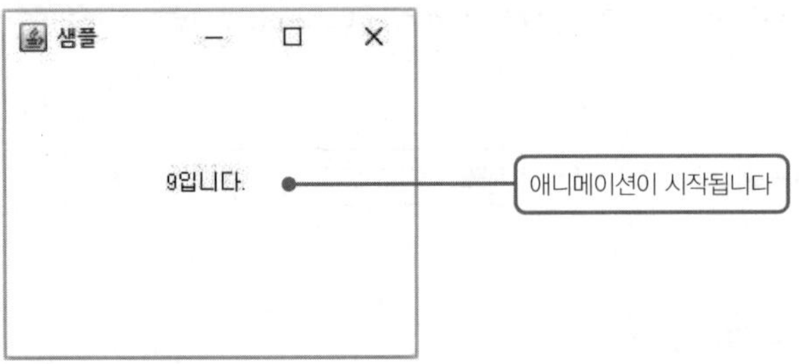

run( ) 메소드 안에서 repaint( ) 메소드를 호출하여, 스레드를 1초간 정지시킵니다. 이 때문에 화면이 약 1초 간격을 두고 그려집니다(❶, ❷).이 과정이 10회 반복됩니다.

또한, paint( ) 메소드 안에서 반복 횟수 num을 문자로 그리도록 작성합니다(❸). 이로 인해, 숫자가 0부터 9까지 약 1초마다 변화하는 애니메이션이 구현되는 것입니다.

16.3 Java의 응용

 스마트폰 애플리케이션 개발하기

지금까지 그래픽 애플리케이션을 만들어 보았습니다. 최근에는 PC용 애플리케이션뿐만 아니라, 스마트폰이나 태블릿 등의 모바일 환경에서 동작하는 애플리케이션(앱)이 많이 사용되고 있습니다.

Java는 특히 스마트폰에서 큰 점유율을 가지고 있는 AndroidOS용 앱 개발 현장에서 사용되고 있습니다.

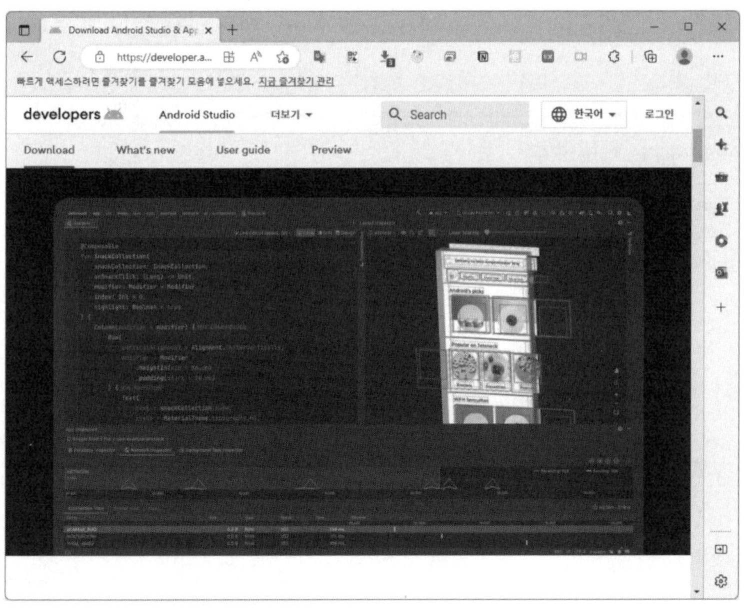

그림 16-2 Android 애플리케이션
Java는 Android 애플리케이션 개발 현장에서 사용되고 있습니다.

Lesson 16

Web 애플리케이션 개발하기

인터넷과 Web을 활용한 시스템 또한 널리 보급되었습니다. 이러한 시스템은 Web 시스템, Web 애플리케이션이라고 불립니다. Java는 Web 애플리케이션 중에서 특히 서버에서 실행되는 프로그램의 개발에 이용되고 있습니다.

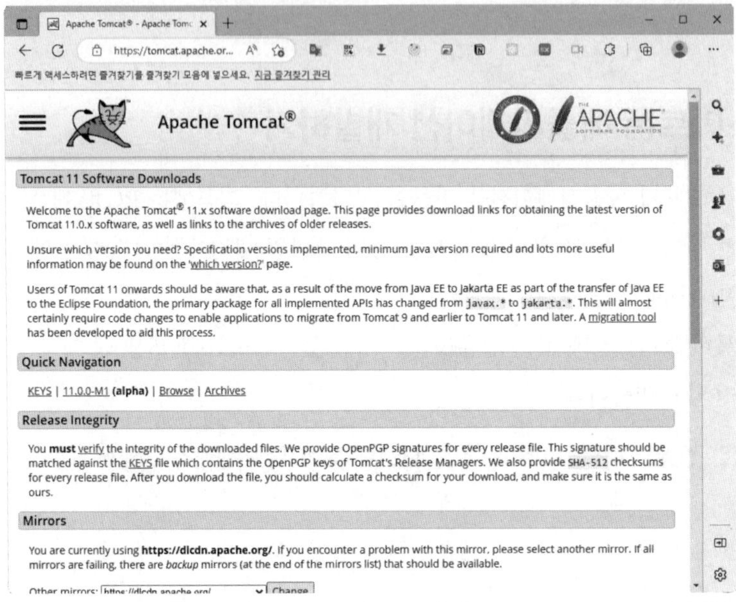

그림 16-3 Web 애플리케이션
Java는 Web 애플리케이션 중 특히 서버상에서 동작하는 프로그램 개발에 이용되고 있습니다.

16.4 강의 요약

이 장에서는 다음과 같은 것을 배웠습니다.

- 윈도를 가진 애플리케이션을 만들 수 있습니다.
- 윈도 부품(AWT)을 이용할 수 있습니다.
- 이벤트 처리를 통해 마우스에 반응하도록 만들 수 있습니다.
- 이벤트 처리를 간결하게 작성하기 위해, 익명 클래스와 람다 식을 활용할 수 있습니다.
- 스레드로 애니메이션을 만들 수 있습니다.

이 장에서는 그래픽 애플리케이션을 만드는 방법을 배웠습니다. Java의 표준 클래스 라이브러리에는 GUI 프로그래밍을 위한 다양한 부품이 마련되어 있습니다.

또한 Java를 사용하여, 다양한 용도를 위한 개발을 할 수 있습니다. 스마트폰 애플리케이션 개발, Web 시스템 개발 등 다양한 분야에서 활용되고 있습니다. 이 책에서 배운 Java의 기본을 숙지하여 실전에서 활용하기를 바랍니다.

연습문제

1. 'Hello'라는 문자열을 Serif, Italic, 32pt, 파란색으로 표시하는 애플리케이션을 작성하십시오.

2. 왼쪽 상단의 좌표가 (50, 50), 폭과 높이가 (100, 100)인 채워진 사각형을 그리는 애플리케이션을 작성하십시오.

3. 마우스로 클릭한 위치에 이미지(Image.jpg)를 그리는 프로그램을 작성하십시오. 이때, 이미지의 왼쪽 상단이 마우스로 클릭한 위치여야 합니다.

4. 마우스가 애플리케이션 안에 들어갔을 때 "안녕하세요"를 표시하고, 애플리케이션 밖으로 나왔을 때, "안녕히 가세요"를 표시하는 애플리케이션을 작성하십시오. 이때의 좌표는 (100, 100)입니다.

5. Sample7을 변경하여 1초마다 문자가 오른쪽으로 10씩 이동하는 애니메이션을 작성하십시오.

Appendix A

연습문제 해답

Lesson 1 시작하기

1. ① ×　② ○　③ ×　④ ×

Lesson 2 Java의 기본

1. 이 코드에 문법적인 오류는 없습니다. 컴파일해서 실행할 수 있습니다. 그러나 매우 읽기 어려운 코드임에 틀림없습니다. 줄 바꿈과 들여쓰기를 추가하면, 다음과 같이 읽기 쉬운 코드로 만들 수 있습니다.

```
//화면에 문자를 출력하는 코드
class SampleP1
{
   public static void main(String[] args)
   {
      System.out.println("Java 세상에 오신 것을 환영합니다!");
      System.out.println("Java를 시작합시다!");
   }
}
```

2.

```
//문자와 숫자를 출력하는 코드
class SampleP2
{
   public static void main(String[] args)
   {
      System.out.println('A');
      System.out.println("Java 세상에 오신 것을 환영합니다!");
      System.out.println(123);
   }
}
```

3.

```
class SampleP3
{
   public static void main(String[] args)
   {
      System.out.println(123);
      System.out.println("₩₩100을 받았다");
      System.out.println("내일 또 만나요");
   }
}
```

4.

```
class SampleP4
{
   public static void main(String[] args)
   {
      System.out.println("1₩t2₩t3₩t");
   }
}
```

5.

- 8진수

```
class SampleP5_1
{
   public static void main(String[] args)
   {
      System.out.println(06);
      System.out.println(024);
      System.out.println(015);
   }
}
```

• 16진수

```
class SampleP5_2
{
   public static void main(String[] args)
   {
      System.out.println(0x6);
      System.out.println(0x14);
      System.out.println(0xD);
   }
}
```

Lesson 3 변수

1. ① × ② × ③ ○

2. char형 변수에 값 3.14를 그대로 대입할 수 없습니다.

3.

```
import java.io.*;

class SampleP3
{
   public static void main(String[] args) throws IOException
   {
      System.out.println("당신은 몇 살입니까?");

      BufferedReader br =
         new BufferedReader(new InputStreamReader(System.in));

      String str = br.readLine();

      int num = Integer.parseInt(str);

      System.out.println("당신은 " + num + "살입니다.");
   }
}
```

4.

```
import java.io.*;

class SampleP4
{
   public static void main(String[] args) throws IOException
   {
      System.out.println("원주율의 값은 얼마입니까?");

      BufferedReader br =
         new BufferedReader(new InputStreamReader(System.in));

      String str = br.readLine();

      double pi = Double.parseDouble(str);

      System.out.println("원주율의 값은 " + pi + "입니다.");
   }
}
```

5.

```
import java.io.*;

class SampleP5
{
   public static void main(String[] args) throws IOException
   {
      System.out.println("키와 몸무게를 입력하십시오.");

      BufferedReader br =
         new BufferedReader(new InputStreamReader(System.in));

      String str1 = br.readLine();
      String str2 = br.readLine();
```

```
        double num1 = Double.parseDouble(str1);
        double num2 = Double.parseDouble(str2);

        System.out.println("키는 " + num1 + "센티미터입니다.");
        System.out.println("몸무게는 " + num2 + "킬로그램입니다.");
    }
}
```

Lesson 4 식과 연산자

1. ① × ② ○ ③ ×

2.

```
class SampleP2
{
    public static void main(String[] args)
    {
        int ans1 = 0-4;
        double ans2 = 3.14*2;
        double ans3 = (double)5/3;
        int ans4 = 30%7;
        double ans5 = (7+32)/(double)5;

        System.out.println("0-4는 " + ans1 + "입니다.");
        System.out.println("3.14×2는 " + ans2 + "입니다.");
        System.out.println("5÷3은 " + ans3 + "입니다.");
        System.out.println("30÷7의 나머지값은 " + ans4 + "입니다.");
        System.out.println("(7+32)÷5는 " + ans5 + "입니다.");
    }
}
```

3.

```
import java.io.*;

class SampleP3
{
   public static void main(String[] args) throws IOException
   {
      System.out.println("정사각형의 한 변의 길이를 입력하십시오.");

      BufferedReader br =
         new BufferedReader(new InputStreamReader(System.in));

      String str = br.readLine();

      int width = Integer.parseInt(str);

      System.out.println("정사각형의 넓이는 " + (width*width) + "입니다.");
   }
}
```

4.

```
import java.io.*;

class SampleP4
{
   public static void main(String[] args) throws IOException
   {
      System.out.println("삼각형의 밑변과 높이를 입력하십시오.");

      BufferedReader br =
         new BufferedReader(new InputStreamReader(System.in));

      String str1 = br.readLine();
      String str2 = br.readLine();
```

```
        int height = Integer.parseInt(str1);
        int width = Integer.parseInt(str2);

        System.out.println("삼각형의 넓이는 " +
            (height*width)/(double)2) + "입니다.");
    }
}
```

5.

```
import java.io.*;

class SampleP5
{
    public static void main(String[] args) throws IOException
    {
        System.out.println("과목 1~5의 점수를 정수로 입력하십시오.");

        BufferedReader br =
            new BufferedReader(new InputStreamReader(System.in));

        String str1 = br.readLine();
        String str2 = br.readLine();
        String str3 = br.readLine();
        String str4 = br.readLine();
        String str5 = br.readLine();

        int sum = 0;
        sum += Integer.parseInt(str1);
        sum += Integer.parseInt(str2);
        sum += Integer.parseInt(str3);
        sum += Integer.parseInt(str4);
        sum += Integer.parseInt(str5);

        System.out.println("5과목의 합계는 " + sum + "점입니다.");
```

```
        System.out.println("5과목의 평균은 " + (sum/(double)5) +
            "점입니다.");
    }
}
```

또한, 6장에서 학습할 반복문을 사용하면, 보다 쉽게 코드를 작성할 수 있습니다.

Lesson 5 경우에 따른 처리

1. ① a >= 0 && a < 10
   ② !(a==0)
   ③a >= 10 || a == 0

2.

```
import java.io.*;

class SampleP2
{
    public static void main(String[] args) throws IOException
    {
        System.out.println("정수를 입력하십시오.");

        BufferedReader br =
            new BufferedReader(new InputStreamReader(System.in));

        String str = br.readLine();
        int res = Integer.parseInt(str);

        if((res%2) == 0)
            System.out.println(res + "(은)는 짝수입니다.");
        else
            System.out.println(res + "(은)는 홀수입니다.");
    }
}
```

3.

```
import java.io.*;

class SampleP3
{
   public static void main(String[] args) throws IOException
   {
      System.out.println("2개의 정수를 입력하십시오.");

      BufferedReader br =
         new BufferedReader(new InputStreamReader(System.in));

      String str1 = br.readLine();
      String str2 = br.readLine();

      int num1 = Integer.parseInt(str1);
      int num2 = Integer.parseInt(str2);

      if(num1 < num2){
         System.out.println(num1 + "보다 " + num2 + "(이)가 큽니다.");
      }
      else if(num1 > num2){
         System.out.println(num2 + "보다 " + num1 + "(이)가 큽니다.");
      }
      else{
         System.out.println("두 숫자는 같은 값입니다.");
      }
   }
}
```

4.

```
import java.io.*;

class SampleP4
{
   public static void main(String[] args) throws IOException
   {
      System.out.println("0에서 10까지의 수를 입력하십시오.");

      BufferedReader br =
         new BufferedReader(new InputStreamReader(System.in));

      String str = br.readLine();
      int res = Integer.parseInt(str);

      if(res >= 0 && res <= 10){
         System.out.println("정답입니다.");
      }
      else{
         System.out.println("오답입니다.");
      }
   }
}
```

5.

```
import java.io.*;

class SampleP5
{
   public static void main(String[] args) throws IOException
   {
      System.out.println("정수를 입력하십시오.");
```

```
        BufferedReader br =
           new BufferedReader(new InputStreamReader(System.in));

        String str = br.readLine();
        int res = Integer.parseInt(str);

        switch(res){
           case 1:
              System.out.println("노력이 필요합니다.");
              break;
           case 2:
              System.out.println("조금 더 노력합시다.");
              break;
           case 3:
              System.out.println("더 높은 점수를 목표로 합시다.");
              break;
           case 4:
              System.out.println("참 잘했습니다.");
              break;
           case 5:
              System.out.println("매우 우수합니다.");
              break;
        }
    }
}
```

Lesson 6 여러 번 반복하기

1.

```
class SampleP1
{
    public static void main(String[] args)
    {
        System.out.println("1~10까지의 짝수를 출력합니다.");
```

```
        for(int i=1; i<=10; i++){
            if((i%2) == 0)
                System.out.println(i);
        }
    }
}
```

2.

```
import java.io.*;

class SampleP2
{
    public static void main(String[] args) throws IOException
    {
        System.out.println("시험 점수를 입력하십시오.(0을 입력하면 종료)");

        BufferedReader br =
            new BufferedReader(new InputStreamReader(System.in));

        int num = 0;
        int sum = 0;

        do{
            String str = br.readLine();
            num = Integer.parseInt(str);
            sum += num;
        }while(num != 0);

        System.out.println("시험 점수의 합계는 " + sum + "점입니다.");
    }
}
```

3.

```
class SampleP3
{
   public static void main(String[] args)
   {
      for(int i=1; i<=9; i++){
         for(int j=1; j<=9; j++){
            System.out.print(i*j + "\t");
         }
         System.out.print("\n");
      }
   }
}
```

4.

```
class SampleP4
{
   public static void main(String[] args)
   {
      for(int i=1; i<=5; i++){
         for(int j=0; j<i; j++){
            System.out.print("*");
         }
         System.out.print("\n");
      }
   }
}
```

5.

```
import java.io.*;

class SampleP5
{
```

```
    public static void main(String[] args) throws IOException
    {
        System.out.println("2 이상의 정수를 입력하십시오.");

        BufferedReader br =
            new BufferedReader(new InputStreamReader(System.in));

        String str = br.readLine();
        int num = Integer.parseInt(str);

        for(int i=2; i<=num; i++){
            if(i == num){
                System.out.println(num + "(은)는 소수입니다.");
            }
            else if(num%i == 0){
                System.out.println(num + "(은)는 소수가 아닙니다.");
                break;
            }
        }
    }
}
```

Lesson 7 배열

1. ① × ② × ③ ○

2. 배열의 첨자(test[5])가 배열의 길이를 넘어섰습니다.

3. ① 가 ② 라 ③ 바 ④ 마

4.

```
import java.io.*;

class SampleP4
{
    public static void main(String[] args) throws IOException
```

```
  {
    System.out.println("5명의 시험 점수를 입력하십시오.");

    BufferedReader br =
      new BufferedReader(new InputStreamReader(System.in));

    int[] test = new int[5];

    for(int i=0; i<test.length; i++){
      String str = br.readLine();
      int tmp = Integer.parseInt(str);
      test[i] = tmp;
    }

    int max = 0;

    for(int i=0; i<test.length; i++){
      if(max < test[i]){
        max = test[i];
      }
    }

    for(int i=0; i<test.length; i++){
      System.out.println((i+1) + "번째 사람의 점수는 " +
        test[i] + "입니다.");
    }

    System.out.println("가장 높은 점수는 " + max + "점입니다.");
  }
}
```

Lesson 8 클래스의 기본

1. ① ○ ② ○ ③ ×

2. ① ○ ② × ③ ○

3. setNumGas( ) 메소드 호출에 Car형 객체를 가리키는 변수명이 지정되지 않았습니다.

4. 나

5.

```
class MyPoint
{
   int x;
   int y;

   void setX(int px)
   {
      x = px;
   }
   void setY(int py)
   {
      y = py;
   }
   int getX()
   {
      return x;
   }
   int getY()
   {
      return y;
   }
}

class SampleP5
{
```

```
    public static void main(String[] args)
    {
        MyPoint p1;
        p1 = new MyPoint();
        p1.setX(10);
        p1.setY(5);

        int px = p1.getX();
        int py = p1.getY();

        System.out.println("X좌표는 " + px + ", Y좌표는 " + py + "였습니다.");
    }
}
```

Lesson 9 클래스의 기능

1. ① ○　② ○　③ ×　④ ×

2. 클래스 메소드 안에서 인스턴스 메소드 show( )를 호출하고 있습니다.

3. ① ×　② ○　③ ○

4. this( );문에 주의하세요. 첫 번째 객체를 만들 때 ①, 두 번째 객체를 만들 때 ②와 ③이 출력됩니다.

   ① 0　② 0　③ 1

5.

```
class MyPoint
{
    private int x;
    private int y;

    public MyPoint()
    {
        x = 0;
        y = 0;
```

```
    }
    public MyPoint(int px, int py)
    {
        if(px >= 0 && px <= 100) x = px; else x = 0;
        if(py >= 0 && py <= 100) y = py; else y = 0;
    }
    public void setX(int px)
    {
        if(px >= 0 && px <= 100)
            x = px;
    }
    public void setY(int py)
    {
        if(py >= 0 && py <= 100)
            y = py;
    }
    public int getX()
    {
        return x;
    }
    public int getY()
    {
        return y;
    }
}

class SampleP5
{
    public static void main(String[] args)
    {
        MyPoint p1;
        p1 = new MyPoint();
        p1.setX(10);
        p1.setY(5);

        int px1 = p1.getX();
```

```
        int py1 = p1.getY();

        System.out.println("p1의 X좌표는 " + px1 + ", Y좌표는 " +
            py1 + "이었습니다.");

        MyPoint p2;
        p2 = new MyPoint(20, 10);

        int px2 = p2.getX();
        int py2 = p2.getY();

        System.out.println("p2의 X좌표는 " + px2 + ", Y좌표는 " +
            py2 + "이었습니다.");
    }
}
```

Lesson 10 클래스의 이용

1. ① × ② ○

2.

```
import java.io.*;

class SampleP2
{
    public static void main(String[] args) throws IOException
    {
        System.out.println("문자열을 입력하십시오.");

        BufferedReader br =
            new BufferedReader(new InputStreamReader(System.in));

        String str1 = br.readLine();
        StringBuffer str2 = new StringBuffer(str1);
        str2.reverse();
```

```
        System.out.println(str1 + "(을)를 뒤집으면 " + str2 + "입니다.");
    }
}
```

App A

3.

```
import java.io.*;

class SampleP3
{
    public static void main(String[] args) throws IOException
    {
        System.out.println("문자열을 입력하십시오.");

        BufferedReader br =
            new BufferedReader(new InputStreamReader(System.in));

        String str1 = br.readLine();

        System.out.println("a가 들어갈 위치를 정수로 입력하십시오.");

        String str2 = br.readLine();
        int num = Integer.parseInt(str2);

        StringBuffer str3 = new StringBuffer(str1);
        str3.insert(num, 'a');

        System.out.println(str3 + "(이)가 되었습니다.");
    }
}
```

4.

```
import java.io.*;

class SampleP4
```

```
{
  public static void main(String[] args) throws IOException
  {
    System.out.println("정수를 2개 입력하십시오.");

    BufferedReader br =
      new BufferedReader(new InputStreamReader(System.in));

    String str1 = br.readLine();
    String str2 = br.readLine();

    int num1 = Integer.parseInt(str1);
    int num2 = Integer.parseInt(str2);

    int ans = Math.min(num1, num2);

    System.out.println(num1 + "와(과) " + num2 + " 중 작은 쪽은 " +
      ans + "입니다.");
  }
}
```

Lesson 11 새로운 클래스

1. ① × ② × ③ ○ ④ ○

2. ① × ② × ③ ○

3. ① A ② 0 ③ B ④ 0 ⑤ A ⑥ 1 ⑦ B ⑧ 1

첫 번째 객체를 생성하면 슈퍼 클래스에 존재하는 인수 없는 생성자가 먼저 호출됩니다. 두 번째 객체를 생성하면 인수를 하나 받는 생성자가 super(b);보다 먼저 호출됩니다.

4.

```
class Car
{
```

```
    protected int num;
    protected double gas;

    public Car()
    {
        num = 0;
        gas = 0.0;
        System.out.println("자동차가 만들어졌습니다.");
    }
    public void setCar(int n, double g)
    {
        num = n;
        gas = g;
        System.out.println("차량 번호를 " + num + "로, 연료량을 " +
            gas + "로 바꾸었습니다.");
    }
    public String toString()
    {
        String str = "차량 번호 " + num + " 연료량 " + gas + "인 자동차";
        return str;
    }
}

class SampleP4
{
    public static void main(String[] args)
    {
        Car car1 = new Car();
        car1.setCar(1234, 20.5);

        System.out.println(car1 + "입니다.");
    }
}
```

Lesson 12 인터페이스

1. ① × ② ○ ③ ○ ④ ×

2. ① ○ ② ○ ③ × (D는 인터페이스입니다.)

3. a

4. 추상 클래스로는 객체를 만들 수 없습니다.

Lesson 13 대규모 프로그램의 작성

1. ① ○ ② × ③ ○ ④ ×

2. ① ○ ② × ③ ○

3. ① A ② A, B ③ C, D

4. 패키지 이름이 잘못 지정되었습니다.

Lesson 14 예외와 입출력 처리

1. ① × ② ○ ③ ○

2.

```
import java.io.*;

class SampleP2
{
   public static void main(String[] args)
   {
      try{
         PrintWriter pw = new PrintWriter
            (new BufferedWriter(new FileWriter("test1.txt")));

         pw.println("A long time ago,");
         pw.println("There was a little girl.");

         pw.close();
```

```
    }
    catch(IOException e){
        System.out.println("입출력 에러가 발생했습니다.");
    }
  }
}
```

3.

```
import java.io.*;

class SampleP3
{
  public static void main(String[] args)
  {
    if(args.length != 1){
      System.out.println("올바른 파일 이름을 입력하십시오.");
      System.exit(1);
    }

    try{
      PrintWriter pw = new PrintWriter
        (new BufferedWriter(new FileWriter(args[0])));

      pw.println("A long time ago,");
      pw.println("There was a little girl.");

      pw.close();
    }
    catch(IOException e){
      System.out.println("입출력 에러가 발생했습니다.");
    }
  }
}
```

Lesson 15 스레드

1. ① ○ ② ○ ③ ×

2.

```
class Car implements Runnable
{
   private String name;

   public Car(String nm)
   {
      name = nm;
   }
   public void run()
   {
      for(int i=0; i<5; i++){
         System.out.println(name + "가 동작하고 있습니다.");
      }
   }
}

class SampleP2
{
   public static void main(String[] args)
   {
      Car car1 = new Car("1호차");
      Thread th1 = new Thread(car1);
      th1.start();

      Car car2 = new Car("2호차");
      Thread th2 = new Thread(car2);
      th2.start();

      for(int i=0; i<5; i++){
         System.out.println("main() 메소드 실행 중입니다.");
      }
```

```
    }
}
```

3.

```
class Car implements Runnable
{
    private String name;

    public Car(String nm)
    {
        name = nm;
    }
    public void run()
    {
        for(int i=0; i<5; i++){
            try{
                Thread.sleep(1000);
                System.out.println(name + "가 동작하고 있습니다.");
            }
            catch(InterruptedException e){}
        }
    }
}

class SampleP3
{
    public static void main(String[] args)
    {
        Car car1 = new Car("1호차");
        Thread th1 = new Thread(car1);
        th1.start();

        for(int i=0; i<5; i++){
            System.out.println("main() 메소드 실행 중입니다.");
```

```
      }
   }
}
```

Lesson 16 그래픽 애플리케이션

1.

```
import java.awt.*;
import java.awt.event.*;

public class SampleP1 extends Frame
{
   private Label lb;

   public static void main(String[] args)
   {
      SampleP1 sm = new SampleP1();
   }
   public SampleP1()
   {
      super("샘플");

      lb = new Label("Hello");

      add(lb);

      lb.setForeground(Color.blue);
      lb.setFont(new Font("Serif", Font.ITALIC, 32));

      addWindowListener(new SampleWindowListener());

      setSize(250, 200);
      setVisible(true);
   }
```

```
    class SampleWindowListener extends WindowAdapter
    {
       public void windowClosing(WindowEvent e)
       {
          System.exit(0);
       }
    }
}
```

2.

```
import java.awt.*;
import java.awt.event.*;

public class SampleP2 extends Frame
{
    public static void main(String[] args)
    {
       SampleP2 sm = new SampleP2();
    }
    public SampleP2()
    {
       super("샘플");

       addWindowListener(new SampleWindowListener());

       setSize(250, 200);
       setVisible(true);
    }
    public void paint(Graphics g)
    {
       g.setColor(Color.BLUE);
       g.fillRect(50, 50, 100, 100);
    }
```

```
    class SampleWindowListener extends WindowAdapter
    {
        public void windowClosing(WindowEvent e)
        {
            System.exit(0);
        }
    }
}
```

3.

```
import java.awt.*;
import java.awt.event.*;

public class SampleP3 extends Frame
{
    Image im;
    int x = 100;
    int y = 100;

    public static void main(String[] args)
    {
        SampleP3 sm = new SampleP3();
    }
    public SampleP3()
    {
        super("샘플");

        Toolkit tk = getToolkit();
        im = tk.getImage("Image.jpg");

        addWindowListener(new SampleWindowListener());
        addMouseListener(new SampleMouseAdapter());

        setSize(250, 200);
```

```
        setVisible(true);
    }
    public void paint(Graphics g)
    {
        g.drawImage(im, x, y, this);
    }

    class SampleWindowListener extends WindowAdapter
    {
        public void windowClosing(WindowEvent e)
        {
            System.exit(0);
        }
    }
    class SampleMouseAdapter extends MouseAdapter
    {
        public void mousePressed(MouseEvent e)
        {
            x = e.getX();
            y = e.getY();
            repaint();
        }
    }
}
```

4.

```
import java.awt.*;
import java.awt.event.*;

public class SampleP4 extends Frame
{
    boolean bl;

    public static void main(String[] args)
```

```
{
    SampleP4 sm = new SampleP4();
}
public SampleP4()
{
    super("샘플");

    bl = true;

    addWindowListener(new SampleWindowListener());
    addMouseListener(new SampleMouseAdapter());

    setSize(250, 200);
    setVisible(true);
}
public void paint(Graphics g)
{
    if(bl == true){
        g.drawString("안녕하세요", 100, 100);
    }
    else{
        g.drawString("안녕히 가세요", 100, 100);
    }
}

class SampleWindowListener extends WindowAdapter
{
    public void windowClosing(WindowEvent e)
    {
        System.exit(0);
    }
}
class SampleMouseAdapter extends MouseAdapter
{
    public void mouseEntered(MouseEvent e)
```

```
        {
            bl = true;
            repaint();
        }
        public void mouseExited(MouseEvent e)
        {
            bl = false;
            repaint();
        }
    }
}
```

5.

```
import java.awt.*;
import java.awt.event.*;

public class SampleP5 extends Frame implements Runnable
{
    int num;
    int x;

    public static void main(String[] args)
    {
        SampleP5 sm = new SampleP5();
    }
    public SampleP5()
    {
        super("샘플");

        num = 0;
        x = 0;

        addWindowListener(new SampleWindowListener());
```

```
        Thread th;
        th = new Thread(this);
        th.start();

        setSize(250, 200);
        setVisible(true);
    }
    public void run()
    {
        try{
            for(int i=0; i<10; i++){
                num = i;
                x = i * 10;
                repaint();
                Thread.sleep(1000);
            }
        }catch(InterruptedException e){}
    }
    public void paint(Graphics g)
    {
        String str = num + "입니다.";
        g.drawString(str, x+100, 100);
    }

    class SampleWindowListener extends WindowAdapter
    {
        public void windowClosing(WindowEvent e)
        {
            System.exit(0);
        }
    }
}
```

Appendix B

FAQ

코드 작성 시 FAQ

Q 소스 파일을 여는 방법을 모르겠습니다.

A 텍스트 편집기를 사용하여 소스 파일을 엽니다. 여기에서는 Windows에 기본 탑재된 텍스트 편집기 '메모장'을 기준으로 설명합니다.

❶ 메모장을 시작합니다.

- Windows Vista / 7

시작 버튼 → 모든 프로그램 → 보조 프로그램 → 명령 프롬프트 → 메모장

- Windows 8.1 / 8

시작 화면 왼쪽 아래에 있는 '↓' 버튼을 클릭합니다. '↓'버튼이 표시되지 않는 경우, 마우스 오른쪽 버튼을 클릭하면 화면 하단에 '모든 응용 프로그램' 버튼이 표시됩니다. '모든 응용 프로그램' 버튼을 클릭하여 앱 목록에서 '메모장'을 선택합니다.

- Windows 10

시작 버튼 → Windows 보조 프로그램 → 메모장

메모장이 실행되면 [파일] → [열기]를 선택합니다.

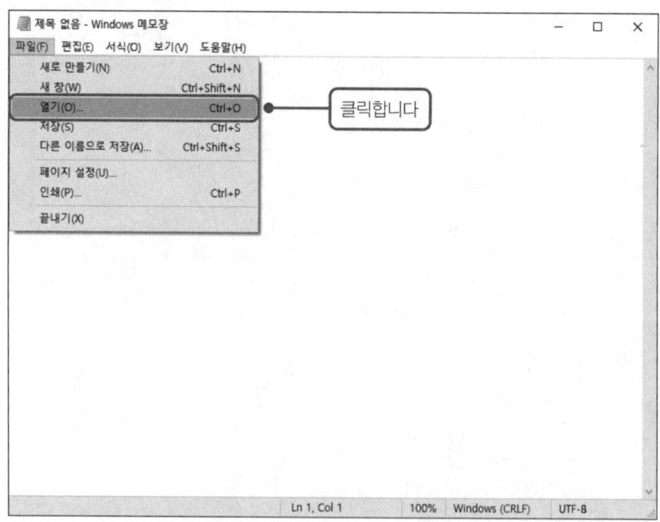

❷ [파일 형식]에서 '모든 파일(*.*)'을 선택하고 파일 위치에 소스 파일이 저장된 디렉토리를 선택하면 안에 저장된 파일이 표시됩니다. 작성한 소스 파일을 선택하고 [열기] 버튼을 클릭하면 파일이 열립니다.

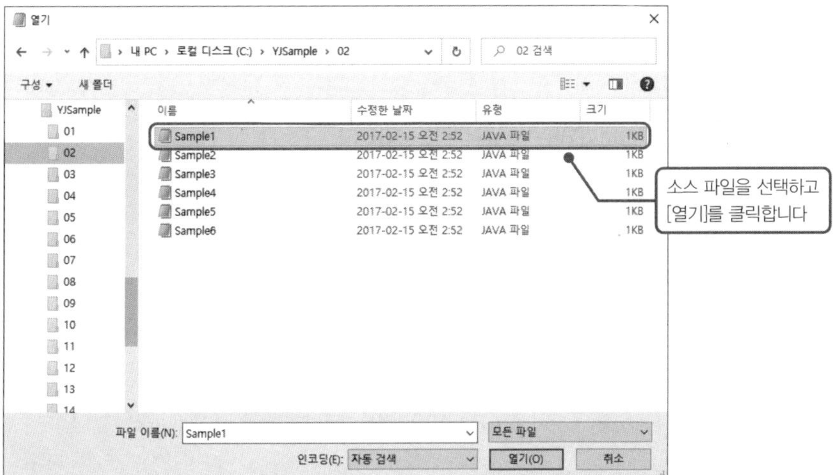

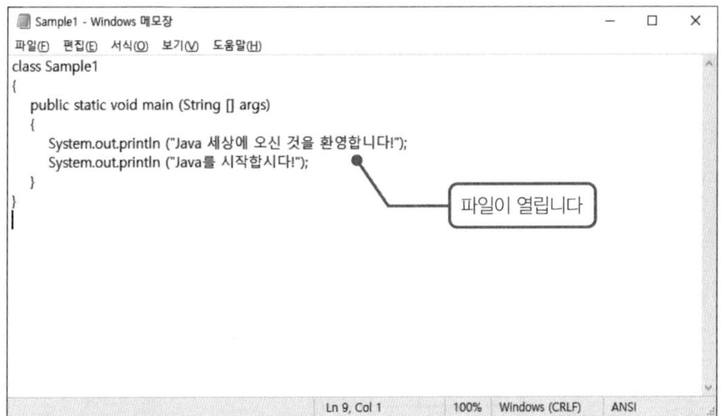

또한, 바탕 화면에 메모장 바로 가기를 만들어 두고, 소스 파일 아이콘을 드래그 앤 드롭하면 더욱 쉽게 파일을 열 수 있습니다.

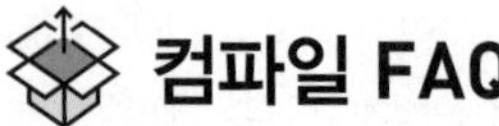

컴파일 FAQ

Q '명령 또는 파일 이름이 올바르지 않습니다' 또는 '명령 또는 파일 이름이 틀립니다'라는 메시지가 표시됩니다.

A 경로 설정을 확인합니다. 경로를 설정하는 방법은 이 책의 첫 부분에서 설명하고 있습니다.

Q '파일을 찾을 수 없습니다'라는 메시지가 표시됩니다.

A 다음과 같은 해결 방법을 생각할 수 있습니다.

- 소스 파일을 저장한 디렉토리로 정확히 이동했는지 확인합니다. 디렉토리 이동 방법은 이 책의 첫 부분에서 설명하고 있습니다.
- 소스 파일의 이름을 확인합니다. 파일 이름을 'Sample.java.txt' 등으로 저장했을 가능성이 있습니다. 이럴 때에는 다음 순서에 따라 파일 이름과 확장자를 표시할 수 있도록 설정을 변경하십시오. Windows 8.1/10의 경우, 데스크톱 화면에서 탐색기를 열고 [보기] → [파일 확장명]을 체크합니다.

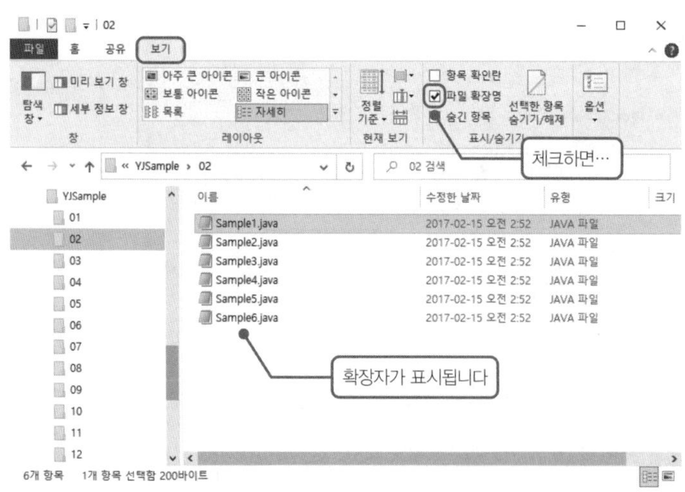

Windows 7에서는 다음 순서에 따라 확장자를 표시합니다.

❶ 시작 버튼을 마우스 오른쪽 버튼으로 클릭 후, 메뉴에서 탐색기 열기를 선택합니다.

❷ 메뉴에서 [구성] → [폴더 및 검색 옵션]을 클릭합니다.

❸ [보기] 탭을 선택하고 [알려진 파일 형식의 파일 확장명 숨기기] 항목이 선택되어 있으면, 선택을 해제합니다.

확장자를 볼 수 있도록 설정을 변경한 후, 작성한 소스 파일의 아이콘을 확인합니다. 만약 'Sample1.java.txt'와 같은 이름으로 저장되어 있다면, 올바른 이름으로 변경하세요. 이 경우에는 'Sample1.java'가 올바른 이름입니다.
또한, 소스 파일을 저장할 때 "Sample1.java"와 같이 파일 이름을 " "로 감싸면 확장자 ".txt"가 끝에 붙는 것을 방지할 수 있습니다.

Q 컴파일을 할 때 에러가 표시됩니다.

A 에러가 발생한 행과 내용을 확인합니다. 컴파일을 할 때 표시된 내용으로부터 에러가 발생한 행을 확인할 수 있습니다.

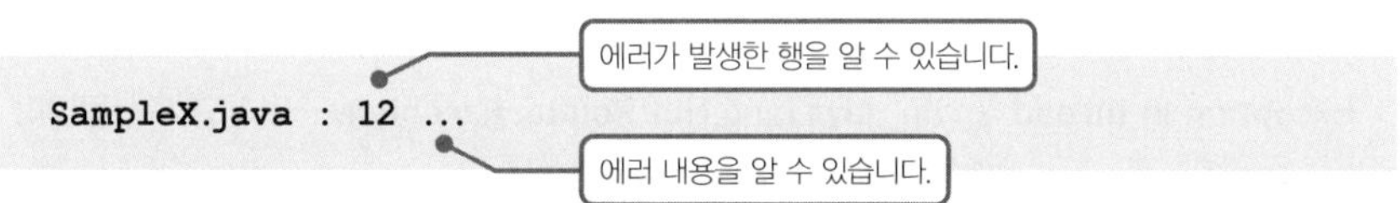
에러가 발생한 행을 알 수 있습니다.
SampleX.java : 12 ...
에러 내용을 알 수 있습니다.

그러나 에러가 표시되는 행과는 다른 행에 에러가 발생했을 수 있습니다. 다음은 확인이 필요한 가장 일반적인 문제입니다.

- 괄호가 제대로 닫혔는지 확인합니다.
- 행에서 사용하는 변수, 배열 등의 정의가 올바른지 확인합니다.

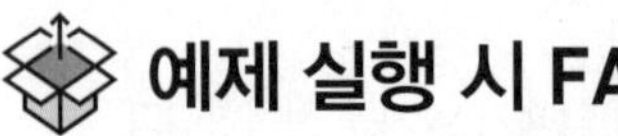

예제 실행 시 FAQ

Q '기본 클래스 XX을(를) 찾거나 로드할 수 없습니다'라고 표시됩니다.

A 다음과 같은 해결 방법을 생각할 수 있습니다.

- 대소문자가 올바른지 확인합니다. 'Sample1'을 'sample1'로 입력하면 안 됩니다.
- 환경 변수 [CLASSPATH]가 올바르게 설정되어 있는지 확인합니다. 환경 변수란, 10페이지에서 설정한 [PATH]를 뜻합니다 환경 변수 PATH가 있다면, 행 마지막에 ';.'(세미콜론+마침표) 두 글자를 추가하십시오.

Q 'Exception in thread "main" java.lang.ArrayIndexOutOfBoundsException…'이라고 표시됩니다.

A 배열의 요소에 액세스가 올바른지 확인합니다. 배열의 요소 수를 초과하여 액세스하고 있는 것입니다. 배열을 정의할 때 요소 수가 적은 경우이거나, 배열의 요소에 액세스할 때 올바르지 않은 인덱스를 사용했을 가능성이 있습니다.

Q 'Exception in thread "main" java.lang.NullPointerException…'이라고 표시됩니다.

A 변수에 할당되는 객체를 확인합니다. 변수가 객체를 참조하지 못해서 null이 되어 있으므로, 변수의 내용이 올바른지 확인합니다.

INDEX

기호

숫자

A

B

C

L

M

N

O

P

R

S

T

U

V

W

ㄱ

ㄴ

ㄷ

ㄹ

ㅁ

ㅂ

ㅅ

ㅇ

ㅈ

그림으로 배우는
Java Programming 3rd Edition

1판 1쇄 발행 2023년 06월 20일

저　　자 | Mana Takahashi
역　　자 | 서재원
발 행 인 | 김길수
발 행 처 | ㈜영진닷컴
주　　소 | ㈜08507 서울 금천구 가산디지털1로 128
STX-V타워 4층 401호
등　　록 | 2007. 4. 27. 제16-4189호

©2023. ㈜영진닷컴

ISBN | 978-89-314-6809-0

이 책에 실린 내용의 무단 전재 및 무단 복제를 금합니다.
파본이나 잘못된 도서는 구입하신 곳에서 교환해 드립니다.

YoungJin.com Y.
영진닷컴

'그림으로 배우는' 시리즈

"그림으로 배우는" 시리즈는 다양한 그림과 자세한 설명으로
쉽게 배울 수 있는 IT 입문서 시리즈 입니다.

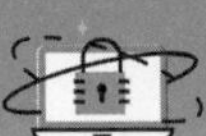

그림으로 배우는
C++ 프로그래밍
2nd Edition
Mana Takahashi 저
592쪽 | 18,000원

그림으로 배우는
프로그래밍 구조
마스이 토시카츠 저
240쪽 | 16,000원

그림으로 배우는
서버 구조
니시무라 야스히로 저
240쪽 | 16,000원

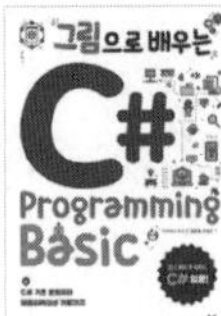

그림으로 배우는
C#
다카하시 마나 저
496쪽 | 18,000원

그림으로 배우는
데이터베이스
사카가미 코오다이 저
236쪽 | 16,000원

그림으로 배우는
웹 구조
니시무라 야스히로 저
240쪽 | 16,000원

그림으로 배우는
클라우드 2nd Edition
하야시 마사유키 저
192쪽 | 16,000원

그림으로 배우는
네트워크 원리
Gene 저
224쪽 | 16,000원

그림으로 배우는
보안 구조
마스이 토시카츠 저
208쪽 | 16,000원

그림으로 배우는
SQL 입문
사카시타 유리 저
352쪽 | 18,000원

그림으로 배우는
파이썬
다카하시 마나 저
480쪽 | 18,000원

그림으로 배우는
C 프로그래밍
2nd Edition
다카하시 마나 저
504쪽 | 18,000원